PORSCHE 75 YEAR

포르쉐 75년

예상치 못한 것들을 예상하라

랜디 레핑웰 지음
엄성수 옮김

ITDAM BOOKS

차례

	챕터	쪽		
		4		헐리 헤이우드의 서문
		6		시작하며
초기	1장	8	**1938-1940**	폭스바겐 비틀을 몰고 로마까지 레이싱을? Typ 60과 64
	2장	14	**1946-1960**	잠깐! 피에로 듀시오가 몸값을 지불한다고? Typ 360 치시탈리아 그랑프리 자동차
역사	3장	20	**1947-1948**	마음에 드는 자동차가 없었다 Typ 356/1
	4장	26	**1945-1950**	트랙터를 수리하고 우물 펌프를 제조하는 것보다는 낫다 크뮌트에서의 부활
	5장	34	**1950-1965**	푸른빛 포르쉐 Typ 356의 인기는 시대를 초월할 정도로 꾸준했다 추펜하우젠에서의 대량생산
	6장	42	**1953-1962**	한가운데서의 모험 Typ 550부터 718 WRS까지
	7장	50	**1957-1962**	오픈 휠 타입의 대성공과 시련 Typ 718부터 804까지
	8장	56	**1958-1966**	바꾸는 게 어때요? 도대체 왜요? 바꿀 때가 됐어요! Typ 901, 902, 911, 912
	9장	66	**1963-1966**	필요는 발명의 어머니이다 Typ 904 카레라 GTS와 Typ 906 카레라 6
	10장	74	**1967-1974**	완벽하고 세련되고 아주 강력한 Typ 911 Typ 911 S, 911 R, 911 RS, 911 RSR
	11장	82	**1967-1982**	시상대에 빈자리가 더 없는가? Typ 910, 907, 909, 908
	12장	88	**1968-1975**	아무도 917을 예상하지 못했다 Typ 917 K와 L, 917 PA 스파이더, 917/10, 917/30
	13장	96	**1967-1976**	중간에 갇히다 Typ 914-4, 914-6, 914-6GT, 916
	14장	102	**1974-현재**	배출가스 나오니까 더 빨리 달려! Typ 911에 터보차저를 달다
	15장	110	**1975-1981**	고래를 풀어주다 그룹 5와 그룹 4 실루엣 레이서들

16장	118	**1976-1981**	**박물관에 자동차가 있는가?** Typ 936
17장	128	**1975-1995**	**포르쉐 자동차에 부동액이 필요한가?** Typ 928, 924, 944, 968
18장	134	**1982-1995**	**머리가 천장에 닿으면 어쩌자는 말인가?** 지면 효과
19장	144	**1983-현재**	**자외선 차단 크림 갖고 있는 사람?** Typ 911 카브리올레
20장	150	**1982-1987**	**오픈 휠 방식에 새로운 지평을 열다** TAG P01
21장	158	**1983-1995**	**레이스를 그만두고 고객 속으로** Typ 956, 962
22장	168	**1985-1989**	**무엇이 슈퍼카인가?** Typ 953, 595, 961, 964 카레라 2와 4
23장	178	**1997-현재**	**중용을 취하다** Typ 986 박스터, 987 카이맨
24장	188	**1995-1998**	**종합 우승을 향해, 다시!** Typ 911 GT1
25장	196	**1998-현재**	**Typ 911을 물로 식힌다고? 이단 행위야!** Typ 996, 997, 991, 992
26장	208	**2002-현재**	**포르쉐가 SUV를 만든다고? 그건 이단 행위야!** 카이엔
27장	216	**2004-2005**	**또 다른 슈퍼카? 때가 됐어!** 카레라 GT
28장	222	**2009-현재**	**이제는 세단? 이것도 이단 행위야!** 파나메라
29장	228	**2004-2019**	**다시 전투를 시작한 포르쉐, 이번엔 전기 자동차로 레이싱을** Typ RS 스파이더, 918, 919
30장	240	**2015-내일**	**포르쉐, 고요해지다** 포뮬러 E, 미션 E, 타이칸, 미션 R, 마칸
	250		**감사의 글**
	252		**주요 용어**

서문

헐리 헤이우드

존경받는 작가 랜디 레핑웰은 이 책에서 1948년 창사 이후 포르쉐가 자동차 세계에서 이룩해온 많은 혁신적 발전을 다룬다. 50년 넘게 포르쉐의 카레이서와 브랜드 홍보 대사로 활약해온 나로서는 포르쉐 발전 역사의 상당 부분에 대해 개인적으로 할 말이 무척이나 많다. 내게 포르쉐의 역사를 되돌아보는 건 어려운 일이 아니다. 왜냐하면 나는 태어날 때부터 이 유명한 독일 자동차 브랜드와 인연을 맺어왔기 때문이다.

나는 1948년 5월 4일에 태어났고, 공교롭게도 내 멘토인 카레이서 피터 그레그Peter Gregg 역시 5월 4일에 태어났다. 다만 피터 그래그는 1940년생이다. 내가 태어난 지 한 달 후인 1948년 6월, 포르쉐의 첫 번째 자동차가 공개됐다. 네 살 때는 친척 한 분이 새로 나온 포르쉐 356 모델을 몰고 미국 일리노이주 휘튼에 있는 할아버지의 농장에 찾아왔다. 가족 모임 기간에 모든 이의 관심이 그 자동차에 쏠렸다.

나는 지금도 그 자동차가 내던 독특한 진동과 소리를 기억한다. 그간 우리 집 진입로에 가끔 주차되던 미국산 포드Ford나 캐딜락Cadillac이나 패커드Packard의 자동차와는 아주 달랐다. 두 손으로 그 차의 부드러운 곡선을 쓰다듬으며 미래 지향적인 외형에 감탄하던 기억이 지금도 생생하다. 그때는 어린 꼬마였던 내가 훗날 카레이서와 브랜드 홍보 대사로 포르쉐와 평생 인연을 맺게 되리라곤 정말 상상도 못 했다. 사회에서 쌓은 내 경력이 예상치 못하게도 여러 면에서 포르쉐 역사의 일부가 되어버린 것이다.

1950년대와 1960년대의 상당 기간에 포르쉐의 레이스카는 '자이언트 킬러'로 여겨졌다. 작고 가벼운 포르쉐 자동차가 거의 늘 해당 부문에서 우승했을 뿐 아니라 가끔은 더 크고 강력한 자동차를 제치고 종합 우승도 차지했기 때문이다. 내가 자동차 업계에 처음 발을 들여놓았을 때, 포르쉐 911과 914 모델은 더 가벼운 무게, 반응 속도가 빠른 핸들링, 강력하고 믿을 만한 브레이킹 덕에 종종 포드 머스탱Mustang, 쉐보레Chevrolet 카마로Camaro와 콜벳Corvette 모델까지 제쳤다. 그건 907, 910, 908 모델 같은 포르쉐의 시제품 자동차도 마찬가지여서 포드 GT 모델이나 페라리Ferrari 모델과 레이스를 벌였다.

역사상 가장 예상치 못한 레이스카 중 하나였던 포르쉐 917 모델은 1969년에 처음 공개됐다. 처음에는 다소 거칠고 핸들링도 좋지 않았으나, 1969년과 1970년에 국제자동차연맹FIA이 주관하는 세계내구챔피언십WEC, World Endurance Championship을 석권했다. 곧이어 1972년과 1973년에는 캔-암Can-Am• 시리즈도 석권했다. 내가 1973년에 터보차저turbocharger 방식인 포르쉐 917/10 모델을 몰고 레이스에 참가한 건 정말 예상치 못한 모험이었다. 왜냐하면 그때까지만 해도 나는 대개 최대 출력이 900마력에 못 미치는 자동차를 몰았기 때문이다.

1972년에 국제자동차연맹이 월드 챔피언십 카테고리 규정을 대폭 변경했을 때, 페라리나 마트라Matra와 달리 포르쉐는 관심을 GT• 부문으로 돌렸다. 911 모델의 출력을 높이고, 바닥을 넓혔으며, 브레이크 기능을 강화했다. 피터와 나는 1973년에 911 모델을 토대로 제작된 카레라Carrera RS 모델을 몰고 데이토나에서 열린 국제자동차연맹 시즌 오프닝 라운드에서 우승했다. 게다가 몇 주 후 세브링 레이스에서도 우승해 전 세계를 놀라게 했

1973년 7월에 헤이우드가 브루모스 포르쉐 917/10 모델을 몰고 로드 애틀랜타에서 턴 포(Turn Four) 구역을 돌고 있다.

1977년 6월, 세 번째 드라이버 위르겐 바르트(사진에선 안 보임)가 위너스 서클*에 차를 대고 있는 가운데, 헐리 헤이우드(사진 속 가운데)가 웃는 얼굴로 르망 24시간 레이스 4회 우승자인 재키 익스(Jacky Ickx)와 함께 자신의 첫 르망 24시간 레이스 우승을 자축하고 있다.

다. 로드 레이싱road racing광이라면 아마 1970년대 후반과 1980년대 들어 처음 2년여간 포르쉐 911 모델을 토대로 제작된 레이스카가 로드 레이싱계를 평정한 사실을 기억할 것이다.

1982년 국제자동차연맹은 다시 자동차 레이스 규칙을 바꿔 연료를 적게 쓰는 시제품 레이스카 부문을 신설했다. 포르쉐 엔지니어들은 출력을 극대화하려고 컴퓨터 제어 방식 연료 분사 시스템을 도입했다. 컴퓨터 디자인 시스템이 956과 962 레이스카의 핸들링과 기어 변속에 영향을 주었다. 그러자 그 모델들은 레이싱 역사상 가장 빠르고 정교한 자동차 대열에 합류했다. 또 이 모든 기술은 슈퍼카 959 모델 같은 로드카에 먼저 적용되었고, 이후 911의 964 변종 모델 같은 로드카에도 적용되었다. 첨단 기술에 대한 포르쉐의 이 같은 애착은 포르쉐 GT1, 카레라 GT, 918 같은 슈퍼카에서도 계속 나타났다.

가장 예상치 못한 포르쉐의 결단이라고 한다면, 아마도 1990년대 말에 996 모델과 박스터Boxster 모델군에 수랭식water-cooled 엔진을 장착한 것과 곧이어 SUV와 럭셔리 세단 제작에 뛰어드는 획기적인 결정을 꼽을 수 있을 것이다. 공랭식air-cooled 엔진을 선호하는 전통주의자들은 불만이 많았지만, 어쨌든 수랭식 엔진 덕에 비용을 훨씬 덜 들이고도 훨씬 더 높은 출력을 낼 수 있었으니 효율적이었다. 그리고 카이엔Cayenne과 파나메라Panamera 모델 덕분에 포르쉐의 고객층은 급증했다. 후속작 파나메라 세단으로 고객층이 더욱 두꺼워지면서 포르쉐는 세계에서 매우 수익성이 좋은 기업 중 하나가 되었다.

포르쉐는 늘 예상치 못한 발전을 이룩해왔다. 대표적인 예는 포르쉐의 플래그십인 911 모델에서 찾아볼 수 있다. 911 모델은 1964년 9월에 처음 공개된 뒤 몇십 년간 계속해서 다양한 진화 단계를 거쳤다. 그 과정에서 우리는 원래의 모습과 콘셉트를 계속 유지하면서도 드라마틱한 성능 개선을 이룩한 자동차, 그러면서 진정한 스포츠 쿠페의 재미와 즐거움도 그대로 유지한 자동차를 볼 수 있었다. 처음 소개된 해에도 그랬지만, 포르쉐 911 모델을 소유하는 건 모든 자동차 애호가의 꿈이 되었다.

21세기 중반을 향해 나아가고 있는 지금, 포르쉐는 하이브리드 자동차와 전기 자동차 분야에서도 계속 발전을 이루며 여전히 최첨단 기술을 지향하고 있다. 1968년 카레이서 피터 그레그가 일리노이주에서 온 한 촌놈이 주차장 오토크로스autocross*에서 자신을 꺾으리라곤 전혀 예측하지 못했듯, 초창기 포르쉐에 몸담았던 그 누구도 포르쉐가 수십 년간 레이스카와 로드카 분야에서 이렇게 놀라운 업적을 거두리라곤 예측하지 못했을 것이다. 내가 그 놀라운 역사의 일부라는 사실이 내겐 더없는 자랑이요 영광이다.

시작하며

1900년형 로너-포르쉐 합작 소형 자동차 페르디난트 포르쉐의 이 소형 자동차는 양쪽 프런트 휠 허브에 들어 있는 전기 모터로 동력을 얻었다. 최대 출력은 2.5마력과 3.5마력 사이이고 제어 기능은 아주 간단했으며, 켜고 끄는 장치에 시속 32km까지 달릴 수 있는 속도 조정기가 추가되어 있었다. 무게는 970kg이었다.

역사는 돌고 돈다. 포르쉐는 자동차를 부분적으로든 전면적으로든 전기화하려고 지속적으로 노력하고 있다. 이는 1980년대 말에 전기 및 배터리와 관련해 페르디난트 포르쉐Ferdinand Porsche가 처음 기울였던 노력을 떠오르게 한다. 일부 역사학자는 페르디난트를 향해 그의 정신에는 전기가, 그리고 피에는 전류가 흐를 것이라고 말했다. 그러나 당시의 기술 수준은 많은 업적을 이룬 21세기에 비해 무려 100년 넘게 뒤처져 있었다. 1900년대 초의 배터리는 오늘날의 배터리보다 훨씬 무겁고 수명도 더 짧았다. 결국 현실적인 문제에 부딪혀 페르디난트는 자신의 초창기 자동차에 100퍼센트 전기 동력을 쓰는 걸 포기하는 대신 내연기관을 썼다. 처음에는 전기로 움직이던 그 자동차들은 다시 예전 상태로 돌아갔다. 이후 거의 90년간 페르디난트와 그의 아들 페리Ferry는 휘발유를 사용하여 안정적이고 강력하며 경제적으로 더 잘 달리는 자동차를 생산했다.

페르디난트 포르쉐는 자신의 자동차를 몰고 레이스에 참가하는 게 도움이 된다는 걸 처음부터 알고 있었다. 그와 그의 직원들은 달력에 표시된 레이스 날짜를 보고 일하면서 동기부여를 받았다. 다른 자동차 제조업체들과 경쟁하며 성취하고 뛰어넘어야 할 기준을 세우고, 시간을 다투는 경쟁 끝에 우승을 차지하면 대중의 관심까지 끌 수 있었다. 이는 병적인 자기중심주의와는 달랐다. 페르디난트는 함석공이었던 아버지가 일하는 모습을 지켜보면서 몇 가지를 깨달았다. 고객은 가격이 적절한 제품과 서비스를 찾고 있으며, 기업은 직원들에게 급여를 주고 미래의 발전을 위해 쓰는 데 수입, 즉 매출이 필요하다는 점이었다. 그런 의미에서 자동차 제조업체가 레이싱에서 성공을 거둔다는 건 여러모로 바람직한 윈-윈 상황이었다. 심지어 보너스도 있었다. 레이싱에 참가하여 미래의 시리즈 생산용 도로 주행 자동차와 부품을 제대로 시험할 수 있으니 말이다. 디스크 브레이크와 안전벨트는 레이스카에서 로드카로 가져온, 가장 근본적으로 개선된 부품이라고 할 수 있다.

페르디난트의 초창기 노력부터 그의 아들 페리가 1948년에 자동차 제조 기업을 설립할 때까지, 레이스카는 포르쉐의 사업에서 늘 로드카 못지않게 중요한 위치를 차지했다. 독자들도 곧 알게 되겠지만, 이 책의 전체 30개 장 가운데 15개 장이 레이싱에 관한 내용이다. 왜냐하면 레이싱은 지난 75년간 포르쉐가 고객에게 제공하는 로드카와 레이스카 모두에 직접적인 영향을 주었기 때문이다.

2017년형 919-하이브리드 LMP1 쿠페 포르쉐의 919-하이브리드 모델은 두 가지 장치에서 동력을 얻었다. 하나는 90도 각도인 배기량 2리터짜리 싱글-터보 4기통 엔진으로 최대 출력이 500마력이었고, 다른 하나는 배터리 팩인데 '회복된' 에너지를 운동 에너지로 바꿔 전기 모터를 돌림으로써 추가로 400마력을 디퍼렌셜*을 통해 앞바퀴로 전달했다. 이 자동차는 르망 24시간 레이스에서 평균 시속 208.2km로 5001km를 완주했다. 무게는 875kg이었다.

1938-1940

폭스바겐 비틀을 몰고 로마까지 레이싱을?

Typ 60과 64

1899년 오스트리아 빈의 자동차 제조업체 로너Lohner에서 사회생활을 시작한 젊은 페르디난트 포르쉐에게는 야망이 있었다. 부유한 귀족 고객층을 위한 자동차를 만드는 걸 상상했을 뿐 아니라 일반인을 위한 값싼 소형차를 만들 생각까지 했던 것이다. 그러나 이런 비전을 몇몇 사람과만 공유했다. (페르디난트와 헨리 포드 중 누가 먼저 그런 아이디어를 냈는지는 알 길이 없다. 다만 1899년에 페르디난트는 스물네 살이었고, 헨리 포드는 서른여섯 살이었다. 또 그 무렵 헨리 포드의 첫 '자동차' 나이는 일곱 살이었다.) 그의 아이디어에 귀 기울여주는 사람들이 나올 무렵에 페르디난트는 이미 다섯 번이나 해고당했고, 그 다섯 회사를 위해 소형차 시제품 5개를 만들었다. 결국 그는 자신이 선택한 사람들만 위해서 일할 수 있는 회사를 직접 설립하기로 결심했다.

그는 1931년 1월에 독일 슈투트가르트에서 회사를 설립했고, 곧바로 일거리가 생겼다. 자동차 모델을 구분할 때 각 모델에 일련번호를 붙이는 방식을 택하여 'Typ* 7'부터 제작했다. 이는 고객으로 하여금 자신들이 이미 다른 모델을 만든 적이 있다고 생각하게 만들려는 전략이었다. 고객이 찾아왔고, 페르디난트는 계속 소형차를 제작하려고 애썼다. 그러나 정작 그런 소형차를 받아들일 고객이 생겨난 건 독일에서 자동차 관련 정책이 바뀐 뒤였다.

1939년형 포르쉐 Typ 64 쿠페 포르쉐는 1939년 10월에 베를린에서 로마까지 달리기로 예정된 오픈-로드 레이스를 위해 이 모델 3대를 디자인하고 조립했다. 그러나 그 레이스는 열리지 않았다. 제2차 세계대전 후에 오스트리아의 오토 마테(Otto Mathé)가 세 번째로 제작된 이 자동차를 구입해 1950년대 초에 레이스에 참가했다.

엔지니어들이 계속 바삐 일할 수 있도록 페르디난트 포르쉐는 1932년 독일 오토바이 제조사 췬다프Zündapp를 위해 '국민차'인 Typ 12를 제작했고, 독일 자동차 제조업체 NSU를 위해서는 비슷한 Typ 32를 제작했으며, 그사이에도 계속 다른 모델을 제작했다. Typ 22는 최신 규정에 맞춰 디자인된 레이스카인데, 그 덕에 그는 독일의 새로운 수상 아돌프 히틀러Adolf Hitler를 만날 기회를 수차례 얻었다. 그러나 1934년 1월에 그는 현지 신문에 일종의 개인적인 인생 목표 선언인 '진술Exposé'을 게재해 훗날 나오게 될 독일 국민차, 즉 폭스바겐Volkswagen(독일어 발음은 폴크스바겐이며 영어의 people's car에 해당함)에 대한 자신의 아이디어를 대중에게 공개했다.

그 무렵 자동차 엔지니어 페르디난트 포르쉐는 로너, 오스트로-다임러Austro-Daimler, 다임러-벤츠Daimler-Benz, 슈타이어Steyr 같은 자동차 제조사를 총괄 지휘하고 있었다. 그는 거의 독학으로 그 자리에 올랐다. 그의 폭스바겐 아이디어는 당시 가격으로 약 250달러(1000라이히스마르크)에 판매되는 국민차를 생각하고 있던 히틀러의 관심을 끌었다. 페르디난트는 그 가격으로 히틀러의 새로운 고속도로 아우토반Autobahn을 시속 100km 속도로 꾸준히 달릴 만큼 출력을 내는 4인승 국민차를 만드는 건 불가능하다는 사실을 잘 알고 있었다. 게다가 그 국민차는 유럽에서 가장 가파른 산길도 오를 수 있어야 했다. 그는 차 가격이 375달러(1500라이히스마르크)는 되어야 한다고 생각했다.

곧이어 끝없는 논쟁과 수많은 디자인이 쏟아졌다. 페르디난트는 새로운 국민차에 기존 방식과는 다른 공랭식 4기통 엔진을 장착하자고 주장했는데, 공랭식은 수랭식과 달리 공기가 얼지 않기 때문이었다. 또 엔진을 뒤쪽에 장착함으로써 겨울에 눈 쌓인 도로에서 견인력traction power•을 극대화할 수 있었다. 포르쉐의 기술 디자인 엔지니어 칼 프뢸리히Karl Frohlich는 간단한 섀시와 두고두고 사용할 수 있는 보디를 디자인했다. 그리고 이는 포르쉐 Typ 60의 토대가 된다.

그 디자인 회사는 규모가 작았다. 페르디난트는 자기 가족이 사는 집의 널찍한 차고를 제공했는데, 그 집은 다임러-벤츠사와의 계약 기간에 구한 것이었다. 그리고 1935년 7월, 그 차고에서 마침내 V1이란 이름의 첫 번째 시제품이 나왔다. 포르쉐에 엄청난 압박이 가해졌다. 히틀러는 1936년 2월 15일에 열리는 베를린 모터쇼 때 국민차가 독일인에게 공개되길 바랐다. 초창기의 각종 문제와 신뢰성 문제까지 겹치면서 기한에 쫓기는 압박감은 더욱 거세졌다.

게다가 예상외로 다른 데서도 국민차와 관련된 아이디어가 나왔다. 독일 다임러Daimler사는 각종 디자인을 제시했고, 헨리 포드는 자신의 독일 쾰른 공장을 통해 유럽판 모델 T 디자인 작업에 끼어들었으며, 독일 오펠Opel사는 1400라이히스마르크짜리 소형차 제작 계획을 발표했다. 그 바람에 정치적 공방이 한층 치열해졌다.

그런 와중에도 포르쉐의 새로운 보디 엔지니어 에르빈 코멘다Erwin Komenda는 Typ 60 K, 60 K3, 60 K4(여기에서 K는 '작은'을 뜻하는 독일어 klein을 나타냄) 등의 모델명을 붙여 조금 더 작은 일련의 보디를 디자인했다. 그리고 다른 자동차 엔지니어와 제작자는 두 번째 시제품인 K2를 토대로 카브리올레cabriolet• V2 모델을 제작하기 시작했다. 페르디난트의 아들 페리는 그 모델로 1935년 11월에 테스트를 시작했다. 60 K5 모델은 시제품 V3가 되었다.

1935년 12월에 포르쉐가 V1 모델을 뮌헨까지 가져가서 히틀러에게 보여주자 이후 자동차 제조사 간의 경쟁은 더욱더 치열해졌다. 폭스바겐 역사 전문가 크리스 바버Crhis Barber에 따르면, 당시 포르쉐는 독일 자동차 산업 협회인 RDA에 굳이 모든 과정을 알리려 하지 않았다. 그 바람에 RDA는 포르쉐가 자신들이 요구하는 요건을 충족시키지 못했을 뿐 아니라 '국민차 제조를 위해 특별히 건설될 거대한 공장의 기술 감독 역할을 하려는 꿈을 꾸고 있다'며 포르쉐를 비난했다고 한다.

당시 포르쉐 측에서는 RDA의 검사를 받으려고 V1과 V2를 끌고 베를린으로 갔다. 독일 최대 자동차 제조업체들은 그 두 모델의 실내가 아주 널찍하다는 사실에 놀랐지만, 다소 급진적인

1939년에 완성된 포르쉐의 두 번째 Typ 64 이 모델은 레이스에 참가하지 않아 개발 모델이 되었고, 1941년에는 엔지니어들이 헤드라이트와 라디오에 검은색 커버를 씌웠다. 이 모델은 수많은 변화와 개조를 거쳤는데, 안타깝게도 당시의 실험 기록은 거의 남아 있지 않다.

1939년에 조립된 카레이서 오토 마테의 Typ 64 레이스카가 1952년 크렘스-아우토스트라센 룬드레넨 레이스에서 출발선에 서 있다. 1939년형 BMW Typ 328 옆에서 예상 치 못한 대조를 이루고 있다. 오토 마테의 차 번호판 맨 앞의 T는 당시 그가 살았던 오스트리아 지역 티롤(Tyrol)을 나타낸다.

'공기역학적' 보디 디자인에 대해서는 의문을 표했다. 그러니까 그들은 독일 자동차의 전통을 잇는 국민차를 기대했던 것이다. 그러면서 최종적으로 그들은 그런 정도의 자동차라면 그 누구도 기대 가격에 맞게 비용을 줄여 충분한 수를 제작하긴 힘들 거라고 여겼다.

동료 엔지니어든 임원이든 가리지 않고 바보 같은 사람에 대해선 가차 없이 까는 걸로 유명한 엔지니어 페르디난트 포르쉐는 외교와 논쟁, 홍보 측면에서 완전히 새로운 교육을 받아야 했다. 그리고 9개월 내내 자신의 결정을 설명해야 했고, 근거 있는 비판을 받아넘기며 사람들의 소소한 질투에도 맞서야 했다. 그 와중에도 그의 직원들은 V1과 V2를 계속 테스트하는 동시에 V3 개발 작업을 이어나갔다. 그리고 자동차 테스트에 나선 이는 대개 페르디난트의 아들 페리였다.

V3 시리즈 자동차는 당시 포르쉐의 레이스카 Typ 22가 그랑프리Grand Prix 레이스에서 포르쉐 오토 유니언Auto Union 레이싱 팀 이름으로 레이스에 참가하고 있던 이탈리아 몬차 지역까지 달리는 등 더 오랜 테스트를 거쳤다. 또 V3 모델들은 수시로 오스트리아까지 들어갔다가 되돌아오는 루트를 달렸다. 그리고 이 모델들의 목적지는 종종 영향력 있는 한 의사결정자나 다른 의사결정자에게 보여주려 한다는 정치적인 이유로 결정됐다. 한 목적지에 방문했을 때는 군 관계자들이 정비공들에게 자동차 보

오토 마테가 아주 험난한 1950년 오스트리안 알펜파르트(전설적인 오스트리아 고산 랠리)에서 몇 차례 수리 기회가 왔을 때 자동차 뒤쪽에 쪼그려 앉아 있다. 세계대전 전에 오토바이 충돌 사고로 오른쪽 팔을 잃은 오토 마테는 그 랠리에서 이 자동차를 몰고 해당 부문에서 우승을 차지했다.

디를 완전히 탈거해 자신들이 다른 보디를 장착할 수 있는지 알아볼 수 있게 해달라고 요청하기도 했다. 각 자동차는 테스트하느라 5만 km씩 달렸다. 가장 오래 걸린 테스트는 73일간이었으며, 하루 평균 685km씩 달렸다. 페르디난트는 결국 다음 테스트에 대한 승인을 받았으며, W30으로 명명된 시제품 30대가 총 200만 km를 달리게 됐다.

1973년 말에 페르디난트 포르쉐는 자신의 W30 모델을 보내 추가 테스트를 받았다. 그리고 당시 그의 오토 유니언 레이싱 팀은 네 번째 시즌을 끝내가고 있었다. 1934년 시즌에 Typ 4(P-Wagen으로 불림) 모델로 시작해 1935년 시즌에는 Typ B 모델로 달렸고, 1936년과 1937년 시즌에는 Typ C 모델로 우승가도를 달렸다. 그러나 페르디난트는 딴생각을 하고 있었다. 그가 도착하고자 했던 목적지는 자신의 목적에 부합하는, 즉 스피드가 아주 빠른 자신만의 자동차였다.

히틀러는 자동차 레이싱을 무기화했다. 독일 국민의 마음을 사로잡고 다른 모든 나라에서 온 경쟁업체를 압살하려고 독일 오토 유니언 레이싱 팀의 '실버 피시Silver Fish' 대 독일 메르세데스-벤츠의 '실버 애로우Silver Arrows'의 경쟁에 막대한 자금을 쏟아부은 것이다. 각 레이싱 팀의 달력에는 독일과 유럽 그리고 전 세계의 최고 속도 기록을 경신한 날짜가 표시되고 있었다. 그런 측면에서 두 팀은 순조롭게 나아가고 있었다. 그런데 폭스바겐 역사 전문가 크리스 바버가 자신의 책 《비틀의 탄생Birth of Beetle》에서 한 말에 따르면, 당시 포르쉐는 다른 꿈도 꾸고 있었다. 국민차 콘셉트가 아주 조금 반영된 자동차를 그리고 있었던 것이다.

포르쉐의 보디 엔지니어 에르빈 코멘다의 후배 프란츠 사바 라임스피스Franz Xaver Reimspiess와 그의 조수 칼 프뢸리히는 미래의 비틀Beetle이라 할 수 있는 Typ 114와 Typ 116 모델을 디자인했는데, 그 모델들은 표준 쿠페형보다 조금 더 길었다. 마치 목재로 만든 실물 크기의 모델 중 하나가 햇빛을 받아 녹아내린 듯했다. 포르쉐의 직원들은 곧 그 모델에 'F-바겐F-Wagen'이란 애칭을 붙였다. 또 그들은 더블 오버헤드 캠샤프트로 흡입 밸브와 배기 밸브를 작동시키는 알루미늄-블록 방식 수랭식 10기통 엔진을 생각해냈는데, 그 엔진은 오토 유니언 레이싱 팀에서 가져온 것이었다. 놀랄 일도 아니지만, 페르디난트 포르쉐는 다시 정치적

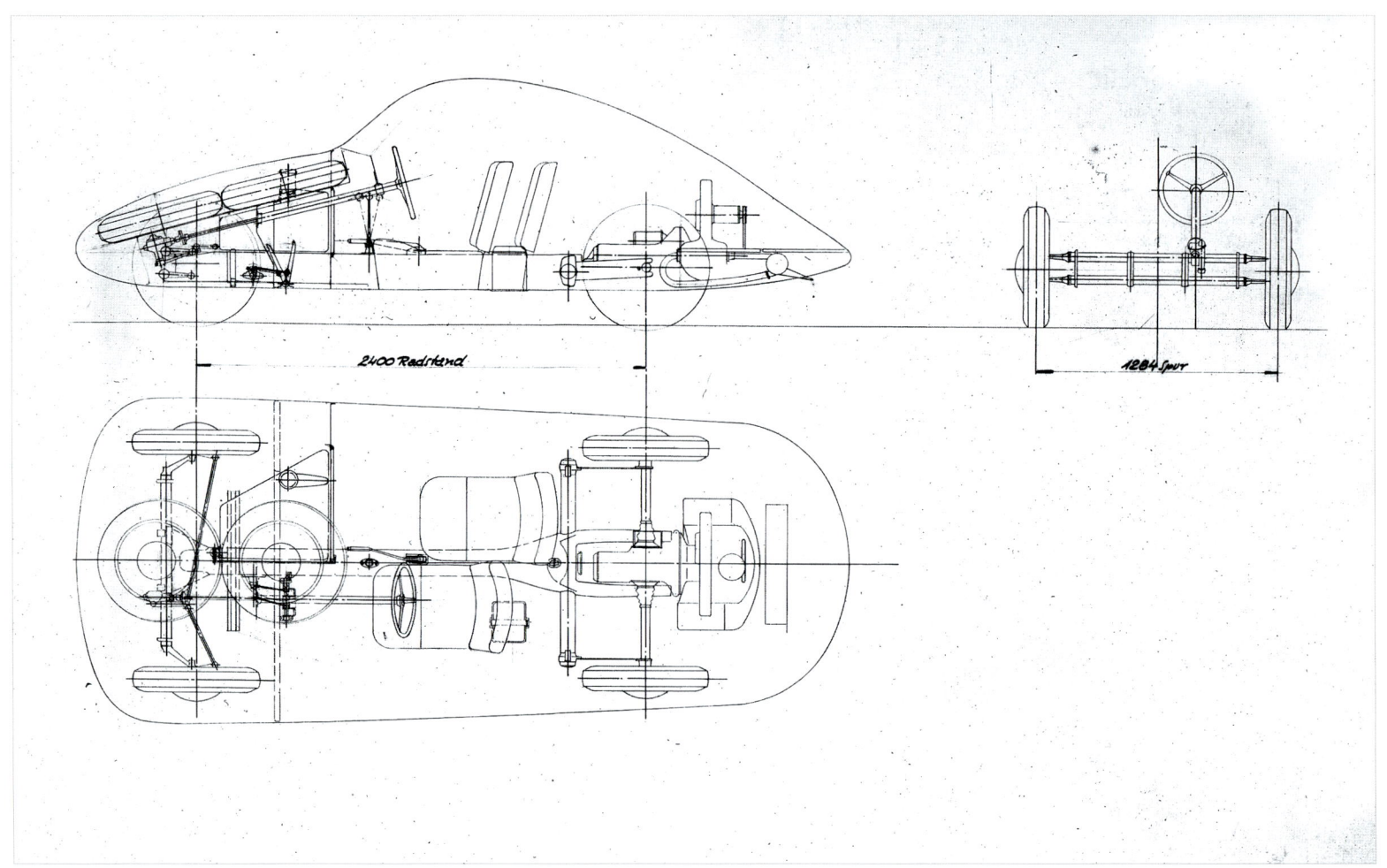

포르쉐의 엔지니어들이 'Typ 60 K10 레코르트바겐(Rekordwagen)'이라고 부른 모델의 최초 도면. 이것이 훗날 Typ 64 모델이 된다. 휠베이스는 2400mm이며, 시제품 폭스바겐 비틀의 휠베이스와 똑같았다. 포르쉐의 엔지니어 칼 프뢸리히는 성인 두 명이 앉아도 될 만한 시트를 가진 소형차를 디자인했다.

인 문제들에 직면하게 된다.

페르디난트 포르쉐와 그의 회사는 '육상 최고 속도 기록을 보유한 그 국민차'를 개발하거나 조립할 여건이 안 됐기에 정부 지원을 받아야 했다. 그러나 각종 부품값을 지불하고 모든 국민차를 조립할 노동자를 공급해줄 전국 노동 단체의 입장에서는 한정 생산될 스포츠카 개발을 정당화할 순 없었다. 페르디난트 포르쉐는 자기 직원들이 국민차용으로 디자인한 수백 가지 부품을 정부에서 구입할 수 없다는 걸 알게 됐다. 그건 정부 재산을 사적인 용도로 파는 행위이므로 불가능한 일이었다.

포르쉐를 거부한 노동 단체 지도자들은 또 다른 플래그십 자동차 개발의 이점을 알고 있었다. 그리고 뜻밖에도 독일 팔러스레벤(1945년에 볼크스부르크로 개명) 근처에 자동차 수만 대를 조립하고 생산을 관리할 대규모 공장을 건설하고자 새로 설립된 관리회사 폭스바겐베르크 AG Volkswagenwerk AG가 포르쉐에 바로 그런 자동차를 개발해달라고 요청했다.

1938년 초에 페르디난트는 히틀러가 임명한 자동차 관련 업무 책임자 아돌프 휜을라인 Adolf Hühnlein 소령에게 접근했다. 크리스 바버에 따르면, 두 사람은 많은 그랑프리 레이스에 함께 참가하면서 서로 잘 알게 되었으며, 당시에 아마도 '국민차 폭스바겐 개발 문제가 어떻게 진전되고 있는지와 독일 정부가 그 차의 레이싱 잠재력에는 관심이 없다는 사실'에 대해 얘기를 나눴으리라 짐작된다. 그로부터 채 몇 개월도 지나지 않아 아돌프 휜을라인은 1939년 9월 초에 베를린에서 로마에 이르는 총 1500km 거리의 레이스를 개최할 거라고 발표했다. 준비 기간이 1년이나 되어 누구든 관심을 보일 만한 레이스였다. 그는 베를린에서 뮌헨까지 깔린 독일의 새로운 아우토반을 이용해 오스트리아를 거쳐 브레너 고개를 통해 알프스를 넘어가는 레이스를 꿈꾸었다. 피렌체와 로마를 연결하는 옛 로마 도로 7개를 따라 남부로 달리는 것이 그 레이스의 마지막 구간이었다.

곧 생산될 국민차 폭스바겐에 대한 이론적 엔지니어링을 끝낸 뒤 포르쉐의 엔지니어들은 폭스바겐 레이스카 작업에 착수했다. 표준적인 폭스바겐의 엔진은 배기량 3500cc짜리 공랭식 수평 4기통 엔진에서 23.5 제동마력의 출력을 냈다. 그러나 그들은 밸브 크기를 키우고 엔진 압축비를 올림으로써 출력을 3500rpm에서 32 제동마력까지 올렸다. 그 결과 계산상 이론적으로 최고 속도를 시속 152km까지 내게 됐다. 정비공들은 1939년 여름에 자동차 3대를 조립하기 시작했다. 슈투트가르트 지역의 보디 제작업체 로이터 카로세리 Reutter Karosserie는 거의 밤낮

Typ 64 모델 3대 가운데 첫 번째 모델이 포르쉐 빌라 가든의 그늘에 서 있다. 포르쉐의 오리지널 콘셉트 카에는 새롭게 디자인된 합금 10기통 엔진에 공랭식 냉각 장치와 카뷰레터 3대가 장착되어 있었다. 그러나 레이스가 취소되자 포르쉐 엔지니어들이 개조된 폭스바겐 엔진을 장착해 출력이 33마력이 됐다. 첫 번째 모델의 무게는 615kg이었다.

없이 일해 박막 알루미늄을 이용한 보디를 완성했다. 그 자동차들은 Typ 60 K10으로 불렸고, 표준적인 폭스바겐 휠베이스를 갖게 됐다. 그 무렵 첫 번째 Typ 60 K10은 Typ 64로 모델명이 바뀐 채 레이스를 14일 앞둔 1939년 8월 19일 출시되었다.

그러다가 또다시 정치적인 요소가 끼어들었다. 1939년 9월 1일 금요일 동트기 전에 독일 공군이 폴란드의 비엘룬을 폭격했으며, 동시에 폴란드 단치히(오늘날의 그단스크) 지역을 예방 중이던 독일 구축함이 그 지역의 수비대를 포격했다. 한 시간 후 히틀러는 자신의 모든 군대를 향해 연설했다. 그리고 이렇게 선언했다. "폴란드는 내가 바라던 평화적인 합의안을 거부했으며…… 이런 미친 짓을 끝내기 위해 이제부터 폭력에는 폭력으로 맞서는 것 외에 다른 선택이 없다."

진짜 미친 짓은 이제 시작됐을 뿐이었다. 오후 9시에 영국은 독일을 향해 폴란드에서 철수할 것을 요구했다. 독일에서 별다른 응답이 없자, 영국 총리 네빌 체임벌린 Neville Chamberlain은 BBC 시청자에게 '영국은 9월 3일 일요일 오전 11시 15분부로 독일을 향해 선전포고를 한다'고 전했다. 마침 그날은 페르디난트 포르쉐의 64번째 생일이었다.

참고로, 포르쉐는 다른 Typ 64 모델 2대도 완성했다. 총 3대 중 1대는 노동 관계자에게 제공했는데, 그는 곧 광란의 질주 끝에 그 차를 박살내버렸다. 다른 2대는 포르쉐의 집에 보존됐고, 그중 1대는 페르디난트 포르쉐가 자가용으로 이용했다. 그의 운전기사는 그를 태우고 사방팔방 돌아다녔고, 결국 다른 독일 정부 기관들은 포르쉐의 엔지니어링 기술을 써먹을 다른 프로젝트를 찾아냈다.

1946-1960

2

잠깐! 피에로 듀시오가 몸값을 지불한다고?

Typ 360 치시탈리아 그랑프리 자동차

페르디난트 포르쉐와 마찬가지로 피에로 듀시오 Piero Dusio도 아주 야심만만한 인물이었다. 제2차 세계대전 전에 그는 이미 성공한 직물 세일즈맨이었다. 그의 기업 중 하나는 이탈리아의 여러 스포츠 팀을 위해 유니폼을 제작하고 있었다. 1899년에 태어난 그는 스물일곱 나이에 이미 이탈리아 최초의 유포* 제조업체를 소유했다. 그러다가 자동차에 빠져들었고, 서른여섯 살에 자신의 마세라티 Maserati 자동차를 몰고 모나코의 몬테카를로에서 레이싱에 데뷔했다. 제2차 세계대전이 일어나 레이싱이 중단되었지만, 그는 이탈리아의 모든 군인이 입을 군복을 제조하는 계약을 따내 오히려 돈방석 위에 앉게 됐다. 그러나 자동차에 대한 애정은 식지 않았고, 1946년 초에 피에로 듀시오가 자신이 직접 디자인한 오픈 휠 카 open-wheel car* D46(Dusio 1946년이라는 뜻)을 몰고 레이싱에 참가할 거라는 소문이 퍼졌다. 듀시오와 그의 친구들은 1944년 겨울에 그의 주방 테이블에서 그 자동차를 디자인해 자신들의 꿈을 이루었다. 그리고 1946년 9월 3일 토리노에서 이탈리안 코파 브레지 Coppa Brezzi 레이스가 재개되자 피에로 듀시오는 D46 모델 7대로 구성한 레이싱 팀을 이끌고 배기량 1100cc와 1500cc 부문 레이스에 참가했다. 당시 그의 팀원은 대부분 이탈리아 최고의 카레이서였다. 그는 자신의 자동차를 치시탈리아 Cisitalia라고 불렀는데, 자기 회사 이름인 Compagnia

이탈리아 그랑프리 레이싱 스타 타지오 누볼라리가 피에로 듀시오의 드림 카에 탄 채 비장한 표정을 짓고 있다. 그 자동차는 누볼라리에게도 드림 카가 되었으며, 치시탈리아의 소유주 듀시오가 더는 자금을 지원하지 못하게 되자 두 사람 모두 크게 상심했다.

자동차 크기는 요즘 자동차와 비슷해 휠베이스가 2600mm였고, 프런트 트랙과 리어 트랙은 1300mm였다. 피렐리 코르사 타이어를 썼는데, 규격은 앞쪽이 5.50×18, 뒤쪽은 6.00/7.5×18이었다.

Industriale Sportiva Italia의 줄임말이었다.

레이스에서 타지오 누볼라리Tazio Nuvolari는 그 자동차 중 하나를 몰고 레이싱 역사를 새로 썼다. D46 모델은 타고 내리기 쉽게 틸트-업 핸들이 장착되어 있었으며, 그것이 스티어링 칼럼steering column(조향축이라고도 함)에 부착된 크로스바에 힌지hinge로 연결되어 있었다. 그런데 처음 한 바퀴를 돌았을 때 그 힌지가

Typ 360 모델에서 운전자의 자리는 휠베이스 중간에서 조금 앞쪽이었고, 엔진은 바로 그 뒤에 자리 잡았다. 포르쉐 엔지니어들은 몰리브데넘-니켈-크롬 합금 튜브로 섀시를 만들었고, 마그네슘 합금으로 다양한 주물을, 그리고 마그네슘 합금인 일렉트론으로 차체용 판을 만들었다.

부러지는 바람에 핸들이 타지오 누볼라리의 손에서 빠져나갔다. 그는 나머지 구간을 크로스바를 이용해 운전했으며, 천천히 걷는 속도로 간신히 자신의 피트pit*에 도착했을 때 화난 표정으로 떨어져 나온 핸들을 수리공들에게 내던지고는 고래고래 소리를 질렀다. 치시탈리아에는 배기량 1100cc짜리 단순한 피아트Fiat 엔진이 장착됐는데, 그중 여러 개가 레이스가 끝나기도 전에 고장 났다. 그런데도 결과적으로 우승한 이유는 그가 최고의 드라이버여서도, 그의 자동차가 특별히 잘 정비되어서도 아니었다. 다만 그는 초보자였기에 최대한 조심조심 운전했던 것이다.

군복을 수백만 벌 제작해 막대한 돈을 번 피에로 듀시오는 자신의 꿈을 이루는 데 필요한 자원을 갖게 됐다. 그래서 1948년 파리 모터쇼에 맞춰 아주 매력적인 패스트백fastback* 쿠페를 내놓았다. 여전히 피아트 엔진과 강철 튜브 프레임에 맞는 구동계가 사용된 모델이었다. 피에로 듀시오의 친구 바티스타 '피닌' 파리나Battista 'Pinin' Farina가 디자인한 그 자동차는 202 모델로 불렸는데, 공개되기 무섭게 사람들의 관심을 끌었다. 여배우 잉그리드 버그먼Ingrid Bergman과 그녀의 남편인 영화감독 로베르토 로셀리니Roberto Rossellini도 1대 구입했고, 헨리 포드 2세Henry Ford II는 쿠페형 1대와 카브리올레형 1대를 주문했다.

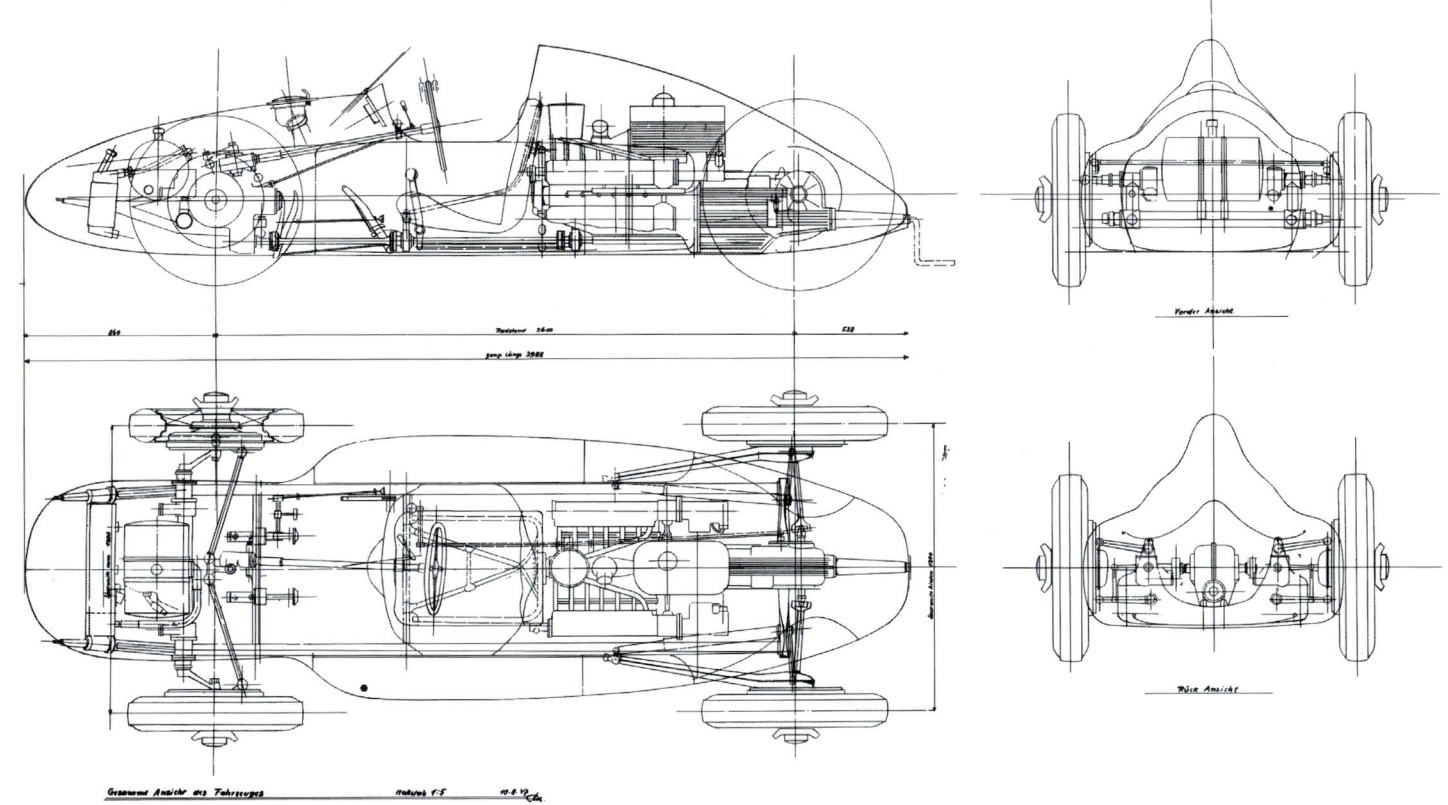

페리 포르쉐의 엔지니어들은 폭스바겐 타입의 트레일링-암 독립 프런트 서스펜션을 채택했고, 유압식 쇼크 업소버와 미끄럼 방지 막대가 딸린 버팀막대(radius arms)를 이용하는 독립 리어 서스펜션을 디자인했다.

이에 피에로 듀시오의 자부심은 커졌고 그의 꿈 또한 확장되었다. 그러다 1950년에 국제자동차연맹FIA은 그랑프리 레이싱 규정을 바꿨고, 가장 권위 있는 레이스 이름도 포뮬러 원Formula One으로 바꿨다. 피에로 듀시오는 그 레이스에 참가하고 싶어 했다.

제2차 세계대전이 끝나면서 많은 독일인이 이탈리아로 이주해 새로운 삶을 시작했다. 그들 중 한 사람인 자동차 마니아 칼 아바르트Karl Abarth는 새집으로 이사하면서 이름을 카를로 아바르트Carlo Abarth로 바꿨다. 그는 다른 몇 사람과 함께 토리노에 정착했는데, 바로 피에로 듀시오가 자신의 그랑프리 레이스용 자동차를 만들어줄 최고의 디자이너를 찾기 위해 도움을 청한 이들이었다. 그러자 한 디자이너의 이름이 떠올랐다. 바로 페르디난트 포르쉐였는데, 당시 그는 자신의 오토 유니언 레이싱 팀을 이끌고 이탈리아 몬차 지역과 북아프리카 트리폴리의 이탈리아 구역에서 레이스에 참가하고 있었다.

그러나 페르디난트 포르쉐는 피에로 듀시오를 도울 여력이 없었다. 독일은 전쟁을 일으키면서 페르디난트를 수석 엔지니어로 지명했고, 그와 그의 자문위원들은 히틀러의 이른바 '제3제국Third Reich(히틀러 치하의 독일)'을 위해 거대한 탱크와 대포를 비롯해 많은 무기 프로젝트에 관여하게 됐다. 휴전 협정이 조인된 뒤 프랑스 정부는 페르디난트에게 연락해 자신들의 자동차 산업을 부흥시키는 데 도와달라며 만남을 요청했다. 적어도 그들이 그에게 한 얘기는 그랬다. 그러나 그들은 페르디난트를 프랑스 점령지인 독일 바덴바덴으로 유인한 뒤, 곧바로 그와 그의 사위이자 포르쉐의 고문 변호사인 안톤 피에히Anton Piech를 전쟁 범죄 혐의로 체포했다. 피에로 듀시오가 페르디난트에게 접근한 시기는 바로 이렇게 두 사람이 체포되어 프랑스 전역의 이 감옥 저 감옥을 전전할 때였다.

편지를 주고받으면서 피에로 듀시오의 바람과 목표 그리고 지불 능력이 명확해졌다. 그리고 1946년 12월, 페르디난트 포르쉐의 아들 페리 포르쉐와 페르디난트의 사무실 관리자 칼 라베Karl Rabe가 군 당국으로부터 이탈리아 여행 허락을 받았다. 두 사람은 피에로 듀시오의 치시탈리아 운영에 깊은 감명을 받았고, 슈투트가르트로 돌아온 뒤 피에로 듀시오의 새로운 포뮬러 원 자동차 디자인 작업을 시작한다는 계약을 맺었다.

새로운 모델의 이름은 Typ 360이었다. 그 모델은 동일한 계약에서 도로 주행용 쿠페(포르쉐 Typ 370), 맞물림식 변속기(Typ 380), 농업용 트랙터, 전기 발전 터빈을 비롯한 다른 치시탈리아 콘셉트를 따랐다.

아버지 페르디난트 포르쉐가 아직 투옥 중인 상황에서 페리의 직원들은 Typ 360의 섀시와 서스펜션 엔진, 구동계 등을 디자인하면서 아주 큰 성공을 거둔 자신들의 오토 유니언 그랑프리 자동차에서 여러 요소를 취했으며, 한 가지 중요한 특징을 추가했다. 4륜구동 방식 레이스카로 만들어 강력한 엔진 출력이 지면까지 더 잘 전달되게 한 것이다. 또 폭스바겐의 수평 대향 실린더 엔진 같은 12기통 '박서boxer' 엔진을 장착해 총 엔진 배기량은 1492cc가 되었다. 실린더당 1개씩 웨버 카뷰레터 2개와 활차형 슈퍼차저 2개를 장착해 1만 2000rpm에서 400 제동마력의 출력을 냈다. 이 레이스카의 보디는 포르쉐의 보디 엔지니어 에르빈 코멘다가 모든 오토 유니언 레이스카의 디자인 작업을 하면서 익힌 것들을 토대로 제작됐다.

그 시기에 페리와 그의 누나 루이제 피에히Louise Piech는 프랑스 당국과 수시로 접촉하면서 아버지와 남편의 석방을 위해 동분서주하고 있었다. 포르쉐 가문이 볼 때 페르디난트에게 씌워진 혐의는 다 허위이며, 모든 게 부유한 가문을 상대로 배상금을 뜯어내려는 시도임이 점점 더 명확해졌다. 카를로 아바르트는 레이싱 분야에서 꽤 영향력이 있었는데, 제2차 세계대전 전에 프랑스에서 레이싱을 하면서 알게 된 사람들을 통해 페르디난트와 안톤을 석방하려면 100만 프랑스 프랑을 지불해야 한다는 사실을 알게 됐다. 마침 피에로 듀시오에게서 첫 번째 계약금이 들어오면서 포르쉐 가문은 상당한 돈을 쥐게 됐다.

연합군은 여전히 페르디난트를 요주의자로 보았기에, 그들은 일종의 가택 연금 형태로 그를 석방해 오스트리아 키츠뷔헬의 한 호텔에서 지내게 했다. 손님을 맞는 건 허용됐지만, 여행을 할 수 있게 되기까지는 몇 개월이 더 걸렸다. 그래서 페리와 루이제와 칼 라베가 그를 찾아가 각종 도면을 보여주었고, 치시탈리아와의 계약 건에 대해서도 자세히 전했다. 페르디난트는 평소처럼 말없이 한동안 도면을 살펴봤다. 그리고 마침내 고개를 들고 자기 생각을 얘기했다. "내가 이 주문을 받았다고 해도, 나 역시 아마 자네들과 똑같이 처리했을 거야." 페리는 나중에 당시 아버지가 한 이 말을 회상한 적이 있다. 아버지의 칭찬에 목말랐던 그에게 그보다 큰 칭찬은 없었다.

한편 늘 비전을 품고 살던 피에로 듀시오는 멀리 떨어진 아르헨티나에서 자신의 미래를 보았다. 그래서 자기 회사의 절반을 바다 건너로 옮겼고 토리노에 남겨둔 것은 아들에게 관리를 맡겼다. 듀시오의 야망에 따라 국제화된 그의 회사 운영 때문에 자금은 바닥났고, 페리와 라베가 시제품 360 모델을 토리노로 보냈을 때는 치시탈리아 공급업체들이 밀린 대금의 지불을 요구하며 부품 공급을 보류하기 시작했다. 피에로 듀시오는 아르헨티나 부에노스아이레스에서 이탈리아 정부를 상대로 '이탈리아의 영광을 위해' 자신의 그랑프리 프로젝트를 마칠 수 있게 보조금을 지급해달라고 호소했다. 무솔리니Mussolini는 제2차 세계대전 전에는 알파 로메오Alfa Romeo를 지원했고 그보다 작은 규모로 마세라티도 지원했지만, 이제는 시대가 크게 변했다. 이탈리아 정부는 계속해서 지원을 거부했다. 피에로 듀시오의 고문들은 엄청난 비용이 들어가는 그랑프리 프로젝트는 그만 포기하고 그 대신 포르쉐가 디자인한 Typ 370 쿠페 모델을 제작하라고 요

Typ 360의 엔진은 12기통 '박서' 엔진이며 보어×스트로크 56×51mm에 총배기량은 1492cc였다. 실린더당 4개인 밸브는 듀얼 오버헤드 캠샤프트로 작동됐다. 엔지니어들은 1만 1000rpm에서 출력 370마력을 예상했다.

트랜스액슬 기어박스는 오토바이 타입의 시퀀셜 5단 기어박스가 쓰여 이론상 최고 속도가 시속 320km까지 나왔다. 그뿐 아니라 트랜스액슬이 드라이브샤프트를 프런트액슬까지 가게 해, 운전자의 선택에 따라 전륜구동도 가능했다. 자동차가 워낙 복잡해 따로 특별한 테스트를 받아야 했고, 결국 이 모델은 비용 부담 때문에 폐기됐다.

구했다. 그러나 피에로 듀시오는 외골수였고, 자신의 야심에만 매몰되어 이미 사업 감각을 잃은 상태였다. 이탈리아도 아르헨티나도 레이스카 프로젝트를 지원하지 않을 게 분명해지자 그는 자금을 유용했다.

결국 포르쉐는 Typ 360 모델을 1대만 제작했으며, 테스트도 거치지 않은 그 시제품은 결국 부에노스아이레스에 있는 피에로 듀시오의 오토아르Autoar 시설에 보관됐다. 오토아르도 포르쉐도 Typ 370 쿠페 모델에 대해선 할 수 있는 게 아무것도 없었다. 유명한 자동차광이었던 아르헨티나 대통령 후안 페론Juan Peron의 비위를 맞추기 위해 피에로 듀시오는 국제적인 카레이서를 양성하는 아르헨티나 내부 계획의 일환으로 그 레이스카를 후안 페론에게 선물했다. 그러나 포르쉐 측에서 토리노로 보낼 때 검증도 안 됐던 Typ 360 모델에는 기계적인 결함이 있었고, 몇 차례 실망스러운 테스트 운전 끝에 창고로 들어갔다. 그 이후 이 모델의 존재는 비밀에 부쳐졌다. 그러나 1960년에 당시 포르쉐 레이싱 부서 책임자이던 후슈케 폰 한슈타인Huschke von Hanstein이 한 국제 레이스에 참가하려고 부에노스아이레스에 왔을 때, 아르헨티나의 폭스바겐/포르쉐 배급업자가 그 모델이 아르헨티나에서 '해방되도록' 도와주었고, 레이스가 끝난 뒤 배에 실려 고향 독일로 돌아가게 되었다.

그러나 어쩌면 슬픈 이야기로 끝났을 이 이야기는 전혀 예상치 못한 효과를 발휘했다. 1947년에 페리가 라베와 함께 아르헨티나를 방문했는데, 그때 그는 생각을 바꾸게 된 것이다.

"토리노로 돌아오는 길에 우리가 전쟁 전에 갖고 있던 아이디어, 그러니까 국민차 폭스바겐 부품을 토대로 스포츠카를 제조한다는 아이디어를 실현할 수 있겠다는 생각이 점점 더 확실해졌습니다." 페리가 자신의 저서 《자동차는 내 삶이다Cars Are My Life》에서 자신의 전기 작가 귄터 몰터Günther Molter에게 한 말이다. "듀시오를 방문했을 때 그 아이디어에 대한 열정이 되살아났습니다. 그가 피아트 부품을 가지고 한 일을 우리는 폭스바겐 부품을 가지고 아주 쉽게 해낼 수 있을 테니까요." 그리고 포르쉐의 Typ 60 K10과 Typ 64가 바로 그 방향으로 나아간 첫걸음이었다.

"전쟁 전에 그런 자동차들은 내 취미였습니다." 페리는 말을 이었다. "나는 보통 자동차보다 빠르고 가속도와 도로 접지력이 좋은 자동차를 좋아합니다."

자기 누나와 라베와 같이 차를 몰고 오스트리아 크뮌트 지역으로 돌아가면서 페리는 이제 다음 걸음을 내디딜 때가 됐다고 생각했다.

1947-1948

마음에 드는 자동차가 없었다

Typ 356/1

페리 포르쉐와 칼 라베가 1947년 2월 토리노에서 치시탈리아의 계약서에 서명하고 4개월 뒤, 칼 라베는 회사 사업 관련 기록을 꺼내 이탈리아인을 위해 제작된 Typ 360 GP 모델과 Typ 370 쿠페의 상황을 살펴봤다. 그러다가 자신과 페리가 내부 프로젝트를 진행하느라 한옆으로 제쳐둔 또 다른 모델을 발견했다. 바로 Typ 356이었다.

피에로 듀시오의 독창적인 모델 202 로드카는 페리에게 영감을 주었다. 그 모델의 배기량 1100cc 엔진, 기어박스, 구동계, 서스펜션, 조향 부품 등은 피아트의 것이었다. 듀시오는 수십 년간 자전거를 제작해왔고, 그의 디자이너들은 튜브를 이용해 프레임을 만들었다. 그러면 무게는 더 가벼워졌지만 비용이 많이 들었다. 그들은 거기에 이탈리아 최고 수준의 장인이 제작한 멋진 자동차 보디를 입혔다.

페리는 아버지를 도와 국민차 폭스바겐 비틀의 디자인 및 개발 테스팅 측면에서 애를 썼다. 그러면서도 두 사람은 듀시오가 피아트 모델을 활용해 그렇게 했듯, 폭스바겐의 구동 장치를 활용해 자신들의 자동차를 만드는 걸 생각하고 있었다. 페리는 보디 엔지니어 에르빈 코멘다에게 그 작업을 의뢰했고, 에르빈 코멘다는 6월 11일에 자신의 첫 번째 디자인을 완성했다. 앞, 뒤, 옆, 위 이렇

칼 프륄리히가 디자인한 포르쉐 Typ 64 모델의 앞부분과 에르빈 코멘다가 디자인한 페리의 개인적인 로드스터 간의 유사성은 전적으로 의도된 것이었다. 이 두 모델은 포르쉐 자동차 형태 언어의 시작을 알린 모델이며, 둘 다 유기체적 형태를 이용해 기계적 요소를 감싸며 보호하고 있다.

게 네 측면을 그린 도면에서, 그 자동차는 폭스바겐 V2 카브리올레 보디 개조를 한참 뛰어넘는 미드-엔진mid-engine형 로드스터roadster였다. 그로부터 다시 채 한 달도 안 되어 에르빈 코멘다는 더 세세한 치수가 담긴 튜브형 스페이스 프레임 도면을 내놓았다. 그리고 이후 더 많은 도면이 나오면서 점점 더 명확하고 정제된 로드스터 모델 형태를 갖추게 되었다.

페르디난트 포르쉐의 엔지니어들은 2400mm 길이의 표준적인 폭스바겐 휠베이스를 활용한 알루미늄 플랫폼을 토대로 베를린부터 로마까지 달릴 Typ 64 모델을 제작했다. 에르빈 코멘다는 로드스터 버전의 휠베이스를 2149mm로 줄였다. 또 페리의 엔지니어들은 폭스바겐의 스티어링과 프런트 및 리어 서스펜션을 채택해 손봤고, 폭스바겐 비틀보다 뒤쪽에 배기량 1131cc짜리 Typ 369 4기통 수평 대향형 엔진을 장착했다. 페르디난트는 비틀 모델과 출력 500마력짜리 오토 유니언 레이스카에 토션바/스윙-액슬 리어 서스펜션을 도입해 거의 완벽하게 만들었으며, 로드스터 버전에도 그대로 활용했다. 그들은 3300rpm에서 25마력이던 기본적인 폭스바겐 엔진의 출력 또한 4000rpm에서 35마력으로 늘렸다.

독일에서 새로운 폭스바겐 부품을 구하는 건 불가능했다. 제2차 세계대전 중에 페르디난트의 거대한 공장은 폭스바겐 비틀 생산을 전면 중단했으며, 그 대신 퀴벨바겐Kübelwagen으로 알려진 박스 모양의 다목적 차량 보디 내 플로어팬floorpan(차량 내 바닥)과 구동 장치 등을 이용했다. 전쟁이 끝나고 독일 추축국 병사들은 오스트리아로 도주하면서 퀴벨바겐 수백 대를 버리고 갔는데, 그 차량들에서 페리는 시제품 스포츠카 제작에 필요한 부품을 조달할 수 있었다.

몇 년 후 페리는 자신이 폭스바겐을 토대로 스포츠카 Typ 356-001 로드스터를 제작한 이유를 이렇게 설명했다. "주변을 둘러봤는데 마음에 드는 차가 없었습니다. 그래서 직접 내 차를 제작했지요."

제2차 세계대전 직후 시중에서 구할 수 있는 자동차는 대개 1930년대 말의 디자인과 엔지니어링을 토대로 제작된 것이었다. 당시에 페리는 이탈리아의 알파 로메오가 1927년에 내놓은 6C 모델도 생각해봤을 것이다. 20년 후에는 쿠페와 카브리올레는 물론 배기량 2.5리터짜리 직렬 6기통 엔진이 장착된 레이스카까지 등장했다. 이 자동차들은 크고(휠베이스 2997mm) 강력했지만(92마력) 여전히 전쟁 전의 엔지니어링을 토대로 제작됐다. 페리는 독일에서 출력 44마력에 배기량 2리터짜리 작은 엔진이 장착된 BMW 321 모델의 쿠페 또는 카브리올레 버전을 구했거나, 어쩌면 BMW 321 모델 엔진이나 85마력 BMW 328 모델 엔진을 이용해 훨씬 더 스포츠카에 가깝던 베리타스Veritas사의 자동차를 보유하고 있었다. 그런데 구매자가 BMW 321이나 328 모델을 자동차 제조업체까지 가져가는 비용만 약 6485달러(1만 2000도이치마르크)였다.

페르디난트 포르쉐가 한때 몸담았던 다임러-벤츠(후에 메르세데스-벤츠로 바뀜)사는 그의 아들 페리에게 여전히 자신들의 170V 모델을 제공해주었다. 페리는 디자인 단계에서 그 모델로부터 지대한 영향을 받게 된다. 다임러-벤츠는 제2차 세계대전 중에 170V 모델을 토대로 다목적 군용차 퀴벨바겐의 보디를 제작하기도 했으나 그건 더 대형 차량이었다. 원자재 부족 사태로 전후 시대의 고객은 문 네 짝짜리 세단 보디에 만족해야 했다. 페리는 전쟁 전에 만들어진 부가티Bugatti 타입 57 모델과 들라이예Delahaye 135MM 모델이 프랑스에 있다는 사실도 알았다. 그 자동차들은 날렵하고 강력하며 빨랐지만, 다른 자동차들과 같은 문제를 안고 있었다. 필수 부품을 구하기 어려웠던 것이다. 생각해볼 수 있는 또 다른 옵션으로 영국 MG사의 T 시리즈가 있었으나, TC로 살짝 업데이트된 그 시리즈 역시 전쟁 전 자동차였다. 옛날식 사다리 프레임을 사용했으며, 그 당시에 나온 듀시오의 치시탈리아 모델이나 페르디난트의 10년 전 오토 유니언 레이스카와 비교해도 구식이었다. 결국 페리가 옳았다. 아무리 뒤져봐도 그의 엔지니어 감각에 와닿는 자동차는 없었던 것이다.

그의 아버지가 늘 주장했듯 페리 포르쉐는 정말 숙련된 엔지

1948년형 Typ 356-001 로드스터 포르쉐의 첫 스포츠카는 여러 면에서 그 당시 포르쉐가 치시탈리아사를 위해 디자인 중이던 오픈 휠 카 스타일 Typ 360 그랑프리 자동차를 닮았다. 또 폭스바겐에서 가져온 엔진을 미드-엔진 방식으로 장착하면서 운전석이 휠베이스 중앙 조금 앞쪽에 자리 잡게 되었다.

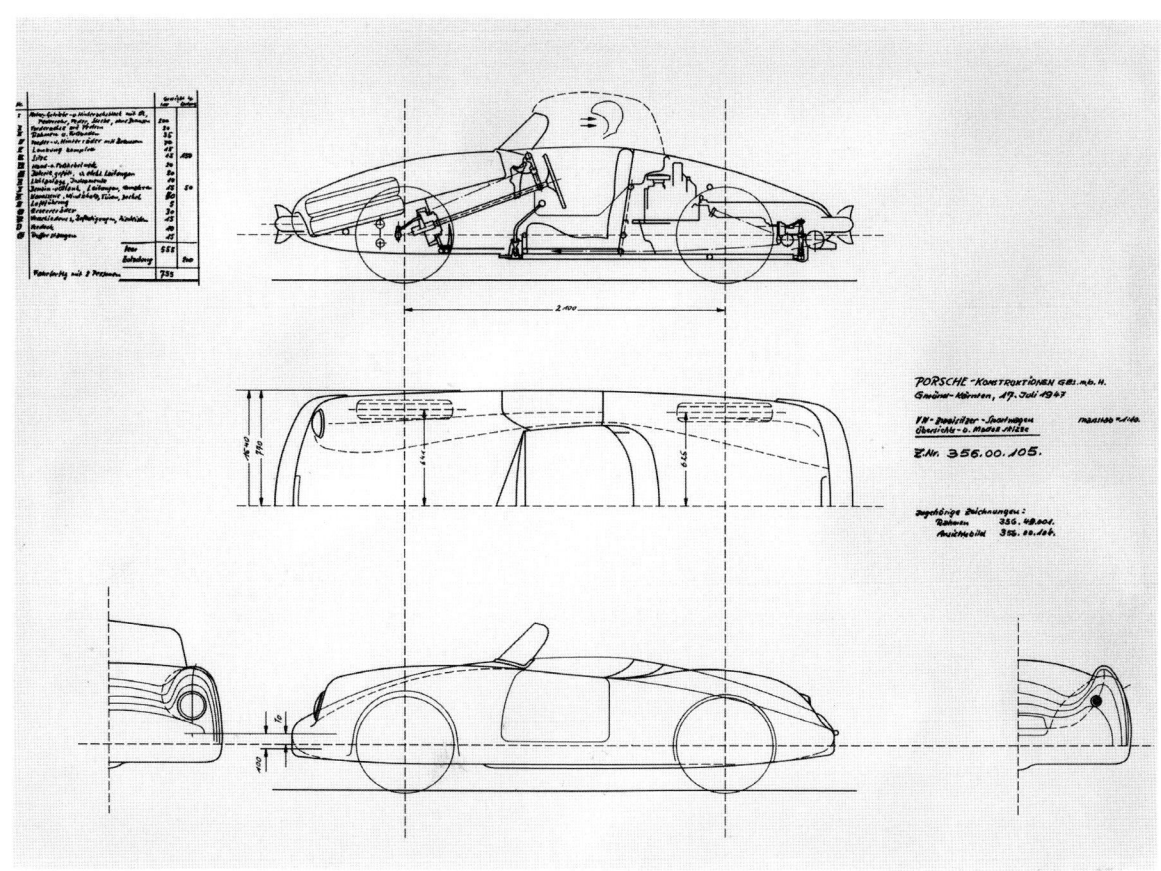

왼쪽) 1947년 7월 17일에 나온 이 도면을 보면, 디자이너와 엔지니어들은 여전히 세세한 작업을 하고 있었다. 이 도면에서 휠베이스는 2100mm이다. 이 자동차는 VW-Zweisitzer-Sportwagen, 즉 폭스바겐 2인승 스포츠카라고 불렸다. 디자이너는 이 자동차의 보디 너비를 1640mm로 잡았다.

아래쪽) 이 자동차는 1947년 중반의 모습에서 변화됐다. 휠베이스는 2150mm였고 너비는 1670mm였다. 전체 길이는 3860mm였으며 높이는 1250mm였다.

니어였다. 물론 페르디난트 포르쉐는 자타가 공인하는 천재였다. 많은 역사학자가 자동차 역사상 가장 위대한 3인, 5인, 10인을 꼽을 때면 반드시 그를 넣었다. 그러나 그 역시 초기에는 다른 사람들과 마찬가지로 거의 매일 자신의 능력을 입증해야 했다. 이름 앞에 '박사' 또는 '교수'란 호칭이 붙는 사람들이, 수시로 나오는 그의 과감한 혁신에 끝없이 문제를 제기했기 때문이다. 그러나 시간이 흐를수록 그는 놀라운 성과를 올렸고 명예박사 학위를 2개나 받았으며, 그 덕에 비로소 권위와 정통성을 인정받게 되었다. 그런데 그가 거의 연례행사처럼 직장을 옮기는 바람에 아들 페리의 교육에 문제가 생겼다. 페리는 학교생활이 그리 즐겁지 않았으며, 그보다는 아버지가 직원들과 나누는 얘기를 들으며 엔지니어링을 배우는 게 더 좋았다. 페르디난트가 빈에서 약 60km 남쪽에 있는 오스트로-다임러사로 옮기게 됐을 때, 그는 아들 페리가 빈에 남아 학교를 마쳐야 한다고 주장했다. 그러나 엔지니어링 학위를 따고 나서도 페리는 수시로 "그는 페르디난트 교수의 아들일 뿐이야! 대체 그가 뭘 알아?" 하는 비판을 들어야 했고, 그때마다 자신의 능력을 입증해야 했다. 그런 비판론자들과 똑같이 엄격한 엔지니어링 방법으로 그 비판이 틀렸음을 밝혀내고 자신의 능력을 끈기 있게 입증해 보임으로써 그는 점점 그들의 존경과 지원을 얻어갔다.

전쟁이 점점 더 치열해지면서 슈투트가르트는 계속해서 연합군 폭격의 표적이 되었다. 독일군 장교들은 자신들이 포르쉐 사무실을 폭격에서 보호해줄 수 없다고 했다. 그러면서 페르디난트에게 독일 바이에른주 깊숙이 회사를 옮기라고 권했다. 그러나 페르디난트와 페리는 다른 곳을 고려했고, 그렇게 택한 곳이 오스트리아 시골이었다. 그 무렵 페리와 그의 아내 도로테아 Dorothea는 오스트리아 첼암제 지역에 커다란 집이 딸린 시골 땅

이 차의 더 나은 장점 중 하나가 조악해 보이는 한 겹짜리 천 소재의 지붕이라 할 수는 없지만, 사계절이 뚜렷한 나라에서는 최소한의 필요한 장치였다. 직접 손으로 두들겨 펴고 용접한 보디가 격자형 강철 프레임 위에 얹혀 있었고, 무게는 858kg이었다.

을 매입했다. 페리와 그의 아버지는 오스트리아 중앙 알프스 내 시골 마을 크뮌트의 한 제재소를 매입할 수 있다는 사실도 알게 됐다. 그 마을은 가장 가까운 철도와 충분히 멀리 떨어져 있어서 오인 폭격에서도 비교적 안전할 수 있었다.

한번은 폭탄이 정확히 슈투트가르트 사무실 건물 지붕을 뚫고 떨어져 지하에서 폭발했다. 그 바람에 포르쉐 기록 보관소의 일부가 소실됐다. 페리는 곧바로 회사를 세 부문으로 나눴고, 관리 부문은 슈투트가르트에 그대로 남겼다. 페르디난트가 고용한 직원 중 상당수는 슈투트가르트가 고향이어서 그곳을 떠나는 게 쉽지 않았다. 디자인과 제작 부문은 크뮌트로 이동했다. 그리고 포르쉐 집안 사람들과 각종 기록물은 오스트리아 첼암제 지역으로 이동했다.

페르디난트가 투옥된 동안에도 크뮌트에서는 듀시오의 치시탈리아 그랑프리 자동차 디자인 작업이 계속됐고, 동시에 페리의 356 로드스터 모델 제작도 이어졌다. 그리고 페리의 직원들은 1948년 3월에 도로 주행 테스트를 할 수 있게 섀시를 준비했다. 아직 보디가 없었지만 페리와 엔지니어 에밀 루필리우스Emil Rupilius는 그 차량으로 테스트 운행을 해 엔진, 구동계, 브레이크의 성능을 점검했다. 크뮌트는 오스트리아 알프스의 심장부에 위치한 데다가 카츠베르크 패스에서 30km밖에 안 됐다. 카츠베르크 패스는 1641m 높이의 아주 가파른 길이었기에, 오르막길에서는 구동계를 점검하고 내리막길에서는 브레이크를 점검할 수 있는 최적의 테스트 장소였다.

"페리 포르쉐가 엔지니어 루필리우스와 함께 이 산악 도로에서 356 시제품을 테스트하던 중 하일리겐블루트(크뮌트에서 약 450km 떨어짐) 직후에 고장 나버렸다." 포르쉐 전기 작가이자 카레이서인 리하르트 폰 프랑켄베르크Richard von Frankenberg가 자신의 책《포르쉐: 더블 월드 챔피언들, 1990-1977Porsche: Double World Champions, 1900-1977》에서 한 말이다. "뒤 차축의 서스펜션 암이 망가졌는데, 운 좋게도 멀지 않은 곳에 고속도로 정비소가 있었다. 저녁 7시쯤이었지만 아직 해가 떠 있었다. 페리 포르쉐는 정비소 안으로 들어갔는데, 그곳 사람들이 아주 협조적이었다. 특히 그들이 구형 폭스바겐 사막 차량 1대를 공용으로 쓰고 있어서 더 그랬다. 페리와 루필리우스는 원자재 매장에서 자신들의 차에 거의 맞는 U자형 강철 두 조각을 찾아냈다. 두 사람은 아주 원시적인 방법으로 그 강철 조각 중 하나에 구멍을 뚫었고, 두 시간 정도 후에 자동차는 다시 달릴 수 있었다." 그건 자동차를 몰면서 그 누구도 경험하기 힘든 기계적인 문제였다.

1956년 페리 포르쉐(서 있는 사람)가 한 자동차 모터쇼에서 자신의 첫 로드스터 모델을 만나고 있다. 이후 이 자동차를 소유한 사람들은 앞뒤 범퍼와 차체를 잘라냈으며, 헤드라이트 주변에 장식을 추가하고 앞 범퍼 덮개에 스트랩을 달았다. 그러나 이 자동차에는 여전히 3.00 D×16 강철 휠에 5.00×16인치(127×406mm) 타이어가 장착됐다.

엔지니어들은 계속 로드 테스팅을 했고, 페리는 유능한 보디 제조업자를 영입했다. 그렇게 들어온 프리드리히 베버Friedrich Weber는 성격적으로 결함이 있는 천재였다. 아버지 페르디난트 포르쉐가 오스트로-다임러사의 수석 엔지니어이던 시절에 수습생이었으며, 페리와는 그 무렵부터 알고 지냈다. 당시 페르디난트 포르쉐는 베버에게 차체 제작 일을 배워두라고 권했는데, 그건 차체 제작 분야의 수요가 늘 많았기 때문이다. 페리의 회상에 따르면, 베버는 일을 아주 잘했지만 가끔씩 아주 까탈스러운 모습을 보였다. 포르쉐 Typ 356 역사 전문가인 디르크-미하엘 콘라트Dirk-Michael Conradt는 베버의 초상화 뒤쪽에서 이런 메모를 발견했다. "베버는 기술이 뛰어나고 능력도 출중하지만, 아주 고집불통에 까다롭기까지 하다. 술도 좋아한다. 술 생각이 나면 작업장을 떠났다가 나중에, 예상치도 못한 때에 돌아온다. 첫 번째 포르쉐 자동차를 만들어 무사히 팔려면 베버의 심기를 잘 살펴야 할 것이다."

두 동료와 함께 베버는 채 한 달도 되지 않아 알루미늄 보디를 제작했다. 콘라트는 자신의 책 《포르쉐 356: 가장 순수한 형태로 타보기Porsche 356: Driving in Its Purest Form》에 이렇게 적었다. "5월 첫 주에 새로운 자동차의 시승 준비가 끝났다. 그 로드스터 모델은 길이가 3.86m였고 너비는 1.68m였으며 높이는 1.25m밖에 안 됐다."

페리는 아주 좋아했다. 그는 자신의 저서 《자동차는 내 삶이다》에서 이런 말을 했다. "356 모델은 산양처럼 비탈길을 올라갔고 전혀 힘들이지 않고도 시속 약 129km(80마일)까지 달렸다. 하루는 에베란 폰 에베르호스트Eberan von Eberhorst 교수가 토리노에서 우리를 찾아왔는데, 당시 우리는 카츠베르크에서 356 모델을 테스트하고 있었다." 페르디난트는 1937년에 계약이 만료된 뒤 에베란을 데려와 오토 유니언 레이싱 팀의 엔지니어링을 맡겼다. 제2차 세계대전 이후 에베란은 이탈리아로 이주했고, 거기서 그랑프리 자동차 제작과 관련해 포르쉐와 듀시오 사이에서 중개자 역할을 했다. 그때를 회상하며 페리는 이렇게 말했다. "나는 공동 운전자로 에베란을 초빙했다. 그는 356 모델의 성능, 특히 그 가속 능력에 무척 감동했으며, 그 모델이 크게 성공할 거라고 예견하며 이렇게 말했다. '충분한 자금을 끌어모아 이 차를 반드시 생산해야겠네요.'"

그러나 페리는 이미 그보다 한발 더 앞서 있었다.

Dr.ing.h.c.F. Porsche K-G.
Gmünd/Kärnten

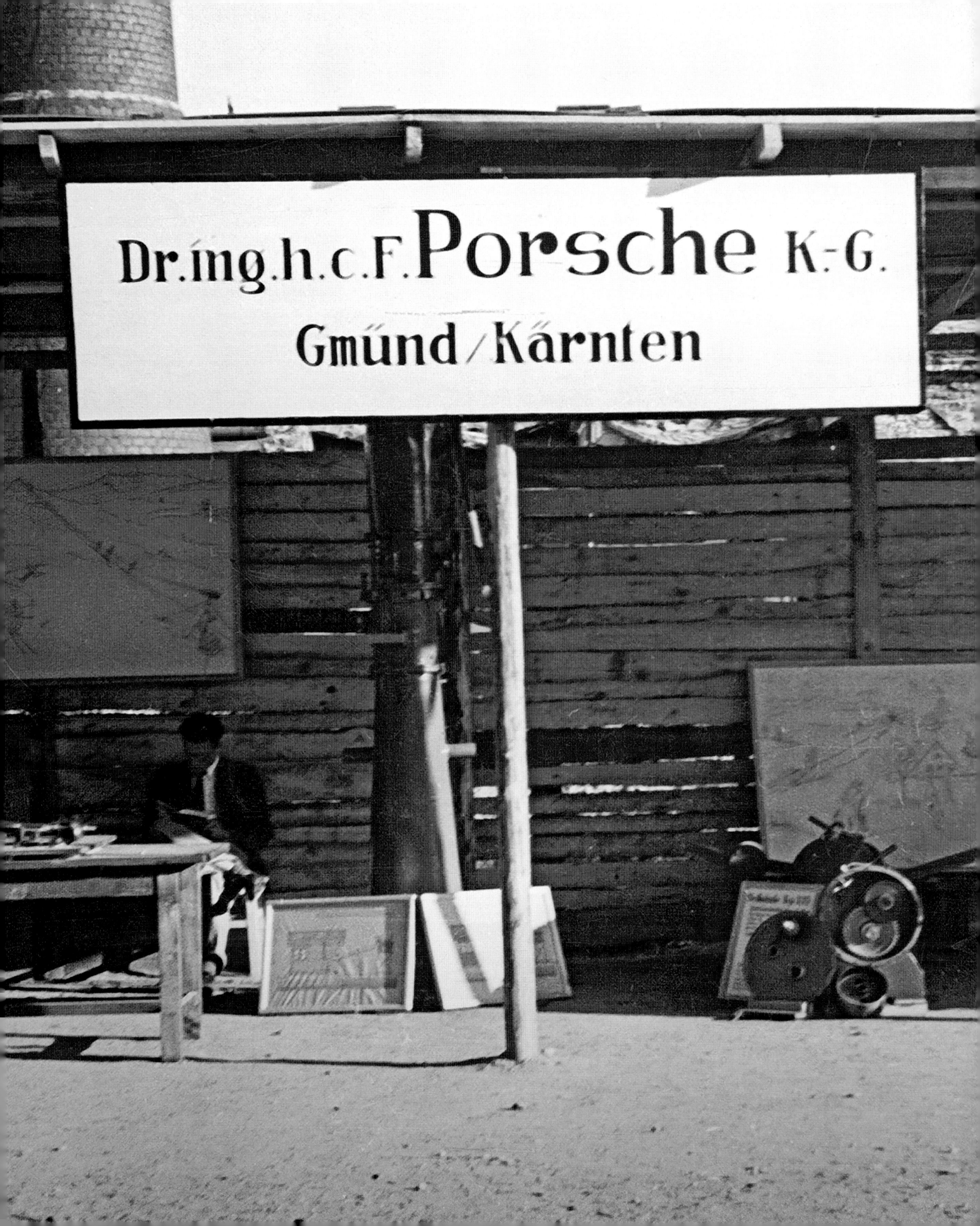

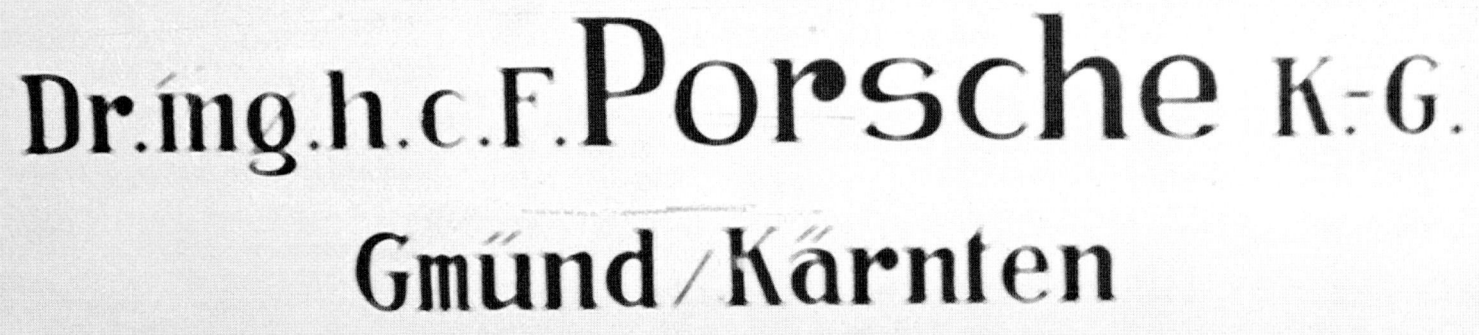

1945-1950

4

트랙터를 수리하고
우물 펌프를 제조하는 것보다는 낫다

크뮌트에서의 부활

페리 포르쉐는 크뮌트에 200명 가까운 직원을 데리고 있었으며, 그들에게 투철한 책임감을 느끼고 있었다. 일부 직원은 슈투트가르트에서 데려왔고, 일부 직원은 오스트리아의 다른 지역과 독일에서 왔다. 전쟁의 여파로 어디를 가나 가난과 파괴의 흔적뿐이었다. 페리는 닥치는 대로 일거리를 만들어 작업장으로 가져왔다. 그렇게 그들은 농장 트랙터를 수리했고, 잉여 군수품인 퀴벨바겐도 수리했으며, 때로는 그걸 개조해 트랙터 비슷한 기계를 만들기도 했다. 또 지역사회와 계약을 맺어 우물 펌프나 풍력 발전기를 만들었고, 심지어 새로 오픈하는 스키 리조트에서 쓸 가스 엔진 작동식 윈치winch˚도 만들었다. 그리고 지역 축제가 열릴 때면 자신들의 기계류를 전시했다. 페리의 자동차 356-001 모델 역시 어떤 면에서는 직원들에게 일거리를 주기 위한 프로젝트였다.

다른 곳에서는 좀 더 활기차게 지냈다. 예를 들어 막 석방된 안톤 피에히는 겨울에 아내 루이제(페리의 누나)와 함께 스위스 장크트모리츠에서 스키를 타며 휴일을 보냈다. 그리고 거기 있는 동안 그들은 루프레히트 폰 생제르Rupprecht von Senger와 그의 아내를 만났다. 폰 생제르는 스위스 취리히에서 활동하는 스위스 출신 건축가 겸 삽화가 겸 광고 대행사 소유주 겸 기획자 겸 기업가였고, 인

1946년 클라겐푸르트 무역 박람회 자동차 일거리가 생기기 전에는 트랙터와 우물 펌프, 도르래 등 온갖 종류의 디자인과 수리 작업을 했다. 페리가 포르쉐 직원들에게 계속 급여를 주고 생활할 수 있게 해주려고 닥치는 대로 일거리를 찾아온 것이다. 1946년 8월 오스트리아 내 미국 점령군 본부가 있던 클라겐푸르트에서 2주간 열린 무역 박람회 기간에 포르쉐 역시 자신들의 제품을 전시했다.

생을 즐기는 사람이었다. 그는 피에히가 포르쉐와 관련 있다는 걸 알고는 크뮌트 방문 계획을 세웠다. 폰 생제르와 크뮌트 근처에 사는 한 사업 파트너는 포르쉐 측에서 폰 생제르가 스위스에서 제작할 수 있는 경량 4인승 자동차를 디자인해주길 원했다. 그들에게 사업 의뢰 비용을 받은 페리는 영국 점령군에게 사업 허가를 받기 위해 321.9km 떨어진 클라겐푸르트로 갔다. 마침내 사업 허가가 떨어졌고, 칼 라베가 'Typ 352' 옆에 폰 생제르의 이름을 써넣으며 작업을 시작했다.

폰 생제르는 비현실적인 기대를 하고 있었다. 너무 낮은 가격에 너무 많은 걸 갖춘 자동차를 원한 것이다. 이듬해 4월에 그가 아내와 함께 크뮌트를 찾아왔을 때 자신들은 도저히 만들 수 없을 것 같은 자동차 도면들을 보았다. 그 부부는 실망한 채 크뮌트를 떠났다. 그때까지는 아직 종이 위에 디자인만 있는 상태였지만, 첫 포르쉐 자동차를 만드느라 페리가 많은 노력을 기울이고 있다는 건 확인했다. 폰 생제르의 사업 파트너는 그에게 포르쉐의 최신 진전 상황을 알려주었고, 결국 폰 생제르는 1947년 말에 다시 크뮌트를 찾아왔다. 포르쉐 역사 전문가 칼 루드빅센Karl Ludvigsen은 그의 책 《포르쉐: 종의 기원Porsche: Origin of the Species》에서 이렇게 말했다. "그 이후 몇 주 이내에 폰 생제르는 처음 5대 제작에 필요한 선수금으로 10만 스위스 프랑(약 2만 5000달러)을 지불한다는 계약에 서명했고, 그 덕에 포르쉐는 부품을 구해 자동차를 제작하는 데 필요한 자본을 확보했다."

크뮌트 작업장의 헛간 밖에서 포르쉐의 엔지니어들은 Typ 312 농사용 트랙터에 '양방향' 쟁기와 진흙 또는 모래 패들을 달아 트랙터가 부드러운 지형에서도 힘을 쓸 수 있게 했다.

포르쉐는 오스트리아 카린티아 지방 정부를 위해 이렇게 생긴 전기 윈치를 설계하고 제작했다. 사람들의 삶이 서서히 정상으로 돌아가면서, 스키를 즐기는 산악 지대에서는 의자식 리프트를 움직이는 데 이런 기계가 필요해졌다.

마치 일전에 에베란 폰 에베르호스트가 356 모델을 보고 했던 예견, 그러니까 "충분한 자금을 끌어모아 이 차를 반드시 생산해야겠네요."라고 했던 말이 그대로 이루어진 듯했다. 자금을 확보한 페리와 그의 엔지니어들은 아주 진지한 자세로 356 모델 시제품 양산 버전 제작에 임했다. 1948년 6월 8일, 페리는 주의 수도에 '포르쉐 스포트 356/1'이란 이름으로 등록하고, 'K 45286'이라는 번호판을 받았다.

페리는 듀시오의 치시탈리아 201 모델과 202 모델을 꼼꼼히 연구했는데, 두 모델 모두 노동력이 많이 필요한 튜브 프레임을 토대로 조립되어 있었다. 그는 후에 자신의 저서 《자동차는 내 삶이다》에서 이렇게 회상했다. "튜브 프레임은 공간 낭비가 너무 많았고 제작비도 너무 많이 들었다. 우리는 탑승자는 물론 그들이 짐을 실을 만한 공간을 더 만들어야 했다." 그의 엔지니어들도 그런 문제를 잘 알았기에 단순한 폭스바겐 스타일의 플로어팬 섀시를 만들어냈으며, 엔진은 원래 폭스바겐 비틀에 있던 위치에 그대로 장착했다. 이들을 위해 폰 생제르는 취리히에서 새로운 폭스바겐 부품을 구했다(아직 오스트리아 크뮌트로 가지 않음). 그래서 크뮌트로 보낼 돈을 종종 스위스에서 기계 부품을 구입하는 데 썼고, 폰 생제르는 그 부품을 다시 포르쉐 공장으로 보냈다.

폰 생제르는 새로운 자동차를 호기심 많은 사람에게 선보이는 일에 조금도 지체하지 않았다. 페리와 그의 사촌 헤르베르트 케스Herbert Kaes는 356 로드스터 모델과 페리의 64 모델을 몰고 오스트리아 인스부르크로 갔다. 때맞춰 도착한 덕에 유럽 대륙에서 가장 먼저 열린 전후 레이스 중 한 레이스에 참가할 수 있었다. 포르쉐 모델 2대는 코스를 돌며 서로 앞서거니 뒤서거니했으며, 깜짝 놀랄 만한 모습의 신차들은 지역 신문 기자의 눈에도 띄었다.

유명한 자동차 아티스트 월터 고츠케 Walter Gotschke가 그 주말 이벤트를 삽화로 그렸다. 그의 그림과 스케치는 비록 철저한 시범 주행이었는데도 두 자동차가 레이싱을 벌이면서 보여준 느낌을 잘 묘사했다. 또 당시 주말 이벤트를 취재한 기자들은 폰 생제르가 로드스터 모델의 소유주인 걸 알고 그에게 몰려들었고, 우호적인 리뷰 기사를 앞다퉈 신문에 보도했다. 스위스 베른에 있는 자동차 전문 잡지 〈오토모빌 레뷔 Automobil Revue〉의 편집자는 7월 중순 호에서 포르쉐 356 로드스터 모델을 시승해본 소감을 이렇게 적었다. "앞으로 폭스바겐 소유주들은 성능 향상을 위해 자신의 차를 튜닝할 필요가 없을 것이다. 그런 일을 정말 잘하는 사람이 곧 그런 차를 볼 수 있게 해줄 것이기 때문이다. 그 사람은 바로 포르쉐 교수이다."

영국의 자동차 전문 잡지 〈모터 Motor〉의 스위스 특파원은 1929년 오스트리아 슈타이어에서 페르디난트 포르쉐 밑에서 엔지니어로 일한 적이 있다. 그는 포르쉐 356 로드스터 모델의 핸들링에 대해 이렇게 적었다. "이 차는 정말 놀라운 노면 유지 성능을 가지고 있으며, 스프링 장치의 기분 좋은 부드러움에 아주 가볍고 정확한 스티어링이 잘 조화되어 있다."

폰 생제르는 페리의 356-001 로드스터는 물론, 처음 나온 알루미늄 소재 356/2 쿠페 4대도 구입했다. 거기에다 스위스 내 포르쉐 자동차 판매 및 유통권을 갖게 됐다. (헷갈리게도 포르쉐에서는 페리의 로드스터에 시리즈 1번을 뜻하는 356-001이란 모델명을 붙였다. 그런데 시리즈 양산에 들어가면서 그 모델명이 356/2로 바뀌는데, 이는 2세대 모델이란 의미였다.)

페리와 칼 라베는 몰랐던 사실이지만, 당시 폰 생제르는 자신의 한 고객에게 받은 돈을 프로젝트 기금으로 쓰고 있었다. 그 고

이 사진을 보면 크륀트 공장의 이름이 '마이네케 대규모 목재업, 베를린 - 크륀트 공장'이라고 되어 있는데, 이는 페리 포르쉐의 눈속임이었다. 그는 이 마을을 찾는 사람들로 하여금 이곳이 세계적인 포르쉐 자동차 본사가 아니라 가족 소유의 제재소 겸 적재장이라고 믿게 만들고 싶었던 것이다.

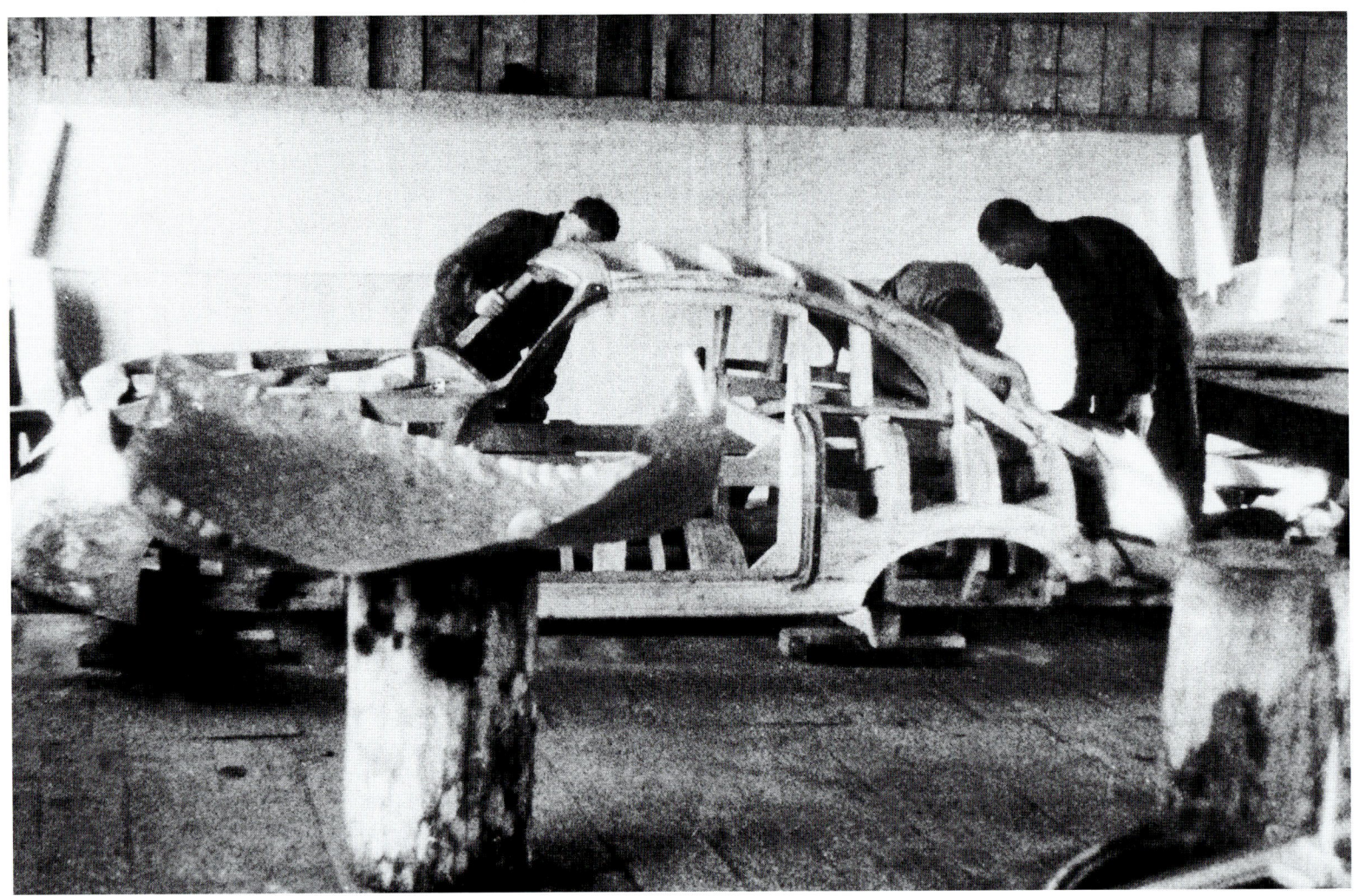

제재소 안에서 100명이 넘는 엔지니어와 정비공이 수작업으로 제작된 알루미늄 보디로 포르쉐 356 쿠페 모델을 조립했다. 그러나 포르쉐의 보디 제작 부서 인원은 단 세 명이어서, 자동차 조립 과정에서 늘 병목 현상이 일어나곤 했다.

객은 취리히의 부유한 호텔 소유주 베른하르트 블랑크Bernhard Blank였다. 블랑크는 자동차에 열정을 가진 사람은 아니었지만, 다른 스위스 부자들이 자동차에 열광하는 모습을 보고 자기 호텔 1층 로비에 자동차 전시실을 만들고는 거기에서 영국 다임러와 란체스터Lanchester, 알라드Allard 자동차를 팔았다.

페리의 엔지니어들이 차세대 356/2 모델을 조립하고 있는 상황에서, 1948년 여름과 가을에 356 로드스터 모델 주문이 쏟아져 들어왔다. 리하르트 폰 프랑켄베르크는 자신의 책 《포르쉐에서 우리는We at Porsche》에 이렇게 적었다. "스웨덴에서 20대, 네덜란드에서 50대 주문이 들어왔는데, 특히 네덜란드에서는 주문한 20대를 가능한 한 빨리 넘겨주길 원했다." 그러나 크뮌트 밖에 있는 사람 중에 포르쉐의 규모가 얼마나 작은지, 그리고 그런 주문에 응하는 게 얼마나 불가능한 일인지를 아는 사람은 거의 없었다. 직원들은 1948년 4월에 첫 번째 356/2 모델에 쓸 용접강 플랫폼 섀시를 완성했다. 비슷한 시기에 두 페이지짜리 간단한 2색 소개 책자가 나왔는데, 356/2 쿠페 모델이 선으로 그린 그림으로 실려 있었고 소개 글은 독일어, 프랑스어, 영어로 되어 있었다. 그 소개 책자에는 엔진 배기량이 1131cc라고 되어 있었지만 페리는 '배기량 1.1리터 이하' 레이싱 부문에 맞추기 위해 그걸 곧 1086cc로 표준화했다.

"356 모델의 스타일링은 제 자신의 아이디어에서 영향을 받았다." 페리가 《포르쉐에서 우리는》에서 한 말이다. 그는 개인적으로 네 바퀴가 모두 메인 보디 밖으로 나가 있는 오픈 휠 방식 레이스카를 좋아했는데, 그래야 늘 앞바퀴 2개가 어디로 향하고 있으며 어떤 상태인지 알 수 있기 때문이었다. 그리고 도로 주행용 자동차의 특성을 살리려고 타협하다 보니 운전자가 늘 앞바퀴 2개가 어디로 향하고 있는지 볼 수 있고 코너링 때 회전 반경을 느낄 수 있도록 펜더가 눈에 띄게 돌출되어 있었다. 페리는 이렇게 말을 이었다. "우리는 처음부터 그런 철학을 따랐다. 앞 펜더를 독특한 모양으로 만들어 후드에서 봤을 때도 아주 눈에 띄게 했다."

1948년부터 1949년 사이 겨울에 크뮌트 제재소에서의 자동

소형 알루미늄 보디는 길이가 2100mm, 폭이 1600mm, 높이는 1300mm였다. 그리고 배기량이 1131cc인 개조된 40마력짜리 폭스바겐 엔진이 장착됐으며, 자동차 무게는 680kg이었다. 포르쉐 측 기록에 따르면 최고 시속은 140km였다.

차 완성 속도는 생산 라인 속도에 한참 뒤처졌다. 그렇게 작업이 지체된 건 부품 공급이 원활하지 않은 데다 알루미늄이 부족했기 때문이기도 했고, 프리드리히 베버의 보디 제작이 꾸준하지 못한 것도 원인이었다. 페리는 작업 능률을 높여야겠다고 생각했는데, 그런 바람은 전혀 예상치 못한 상황에서 실현됐다.

그해 늦여름에 페르디난트 포르쉐의 사위이자 포르쉐 고문 변호사이던 안톤 피에히는 폰 생제르를 만나기 위해 취리히로 건너갔다. 그때 두 사람은 시내 중심가를 걷다가 우연히 폰 생제르의 후원자를 만났다. 그때 폰 생제르는 왠지 어색한 듯 블랑크를 소개해주지 않았지만, 피에히는 폰 생제르의 돈이 어디에서 나오는지 곧바로 눈치챌 수 있었다. 이후 피에히, 포르쉐 가문, 폰 생제르의 신뢰 관계는 금세 깨져버렸다.

첫 번째 356/2 모델은 베버가 만든 보디를 쓴 쿠페였다. 그리고 블랑크가 연결해준 덕에 섀시 002와 003은 스위스 툰 지역 근처에 있는 아주 평판이 좋은 차체 제작업체인 게브로이터 보이틀러 카로세리 Gebreuter Beutler Carrosserie로 보냈다. 보이틀러 형제 에른스트 Ernst와 프리츠 Fritz는 시제품 차체를 1개 조립했으며, 그런 다음 강철로 된 '양산' 카브리올레 차체 5개를 조립했다. 보이틀러 형제는 적절한 작업 속도를 중시하는 사람들이었기에, 추가 제작 계약을 맺자는 피에히의 제안을 받아들이지 않았다.

크뮌트의 포르쉐 공장에서는 1948년부터 1950년까지 섀시가 총 29개 제작됐으며, 그중 14개는 지붕이 접히는 카브리올레 버전으로 완성됐다. 또 오스트리아 잘츠부르크에 있는 다른 두 차체 제작업체에서 보디 22개가 더 완성됐으며, 1950년 말에 이르러 섀시 수는 52개가 되었고, 5개 이상은 보디가 없는 미완성 상태로 남았다.

크뮌트는 원래 외떨어진 지역이라는 이유로 포르쉐 공장으로 선택됐지만, 이제는 철도 중심지에서 너무 멀다는 게 생산을 늘리는 데 한계로 작용했다. 페리는 새로운 공장 부지로 슈투트가르트-추펜하우젠의 옛 공장 부지를 고려했는데, 그곳은 이미 미군이 공용 차량 정비소로 징발한 상태였다. 페리는 쉐보레 가문의 오랜 친구인 슈투트가르트 시장에게 연락했고, 그는 미국으

1950년대 초에 포르쉐 가문이 만들어낸 창의적인 자동차들. 맨 왼쪽에 Typ 60 폭스바겐 비틀이 있고, 그 옆에 Typ 356 쿠페가 있으며, 맨 오른쪽에는 포르쉐 측에서 스위스 툰 지역에서 차체 제작업자 에른스트 보이틀러와 프리츠 보이틀러 형제를 채용해 제작한 356 카브리올레가 있다. 보이틀러 형제는 에르빈 코멘다의 원래 디자인에 대해 어느 정도의 재량권을 갖고 있었다.

로부터 1950년 9월 1일까지 그 공장을 비울 거라는 약속을 받아냈다.

그런 뒤 세상이 평화로워졌다고 생각될 즈음, 미국이 한국 전쟁에 참전하는 바람에 미군들은 포르쉐 공장에 그대로 남게 됐다. 그러자 이웃의 보디 제작업체 로이터 카로세리(그들은 폭스바겐 시제품은 물론 페르디난트 포르쉐의 Typ 64 모델에 쓸 보디도 제작했음)에서 공장 부지로 쓸 공간을 제공했고, 페리는 직원들을 데리고 슈투트가르트로 되돌아갈 수 있게 됐다. 그들은 오스트리아의 생산 라인을 멈추고 각종 일을 마무리 지은 뒤 공장을 이전하기 시작했다.

독일로 돌아온 페리와 그의 가족들은 이제 자동차 제작 일은 끝났다고 믿었다. 그는 아버지가 시작한 엔지니어링 컨설팅 일을 재개할 생각이었다. 멀리 떨어진 크뮌트 지역에서의 자동차 생산은 수익성이 전혀 없었지만, 직원들에게는 규칙적으로 급여를 지불해 생활을 지원했다. 그러나 포르쉐 가족들은 자동차 사업을 계속할 마음이 전혀 없었다. 슈투트가르트로 돌아왔으니 이제는 더 신뢰할 만하고 수익성이 좋은 일을 해야 했다.

그 무렵 페리의 재정 고문은 목전에 닥친 한 가지 문제에 주목했다. 전쟁이 끝난 직후 페리는 폭스바겐 측을 상대로 폭스바겐 비틀을 조립할 때마다 포르쉐에 로열티를 5마르크씩 지불하는 협상을 했었다. 디자인과 특허 전부를 사용하는 것에 대한 로열티였다. 로열티 지불은 바로 시작됐다. 생산 대수 또한 수천 대에서 수만 대로 급증했다. 게다가 미국 정부도 포르쉐 측에 추펜하우젠 공장 사용료를 상당 금액 지불해오고 있었다. 그 결과 포르쉐는 예상치 못한 막대한 세금 고지서를 받게 됐다. 그러자 재정 고문은 페리에게 막대한 세금을 내지 않으려면 당장 뭔가를, 아니 무엇이든 제조하기 시작해야 한다고 말했다. 세금을 줄이려면 막대한 원자재 비용이 드는 제조업을 하는 게 솔루션이었다. 페리는 속으로 이렇게 자문했다. '그렇다면 자동차를 계속 제작하지 않을 이유가 뭔가?'

왼쪽) 크뮌트 공장에서 엔지니어들과 정비공들이 보이틀러 형제의 접이식 카브리올레 톱을 테스트해보고 있다. 포르쉐는 자동차 총 52대를 조립했는데, 그중 절반 정도가 지붕을 접을 수 있는 카브리올레형이었다. 보이틀러 형제는 7대를 제작한 뒤 물러났기에 페리는 잘츠부르크와 오스트리아의 다른 지역에서 오픈카를 제작할 차체 제작업체를 찾았다.

아래쪽) 1949년에 열린 제네바 모터쇼에서, 키가 큰 스위스 유통업자 베른하르트 블랑크가 자랑스러운 얼굴로 활짝 웃고 있는 루이제 피에히와 그녀의 오빠 페리(블랑크의 왼쪽)와 함께 서 있다. 포르쉐와 블랑크는 자신들의 전시장에 보이틀러 형제가 제작한 카브리올레 버전과 선루프 쿠페 버전을 전시했다. 맨 왼쪽에 서 있는 블랑크의 총지배인 하인리히 쿤츠(Heinrich Kunz)는 스위스에서 이 자동차를 성공적으로 판매해야 할 중차대한 임무를 맡고 있었다.

1950-1965

5

푸른빛 포르쉐 Typ 356의 인기는 시대를 초월할 정도로 꾸준했다

추펜하우젠에서의 대량생산

페리는 아버지가 20년 전 슈투트가르트에 설립했던 엔지니어링 컨설팅 회사와 자기 회사를 1940년대 말에 재통합해 신중하고도 성실하게 이끌었다. 그는 또 자신들의 자동차를 직접 제작한다는 공동의 꿈도 실현했다. 이제 지난 3년간 보여온 용기보다 더 큰 용기가 필요했다. 재정 고문 알베르트 프린칭Albert Prinzing이 당장 제조업을 다시 시작하지 않으면 납세 의무를 떠안아야 한다고 경고했을 때 페리는 잠시 망설였다.

칼 루드빅센은 자신의 책 《포르쉐: 탁월함이 기대됐다Porsche: Excellence Was Expected》에 이렇게 적었다. "포르쉐와 피에히 가문은 제조업을 다시 해야 한다는 의견에 거부감을 보였다. 일부 식구들은 모험을 무릅쓰고 크뮌트에서 벌인 자동차 제조 사업이 아직도 성공을 거두지 못하고 있다는 점을 지적했다. 또 포르쉐의 엔지니어링 기술은 자동차 디자인과 개발에 국한해 활용하고, 위험이 따르는 자동차 제조는 다른 업체에 넘기는 게 수익성이 더 낫다고 느꼈다." 그러나 프린칭은 결국 페리를 설득하는 데 성공했다. 그리하여 1949년 가을에 그들은 자동차를 제작할 장소를 물색했다. 문자 그대로 자신들의 뿌리로 되돌아간 것이다.

1955년형 Typ 356-1500 쿠페 두 테스트 드라이버가 공장 근처 도로와 아우토반에서 시운전을 해보려고 자동차를 몰고 추펜하우젠 공장 정문을 나서고 있다. 1948년부터 1955년 사이에 포르쉐는 356 모델을 9100대(크뮌트에서 제작한 양산차 52대와 초경량 버전 11대 포함) 조립했다. 그런데 아이로니컬하게도, 근처에 있는 보디 제작업체 로이터 카로세리에 500대 분량의 보디를 주문하면서 페리는 과연 그걸 다 팔 수 있을까 걱정했었다.

1951년형 Typ 356-1300 카브리올레(운전석이 오른쪽에 있는 타입) 이 모델의 섀시 번호는 10150이며, 포르쉐가 영국에서 판매한 자동차 중 운전석이 오른쪽에 있는 첫 자동차이다. 포르쉐 측에서는 두 가지 엔진을 제공했는데, 하나는 배기량 1086cc에 출력이 40마력이었고 다른 하나는 배기량 1286cc에 출력이 44마력이었으며, 둘 다 그 당시의 레이싱 범주에 들어맞았다. 이 모델 1300대가 추펜하우젠 공장에서 2904달러(1만 2200도이치마르크 또는 1037파운드)에 팔렸다.

슈투트가르트의 언덕 위에 있던 포르쉐 교수의 저택에서 페르디난트 포르쉐의 숙련공들은 최초의 국민차 폭스바겐을 제작했다. 페리의 새로운 포르쉐 자동차 제조회사는 넓이가 약 18m²인 차고 겸 작업실에서 업무를 시작했다. 프린칭은 훗날 그 공간이 너무 협소해 네 사람이 모여야 할 일이 생기면 밖으로 나가야 했다고 회상했다.

페리는 자기 직원들을 위해 미군이 여전히 수송부로 사용 중인 1공장 근처에 넓이 102m²쯤 되는 조립식 목재 건물을 구입했다. 제조업을 시작해야 한다는 프린칭의 조언을 심사숙고한 이후 그는 의외로 열심히 일했다. 공장 인근의 보디 제작업체 로이터 카로세리에 Typ 356 제작에 필요한 강철 보디를 500개 주문했고, 알루미늄 소재인 356/2 모델의 조립은 크뮌트 공장에서 마무리 지었다.

포르쉐 가문은 1949년 9월에 새로운 자동차 회사 Dr. Ing h.c. F. Porsche KG의 문을 열었다. 그 회사는 제작 부서(크뮌트와 추펜하우젠의) 직원이 298명이었고 엔지니어와 디자이너, 회계사, 비서 등이 108명이었다. 전쟁 이후 처음 채용한 사람은 헤르베르트 링게Herbert Linge라는 정비공인데, 그는 1943년부터 1945년까지 그들과 함께 견습공으로 일했었다.

그러고 나니 이제 자동차 생산에 필요한 자금을 마련해야 하는 문제에 직면했다. 은행들은 신생 기업에 돈을 빌려주려 하지 않았다. 포르쉐는 미국에서 상당액의 임대료를 받고 폭스바겐에서 로열티도 받았지만, 그걸로는 충분하지 않았다. 결국 페리는 대담한 계획에 착수했다.

1950년대 초에 프린칭은 알루미늄 보디로 제작한 자신들의 시범용 자동차를 몰고 추펜하우젠 공장 문을 나섰다. 보이틀러 형제가 제작한 카브리올레 자동차에 오른 또 다른 드라이버가 동행했다. 그들의 임무는 독일 최고의 폭스바겐 딜러 총 22명을 방문하는 것이었다. 딜러들은 두 사람을 열렬히 환영했다. 유통업자들은 국민차 폭스바겐 비틀과 크뮌트에서 제작된 포르쉐 스포츠카 덕에 포르쉐의 명성을 익히 잘 알았다. 그 딜러들에게서 10대부터 50대까지 다양하게 주문이 들어왔다. 그 당시 포르쉐 자동차의 소매가는 약 2030달러(9950도이치마르크)였는데, 각종 수수료와 할인 등을 감안하면 포르쉐 측은 거의 약 4만 5000달러(20만 도이치마르크)에 이르는 매출을 올렸다. 그 덕에 프린칭은 자본을 축적했고 포르쉐의 대출 한도는 높아졌다. 그러나 당시 포르쉐는 독일에서 아직 첫 번째 자동차도 제작하지 못한 상태였다.

초기에 페리는 출력 40마력에 배기량 1086cc인 개선된 폭스바겐 엔진을 사용해 자동차를 매달 8대에서 10대 정도 제작했다. 페리의 엔지니어인 프란츠 사베르 라임스피스Franz Xaver Reimspiess는 페르디난트 포르쉐의 설계 명세와 일치하는 엔진을 디자인했다. 그들은 밸브트레인을 개선하면 배기량을 쉽게 1500cc까지 늘릴 수 있다는 걸 알고 있었다. 페리는 1947년 에른스트 푸어만Ernst Fuhrmann이라는 오스트리아 엔지니어를 채용했는데, 푸어만은 피에로 듀시오의 Typ 360 그랑프리 자동차 엔진 작업을 마친 뒤 바로 Typ 356의 엔진 개선 작업에 착수했다. 1950년대 말에 포르쉐는 배기량 1264cc에 출력 44마력짜리 엔

1951년형 Typ 356-1500 쿠페 포르쉐는 1951 모델 연도 말에 배기량 1488cc에 출력이 60마력인 새로운 수평 대향형 4기통 엔진을 도입했다. 그 정도면 무게가 770kg인 쿠페 모델이 15.5초 만에 정지 상태에서 시속 100km에 이르고 최고 시속 170km로 달릴 수 있는 성능이었다.

1951년형 Typ 356SL-1100 쿠페 포르쉐는 르망 24시간 레이스의 공동 창시자 샤를 파루(Charles Faroux)의 격려에 힘입어 크뮌트 공장에서 순전히 알루미늄 합금으로 제작된, 모델명이 356 SL인 쿠페형 자동차 3대로 르망 24시간 레이스 출전을 준비했다. 그런데 르망 24시간 레이스 참가는 힘든 일이어서 그 3대 중 1대만 레이스에서 제대로 출발했다. 그리고 그 자동차가 1.1리터 이하 부문에서 우승해 종합 19위를 차지했다. 그 차를 몬 카레이서 두 사람은 코스를 210바퀴 돌았고, 평균 시속 118.4km로 총 2840.7km를 달렸다.

진을 도입했는데, 이는 배기량 1.3리터 이하 레이싱 부문의 기준에 맞춘 것이었다.

꾸준히 늘어가던 열광적인 포르쉐 지지자들은 이제 포르쉐를 몰고 레이스에 참가하고 있었고, 오스트리아에서 스웨덴에 이르는 여러 나라의 레이스에서 자기 자동차가 속한 부문에서 종종 우승을 차지하기도 했다. 오스트리아 기업가 막시밀리안 호프만 Maximilian Hoffman은 제2차 세계대전 중에 미국으로 건너가 값싼 모조 보석류를 제조해 팔다가 포르쉐의 다음 '고객'이 되었다. 그는 1947년 뉴욕의 패션 중심지 파크 애비뉴에 자동차 전시실을 만들어 영국과 유럽의 중고 자동차를 팔고 신차를 수입했다. 그는 야심 차게 폭스바겐 비틀도 다루었으나 곧 그 평범함에 환멸을 느꼈다. 그는 영국 재규어 Jaguar 자동차도 팔았는데, 그 자동차들과 비교하면 비동기 4단 변속기와 약한 기계식 브레이크가 달린 출력 25마일짜리 독일 폭스바겐은 아주 초라했던 것이다. 그러나 그는 포르쉐의 명성을 익히 알고 있었기에 베른하르트 블랑크의 포르쉐 356/1 모델을 몰아본 한 저널리스트가 그 모델을 극찬하는 소리를 듣고는 포르쉐에 연락해 바로 계약을 체결했다.

당시 페리와 호프만 사이에 오간 대화는 거의 전설이 되었다. 페리가 호프만한테 1년에 5대는 팔았으면 좋겠다고 말하자 호프만은 이렇게 맞받아쳤다. "일주일에 5대를 못 판다면 관심도 없을 겁니다." 1950년 초가을에 호프만의 첫 번째 자동차 2대(둘 다 배기량 1.1리터짜리 쿠페)가 뉴욕에 도착했다. 그는 그 2대를 지역 스포츠카 레이스에 끌고 갔고, 잘 알려진 유명인과 운동선수들에게 빌려주어 시운전을 해보게 하는 등 아주 활발하게 마케팅을 펼쳤다. 페리와 호프만 간의 오래도록 떠들썩한 관계는 그렇게 시작됐다.

페리가 파리에서 보여준 인간관계는 서로를 더 존중하는 관계였다. 그는 자동차 유통업자이자 카레이서인 오귀스트 브이예 Auguste Veuillet와 친분을 쌓았고, 르망 24시간 레이스 공동 창시자인 샤를 파루와의 우정도 새롭게 다졌다. 포르쉐 가문에는 이게 더 중요한 얘기겠지만, 샤를 파루는 투옥된 페르디난트 포르쉐를 석방시키려고 중간에서 프랑스 정부에 100만 프랑을 건네는

1952-1953년형 Typ-1500 540 아메리카 로드스터 일부 카레이서가 양산 카브리올레 모델보다 더 가볍고 더 스포티한 자동차를 요청했다. 그래서 포르쉐는 순전히 미국 시장을 위해 무게가 약 650kg인 이런 로드스터 버전을 20대 정도 제작했다. 출력이 70마력인 이 자동차는 정지 상태에서 시속 100km에 도달하는 데 10.0초 걸렸고 최고 시속은 약 180km였다. 그리고 워낙 소량을 제작했기에 가격은 4600달러로 비쌌다.

1952년형 Typ 356 SL-1100 르망 쿠페 포르쉐는 1952년 자신들의 356 SL 모델 3대를 끌고 르망 24시간 레이스로 돌아왔다. 1대는 6시간 만에 레이싱을 중단했고, 다른 1대는 재급유 동안 엔진을 작동시켜 실격 처리됐으며, 마지막 1대는 1951년과 같은 카레이서로 해당 부문 우승을 차지했다. 그해에는 한발 더 나아가 220바퀴를 완주해 총 2955km를 달렸으며, 평균 시속은 123.1km, 종합 성적은 11위였다.

역할을 해주었다. 또 페르디난트와 페리에게 1951년 6월에 열리는 르망 24시간 레이스에 참가하라고 적극 권유하기도 했다.

그러나 페르디난트 포르쉐는 아들이 심혈을 기울인 첫 번째 '공장형' 레이싱의 결과를 보지 못했다. 레이스가 열리기 몇 개월 전 뇌졸중에 걸려 1951년 1월 30일에 세상을 떠난 것이다. 그는 75세였으며, 자동차 역사에 자신의 이름을 영원히 새겨 넣었다. 한 자동차 역사 전문가가 말했듯, 설사 스윙-액슬 서스펜션만 발명했다고 해도 자동차 역사에 한 획을 그었을 텐데, 그는 훨씬 더 많은 걸 해냈다.

페르디난트가 세상을 떠난 지 채 2개월도 안 되어 페리의 대담한 도박은 완전한 보상을 받았다. 1951년 3월 21일에 500번째 포르쉐 Typ 356 모델이 추펜하우젠 공장의 조립 라인을 빠져나왔다. 그 직후 포르쉐는 배기량 1.3리터에 출력 44마력인 엔진을 선보였다. 그리고 그 엔진은 당시로서는 놀라운 성능을 발휘했는데, 정지 상태에서 시속 100km에 도달하는 데 19초 걸렸고 최고 시속은 154.5km였다. 페리는 르망 24시간 레이스에 대비해 크뮌트 공장에서 제작한 쿠페 3대를 준비했는데, 모델명은 356 SL*이었다. 그중 1대가 해당 부문에서 1위로 결승선을 통과했다. 이로써 포르쉐는 아주 중요한 국제 레이스에서 첫 우승을 기록했으며, 모터스포츠계에 길이 남을 자동차 제조업체로 자리매김하게 되었다.

1952 모델 연도*에는 페리가 한 조각짜리 '휘어진' 앞 유리에 추가로 돈을 더 쓰기로 허용한 뒤 스타일상 멋지게 업그레이드되었다. 포르쉐는 영국 수출용으로 운전석이 오른쪽에 있는 모델도 만들었다. 또 롤링 베어링 안에서 크랭크샤프트가 회전하는, 배기량 1488cc에 출력 60마력인 새로운 엔진도 선보였다. 1953 모델 연도에는 출력 55마력 모델인 데임Dame(숙녀)으로 대체됐으며, 그 이후 다시 출력 70마력 슈퍼 버전이 나왔다. 이 모든 자동차에는 포르쉐의 새로운 동기화된 4단 변속기와 대폭 개선된 브레이크가 장착됐다. 그 덕에 자동차의 성능이 좋아졌으며, 정지 상태에서 시속 100km에 도달하는 데 14초 걸렸고 최고 시속은 180.2km였다. 그리고 미국 서부 유통업자 겸 카레이서인 자니 폰 노이만Johnny Von Neumann의 요청에 따라 카레이서를 위한 아메리카 로드스터America Roadster 모델을 내놓았다. 카레이서들은 그 한정판이 나오기 무섭게 바로 구입했다. 그 로드스터 모델은 엔진 성능이 비슷한 카브리올레 모델에 비해 약 165kg 더 가벼웠고, 최고 시속은 그대로 180.2km였지만, 정지 상태에서 시속 100km에 도달하는 데 10초밖에 안 걸렸다.

1954년에 일어난 여러 가지 혁신 가운데 스피드스터Speedster라는 로드스터 버전이 증산된 점이 눈에 띈다. 그 모델 역시 미국 서부 해안 지역의 요청에 따라 제작되었다. 1954년에 제작한 200대는 모두 바다 건너 유럽으로 보냈다. 성능은 로드스터 모델과 비슷했지만, 레이스트랙racetrack*에서 가속 능력이 더 좋아졌다. 고객은 새로운 1300 슈퍼 엔진을 주문할 수도 있었는데, 출력이 60마력으로 업데이트된 엔진이며 롤러 베어링이 사용됐다. 1955 모델 연도에는 폭스바겐 엔진 사용을 끝내고 3조각짜

리 새로운 크랭크 케이스를 도입했다.

1956년은 포르쉐에 그야말로 역사적인 해였다. 그 전해 가을에 페리는 자신의 Typ 356 모델을 처음으로 대규모 업그레이드한 뒤 Typ 356 A라는 모델명을 붙였다. 3월 12일에 포르쉐에서는 창사 25주년을 기념해 1만 번째 자동차를 제작했다. 엔진 배기량은 새로운 1.6리터 이하 레이싱 부문 기준에 맞춰 1582cc로 늘렸으며, 배기량 1.5리터짜리 엔진을 새로운 카레라 모델에 그대로 사용해 초고성능 애호가와 카레이서를 만족시켰다. 1600 슈퍼 1600 Super 모델은 출력이 75마력이었고, 1500 GS 카레라 모델(듀얼 오버헤드 캠샤프트 장착)은 알루미늄 크랭크 케이스와 실린더 헤드, 실린더 배럴을 사용해 출력이 100마력이었다. 또 서스펜션을 손봐 핸들링을 개선했으며, 지름 16인치짜리 휠과 타이어는 더 일반적이고 인기 있는 15인치짜리로 줄였다. 포르쉐는 레이싱이나 국제적인 랠리에 참가할 계획인 카레라 모델 소유주를 위해 부품 리스트도 별도로 내놓았다.

1957 모델 연도에는 해당 레이싱 부문 자체가 사라지면서 1300 모델이 단종됐다. 포르쉐는 머리 위 공간을 늘리고 후방 시야를 개선할 목적으로 카브리올레 모델의 직물 루프를 조금

맨 위쪽) 1954년형 Typ 356 스피드스터(Speedster) 스포츠카의 특성을 강조하고자 포르쉐에서는 슈투트가르트 솔리튜드 레이싱 서킷에 있는 타이밍 및 스코어링 타워 근처에서 초기 스피드스터 모델의 사진을 찍었다. 포르쉐는 1954년 말에 스피드스터 모델을 선보였고, 처음 제작한 200대는 미국으로 보냈다. 이 모델은 4100대 넘게 조립되었고 1958년 내내 계속 제작됐다.

위쪽) 1955년형 Typ 356-1500 노멀 콘티넨탈 쿠페(Normal Continetal Coupe)
페리 포르쉐는 자신의 유통업자 막시밀리안 호프만을 통해 미국 내 고객은 자동차 숫자보다는 자동차 이름을 더 좋아한다는 사실을 알게 됐다. 스피드스터란 이름이 그걸 증명했기에 페리는 356 모델을 '콘티넨탈'이라고 불렀다. 그러나 그 이름은 포드 모터(Ford Motor)의 링컨 부서에서 페리에게 '콘티넨탈이란 이름에 대한 권리는 자신들에게 있으며 자신들은 1956년에 그 이름을 다시 쓸 계획'이라고 알려오면서 문제가 됐다.

더 높였다. 그리고 새로운 카레라 버전인 GS/GT* 모델을 순전히 쿠페와 스피드스터 보디 형태로 내놓았다. 그 모델은 엔진 출력이 110마력이었고, 보디 도어와 앞뒤 트렁크 덮개에 알루미늄 소재를 썼다. 그다음 기술적인 업그레이드는 1958년 T2* 모델에서 이루어졌다. 그 모델에는 새로운 크랭크 케이스가 장착되어 저속에서도 높은 유압이 유지됐고 전반적으로 오일 분산이 나아졌다. 슈퍼 모델 엔진에서는 롤러 베어링 대신 저널 베어링 크랭크를 사용했다. 또 포르쉐는 카르만Karmann사에서 제작한 새로운 보디 스타일도 두 가지 추가했다. 하나는 노치백notchback* 톱을 용접해 붙인 카브리올레 타입 하드톱hardtop* 쿠페였고, 다른 하나는 하드톱 카브리올레였다. 포르쉐는 또 1500 카레라 GS 모델을 더 편안한 356 A 1500 GS 카레라 디럭스 모델로 대체했다.

1959 모델 연도에는 356 A 시리즈가 단종되고 스피드스터 모델이 새로운 컨버터블 D 모델로 대체됐다. 컨버터블 D 모델은 출력이 105마력인 1600 카레라 디럭스 모델로도 나왔다. 카레이서를 위한 출력 115마력짜리 카레라 GS/GT 모델은 쿠페형으로만 나왔다. 포르쉐는 356 A 시리즈로 계속 성공 가도를 달렸으며, 추펜하우젠 공장에서는 2세대 356 모델을 2만 541대 제작했다.

1955년형 Typ 356-1500 노멀 유러피언 쿠페(Normal European Coupe) 포르쉐의 이 유러피언 모델이 콘티넨탈이란 자동차 이름을 사용한 것에 따른 포드 측의 소송 위협에 대한 페리의 대응책이었는지는 분명치 않다. 그러나 어쨌든 추펜하우젠 공장에서는 유러피언이란 이름의 쿠페와 카브리올레 모델(출력 55마력짜리)을 소량 제작했다.

1952년과 1953년에 해당 부문에서 연이어 우승하면서 르망 24시간 레이스에 대한 포르쉐의 관심은 계속 이어졌다. 1954년에는 새로운 레이싱 스파이더 모델로 여러 차례 해당 부문 우승을 차지했다. 그 외에도 다른 여러 곳에서 포르쉐 356 쿠페와 스피드스터 모델은 양산차를 토대로 제작된 레이스카로 완전히 명성을 굳혔다. 레이스를 위한 특별 옵션으로는 다양한 트랙에 맞춘 기어 세트, 서스펜션 업그레이드, 각종 교환 경량 부품, 계속 확대되는 공장과 딜러 지원 등을 꼽을 수 있었다.

1959년 가을에는 테크니컬 프로그램Technical Programme 5 모델이 1960년형 Typ 356 B라는 이름으로 선보였다. 헤드라이트와 범퍼가 더 높아졌는데, 이는 포르쉐가 자신들의 쿠페, 카브리올레, 로드스터, 하드톱 쿠페 모델에 세계적인 기준을 적용했음을 의미한다. 포르쉐는 엔진 생산을 출력 60마력인 1600 노멀 모델, 출력 75마력인 1600 슈퍼 모델, 배기량 1582cc에 출력 90마력인 새로운 슈퍼 90 모델로 단순화했는데, 모든 엔진에는 푸시로드 작동형 밸브가 딸려 있었다. 그리고 슈퍼 90 모델은 정지 상태에서 시속 100km에 도달하는 데 13.6초 걸렸고 최고 시속은 188km였다. 또 포르쉐는 카레이서와 고성능 자동차 마니아를 위해 알루미늄 도어와 트렁크, 알루미늄 시트 셸, 플렉시글라스 사이드와 백 윈도가 장착된 356 B 1600 카레라 GS/GT 모델을 여전히 제공했다. 새로운 12볼트 전기 장치가 사용된 GS/GT 모델은 출력이 115마력이었고 최고 시속은 200km였다. 포르쉐는 이 쿠페 모델을 단 40대만 제작했다.

카레라 모델은 1961년에도 계속 제작됐으나 컨버터블 D 모

1957년형 Typ 356 A-1500 GS 카레라 GT 스피드스터 이 모델처럼 출력 110마력짜리 순종이 아니더라도 차고에서 오래된 포르쉐를 1대 발견하는 건 모든 자동차 수집가의 꿈이다. 포르쉐는 경쟁이 아주 치열한 미국과 유럽 시장을 위해 엔진 배기량이 1498cc인 이런 스피드스터 모델을 약 167대 조립했다. 무게가 840kg인 이 자동차는 시속 200km로 달렸으며 추펜하우젠 공장에서 4120달러(1만 7300도이치마르크)에 팔렸다.

1964년형 Typ 356 SC 쿠페 356 SC 시리즈는 Typ 356 모델의 정점이었다. 배기량 1582cc 엔진의 출력은 95마력이며, 무게가 935kg인 이 쿠페 모델이 정지 상태에서 시속 100km에 도달하는 데는 11.5초 걸렸고, 최고 시속은 185km였다. 포르쉐는 이 쿠페를 공장에서 3917달러(1만 6450도이치마르크)에 팔았고, 쿠페는 1만 3510대, 카브리올레는 3175대 조립했다.

델은 사라졌으며, 카르만사 보디로 제작된 카브리올레와 하드톱 쿠페, 로이터 카로세리사의 패스트백 쿠페는 그대로 남았다. 1962 모델 연도에는 프런트 오프닝 트렁크 덮개가 더 커지고 수직 공기 흡입구가 2개여서 일명 '트윈 그릴 덮개'로 불린 리어 엔진 커버가 장착되는 등, 보디-디자인 측면에서 몇 가지가 개선된 테크니컬 프로그램 6 모델이 나왔다. 포르쉐는 356 B 모델을 총 3만 1440대 제작했으며, 1964년에 그 마지막 세대의 356 모델인 356 C와 356 SC 모델을 내놓았다.

마지막 세대의 356 모델에서 가장 눈에 띄는 점은 네 바퀴 모두에 디스크 브레이크를 장착한 것이지만, 거기에 새로 평평한 허브캡hubcap(=휠캡)을 단 것은 옥의 티였다. 포르쉐는 356 C 모델의 특징을 긴 수명과 실제로 사용할 수 있는 토크torque•에 두었지만, 356 SC• 모델은 스포츠 버전으로 보았다. 그래서 356 C 쿠페와 카브리올레와 하드톱 카브리올레 모델의 배기량 1.6리터짜리 엔진은 출력이 75마력이었지만, 356 SC 모델의 출력은 95마력이었다. 또 스탠더드 쿠페 스타일이든 카브리올레 보디 스타일이든 356 C 2000 GS 카레라 2는 더 강력한 모델로서 1964년 레이스에 참가할 수 있게 제작된 것이었다. 배기량이 2리터인 이 모델의 엔진은 출력이 130 제동마력이었으며, 정지 상태에서 시속 100km에 도달하는 데 9초 걸렸고, 최고 시속은 200km였다. 값도 비싸고 속도도 빠르고 운전하기도 쉽지 않은 이 자동차는 궁극의 356 모델이었다. 포르쉐는 356 C와 356 SC 모델은 1만 6685대 제작했으나 356 C 2000 GS 카레라 2 모델은 126대밖에 제작하지 않았다.

위쪽) 1958-1959년형 Typ 356-1600 노멀 하드톱 쿠페 뒷좌석에 앉는 사람에게 조금 더 큰 공간을 제공하고자 포르쉐는 가까운 오스나브뤼크에 있는 카르만사에 카브리올레 보디에 강철 하드톱을 용접해서 붙여달라고 요청했다. 대체 버전인 하드톱 카브리올레 모델은 고객에게 탈착할 수 있는 하드톱을 제공했다. 두 모델 모두 뒷좌석의 머리 위 공간이 개선됐고 리어 윈도우 훨씬 더 커졌다.

아래쪽) 1962년형 Typ 356 B 1600 슈퍼 90 로드스터 '슈퍼 90'은 배기량 1582cc에 출력 90마력인 새로운 엔진을 뜻하고, '로드스터'는 포르쉐가 브뤼셀에 있는 벨기에 기업 디테른 프레르(D'Ieteren Freres)에 주문 제작한 새로운 보디였다. 디테른사는 1961년 2월에 자신들의 로드스터 모델 제작을 중단한 헤일브론의 드라우즈(Drauz of Heilbronn)로부터 그의 회사를 인수했다. 포르쉐와 드라우즈와 디테른은 1961년부터 1962년까지 로드스터 모델을 약 2902대 제작했다.

1953-1962

6

한가운데서의 모험

Typ 550부터 718 WRS까지

발터 글로클러Walter Glockler는 페리 포르쉐의 프랑크푸르트 지역 딜러였다. 그는 폭스바겐 자동차로 일을 시작했으며, 페리의 재정 고문 알베르트 프린칭이 자신의 대리점을 방문해 포르쉐 쿠페와 카브리올레를 소개했을 때 바로 주문을 넣었다. 페리와 마찬가지로 글로클러 역시 카레이서 출신이며 자동차 판촉 활동을 아주 중요하게 여겼다. 그는 크뮌트 공장에서 나온 356/2 모델을 몇 대 팔았고, 1949년 겨울에는 배기량 1100cc짜리 엔진을 따로 구해 날렵한 2인승 스파이더spyder(흔히 '컨버터블'의 뜻으로 쓰임) 모델에 장착했다. 글로클러의 수석 정비사인 헤르만 라멜로브Hermann Ramelow가 자동차 프레임을 제작했고, 문자 그대로 길 건너편에 있는 보디 제작업체 비덴하우젠Wiedenhausen이 보디를 제작했다. 그리고 뜻밖에도 "글로클러 포르쉐 스페셜Glockler Porsche Special"이라는 제목 아래 실린 그의 레이싱 우승 신문 기사가 우연히 페리의 눈에 띄었다.

글로클러의 스파이더 모델은 약 450kg으로 정말 가벼웠다. 라멜로브는 폭스바겐-포르쉐 엔진을 튜닝해 메탄올을 연료로 쓰게 했는데, 그 엔진이 58마력 출력을 내는 등 놀라운 성능을 발휘했다. 글로클러는 1950년에 독일 챔피언이 되었고, 페리는 그에게 배기량 1.5리터짜리 초기 엔진을 보냈다. 그 엔진을 글로클러와 라멜로브와 비덴하우젠이 만든 다음 스파이더 모델에 장착했다. 그 엔진은 메

1953년형 시제품 Typ 550 1500 RS 스파이더 프랑크푸르트 지역의 포르쉐/폭스바겐 딜러인 발터 글로클러가 포르쉐 엔진을 장착한, 작고 날렵한 알루미늄 보디 스파이더 모델을 몰고 각종 레이스에서 우승하는 모습과 사우터(Sauter)라는 이름의 두 카레이서가 비슷한 레이스카를 만드는 걸 본 페리는 그 새로운 모델을 공식 인정했다. 그 스파이더 모델은 무게가 685kg밖에 안 됐다.

위쪽) 1953년형 Typ 550 1500 RS '지붕 딸린 스파이더' 롤렉스 몬터레이 모터 스포츠 리유니언 레이스에서 섀시를 새롭게 복원한 550-02 모델이 달리고 있다. 과테말라에 사는 체코 출신 카레이서 자로슬라프 주한(Jaroslav Juhan)은 1953년형 카레라 모델 시절에 이 차를 몰았다. 주한은 레이스 내내 해당 부문에서 거의 선두를 지켰으나 마지막 구간에서 엔진 배전기 드라이브가 고장 나버렸다. 그는 며칠 동안 계속 여유분을 포켓 안에 넣고 다니다가 포르쉐를 신뢰한 나머지 마지막 구간을 달리는 날 아침에 버려버린 것이다.

왼쪽) 1954년형 Typ 550 1500 RS 스파이더 포르쉐의 정비공 지그문트 '시기' 뮤엘렌(Sigmund 'Siggy' Muyerlin)이 카레라 팬아메리카나 레이스 기간에 아르헨티나 건축가 페르난도 세거라를 위해 보관하고 있던, 새로운 포-캠 Typ 548 엔진이 장착된 출력 110마력짜리 '양산형' 포르쉐 스파이더 모델 옆에 서 있다. 당시 세거라는 카레이서이자 정비공인 헤르베르트 링게와 함께 레이스에 참가해 해당 부문에서 4위를 했으며, 멕시코를 가로지르는 3071km 거리의 오픈-로드 레이스에서 종합 12위를 기록했다.

탄올을 연료로 90마력 출력을 냈고, 그 덕에 글로클러는 두 번째 독일 챔피언이 되었다. 결국 글로클러는 페리의 유통업자 막시밀리안 호프만을 소개받았고, 호프만은 그 자동차를 구입해 레이스 카로 쓰고 미국 내 자기 사업 홍보용으로도 사용했다.

그 무렵 페리는 엔진을 제공하고 기술적 도움을 주는 등 글로클러를 지원하고 있었지만, 신문 기사 제목을 '글로클러 포르쉐가 다시 우승하다'에서 '포르쉐가 우승하다'로 바꾸기로 마음먹었다. 슈투트가르트 공장에서 강철 소재 356 모델이 생산되고, 2세대 356 A 모델이 개발 중이며, 또 엔지니어 에른스트 푸어만이 배기량 1.5리터짜리 듀얼-오버헤드-캠샤프트 방식 엔진을 개발 중인 상황에서, 페리는 보디 엔지니어 에르빈 코멘다에게 속히 포르쉐 자체의 레이스카를 디자인해보라고 촉구했다. 그렇게 해서 코멘다와 보디 모형 제작자 하인리히 클리 Heinrich Klie는 날씬한 '스파이더' 모델을 만들어냈다. 포르쉐 디자인 팀은 글로클러가 1952년 말에 각종 기록을 세울 때 사용한 공기역학적 구조의 조종석 커버에서 영감을 받아 패스트백 쿠페 모델도 제작했다. 보디는 비덴하우젠이 조립했으나, 포르쉐에서는 용접된 강철-튜브 사다리 프레임을 사용했다. 그리고 페리의 엔지니어들은 공기 흐름을 테스트하는 데 처음으로 슈투트가르트대학교의 풍동 wind tunnel 을 사용할 수 있었다.

"스파이더 모델의 모양을 결정지으려고 풍동 테스트를 하는 과정에서 예상치 못한 결과가 몇 가지 나왔다." 자동차 역사 전문가 위르겐 바르트 Jürgen Barth의 말이다. "한 조각으로 된 커다란 뒤쪽 차체 아래에 장착한 미드-엔진을 지나가는 공기 흐름을 개선하려고 엔지니어들은 먼저 시트 뒤쪽에 공기 흡입구를 하나 만들었다. 공기가 앞에서 밀려들어올 거라는 생각에 처음에는 공기 흡입구를 앞쪽으로 향하게 했다. 그런 다음 똑같은 공기 흡입구를 뒤쪽으로 향하게 했더니 놀랍게도 더 나은 결과가 나왔다. 자동차를 지나가는 공기 흐름 속에 털실을 매달아봤더니, 그 털실이 자연스레 뒤쪽을 향하는 공기 흡입구 속으로 빨려 들어간 것이다. 그러나 공기 흡입구를 앞쪽으로 향하게 했을 때는 털실이 공기 흡입구를 지나쳐 흔들릴 뿐 그 속으로 빨려 들어가지 않았다." 한 조각으로 된 패스트백 톱을 자동차 위에 얹자 쿠페 모델의 무게는 555.7kg이 되었다. 지붕 없는 스파이더 모델의 무게는 549.8kg이었다.

Typ 550 1500 RS란 모델명이 붙은 그 자동차에는 트윈 트레일링 암이 딸린 완전 독립형 서스펜션과 함께 안티롤 바가 붙어 있는, 조절 가능한 트랜스버스 리프 스프링이 사용됐다. 리프 스프링은 페르디난트 포르쉐의 전형적인 토션 바 서스펜션으로 쓰였고, 뒤쪽은 전통적인 디자인에 가까웠다. 트랜스버스 토션 바에 부착된 트레일링 암으로 스윙 액슬이 제어되고 있었다. 또 사방에 있는 쇼크 업소버가 서스펜션 움직임을 제어했다. 에른스트 푸어만이 제작한 새로운 Typ 547 트윈-캠 엔진은 출력이

1957년형 Typ 718 RSK 포르쉐 엔지니어들은 세브링 레이스와 르망 24시간 레이스 같이 고속으로 오래 달려야 하는 서킷에서 안정성을 높이고자 718 모델 뒤쪽에 수직 테일 핀을 달았다. 718 모델은 가벼운 스페이스 프레임과 합금 보디로 무장하고 개선된 서스펜션, 브레이크, 5단 기어박스를 장착한 채 새로 르망 24시간 레이스에 참가했다. 에드거 바르트(Edgar Barth)와 움베르토 마글리올리(Umberto Maglioli)는 레이스에서 선전하고 있었다. 그러다 오전 2시에 당시 7위를 달리던 포르쉐 자동차가 빙빙 돌던 애스턴 마틴 자동차와 충돌했고, 이후 2대 모두 들려 나갔다.

110마력이었고 정지 상태에서 시속 100km에 도달하는 데 10초 걸렸으며 최고 시속은 220.5km였다.

독일 뉘르부르크링 레이스에서 데뷔 첫 우승을 거둔 포르쉐는 1953년 르망 24시간 레이스에 쿠페 2대를 출전시켰다. 페리와 그의 엔지니어들은 레이스 완주를 목표로 엔진 출력을 75마력으로 낮춰서 레이스에 임했다. 44번과 45번을 달았던 포르쉐 쿠페 2대는 종합 15위와 16위를 기록했고 스포츠 1500 부문 우승을 차지했다. 한 달 후 그 쿠페 2대는 세 번째 열리는 연례 카레라 팬아메리카나 레이스에 참가해 또다시 해당 부문에서 우승했다. 1955년에도 계속해서 좋은 성적을 거두자 페리는 르망 24시간 레이스에 포르쉐 자동차 3대를 출전시켰고, 종합 4위, 5위, 6

1957년형 Typ 718 RSK 에드거 바르트는 르망 24시간 레이스에 앞서 뉘르부르크링 서킷을 방문해 한 번 더 테스트 주행을 해보았다. 고객 레이싱을 관리하고 자신이 직접 르망 24시간 레이스에서 우승하게 되는 그의 아들 위르겐이 카레이서이자 정비공인 헤르베르트 링게(왼쪽 두 사람 모두 모자를 쓰고 있음)와 함께 구경하고 있다. 레이싱 엔지니어 빌헬름 힐트(오른쪽)가 에드거 바르트의 테스트 주행 결과와 소감을 들으려고 기다리고 있다.

위와 함께 2대는 해당 부문 우승을 차지했다. 페리는 이제 '포르쉐가 우승하다'라는 제목이 달린 신문 기사를 제법 갖게 되었다.

포르쉐 공장에서는 1954년에 보디와 섀시 그리고 엔진을 미묘하게 업그레이드했다. 처음 조립해 고객에게 인도한 몇 대를 포함해 총 13대를 조립했다. 1955년에는 엔지니어들이 차세대 Typ 550 A 1500 RS 모델 생산을 준비하는 가운데 자동차 생산량이 82대로 늘어났다. 공장 레이스카 4대와 고객용 자동차 36대가 나왔는데, 엔지니어들은 사다리 프레임을 강철-튜브 스페이스 프레임으로 대체해 무게를 약 15.9kg 줄였고, 뻣뻣하고 경직된 핸들링도 개선했다. 또 리어 스윙 액슬은 중심축이 낮은 새로운 액슬로 대체했으며, 프런트 안티롤 바를 추가했다. 또 엔진을 개선해 출력을 135마력으로 높였고, 다른 변화로 무게를 529.8kg으로 줄였으며, 새로운 5단 기어박스를 장착했다. 또 포르쉐는 550 A 모델 2대를 르망 24시간 레이스에 보냈는데 그중 1대가 5위를 기록했고 다른 부문에서는 우승을 차지했다. 1957년에는 개인 입문자용 550 A 모델 제작에 착수해 앞으로의 경쟁에 선례를 만드는 등 공장의 명예를 지켰다. 또 한 미국인이 네덜란드 출신 카레이서와 함께 자신의 550 A 모델을 몰고 레이스에 공동 참가해 종합 8위와 스포츠 1500 부문 우승을 차지하기도 했다.

맨 위쪽) 1960년형 Typ 718 RS60 르망 24시간 레이스 규정에 따르면 앞 유리는 과할 정도로 커야 했다. 그 바람에 조종석에 아주 심한 난기류가 생겨 공기 항력이 높아지면서 자동차의 속도가 눈에 띄게 줄어들었다. 그래서 레이싱 엔지니어들은 측면 유리를 높였을 뿐 아니라 뒤 트렁크 덮개도 높여 공기 흐름 속에서 자동차가 밀폐된 쿠페처럼 움직이게 만들었다.

위쪽) 1958년형 Typ 718 RSK F2 포르쉐는 이런 718 모델을 35대 정도 제작했고, 국제자동차연맹 포뮬러 투 레이스에 참가하는 고객을 위해 자동차 10여 대를 싱글-센터-시트* 자동차로 개조하는 데 필요한 키트도 제공했다. 출력 148마력에 합금-보디 형태인 이 레이스카는 무게가 540kg밖에 안 됐고, 기어 장치로 시속 250km까지 달릴 수 있었다.

1958년에는 모델명까지 Typ 718로 변경할 만큼 아주 대대적인 업그레이드를 단행했다. 그리고 RSK라는 애칭까지 생겨났는데, 완전히 새로워진 프런트 서스펜션의 형태가 글자 K를 닮았기 때문이었다. 이는 공기역학적으로 보디가 더 유연해지는 원인과 결과가 되었다. 또 공기 저항을 줄이려고 자동차 맨 앞부분을 낮추면서 서스펜션을 다시 디자인해야 했다. 그 결과 하부 서스펜션 암이 땅바닥과 평행 상태를 유지하게 됐지만, 상부 서스펜션 암은 자동차 중앙을 향해 내려가게 되었다. 그에 따른 한 가지 부작용은 새로운 조향 링키지 steering linkage가 유니버설 조인트 2개를 이용함으로써 핸들이 왼쪽에 놓이게 된 것이었다. 이제 엔지니어들에게는 핸들을 중앙에 놓을 건가, 아니면 왼쪽에 놓을 건가 하는 옵션이 생겼다.

차체 또한 서킷 특징에 따라 변화됐다. 플로리다주 세브링과 르망 같은 고속 서킷을 달리는 자동차는 안정성을 높이려고 자동차 뒤쪽에 수직 테일 핀을 달았다. 규정에 따르면 더 높은 앞 유리가 필요했기에 디자이너들은 리어 엔진 커버를 높여 측면 유리와 맞아떨어지게 했다. 그 결과 지붕이 열린 스파이더 조종석 내의 난기류가 줄어들었다. 일부 레이스에서는 엔지니어들이 자동차에 금속 소재 조수석 커버를 맞춰 난기류를 더 줄였다. 엔지니어들이 Typ 547 모델의 길이를 더 늘려서 출력이 1958년에는 142마력, 1959년에는 148마력이 나왔다. 1958년에 열린 르망 24시간 레이스에서는 1위를 한 페라리 자동차와 2위를 한 애스턴 마틴 자동차에 이어 새로운 포르쉐 Typ 718 RSK 모델 2대가 3, 4위를 기록했다. 그리고 그 두 Typ 718 RSK 모델은 해당 부문 우승도 차지했다. 결승선을 통과한 자동차 10대 가운데 포르쉐 자동차는 4대였다. 신문들이 기사 제목에서 포르쉐 자동차를 '자이언트 킬러'라고 부르기 시작했고, 페리는 아주 흡족해했다.

포르쉐는 Typ 718 RSK 모델을 약 35대 조립했는데, 그중 4대에는 일명 '센터-스티어링 center-steering'이라는 새로운 조향 배열 방식을 적용했다. 1959년에 또다시 Typ 718 RSK 모델이 몇 대 나왔다. 그런데 이탈리아 타르가 플로리오 레이스에서 1, 2, 3, 4위를 싹쓸이했던 포르쉐가 뜻밖에도 르망 24시간 레이스에서는 전혀 다른 예기치 못한 경험을 하게 된다. 완주한 자동차가 1대도 없었던 것이다. 10여 년간 각종 레이스에서 승승장구해온 걸 감안하면 정말 황당한 결과였다.

같은 해에 포르쉐는 또 다른 스파이더 모델인 Typ 718 RS60을 내놓았다. 이음새 없이 용접된 강철 튜브 스페이스 프레임에 얇은 알루미늄 보디 셸이 씌워진 모델이었다. 맨 앞부분은 718 RSK 모델보다 더 낮고 더 둥글었기에 바람을 가르고 달리는 데 유리했다. 디자이너들은 운전자의 헤드 페어링 head fairing을 탈착 가능한 커다란 뒤 트렁크 덮개에 통합시켰다. 이 패널 바로 뒤쪽 자동차 후미에는 아주 큰 그릴이 2개 있어 공기를 흡입해 엔진을 식혀주는 역할을 했다. 1959년에는 차세대 Typ 547 수평 대향형 4기통 엔진이 나와 출력이 150마력까지 올라갔다. 프런트 서스펜션은 트레일링 암과 토션 바를 그대로 유지하고 있었지만, 리어 서스펜션은 양쪽에 비스듬한 A-암 2개로 바뀌었고, 네덜란드에서 제작된 코니 트윈-액팅 쇼크 업소버가 충격을 흡수했다. 앞쪽에 있는 코니 트윈-액팅 쇼크 업소버에는 안티롤 바가 장착되어 있었다. 1960년 6월에 열린 르망 24시간 레이스에서는 새로운 포르쉐 718 RS60 모델 중 1대가 종합 11위를 기록하면서 다시 한번 스포츠 1500 부문 우승을 거머쥐었다.

1960년에 포르쉐는 718 RS61 모델을 내놓았다. 점진적 진화 정도가 아니라 가히 혁명적인 변화를 거친 모델이었다. 엔지니어들은 이 모델의 휠베이스를 약 2100mm(82.7인치)에서 2200mm(86.6인치)로 늘렸다. 삼각형 모양 A-암이 뒤쪽 끝을 떠받쳤고 세로로 장착한 레이디어스 로드가 스프링 역할을 했다. 레이싱 규정상 자동차 앞 끝부분은 더 넓어야 했다. 그래서 엔지니어들은 여전히 트레일링 링크에 의존하면서도 앞 끝부분을 손봐야 했다. 또 엔진 배기량이 1588cc(1.6리터 이하)로 늘어나 출력은 160마력이 됐다. 훨씬 더 강력한 엔진도 나왔는데, 듀얼 오버헤드 캠샤프트가 장착된 새로운 Typ 771 수평 대향형 8기통 엔진은 배기량이 무려 1982cc였다. 그 엔진은 처음에 출력이 180마력이었으나, 언덕을 오르내리는 전문화된 초경량 '베르

1960년형 Typ 718 RS60 포르쉐는 르망 24시간 레이스에 이런 718 모델 3대를 출전시켰는데, 그중 2대에는 배기량 1606cc에 출력 178마력인 새로운 엔진을 장착했으나 그리 오래가지 못했다. 그런데 참가 번호 39번 자동차는 배기량 1.5리터에 출력 166마력인 '표준' 엔진을 장착했지만 문제없이 잘 달렸다. 문제가 된 것은 기어박스였는데, 레이스 시작 22시간 후에 고장 났다. 39번 자동차를 몰았던 에드거 바르트는 조심스레 간신히 결승선을 통과해 종합 11위와 해당 부문 우승을 차지했다.

1962년형 Typ 718 W-RS 출력 210마력에 배기량이 2.2리터인 수평 대향형 8기통 엔진을 완성한 레이싱 엔지니어들에게 이 스파이더 버전은 718 GTR 쿠페와 마찬가지로 중요한 시험대였다. 무게가 540kg인 이 자동차는 각종 레이스에서 워낙 자주 우승해 포르쉐에서 여러 해 동안 레이스에 출전시키는 바람에 '할머니'라는 애칭까지 얻었다.

크스파이더Bergspyder' 모델에 장착될 때는 270마력까지 늘어났다. 이 엔진은 1962년에 배기량 1.5리터짜리 포뮬러 원 레이스카로 쓰이게 될 Typ 753 모델과 1961년 내내 병행 개발됐다. 그러나 Typ 771 모델은 실린더 안지름이 76mm(3인치)였고, 종전의 66mm(2.6인치)보다 더 커져 큰 효과를 보았다.

1961년형 Typ 718 RS61은 희소성이 높은 모델이었다. 2대는 스파이더 버전이었는데, 그중 1대(모델명 Typ 718 W-RS)는 언덕을 오르내리는 코스에서 전설적인 자동차가 되었고 꾸준한 신뢰성 덕에 그로스무터Grossmutter(할머니)라는 애칭까지 얻었다. 세 번째 섀시는 쿠페 버전으로 진화됐으며 Typ 718 GTR이란 모델명으로 불리기도 한다. 1961년 르망 24시간 레이스를 위해 보디 디자이너들과 엔지니어들은 높다란 엔진 커버 뒷부분의 3분의 2를 없애고 확장된 후프hoop만 남겼다. 그 높이는 여전히 측면 창과 연결됐지만, 자동차 끝부분이 뽀족해 뒤쪽 흡입구로 더 많은 공기가 들어왔다.

또 보디 디자이너들은 718 GTR 쿠페형을 만들었는데, 그 지붕 역시 확장된 후프까지 이어졌다. 1961년에 만들어진 고성능 GT 자동차를 위한 새로운 챔피언 결정전인 '스피드 및 내구력 세계 챌린지Challenge Mondiale de Vitesse et Endurance' 그리고 8기통 엔진이 장착된 그로스무터와 718 GTR은 포르쉐가 준비한 비장의 무기들이었다. 1961년 타르가 플로리오 레이스에서 1, 2, 3위를 휩쓴 뒤 포르쉐는 르망 24시간 레이스를 기다렸다. 1959년에 충격적인 참패를 하고 1960년에 해당 부문에서 우승해 어느 정도 희망을 본 뒤 다시 참가한 르망 24시간 레이스였다. 24시간을 달리고 난 뒤 Typ 718 W-RS는 종합 15위와 스포츠 2000 부문 우승을 차지했다. 그리고 718 GTR은 종합 7위와 해당 부문 2위를 차지했다.

1960년에 포르쉐는 356 B 섀시를 토대로 알루미늄 보디 형태 Typ 756 쿠페를 20대 제작했는데, 그 모델명은 356 B GTL 아바르트 카레라Abarth Carrera였다. 그 자동차들이 레이스에서 좋은 성적을 내자 또 다른 GTR 쿠페 시제품을 제작했는데, 그 자동차에는 도로 주행용 헤드램프와 브레이크등, 번호판 틀 등이 추가됐다. 페리는 다른 사람들과 함께 고객 레이서를 위해 배기량 1.6리터와 2.0리터짜리 엔진이 장착된 양산차 100여 대를 제작하는 문제를 내부적으로 논의했다. 그러나 많은 돈을 들여 다른 레이스카를 제작하려던 노력은 결국 GTR 쿠페를 제작하는 걸로 결론 맺게 된다. 그렇지만 보디 모형 제작자 하인리히 클리가 만들어낸 자동차 모양과 형태는 포르쉐의 다음 고성능 GT 레이스카에 많은 영향을 주게 된다.

1957-1962

7

오픈 휠 타입의 대성공과 시련

Typ 718부터 804까지

제2차 세계대전 이전에 모터스포츠계 레이스의 최고봉은 그랑프리 시리즈였다. 그 시리즈는 세계 정상급 드라이버들을 끌어들였는데, 규정에 따르면 시리즈를 개최하고자 하는 나라는 한 장소만 허용됐다. 따라서 1946년에 재조직된 국제자동차연맹FIA 내 국제스포츠위원회CSI가 레이싱 재개 및 허가, 규정 등에 관여한 건 놀랄 일이 아니었다. 국제스포츠위원회는 전쟁 전의 두 가지 레이싱 카테고리 '그랑프리'와 '부아트레Voiturette*'를 포뮬러Formula A와 포뮬러 B로 개편했다. 그리고 그 두 카테고리는 1950년에 포뮬러 원과 포뮬러 투로 불리게 되었다. 메르세데스-벤츠, 알파 로메오, 마세라티, 들라주Delage, 들라이예 같은 전쟁 전 거인들이 다시 모습을 드러냈고, 페라리, 잉글리시 레이싱 오토모빌즈ERA 같은 새로운 강자들이 합류했다. 타이어 회사와 석유 회사가 참가하거나 후원해 각종 레이스를 지원했다. 국제자동차연맹과 국제스포츠위원회는 매년 20여 개 장소에서 레이스를 개최했는데, 처음에는 포뮬러 원과 포뮬러 투를 분리해서 개최했다.

1955년 르망 24시간 레이스에서 아주 비극적인 레이싱 사고가 발생했다. 그 사고의 당사자인 메르세데스-벤츠는 연말에 모든 레이스에서 철수했다. 재정적 부담으로 다른 많은 기업도 떠나면

1962년형 Typ 804 포뮬러 원 포르쉐의 포뮬러 원 레이스카(No.1)를 운전한 카레이서 댄 거니(Dan Gurney)는 언덕이 많은 슈투트가르트 교외를 가로지르는 11.4km 길이의 서킷 솔리튜드 링을 두 번째로 빨리 돌았다. 그는 뒤따라오는 로터스와 쿠퍼 자동차를 유심히 지켜봤을 것이다. 트랙을 25번째 돌 때쯤에 그 자동차들은 더는 그에게 적수가 되지 못했다. 댄 거니는 포르쉐 레이싱 팀 동료인 조 보니어(Jo Bonnier)를 거의 2초 차로 따돌리며 우승했다.

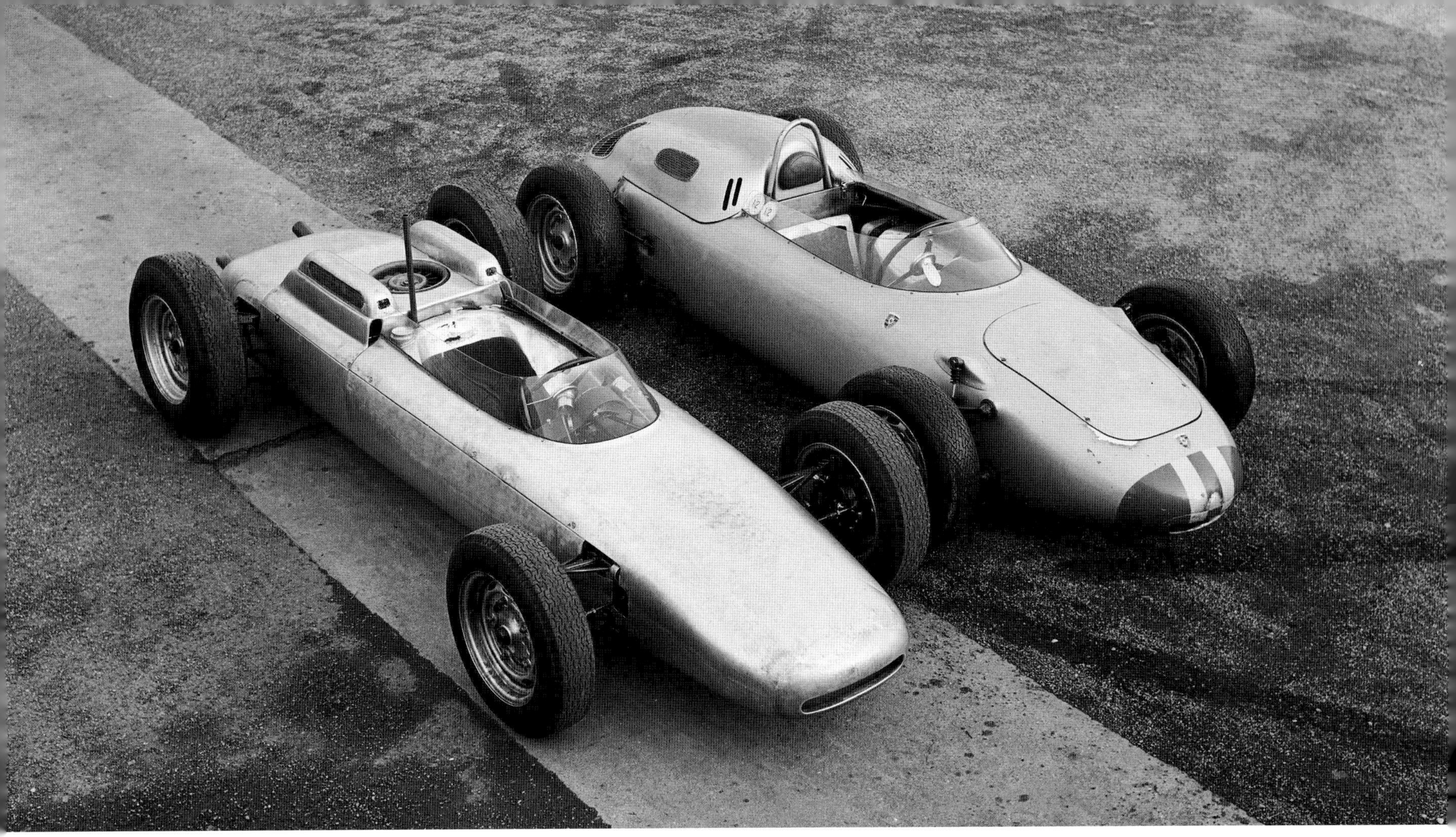

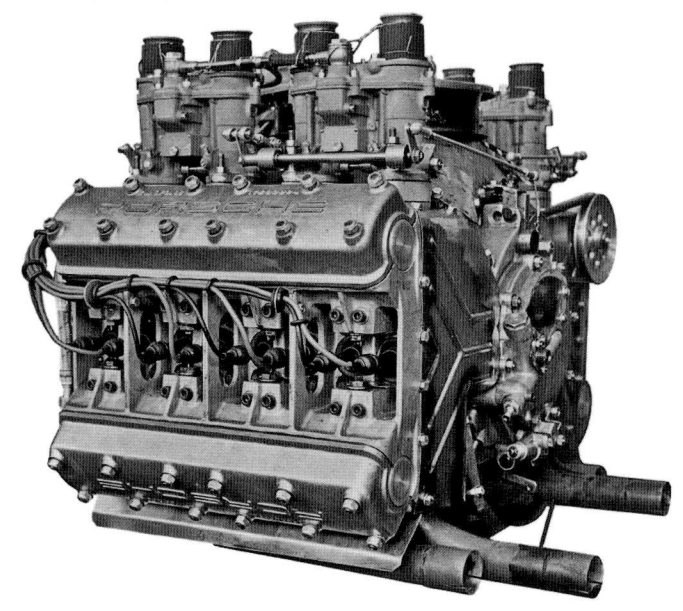

맨 위쪽) 1962년형 Typ 804 포뮬러 원과 1960년형 Typ 787 포뮬러 투 두 자동차의 무게 차이는 1kg 정도인데, Typ 804 포뮬러 원(왼쪽)은 455kg이고 Typ 787 포뮬러 투(오른쪽)는 456kg이었다. 둘 다 배기량 1.5리터짜리 엔진이 장착되어 출력이 Typ 804 포뮬러 원은 180마력, Typ 787 포뮬러 투는 155마력이었다. 또 둘 다 휠베이스는 2300mm였다. 전체 길이는 Typ 804 포뮬러 원이 3600mm, Typ 787 포뮬러 투는 3420mm였다.

위쪽) Typ 753 엔진 Typ 804 포뮬러 원 레이스카의 심장은 배기량 1494cc짜리 복잡한 수평 대항형 8기통 엔진이었다. 트윈-플러그 점화 장치를 이용해 연료 연소가 더없이 잘됐으며, 출력은 180마력이었는데 안타깝게도 포르쉐가 우승하려면 출력이 200마력이나 210마력은 되어야 했다.

서, 1956년에는 레이스 주관 단체들이 레이스카로 출발선을 채우는 것조차 힘들어졌다. 결국 레이스 주관 단체들은 한 레이스에서 포뮬러 원에 이어 바로 포뮬러 투를 치르기로 했다. 그래서 1957년 8월의 주말에, 포르쉐의 카레이서 에드거 바르트는 독일 그랑프리 레이스에서 최고 빠른 속도를 기록하면서 뜻하지 않게 포뮬러 투 그룹 레이스 출전 자격을 얻었다.

그는 포르쉐의 가장 최신 스포츠카인 Typ 718 1500 RSK를 몰았는데, 그 자동차에서 유일하게 변화된 점은 수리공들이 헤드라이트를 제거했다는 것이었다. 더 놀라운 사실은, 뉘르부르크링을 22바퀴 도는 레이스의 마지막에 에드거 바르트가 종합 12위를 기록했지만 포뮬러 투 1위로 분류됐다는 것이었다. 그 때문에 페리 포르쉐와 그의 레이싱 부서 책임자 후슈케 폰 한슈타인은 깜짝 놀랐으며, 자동차 레이스가 더 많은 레이스카를 팔 수 있는 좋은 기회라는 생각이 한층 더 굳어지게 되었다. 국제자동차연맹에서 1958년부터 포뮬러 원 제작업체를 위한 세계 챔피언 결정전을 도입하기로 결정하자, 페리는 곧 그 조치에 부응하는 노력을 기울였다.

정비공들은 운전석 위치를 조종석 중앙으로 옮기는 등(포뮬러 투와 포뮬러 원 규정은 1인승만 허용했음) Typ 718 RSK 모델 4대를 개조했다. 포르쉐는 그 자동차를 자기 공장 드라이버들뿐 아니라 재능 많은 프랑스인 장 베라Jean Behra를 비롯해 열성적인 '개인 고객'에게도 제공했다. 장 베라는 랭스에서 열린 프랑스 그랑프리 레이스에 참가해 포뮬러 투 레이스에서 우승했다. 이 자동차들은 그 당시의 전형적인 포뮬러 레이스카와는 달랐다. 다른 레이스카는 모두 전통적인 프런트 엔진에 후륜구동 방식이었으나 이 레이스카들은 포르쉐의 미드-엔진 방식을 고수했던 것이다. 1958년 레이싱 시즌이 끝날 무렵 국제자동차연맹과 국제스포츠위원회가 1961년부터 발효된다며 새로운 포뮬러 원 규정을 발표하자, 포르쉐는 드디어 자신들의 때가 왔다고 느꼈다. 새로운 규정에서는 엔진 배기량을 1.5리터로 제한했는데, 포르쉐 Typ 547 모델의 막강한 트윈-캠 엔진의 배기량이 딱 그 정도였기 때문이다.

포르쉐가 1959년에 한 일은 차체를 손봐 바퀴가 겉으로 다 드러나게 하고 자동차를 최대한 가볍게 만든 것이다. 엔지니어들과 보디 디자이너(간단히 F. A.라 하며, 애칭이 '부치Butzi'인 페리 포르쉐의 젊은 아들 페르디난트 알렉산더 포함)이 그 프로젝트를 진행했다. 그 새로운 자동차에는 Typ 718/2라는 모델명이 붙었다. 한편 페라리와 마세라티 본사가 있는 이탈리아 모데나에서 레이싱 엔지니어로 일하던 장 베라는 거기서 네 바퀴가 모두 보디 밖으로 돌출된 베라-포르쉐 오픈 휠 카를 제작했다. 그 자동차의 주행 장치는 포르쉐가 Typ 718/2 모델에 장착한 RSK 주행 장치 바로 그것이었다.

1960년 레이싱 시즌에 포르쉐는 위스키 생산업자 롭 워커 Rob Walker를 위해 레이싱을 하는 영국 카레이서 스털링 모스 Stirling Moss에게 포뮬러 투 레이스용 자동차 1대를 팔았다. 모스는 연이어 2위를 기록하다가 자신의 홈그라운드인 영국 에인트리 서킷에서 처음으로 우승했다. 레이싱 시즌이 끝날 즈음에는 포뮬러 투 레이스용 포르쉐 스포츠카 총 5대가 레이스에 참가했다. 포르쉐 레이싱 부서 책임자 후슈케 폰 한슈타인은 스웨덴 카레이서 조 보니어와 미국 카레이서 댄 거니를 영입해 공장 레이스카를 몰게 했다. 에드거 바르트가 포뮬러 투 레이스에 데뷔한 지 3년 만에 조 보니어가 뉘르부르크링 레이스에서 우승했고, 그 덕에 포르쉐는 자동차 제조업체의 포뮬러 투 챔피언십인 쿠페 데 컨스트럭처Coupe des Constructeurs에서 우승해 겹경사를 맞는다.

1961년이 다가올 때 포르쉐는 자신들의 자동차가 자동으로 포뮬러 원 범주로 올라갔음을 알게 된다. 배기량이 1.5리터인 그들의 엔진이 새로운 규정에 정확히 맞아떨어졌기 때문이다. 그러나 포뮬러 원에서는 포뮬러 투에서보다 경쟁이 훨씬 더 치열했다.

영국 혼자서만 로터스Lotus와 쿠퍼Cooper 외에 브리티시 레이싱 모터즈BRM까지 출전시키고 있었다. 모두 미드-엔진형 레이스카였으며, 이탈리아의 페라리와 마세라티도 마찬가지였다. 포르쉐 자동차는 출력도 낮아, 포르쉐가 포뮬러 원에서 제대로 경쟁하려면 더 강력한 엔진을 가진 새로운 자동차가 있어야 했다. 그래서 엔지니어들과 디자이너들은 진화된 자동차 Typ 787 모델 개발에 착수했으며, 레이스카 Typ 804 모델에 장착하도록 배기량이 1.5리터인 혁신적인 수평 대향형 8기통 엔진도 개발하기 시작했다.

"포르쉐는 1961년 4월 초 벨기에 브뤼셀에서 포뮬러 원에 처음 참가했다." 자동차 역사 전문가 위르겐 바르트의 설명이다. "그리고 거기서 크게 실망한다. Typ 753의 엔진은 몇 달 전 동력계 테스트에서 출력이 180마력까지 나왔지만 아직 준비가 덜 되어 있었다. 두 자동차 모두 배기량이 1.5리터인 구식 수평 대향형 엔진을 장착하고 달렸으며, 둘 다 완주하지 못했다." 포르쉐는 이후 5월에도 모나코에서 비슷한 좌절을 맛봤다. 포르쉐는 그 레이

1962년형 Typ 718/2 포뮬러 투 영국 카레이서 그레이엄 힐(Graham Hill)은 줄무늬 헬멧과 함께 눈에 띄는 콧수염으로도 유명했다. 포르쉐에서 홈그라운드로 여기는 슈투트가르트 솔리튜드 링 레이스에 출전시킨 레이스카 4대 중 1대에 그가 앉아 있다. 그레이엄 힐은 종합 4위를 기록했다.

스에 4기통 엔진이 장착된 새로운 Typ 787을 출전시켰고, 조 보니어와 댄 거니와 한스 페르만이 출발했지만 댄 거니만 5위로 레이스를 완주했다.

그러나 포르쉐가 모나코 레이스에서 손해만 본 건 아니다. 그 레이스와 네덜란드 잔드보르트 해안가 레이스에서 좌절을 겪으며 포르쉐 엔지니어들은 더 강력한 출력 못지않게 더 유연한 엔진과 더 민첩한 섀시도 필요하다는 사실을 알게 됐다. 1961년이 다 갈 때까지 포르쉐는 테스트에 테스트를 거듭하며 자격 조건을 갖추려고 애썼다. 그러나 참가하는 레이스마다 힘겨운 주행 끝에 실망스러운 결과만 맛봐야 했다. 모든 사람이 1962년만 기다렸고, 드디어 레이스카용으로 디자인된 새로운 Typ 804 모델이 나왔다.

포르쉐는 네덜란드 잔드보르트에서 열린 레이스에서 Typ 804 모델을 처음 선보였다. 그 자동차는 군살 없이 늘씬하고 현대적인 포뮬러 원 레이스카처럼 생겼다. 존 보니어와 댄 거니가 탄 자동차의 엔진은 출력이 180마력이었고 무게는 455kg이었으며 길이는 3600mm였다. 그런데 그 자동차들은 기어 장치에 문제가 있어 존 보니어는 결승선을 7위로 통과했고, 댄 거니는 포르쉐 피트에서 레이스를 포기해야 했다. 레이싱 팀이 다음 레이스를 기다리는 동안 엔지니어들은 수백 가지 세세한 문제를 해결했다.

그간의 노력이 결실을 맺어, 포르쉐는 프랑스 루앙에서 열린 프랑스 그랑프리 레이스에서 사상 처음으로 포뮬러 원 우승을 차지했다. 다른 레이서들은 내내 댄 거니의 레이스를 돕다가 문제가 생겨 속도가 떨어지거나 코스를 벗어나거나 중도 포기했고, 댄 거니는 1위로 결승선을 통과했다. 존 보니어는 우승한 댄 거니의 차에 올라 함께 빅토리 랩victory lap*을 즐겼다. 당시 존 보니어의 차는 변속 기어와 연료 분사 문제로 서킷 중간에서 멈춰 섰는데, 댄 거니가 트랙 옆쪽에 잠시 차를 세워 팀 동료인 그를 차에 태웠었다.

다음 레이스는 포르쉐의 고향인 슈투트가르트 외곽의 솔리튜드 링에서 벌어진 비챔피언십 점수제 콘테스트 성격의 레이스였다. 그 무렵 포르쉐 Typ 804 모델은 출력이 거의 200마력이었다. 그 레이스에서 또다시 댄 거니가 우승했다. 레이스 경력 30년 기념 인터뷰에서 그가 한 말에 따르면, 레이스가 끝난 뒤 우승 기념으로 트랙을 천천히 한 바퀴 돌 때 그는 평생 잊지 못할 감동적인 경험을 했다. 현지 주민 수만 명이 환호성을 지르고 모자를 벗어 공중에 던지며 우승을 축하했던 것이다.

뉘르부르크링에서 열린 다음 레이스 역시 댄 거니로서는 평생 잊지 못할 레이스였다. 그는 모든 부문을 통틀어 가장 빠른 기록을 세웠고, 그 덕에 포르쉐는 자신들의 자동차와 드라이버들에게 큰 희망을 품게 되었다. 그런데 출발 직후에 댄 거니가 운전하는 자동차의 배터리가 조종석의 고정판에서 떨어지고 말았다. 42km가 넘는 뉘르부르크링 서킷은 커브가 끝없이 이어지고 지형 높이가 계속 바뀌었기에 댄 거니는 계속해서 한쪽 다리로 배터리를 자동차 프레임 튜브 쪽으로 밀고 있어야 했다. 연료 탱크가 운전석을 둘러싼 채 지지하고 있으니 댄 거니로서는 배터리가 알루미늄과 부딪혀 불꽃이 이는지 어떤지 전혀 알 수 없었다. 그저 레이스 내내 자동차가 폭발하지는 않을까 하는 두려움에 떨어야 했다. 그렇게 집중하기 힘든 상황에서도 그는 3위를 차지했고, 존 버니어는 7위였다.

정비공들은 이탈리아 몬차와 미국 왓킨스 글렌에서 열릴 레이스에 대비해 레이스카를 더 많이 손봤다. 그들은 종이처럼 얇은 유리섬유 패널로 알루미늄 차체를 대체하는 등 유리섬유 소재를 처음으로 실험해보았다. 엔지니어들은 자신들이 여전히 무게를 더 덜어내고 출력을 더 높여야 한다는 사실을 잘 알고 있었는데, 그건 이탈리아와 미국에서 열리는 레이스에 참가하면서 더욱 분명해졌다.

포르쉐는 세계 자동차 제조업체 챔피언 결정전이나 포뮬러 원 레이스에 참가하면서도, 세계 도처에서 열리는 고성능 자동차 또는 스포츠카 레이스에 참가하는 고객을 지원하는 일을 결코 중단하지 않았다. 게다가 포르쉐의 디자이너와 엔지니어들은 1958년 이후 Typ 356 대체 모델을 계속 개발해오고 있었다. 일단 디자인과 섀시가 결정되자, 페리 포르쉐는 인근에 있는 로이터 카로세리에 새로운 자동차 보디 제작을 의뢰했다. 그들은 수정을 제안했고, 페리는 받아들였다.

페리는 포뮬러 원 레이스에 참가하면서 다른 레이스에 참가하는 것보다 예상치 못한 투자를 해야 하는 경우가 훨씬 더 많다는 현실에 직면했다. 그와 더불어 포뮬러 원 자동차가 자신의 자동차 사업에서 가장 중요한 도로 주행용 모델 향상에 별 도움이 되지 않는다는 사실도 깨달았다. 그래서 레이싱 부서 책임자 후슈케 폰 한슈타인과 자신의 엔지니어들에게 포뮬러 원 레이스 참가는 그만 끝내자고 말했다. 따로 성명을 발표하지는 않았고, 후슈케 폰 한슈타인이 시즌 마지막 레이스 참가 명단에서 조용히 포르쉐의 이름을 뺐다. 포르쉐는 Typ 804 모델 4대와 아주 복잡한 Typ 753 엔진을 몇 개 제작했었는데, 그 모든 것을 가차 없이 창고 안에 쑤셔 넣었다.

1962년형 Typ 804 포뮬러 원 포르쉐는 네덜란드 파크 잔드보르트 서킷에서 열린 네덜란드 그랑프리 레이스에서 이 자동차를 처음 선보였다. 공장 카레이서인 조 보니어 (사진 속 인물)와 댄 거니가 이 자동차를 몰고 80바퀴를 돌았다. 조 보니어는 총 335km를 달린 뒤 첫 성적치곤 양호한 7위를 기록했고, 댄 거니는 기어박스가 고장 나 47바퀴를 돌고 중도 포기했다.

1958-1966

바꾸는 게 어때요? 도대체 왜요? 바꿀 때가 됐어요!

Typ 901, 902, 911, 912

포르쉐의 보디 엔지니어 에르빈 코멘다는 노후화된 Typ 356 모델을 업그레이드하는 디자인 작업이나 오픈 휠 및 폐쇄형 차체 방식 레이스키의 디자인 작업에 관여하지는 않는 대신 다음 포르쉐 모델에 대한 이런저런 아이디어를 내놓았다. 초기의 노력을 거쳐 실물 크기 모델이 나왔지만, 페리는 어깨만 으쓱해 보였을 뿐 별 흥미를 보이지 않았다. 1952년에 공개된 그 자동차는 투 도어 쿠페로 모델명이 Typ 530이었으며, 크기만 15퍼센트 정도 더 커진 카르만사의 하드톱 쿠페 같았다.

    Typ 534 모델은 1953년과 1954년 사이의 겨울에 모습을 드러냈다. 그러나 크기만 커진 Typ 356 모델의 복사판에 지나지 않았고, 자신의 Typ 550 레이스카에 집착하고 있던 페리의 흥미를 끌지는 못했다. 보디 엔지니어 에르빈 코멘다는 페리와 함께 각종 모터쇼에 참가했기에 그런 페리의 마음을 잘 알았다. 페리는 전시장 홀을 돌아다니다가 잠시 발길을 멈추고 제너럴 모터스General Motors, 포드, 크라이슬러Chrysler, 패커드Packard 같은 미국 자동차 기업이 전시한 자동차를 감탄 어린 눈으로 바라보곤 했다. 그러면서 자동차의 크기와 둥근 모양에 대해 읊조리던 페리의 말을 에르빈 코멘다는 가슴에 새겼다. 미국인은 자동차에 헤드라이트를 4개씩 달았다. 에르빈 코멘다는 곧 실물 크기로 Typ 644의 모형을 만들었는데, 그 모형에도 두 가지 스타일로 헤드라이트를 4개 달았다.

1964년형 Typ 901 페리 포르쉐가 자신의 비서 헬레네 베르크마이스터(Helene Werkmeister)가 시제품 Typ 901에 앉기를 기다리고 있다. 1964년 9월 14일 공장 밖에서 첫 양산 모델인 이 자동차를 시운전했다. 그러나 모델명을 둘러싸고 프랑스 자동차 제조업체 푸조와 분쟁이 벌어지면서, 포르쉐는 가까스로 완제품 10여 대를 만든 뒤 모델명을 Typ 911로 바꿨다.

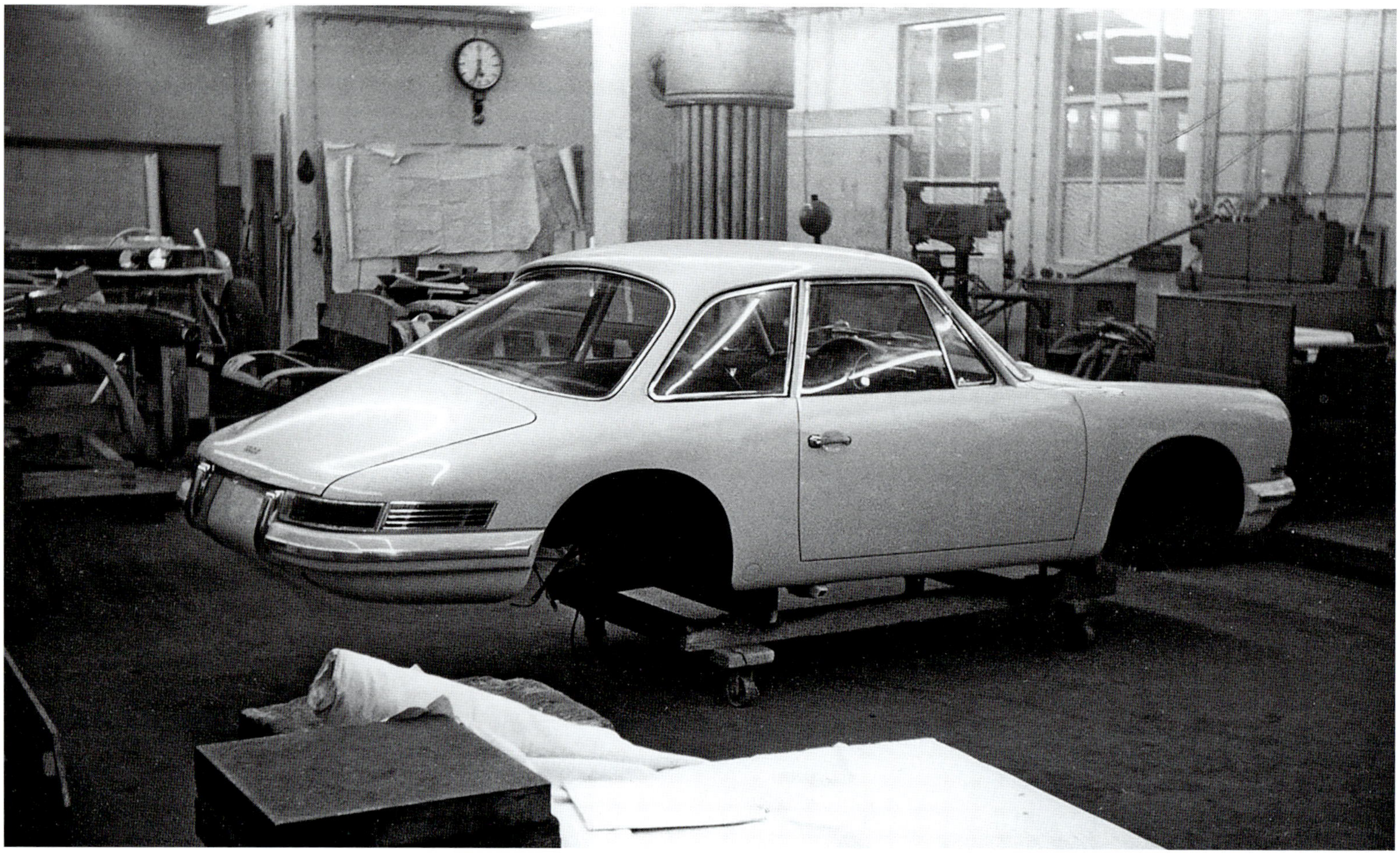

맨 위쪽) 1961년형 Typ 754 T7 다음 포르쉐 모델이 탄생하기까지 수십 가지 디자인과 모델과 시제품이 나왔다. 그때마다 조금씩 다음 모델의 마지막 모습에 가까워졌다. 페리의 아들 F. A. 또는 '부치'의 감독하에 디자이너 게르하르트 슈뢰더와 수석 모형 제작자 하인리히 클리는 4년에 걸친 꾸준한 수정 끝에 드디어 새로운 자동차 모양을 만들어냈다.

위쪽) 1963년형 Typ 901 T8 공장 정비공이자 카레이서이자 테스트 드라이버인 헤르베르트 링게가 초기 Typ 901 시제품을 몰고 시운전에 나서 눈 위에서 안정성을 테스트하고 있다. 이 시제품(4번)에는 여전히 트윈 배기관이 적용됐으며, 이 시제품으로 리어 데크의 다양한 공기 흡입구 중 하나를 테스트했다.

에르빈 코멘다는 2098mm 휠베이스를 토대로 Typ 356 모델을 디자인했다. 그러다 1957년에는 Typ 356 모델을 업그레이드하면서 휠베이스를 2400mm로 늘렸다. 그러나 그는 자신의 상사인 페리의 마음을 잘못 읽고 있었다. 심지어 에르빈 코멘다의 Typ 550과 718 스파이더 모델을 완벽하게 만들어낸 모형 제작자 하인리히 클리까지도 더 커진 Typ 356 복사품 같은 모델 개발에 매달리는 실수를 저지르고 있었다.

에르빈 코멘다가 자신의 의중을 잘못 해석하자, 페리는 알브레히트 그라프 폰 괴르츠Albrecht Graf von Goertz를 영입했다. 괴르츠는 1936년에 미국으로 이주한 독일인인데, 자기 자신과 고객을 위해 포드 모델 A와 B의 보디 개조 작업을 하기도 했다. 그 자동차 중 1대가 산업 디자이너 레이먼드 로위Raymond Loewy의 눈에 띄었고, 괴르츠의 충분한 가능성을 본 로위는 그를 학교에 보낸 뒤 취업까지 시켜주었다.

1953년에 괴르츠는 자기 스튜디오를 열었고, 포르쉐 유통업자 막시밀리안 호프만을 만났다. 그때 호프만은 포르쉐와 메르세데스-벤츠와 BMW의 자동차를 팔고 있었는데, 그는 괴르츠를 위해 BMW에서 디자인 의뢰 두 건을 받아주었다. 하나는 곡선미가 아름다운 2+2(앞좌석 2개+뒷좌석 2개) 503 모델(쿠페형과 카브

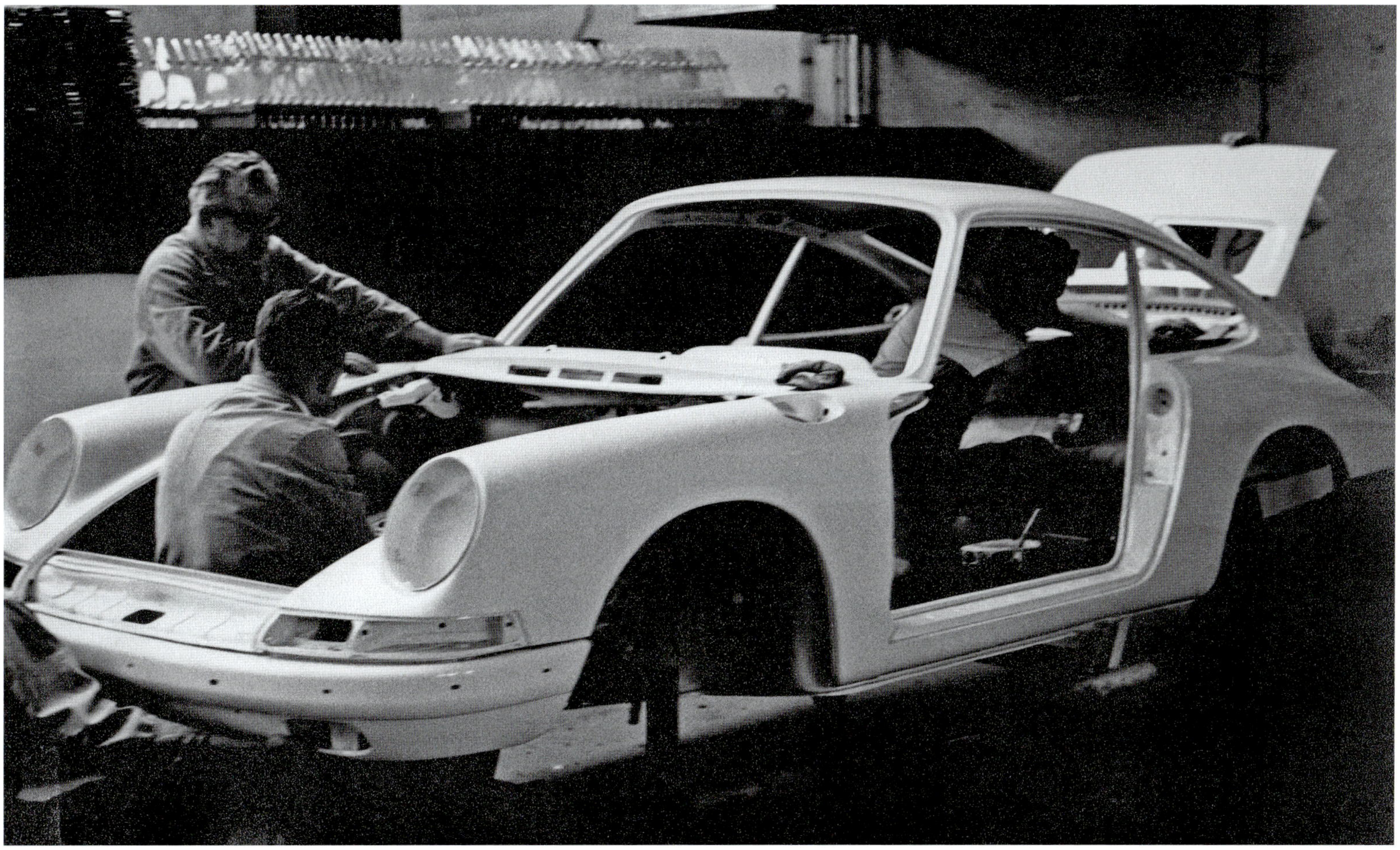

리올레형)이었고, 다른 하나는 근육질을 자랑하는 새로운 2인승 로드스터 507 모델이었다. 페리도 호프만을 통해 괴르츠에게 다음 포르쉐 모델의 디자인을 의뢰했다.

그렇게 탄생한 다음 포르쉐 모델의 디자인은 예상외로 전위적이었다. 그 당시에는 아메리칸 스타일 스튜디오에서 유행하던 '접은 종이처럼' 예리한 모서리와 날카롭고 갑작스레 끊기는 선이 특징적이었는데, 그때까지 나온 그 어떤 포르쉐 자동차에서도 볼 수 없던 모습이었다. 페리는 마음이 열려 있었지만, 어쨌든 에르빈 코멘다나 하인리히 클리의 콘셉트와는 달라도 너무 달랐다.

결국 괴르츠가 추펜하우젠 공장으로 불려와 모형을 하나 만들게 되었다. 페리는 그간 고객에게 자주 들었던 얘기를 꺼내가며 실내 공간과 앞쪽 저장 공간이 좀 더 컸으면 좋겠다고 말했다. 괴르츠는 그의 주문을 따랐지만, 막상 나온 결과물은 보수적인 페리의 눈에는 너무 미국적이면서 또 너무 괴르츠 스타일이었다. 좋든 싫든 에르빈 코멘다가 포르쉐의 스타일을 워낙 둥글둥글하고 자연스러운 쪽으로 굳혀놓았던 것이다.

이 실험에는 비용이 많이 들었다. 괴르츠는 하인리히 클리와 그의 모형 제작자에게 미국 디자인 스튜디오에서 자주 사용하는 플라스티신 Plasticine®을 권했다. 그 소재를 사용하면 불필요한

맨 위쪽) 1964년형 Typ 901 시제품 포르쉐는 늘 부품을 장착하거나 부착하기 전의 텅 빈 자동차 보디를 '흰색 보디(body-in-white)'라고 부르는데, 거기엔 분명한 이유가 있다. 정비공들이 앞으로 시리즈 자동차가 어떻게 조립될지 상상해볼 수 있는 것이다.

위쪽) 1964년형 Typ 901 판매용 책자 프랑스 자동차 제조업체 푸조 측에서 자신들이 프랑스에서 이미 가운데 숫자에 '0'이 들어가는 모델명을 등록했으니 포르쉐가 그런 모델명을 써서는 안 된다고 통보해왔을 때, 포르쉐는 이미 이런 책자를 수백 부 인쇄한 상태였다. 그러나 수천 부를 더 인쇄할 예정이었기에, 페리는 서둘러 모델명을 911로 바꿨다.

1965년형 Typ 912 쿠페 페리의 디자이너와 엔지니어들은 완전히 새로운 자동차 보디와 출력이 130마력인 수평 대향형 6기통 엔진을 디자인했다. 그런데 포르쉐 측에서는 4기통 엔진이 장착된 최종적인 Typ 356 SC 모델에 쓸 엔진의 여분을 확보해놓고 있었다. 그래서 포르쉐 측에서는 더 값싼 동반 모델 Typ 902(후에 912로 바뀜)를 내놓는 걸 고려했다. 결국 포르쉐는 이 모델의 가격을 4083달러(1만 6250도이치마르크)로 정했다. 참고로 911 모델의 가격은 5502달러(2만 1900도이치마르크)였다.

부분을 조심스레 긁어내며 섬세한 모양을 구현할 수 있었다. 다만 값이 비쌌다. 페리의 보디 디자이너 중 한 사람인 오이겐 콜프 Eugen Kolb의 회상에 따르면, 당시에 페리는 이렇게 불만을 토로했다. "그 비용이면 버터로 모형을 만들 수도 있겠어요." 하인리히 클리의 모형 제작자는 바닥에 떨어진 플라스티신을 긁어모아 다음 모형 제작에 재활용하곤 했다.

페리는 괴르츠에게 디자인을 다시 해보라고 요청했다. 그리고 이번에는 하인리히 클리도 작업에 합류시켰다. 클리는 조수석 쪽을, 괴르츠는 운전석 쪽을 디자인하는 방식으로 두 사람이 같은 모델을 가지고 작업했다. 1957년 중반 무렵에는 두 버전이 등장했는데, 페리는 그것들에서 포르쉐의 미래를 엿볼 수 있었다. 괴르츠의 버전은 앞 유리 꼭대기부터 미등 부분까지 루프 라인이 끊이지 않고 길게 이어져 있었다.

그 시기에 페리의 장남 F. A.는 디자인에 관심을 보였을 뿐 아니라 재능도 보였다. 그는 1957년 가을 학기에 한 유명한 예술 디자인 학교에 다니기도 했으나, 다시 아버지의 공장으로 돌아와 괴르츠와 클리와 코멘다에게 실무 교육을 받았다. 또 페리는 그런 아들에게 즉시 조기 임원 교육을 시작했다. F. A.는 포르쉐 자동차의 핵심을 이해하기 위해 먼저 엔진 디자인과 조립 공부를 시작했다. 그리고 채 1년도 안 되어 에르빈 코멘다 밑에서 견습생활을 했으며, 코멘다는 그를 레이싱 부서로 보내 관리자 빌헬름 힐트 Wilhelm Hild 밑에서 일하게 했다. 그러면서 F. A.는 포르쉐의 포뮬러 투 레이스카인 Typ 718/2와 Typ 787 모델의 단순하면서도 깔끔한 기능 위주의 보디를 제작하는 데 관여했다. 그는 빌헬름 힐트와는 편하게 지냈지만, 오랜 세월 알고 지낸 코멘다와는 왠지 어색했다. 코멘다는 F. A.가 태어나기 4년 전인 1931년부터 페르디난트 포르쉐와 함께 일해왔는데, 이제 그의 손자와 함께 일하게 된 것이다.

그 무렵 괴르츠는 다시 미국으로 되돌아갔다. 다음 모델의 디자인을 놓고 포르쉐 내부는 356 모델에서 영감을 받은 코멘다의 전통적인 디자인을 선호하는 진영과, 괴르츠의 아이디어를 발전시킨 클리의 디자인을 선호하는 진영으로 나뉘었다. 힘겨운 과정이었다. 클리와 동료 보디 디자이너 게르하르트 슈뢰더 Gerhard Schroder는 코멘다 밑에서 일하고 있었다. 그러나 두 사람은 계속해서 상사의 이런저런 아이디어에 반대 의견을 내고 있었다. 게다가 페리의 아들 F. A.의 자신감이 점점 더 커지면서 상황은 더

1964년형 Typ 901/911 포르쉐의 디자이너들은 조종석 안쪽, 특히 계기판을 편안하고 친근하게 만드는 데 많은 노력을 쏟아부었다. 중앙에는 오일 온도계, 압력계와 함께 커다란 회전속도계가 있고 왼쪽 끝에는 연료계와 오일계가 설치되어 있었다. 속도계는 회전속도계 오른쪽에 있고, 오른쪽 끝에는 시계가 붙어 있었다. 시리즈 양산차에는 목재로 된 패널보드 오른쪽 끝에 '911'이라는 숫자가 새겨진 밝은 금속을 부착했다.

1965년형 Typ 912 조수석 탑승자가 인내심을 갖고 기다리는 사이에, 한 사진작가가 단순화된 게이지 3개가 눈에 띄는 시리즈 양산차 912 모델의 탄소섬유 패널을 카메라에 담았다. 패널보드는 금속으로 되어 있었다.

복잡해져갔다. 수십 년 후 한 인터뷰에서 F. A.는 이런 말을 했다. "저는 우리가 새로운 포르쉐 모델을 예전 모델처럼 만들어야 한다는 게 전혀 납득이 안 됐습니다." 페리는 거기서 한발 더 나아갔다. "356 모델 시대의 특징이 새로운 모델에 영향을 주어선 절대 안 됐습니다." 어쨌든 보디 엔지니어와 소유주 아들 간의 갈등은 전혀 예상치 못한 일은 아니었다.

그즈음 포르쉐는 전반적으로 분주했다. 1959년 말에는 Typ 356 B 모델이 첫선을 보였다. 그리고 몇 개월도 안 되어 레이싱 부서는 특수 보디로 제작된 새로운 고성능 GT 자동차 Typ 756 아바르트 카레라와 경쟁 스포츠카인 Typ 718 RS60은 물론 새로운 포뮬러 레이스카인 '부치'의 Typ 787 모델도 공개했다.

한편 포르쉐 추펜하우젠 공장의 시대는 저물어가고 있었다. 페리는 공장 규모를 더 늘려야 한다는 사실을 잘 알았지만, 추펜하우젠 공장에는 더 늘릴 만한 공간이 없었다. 그래서 사촌 기슬레인 케스Ghislane Kaes와 자신의 수석 재무 고문 한스 케른Hans Kern을 파견해 기업 규모를 늘릴 부지를 찾게 했다. 바이사흐 지역에 살고 있는 정비공 헤르베르트 링게의 추천에 따라 두 사람은 추펜하우젠 공장에서 25km쯤 떨어진 지역을 직접 찾아갔다. 바이사흐와 플라흐트 사이에 있는 부지였다. 그런데 페리가 원하는 규모보다 세 배나 넓었고 가격도 훨씬 비쌌다. 페리는 버럭 화를 냈지만, 곧 다른 대안이 없다는 걸 깨달았다.

처음 생각한 것보다 훨씬 많은 돈을 투자해야 했지만, 그 부지를 구입하면 도로 주행용 자동차와 레이스카 개발에 필요한 스키드 패드skid pad와 테스트 트랙은 물론 앞으로 엔지니어링과 디자인 부서를 늘릴 공간도 확보할 수 있었다. 그러나 한 가지 문제가 계속 그를 괴롭혔다. 에르빈 코멘다가 계속해서 성인이 앉을 만한 뒷좌석과 레그룸leg room이 있는 4인승 자동차 개발을 제안했던 것이다. 하인리히 클리와 게르하르트 슈뢰더와 부치는 필요에 따라 또는 비상시에 뒷좌석을 활용할 수 있는 2+2 형태 자동차를 지지했다. 게다가 아직 다음 포르쉐 모델에 쓸 엔진도 없는 상태였다.

페리의 고객은 그에게 다른 것, 즉 더 큰 출력을 바라고 있었다. 그는 곧 출시할 계획인 엔진 배기량 2리터짜리 Typ 356 카레라 2와 Typ 356 C GS 카레라 모델의 출력 목표를 130마력으로 잡았다. 그러나 해당 엔진은 레이스로 생겨난, 아니 사실은 레이스를 위해 개발된 4기통 엔진이었다. 시끄럽고 아주 예민한 자동차인데, 성능 신봉자에게는 좋을지 몰라도 편안한 GT 자동차를 원하는 사람들에겐 좋지 않았다.

포르쉐 엔진 디자인 팀은 1959년과 1960년에 한 가지 콘셉트를 발전시켰지만, 페리의 모든 목표를 충족시키는 데는 실패했다. 우선 출력이 130마력에 미치지 못했다. 그래서 헬무트 보트Helmuth Bott라는 한 젊은 개발 엔지니어는 1960년 11월에 처

Typ 911 모델에 쓰인 1964년형 901-01 엔진 포르쉐는 Typ 911 모델에 쓰기 위해 완전히 새로운 배기량인 1991cc짜리 수평 대향형 6기통 엔진을 개발했다. 그 엔진은 출력이 6100rpm에 130마력이었고, 정지 상태에서 시속 100km에 도달하는 데 9.1초가 걸렸으며, 최고 시속은 210km였다.

Typ 912 모델에 장착된 1965년형 Typ 616-36 엔진 배기량이 1582cc인 이 수평 대향형 4기통 엔진은 포르쉐의 이전 Typ 356 SC 모델에서 가져온 것이며 출력은 90마력이었다. 이 엔진을 장착한 자동차는 정지 상태에서 시속 100km에 도달하는 데 13.5초가 걸렸고 최고 시속은 185km였다.

음, 단 한 차례 야간 테스트 주행을 해본 뒤 이렇게 보고했다. "탈곡기만큼이나 시끄럽습니다. 이 차는 생각도 하지 말아야 할 것 같습니다."

그 자동차는 밀대 pushrod° 작동식 밸브에 의존하여 속도가 제한됐고, 레이싱에 필요한 출력을 내게 하려면 실린더 크기를 늘려야 했다. 레이스용으로 쓸 수는 없었다. 페리는 모든 사람을 다시 제자리로 돌려보냈다.

그러고 나서 거의 1년 후에 보디 디자인 문제가 해결됐다. 디자인 부서는 1961년 10월 중순에 코멘다가 가장 최근에 내놓은 Typ 356 노치백의 루프 수정판과, 클리와 슈뢰더가 내놓은 루프 라인이 긴 패스트백의 실물 크기 측면 도안을 검토용으로 게시했다. 당시 페리는 부치, 슈뢰더, 콜프, 코멘다와 함께 그 자리에 있었다. 그런데 곧이어 예상치 못한 대담한 일이 벌어지면서 페리의 생각은 확고해졌고, 그의 회사 포르쉐 역시 즉시 변화되었다.

코멘다가 예정에도 없이 불쑥 부치가 클리, 슈뢰더와 함께 작업해온 도안 쪽으로 다가가더니 도안 속 자동차 치수를 고치기 시작했다. 페리가 뻔히 지켜보는 데서 휠베이스와 전장은 물론 뒷좌석과 레그룸의 치수를 늘린 것이다. 그런 뒤 코멘다는 몸을 돌려서 한 도안과 또 다른 도안을 가리키며 물었다. "이제 어떤 걸 선택하시겠습니까? 이겁니까, 아니면 이겁니까?" 자신의 보디 디자이너와 아들 사이에 문제가 많다는 소문을 페리가 두 눈으로 직접 확인한 순간이었다.

"이걸로 하죠." 부치가 슈뢰더, 클리와 함께 진행해온 2+2 스타일 디자인을 가리키며 페리가 말했다.

자신의 선택에 더는 토를 달지 못하게 하려고, 페리는 바로 이웃인 로이터 카로세리의 지하 디자인 스튜디오 중 일부 공간을 임대해 슈뢰더와 그의 보디 디자인 팀을 이주시켰다. 그러나 에르빈 코멘다는 거의 20년 가까이 로이터 카로세리와 손잡고 일해왔기에 지하에서 진행되는 일을 실시간으로 알려줄 친구가 많았다. 그렇지만 슈뢰더, 클리, 부치가 제시한 콘셉트 카는 대부분 꾸준히 생산되는 쪽으로 결정됐다.

공장의 다른 곳에서 엔지니어들은 새로운 수평 대향형 6기통 엔진을 개발했다. 젊은 레이스카 엔진 디자이너인 한스 메츠거 Hans Mezger는 앞으로 출력을 늘리려면 오버헤드 캠샤프트가 꼭 필요하다는 걸 알고 있었다. 그래서 자신이 제작에 관여한 포뮬러 원 Typ 753과 스포츠카 Typ 771(둘 다 포르쉐의 Typ 360 치시탈리아 그랑프리 자동차와 에른스트 푸어만의 Typ 547 모델을 토대로 제작됨)의 엔진에 오버헤드 캠샤프트를 사용했다. 한스 메츠거는

1964년형 Typ 901 901/911 모델의 옆모습을 보고 흔히 '시대의 아이콘답다'고 말하지만, '깔끔하고' '단순하고' '자연스럽기도' 하다. 많은 자동차 디자이너가 이 911 모델 전에 나온 356 시리즈를 보고도 같은 말을 했었다. 상황이 어찌 됐든, 전 세계적으로 많은 사람이 911 모델의 옆모습을 바로 알아보는 것도 우연은 아니다.

다른 젊은 엔지니어 호르스트 마르하르트Horst Marchart와 공동 작업을 했는데, 마르하르트는 유압식 체인 텐셔너가 사용되는 체인 구동식 오버헤드 캠샤프트 시스템을 발명한 인물이었다.

그 이후의 포르쉐 엔진은 '탈곡기처럼 시끄러운' Typ 745 엔진부터 Typ 821, Typ 901에 이르기까지 Typ 번호 형태로 발전되었다. 이런 엔진명은 페리가 폭스바겐을 상대로 그들의 컴퓨터 시스템을 통한 부품 유통에 합의하면서 생겨났다. 900번대 번호는 폭스바겐이 수용할 수 있었던 번호이며, 처음에는 자동차와 엔진 모두에 같은 Typ 번호를 매겼다. 1963년에는 포르쉐에 또 다른 젊은 엔지니어 페르디난트 피에히Ferdinand Piëch가 들어왔다. 페리의 조카인데, 자신의 사촌 부치와 마찬가지로 어린 시절부터 할아버지 페르디난트 포르쉐와 삼촌 페리가 엔지니어링 관련 문제와 해결책을 논의하는 모습을 지켜보았다. 피에히는 최고 품질 제품을 만들겠다는 욕구가 아주 강한 사람이었다. 그런 성향은 처음부터 901 엔진 개발에 영향을 미쳤다. 공격적인 레이싱 환경에는 드라이 섬프식 윤활 장치가 더 적합하다고 목소리를 높인 것이다.

아직 해결해야 할 세부적인 문제가 있었고 수천 km에 달하는 테스트 운전도 해야 했지만, 페리는 1963년 프랑크푸르트 국제 모터쇼에 전념해 결국 거기에서 자신의 새로운 자동차 Typ 901 모델을 공개했다. 저널리스트들은 1963년 9월 13일 금요일에 처음으로 노란색 모델을 보았다. 페리가 제작은 1년 후부터 시작된다고 발표한 데다가 포르쉐의 엔지니어 외에 그 누구도 시운전해본 적이 없었지만, Typ 901 모델은 기록적인 판매고를 올리기 시작했다.

크게 고무된 페리와 모터스포츠 책임자이자 홍보 책임자인 후슈케 폰 한슈타인, 그리고 몇몇 판매 직원이 한 달 후에 열리는 국제 모터쇼 참석차 파리로 향했다. 그들 중 그 누구도 모터쇼 오프닝 행사 이후 며칠 뒤 파리에 있는 후슈케 폰 한슈타인의 호텔에서 또 다른 자동차 제조업체가 보낸 편지를 받게 되리라곤 상상도 못 했다.

푸조Peugeot는 프랑스 저작권 사무소에 자신들의 자동차 모델명의 가운데에 0이 들어가는 세 자리 숫자를 쓸 권리를 등록한 상태였다. 푸조의 첫 번째 자동차 201 모델은 1929년에 나왔고,

1965 모터쇼 서킷 356 모델이 그대로 재고 목록에 남아 있는 상황에서, 포르쉐는 자신들의 부스 주변을 S와 SC 카브리올레 및 쿠페 모델로 둥글게 에워쌌다. 그래서 방문객은 어느 것이 진짜 신차인지 알기가 쉽지 않았다. 아주 선명한 빨간색 레이스카 Typ 904 카레라 GTS 모델과 멋지고 미묘한 파란색 Typ 911 모델이 진짜 신차였다. 이 모델들은 유럽과 미국 전역에서 법적으로 도로 주행을 할 수 있는 자동차였다.

1963년에는 403, 404, 601 모델이 나왔다. 그 편지에서 그들은 프랑스에서 판매될 새로운 포르쉐 자동차에 901이란 모델명을 써서는 안 된다고 말하고 있었다.

남작인 후슈케 폰 한슈타인은 워낙 대외 관계를 중시하는 사람이어서 포르쉐의 Typ 804 모델이 1년 전 프랑스 그랑프리 레이스에서 우승했다는 사실을 지적하지 못했다. 그는 10월 10일에 그 편지를 페리에게 보냈고, 판매 책임자 볼프강 레터Wolfgang Raether와 함께 해결책을 찾기 시작했다. 새로운 자동차의 모델명을 901 GT라고 하려니, 판매 책자를 독일어, 프랑스어, 영어로 인쇄할 준비가 이미 끝난 상태여서 'GT' 두 글자를 보탤 수가 없었다. 그러나 901의 가운데 숫자 0을 1로 바꾸는 건 어렵지 않았다. 페리는 푸조 쪽에 연락했다.

그의 공장은 9월 13일에 포르쉐 901 모델을 조립하기 시작했다. 그는 모든 걸 중단시켰고, 푸조 측의 양해에 따라 11월 9일경에 다시 조립을 시작했다. 포르쉐 공장에서 901 모델을 몇 대나 조립했는지는 알 수 없지만, 포르쉐 기록 보관소에 따르면 10대가 채 안 된다고 알려져 있다. 모두 조립하려면 꼬박 하루가 넘게 걸리는 시험 제작 모델이었다. 마케팅 부서 직원들은 356 C 시리즈에서 남은 4기통 엔진을 이용해 비슷한 모델이 나올 거라고 생각했는데, 푸조 측의 요청에 따라 Typ 902는 Typ 912 모델로 바뀌었다.

페리는 조립 작업이 재개되기 5일 전, 1963년 9월 9일에 55번째 생일을 맞았다. 그런데 또 다른 예기치 못한 사건이 터져 흰머리가 더 늘게 생겼다. 그가 901/911 모델용 보디 제작을 의뢰하려고 로이터 카로세리에 연락했을 때, 로이터 카로세리를 소유한 가문에 문제가 생겼다. 회사 설립자는 전쟁 전에 사망했고, 그의 아들이자 후계자는 전쟁 중 슈투트가르트 폭격으로 사망함에 따라 가족들은 회사를 매각하고 싶어 했다. 로이터 카로세리는 포르쉐의 사업에 대해 너무 세세히 알고 있었기에 페리는 혹시라도 정보가 유출될까 싶어 걱정되었다. 바이사흐 지역에 부지를 매입할 때와 같이 그에게는 달리 선택권이 없었다. 결국 그는 약 150만 달러(600만 도이치마르크)에 로이터 카로세리를 인수했다. 그 결과 공장은 추펜하우젠 공장의 거의 두 배 규모가 되었고 직원 수도 거의 두 배가 되었다.

1963-1966

필요는 발명의 어머니이다

Typ 904 카레라 GTS와 906 카레라 6

에르빈 코멘다와 부치 간의 경쟁을 통제하고자 페리 포르쉐는 스물여덟 살 난 아들을 디자인 책임자로 임명해, 보디 제작 책임자라는 코멘다의 직책과 더 분명히 구분을 지었다.

페리가 새로운 GS 2000 플랫폼 기반 이탈리아산 보디로 소형 GTL 레이싱 쿠페를 제작하는 문제로 집안 친구인 카를로 아바르트에게 연락했는데, 그때 뜻밖에도 아바르트는 자신의 새로운 레이스카 아바르트 심카 2000 Abarth Simca 2000 제작을 발표했다. 포르쉐는 기본적으로 해당 레이싱 부문에 자신들의 GTR 모델과 카레라 GS 2.0 모델을 출전시켜왔다. 페리와 레이싱 엔지니어인 빌헬름 힐트와 후베르트 밈러 Hubert Mimler, 그리고 레이싱 부서 책임자 후슈케 폰 한슈타인은 국제자동차연맹 FIA이 주관하는 그룹 3 GT와 내구 레이스에 출전할 새로운 레이스카 제작에 전념했고, 디자인 관련 업무는 부치의 팀에 맡겼다.

1990년대 초에 부치는 이렇게 회상했다. "힐트 씨의 직원들은 한때 모든 레이싱 드라이버의 시트를 철판을 두들겨 만들었습니다. 그러다가 유리섬유를 사용하기 시작했죠. 시간이 훨씬 덜 들었거든요. 드라이버가 차에 올라앉으면, 사람들이 드라이버의 체형에 맞춰 주물을 떴습니다. 공장 소속 드라이버뿐 아니라 일반 고객을 위해서도 그렇게 했죠."

1964년형 Typ 904 카레라 GTS 조립 용접된 박스형 강철 섀시에 얹은 포르쉐의 그랜드 투어링 스포츠 쿠페용 유리섬유 보디(포르쉐에서 처음 사용)가 작업 마무리를 위해 대기 중이다. 애초에 계획했던 엔진이 준비되지 못하자, 포르쉐에서는 이미 성능이 입증된 배기량 2리터에 출력 180마력짜리 Typ 587 포-캠 4기통 카레라 엔진을 장착하기로 했다.

1965년형 Typ 904 카레라 GTS와 Typ 911 '몬테카를로' 포르쉐는 몬테카를로 랠리에서 벌어진 아주 험난한 로드테스트 겸 레이스에 완전히 새로운 모델인 Typ 904와 Typ 911을 출전시켰다. 그 행사에서는 유럽 10여 개 도시에서 출발한 자동차가 지중해 도시 몬테카를로에 모여, 눈과 얼음으로 뒤덮인 알프스 산악 도로에서 이틀 밤 동안 아주 혹독한 시련을 겪었다. Typ 904가 종합 2위였고, Typ 911은 5위였다.

"고객이 그런 방식을 좋게 받아들이는 모습을 보며 우리는 생각했습니다. '차 전체를 그렇게 만들면 어떨까?' 처음에 우리는 단순히 과거에 철판으로 만들던 부품을 플라스틱으로 만들었습니다." 부치는 1962년에 힐트의 직원들이 Typ 804 포뮬러 원 자동차의 보디 패널을 유리섬유 소재로 대체하는 모습을 지켜봤다. "작업 속도가 빨랐습니다." 당시 그가 덧붙인 말이다.

그리고 속도는 중요했다. 페리는 새로운 그룹 3 자동차 제작을 승인했지만, 규정에 따르면 자동차 제조업체가 레이스 참가 자격을 얻으려면 그 전에 100대는 제작해야 했다. 그의 섀시 엔지니어들은 극히 변화무쌍한 사다리형 프레임을 설계했다. 앞부분은 좁게 만들어 조향과 서스펜션 장치를 넣고, 뒷부분은 넓게 만들어 중앙 장착식 엔진과 트랜스액슬 기어박스와 리어 서스펜션을 넣었다.

부치는 모형 제작자 하인리히 클리와 수석 디자이너 게르하르트 슈뢰더에게 자동차 제작을 맡겼다. 슈뢰더는 포르쉐에 합류하기 전 컨버터블 보디 디자인과 엔지니어링 업무를 했기에 자동차 보디가 튼튼한 섀시에 얼마나 큰 영향을 주는지 잘 알고 있었다. 1962년 11월에 레이스 관련 규정이 명확해지자, 포르쉐의 엔지니어들과 디자이너들은 본격적으로 움직였다.

원래 포르쉐는 Typ 901/911 모델에 장착하려 했던 6기통 엔진의 레이싱 버전을 이용해 Typ 904라는 새로운 모델로 레이스에 참가할 계획이었다. 그러나 엔진 제작이 지연되어 계획이 틀어지자 이미 포르쉐의 레이스용 엔진을 여럿 디자인해온 엔진 디자이너 한스 메츠거가 배기량이 2.0리터인 Typ 587 카레라 4기통 엔진의 업그레이드에 착수했다. 포르쉐 레이싱 부서에서 그 엔진을 이미 200개 이상 조립해왔기에 그 엔진을 받아들이는 건 기정사실이었다. 메츠거는 출력 155마력짜리 도로 주행용과 180마력짜리 레이싱용, 이렇게 두 버전으로 엔진을 만들었다.

모형 제작자 하인리히 클리는 플라스티신 소재로 아주 간단한 보디 모형을 제작했다. 보디 디자이너 게르하르트 슈뢰더는 거의 바로 보디 패널 생산 도면을 그리기 시작했다. 새로운 자동차는 실물 크기 보디의 암주형female mold 안에 수작업으로 유리섬유 판을 까는 방식으로 제작되리라는 걸 알고 있었기 때문이다.

부치는 당시를 이렇게 회상했다. "우리는 아마 공기역학적인

면에서 개선할 수도 있었을 겁니다. 한스 토말라Hans Tomala(페리의 수석 디자이너) 씨는 자동차 길이를 늘일 생각까지 했죠. 그러면 공기역학적인 면에서 조금 더 나아질 수 있었거든요. 그런데 도무지 그럴 시간이 없었어요."

부치는 말을 이었다. "그 자동차 보디가 그렇게 아무런 변화가 없었던 것도 바로 그런 이유 때문입니다. 그 자동차가 첫 플라스티신 모형에서 운전할 수 있는 시제품으로 완성되기까지, 밤낮없이 일해 4개월이 걸렸습니다." 그러나 부치 포르쉐가 디자인 책임자로서 자신의 역할을 제대로 이해하게 된 건 프로젝트에 착수하고 몇 주간 잠도 제대로 못 자면서 일한 뒤였다.

"페르디난트 포르쉐의 아들이라는 사실이 내 장점이라고 생각했는데, 그건 단점도 될 수 있었습니다. 나는 아버지와 직접 소통할 수 있었기 때문에 사람들은 내가 하는 말에 더 많은 신경을 쓰곤 했습니다……. 나는 어떤 제안도 할 수 있었고, 아버지에게 이런 식으로 말할 수 있었으니까요. '보세요! 바로 이거잖아요!'"

게르하르트 슈뢰더는 당시의 상황을 생생히 기억했다. 그는 거의 50년 후에 어느 인터뷰에서 부치의 얘기에 동의했다.

맨 위쪽) 1965년형 Typ 904/8 베르크스파이더(Bergspyder) 쪼그려 앉은 듯 뭉툭하고 별 사랑도 받지 못했으며 별명이 '캥거루'였던 이 힐클라임 자동차는 기능에 따라 형태를 정해야 한다는 페르디난트 피에히의 초창기 강한 믿음이 잘 드러난 모델이다. 이 모델은 무게가 570kg이었고, 배기량 2.0리터에 출력 210마력 Typ 771 수평 대향형 8기통 엔진이 장착되어 있었다. 이 모델은 720km에 달하는 시칠리아의 험한 산악 도로를 달린 뒤 종합 2위로 결승선을 통과했다.

위쪽) 1965년형 Typ 904 카레라 GTS 쿠페 디자인부터 조립까지 100일이 주어진 상황에서, 디자인 책임자 부치 포르쉐는 가장 경험 많은 직원인 모형 제작자 하인리히 클리와 보디 디자이너 그레하르트 슈뢰더에게 그 프로젝트를 맡겼다. 몇 년 후 슈뢰더는 그 자동차 디자인은 거의 클리의 것이며, 자신은 그 모형 제작자가 만든 모형을 그리기만 했다고 인정했다.

맨 위쪽) 1965년형 Typ 904 카레라 GTS 쿠페 포르쉐는 공장 레이싱과 테스팅 용도로 Typ 904 모델 10여 대를 보관하고 있었으며, 배기량 1991cc에 출력 210마력 레이싱용 수평 대향형 6기통 엔진을 장착했다. 그리고 그 모델을 시제품 부문과 다른 많은 레이스에 출전시켜 차세대 레이스카를 위한 엔진 개발에 활용했다.

위쪽) 하인리히 클리는 이 자동차의 보디를 제작하면서 자신이 다른 비슷한 쿠페 모델인 Typ 718 GTR에 적용했던 스타일을 그대로 이용했다. 그의 Typ 904 모델은 GRT의 '양산형' 버전이 되었으며, 109대가 조립됐다. 포르쉐는 출력 155마력인 도로 주행용 버전 또는 출력이 180마력인 레이스카를 포르쉐 공장에서 7462달러(2만 9700도이치마르크)에 팔았다.

"우리는 정말 시간이 빠듯했습니다. 그야말로 밤낮없이 클리 씨는 자동차 모형을 만들었고 나는 도안을 그렸습니다. 우리에게 다른 아이디어도 있었지만, 두 번째 버전은 없다는 생각으로 일하라는 얘기를 들었습니다. 마침내 도안 작업이 끝나자 우리는 그걸 부치에게 넘겼고, 그는 그걸 들고 바로 자기 아버지한테 갔습니다. 그의 아버지는 그걸 승인했고, 나는 바로 실물 크기 도안을 그렸습니다." 실물 크기 자동차의 높이는 1065mm, 길이는 4099mm, 폭은 1540mm였다. 프레임 무게는 겨우 45kg이었다.

또 다른 문제는 자동차 보디였다. 수작업으로 유리섬유를 세 층 쌓은 뒤 포르쉐 공장 근처에 있는 항공기 제작사 하잉켈 플루크초이크바우 Heinkel Flugzeugbau에서 합성수지를 이용해 보디를 접합했다. 그런데 일부 기술자는 다른 기술자보다 더 많은 재료를 썼다. 그래서 자동차 보디의 평균 무게는 약 100kg이었지만, 어떤 보디는 더 무겁고 또 어떤 보디는 더 가벼웠다. 그들은 자동차 보디를 매일 2개씩 완성했다. 그리고 조립이 끝난 자동차의 무게는 740kg이었다. 엔진 출력은 180마력이었고, 새로 개발한

1965년형 Typ 906-8 베르크스파이더 일명 '캥거루' 모델에서 얻은 교훈은 차세대 모델인 Typ 906-8 베르크스파이더 모델에 영향을 주었다. 공기역학적인 면에서 보디가 조금 더 향상되었지만 여전히 무게와 효율성도 중시됐다. 무게는 500kg이었으며, 출력이 270마력인 개선된 수평 대향형 8기통 엔진이 장착되었다. 길이가 3850mm였던 이 모델은 산악 도로 레이스는 물론 도로 서킷 레이스에도 참가했다.

5단 트랜스액슬을 사용해 정지 상태에서 시속 100km에 도달하는 데 5.5초 걸렸으며 최고 시속은 252km였다. 프로젝트에 착수한 지 1년 뒤인 1963년 11월 26일, 포르쉐는 공장 부근의 솔리튜드 팰리스에서 Typ 904 카레라 GTS 모델을 공개했다. 그리고 믿기 어려운 사실이지만, 포르쉐는 1964년 3월 31일에 100번째 자동차를 완성했다.

포르쉐 공장에서는 4기통 엔진을 장착한 모델을 106대 조립했고, Typ 906이란 모델명이 붙은 또 다른 자동차 4대에는 출력 210마력 레이스용 6기통 수평 엔진을 처음 장착했는데 모두 시제품으로 완성됐다. 포르쉐는 Typ 904 카레라 GTS 모델 10대는 자신들이 레이스카로 쓰려고 따로 빼놨다. 미국에는 적극적인 레이스 참가자가 많았기에, 처음 나온 '고객' 자동차 2대는(그중 1대는 2000km 레이스에서 5위를 기록했고, 시제품 부문 우승을 차지했음) 플로리다주 데이토나에서 열리는 레이스 일정에 맞춰 2월 15일 미국으로 보냈다. 한 달 후에는 5대가 플로리다주 세브링에서 레이스에 출전했고, 그중 1대가 시제품 부문 우승을 차지했다. 포르쉐의 정비공은 물론 엔지니어도 레이스에 참가했기 때문에 포르쉐는 그런 레이스에서 많은 걸 배웠다. 포르쉐는 여러 해 동안 이탈리아의 타르가 플로리오 레이스에서도 좋은 성적을 냈다. 특히 1964년 4월에 열린 레이스에서는 새로운 모델의 진면목을 보여주어 Typ 904 모델 2대가 나란히 종합 1, 2위를 기록했다.

그러나 페르디난트 피에히는 마음속으로 이미 Typ 904 모델은 레이스와 상관없는 일반인의 일반적인 도로 주행용 자동차로 제작되면서 성능이 저하되었다고 결론을 내린 상태였다. 그는 섀시 몇 개를 차출해 힐클라임hillclimb* 레이스에 적합한 초경량 스파이더 모델을 여러 대 개발했다. 힐클라임 레이스에서는 자동차 무게가 최대한 가벼워야 했기 때문이다. 힐클라임 레이스카는 제품을 개발할 때 어떤 제약도 받지 않고 어떤 비용도 아끼지 않으려는 피에히의 스타일에도 잘 맞았다. 그렇게 해서 나온 Typ 904 '베르크스파이더' 모델은 무게가 570kg이었고 길이 3580mm에 뭉툭한 형태였다. 또 출력 260마력으로 조율된 Typ 771 8기통 엔진이 장착되었는데, 그 조작이 워낙 까다로워 정비공들은 '캥거루'라고 부르기도 했다. 1대는 1965년 타르가

아래쪽) 1966년형 Typ 906 카레라 6와 Typ 911 쿠페 초창기의 Typ 911 모델은 소형차였으나, Typ 906 옆에 주차해놓으니 더는 소형차 같아 보이지 않았다. 레이스카인 Typ 906은 높이가 겨우 980mm였다. 포드의 전설적인 GT40도 이 모델보다는 높았다. Typ 906은 페르디난트 피에히가 포르쉐 904 모델을 개선하려고 애쓴 결과로 나온 모델이다.

맨 아래쪽) 뉘르부르크링 서킷을 달리는 1966년형 Typ 906 Typ 906 모델의 보디는 주형 상태에서 스프레이를 뿌렸으나, 피에히가 자신의 Typ 906 모델 보디는 두 차례 압축 사이에 주형을 떠 밀도를 높이고 무게를 줄여야 한다고 고집했다. 그 결과 나온 보디는 620kg이고 Typ 904보다 30kg 더 가벼웠는데, 그건 마그네슘 합금 엔진 블록과 다른 부품을 개선한 결과이기도 했다.

플로리오 레이스에서 2위를 기록했고, 다른 자동차는 불안한 노면 유지 성능 roadholding* 때문에 충돌 사고를 냈다.

1965년 내내 레이싱 부서 책임자 후슈케 폰 한슈타인과 페르디난트 피에히는 더욱 강력하면서도 가벼운 튜브 프레임을 쓰자고 주장했고, 그렇게 해서 나온 모델이 Typ 906이었다. 그런데 뜻밖에도 당시 페라리 측에서 배기량이 2.0리터인 작은 미드-엔진형 디노Dino 모델을 내놓았는데, 차량 제원을 보니 내구성 면에서든 힐클라임 레이스 면에서든 포르쉐 904의 우세가 예상됐다. 스위스에서 열리는 한 중요한 힐클라임 레이스를 앞두고, 한슈타인과 피에히는 보디 디자이너 오이겐 콜프에게 영국 로터스 포뮬러 원 자동차용 서스펜션과 더 작은 휠을 사용해 자동차를 지면 가까이 낮춘 멋진 쿠페를 만들라고 요청했다.

페리가 고객의 요구에 따라 두 번째 시리즈의 904 모델을 생각하기 시작했을 때 피에히는 기본적으로 그런 생각에 동의하지 않았다. 그보다는 GT 레이스와 내구 레이스에 대비해 오이겐 콜프의 보디 디자인을 받아들여 좀 더 큰 튜브 프레임 자동차를 만들어야 한다고 강력히 주장했다. 그렇게 해서 Typ 901/911 엔진의 레이스용 버전을 사용한 Typ 906 카레라 6 모델이 나오게 되었다. 오이겐 콜프와 슈뢰더는 더 효율적으로 보디 무게를 관리하고자 미리 주형화된 유리섬유 부품으로 보디를 조립했고, 그 덕에 무게를 엄격히 통제할 수 있었다.

콜프가 만든 보디는 복심곡선*을 가진 앞 유리 뒤쪽에서 조종석을 둘러싼 채 안쪽으로 말려 들어가 있었다. 조종석은 문턱이 아주 넓어서, 콜프와 슈뢰더를 비롯한 많은 사람이 운전자가 어떻게 타고 내려야 하는지 의아해했다. 레이싱 엔진 디자이너 한스 메츠거는 역시 문턱이 엄청 넓어 갈매기 날개처럼 위로 젖히는 걸윙 스타일 도어를 달았던 1955년형 메르세데스-벤츠 300 SL 쿠페를 떠올렸다. 그렇게 해서 Typ 906 카레라 6 모델은 걸윙 도어를 갖추었고, '배트모빌Batmobile'이란 애칭도 얻었다. 당시에 한 잡지의 논평에서는 이 모델을 '안쪽은 각종 규정에, 바깥쪽은 바람에 따라 결정된' 자동차라고 묘사했다.

이 힐클라임 레이스용 Typ 906 카레라 6 모델은 지름 13인치(33cm)짜리 로터스 휠과 타이어를 사용해 낮고 작았다. 그러나 페리는 904 모델을 100대 더 만들 걸 예상해 지름 15인치(38cm)짜리 휠과 타이어를 선주문했고, 피에히의 반대에도 불구하고 Typ 906 카레라 6 모델에 비축해둔 그 휠과 타이어를 사용하라고 고집했다. 출력 210마력인 수평 대향형 6기통 엔진이 장착된 Typ 906 카레라 6 모델은 무게가 620kg이었으며, 똑같

1966년형 906 카레라 고객용 자동차들 1966년 말경에 포르쉐는 Typ 906 모델을 65대 제작해 그중 52대는 레이싱을 즐기는 고객에게 팔았다. 그리고 포르쉐 공장 팀은 실험적으로 수평 대향형 8기통 엔진을 사용했으며, 고객용 자동차는 배기량 1991cc에 출력 210마력 엔진과 5단 기어박스를 장착한 채 레이스에 참가했다. 그렇게 해서 그들은 유럽과 미국의 여러 레이스에 참가해 많은 부문에서 좋은 성적을 거뒀고 우승도 차지했다.

은 Typ 901 6기통 엔진이 장착된 레이스용 904 모델보다 거의 55kg 가벼웠다. 또 904 모델보다 길이가 25mm 길었으나 너비는 140mm, 높이는 50mm 짧았다. 표준 기어 장치가 장착된 이 모델은 정지 상태에서 시속 100km에 도달하는 데 4.5초 걸렸고 최고 시속은 272km였다. 그리고 국제자동차연맹FIA 규정이 바뀌는 바람에 포르쉐가 레이스 참가 자격을 얻으려면 50대만 조립하면 됐다.

이전처럼 페리는 새로 나온 레이스카를 먼저 미국으로 보내 다시 데이토나 레이스와 세브링 레이스에 참가할 수 있게 했다. 데이토나 레이스에서는 새로 나온 Typ 906 모델 1대가 훨씬 더 강력한 포드 GT40과 페라리 P2 모델에 당당히 맞서는 모습을 보여주었다. 24시간 레이스가 끝나고 Typ 906 모델은 종합 6위를 기록하면서 시제품 부문 우승을 차지했다. 공장 레이싱 팀 이름으로 참가한 Typ 904 모델은 7위와 8위를 기록했으며, 스포츠 2000 부문에서는 우승을 차지했다. 세브링 레이스에서 포르쉐는 공장 레이싱 팀의 Typ 906 모델 2대를 출전시켰고, 개인 소유주 세 명은 자신들의 신차를 몰고 레이스에 참가했다. 12시간 레이스가 끝나자 포르쉐 공장 팀 자동차는 4위를 기록했고 다시 시제품 200 부문에서 우승을 차지했으며, 개인 소유주 두 명은 6위와 8위를 기록했다.

포르쉐의 Typ 904 카레라 GTS 모델과 Typ 906 카레라 6 모델은 한 가지 패턴을 보였다. 포르쉐 공장 소속 레이스카는 배기량 2.0 부문을 석권했으며, 더 크고 더 빠르고 더 강력한 포드와 페라리 자동차를 상대로도 전혀 주눅 들지 않았다. 그러나 피에히는 그 정도로 만족하지 못했다. 충분히 예상할 수 있는 일이지만, 그는 더 원대한 야망을 품고 있었다.

1967-1974

완벽하고 세련되고 아주 강력한 Typ 911

911 S, 911 R, 911 RS, 911 RSR

페리가 901 모델에 장착하려던 Typ 356 모델에서 엔진 출력을 더 높인 카브리올레 버전과 슈퍼 Super 버전 두 가지 변형이 나왔다. 그러나 복잡하고 때론 드라마틱했던 1961년부터 1963년까지, 이 두 변종은 잊히지는 않았지만 갈 길을 잃고 헤맸다.

포르쉐의 예전 로이터 카로세리 공장에서 첫 번째 901 모델이 조립되기 전까지 1년이 넘도록, 페리는 Typ 901 모델의 제작이 지연되는 것에 대해 아들 부치와 계속 논의했다. 그리고 부치가 이끄는 디자인 부서의 모형 제작자와 디자이너와 스타일링 엔지니어는 에르빈 코멘다의 보디 제작 부서에서 자리를 옮겨왔다. 그건 부치의 부서에서 디자인한 것을 모두 제대로 제작하려는 조처였다. 부치에겐 게르하르트 슈뢰더도 있었는데, 그는 포르쉐에 합류하기 전 카르만사에서 카브리올레 디자인 엔지니어로 일하며 폭스바겐에서 의뢰한 카르만 기아 Karmann Ghia 컨버터블 모델을 완성했었다. 카르만사는 Typ 356 모델에 쓰일 보디를 수백 개 제작했지만, Typ 356 모델군이 단종된 후에도 포르쉐를 위해 보디 개발 작업을 계속 이어가고 있었다.

지붕을 접을 수 있는 Typ 901 카브리올레 모델의 보디를 제작하면서 카르만사는 세 가지 옵션

1973년형 Typ 911 카레라 RSR 3.0 IROC 쿠페들 미국 레이싱 팀 소유주 로저 펜스케는 세계 최고의 드라이버 12명이 치르는 매치-레이스* 시리즈인 국제챔피언레이스(the International Race of Champions)를 생각해냈다. 포르쉐를 설득해 선명한 색으로 동일하게 도색한 배기량 3.0리터짜리 카레라 모델을 공급해달라고 요구했다. 그러나 그런 레이스는 실현되기 어려웠는데, 드라이버 가운데 거의 절반이 포르쉐 자동차를 직접 몰고 레이스에 참가해본 적이 없어 조작법부터 새로 배워야 했기 때문이었다.

맨 위쪽) 1967년형 Typ 911 S 쿠페 포르쉐는 모토드롬 호켄하임에서 가장 강력한 시리즈 양산차인 Typ 911 S 쿠페를 내놓았는데, 그곳에선 저널리스트도 시운전을 해볼 수 있었다. 이 모델은 성능만 더 뛰어난 게 아니라 가죽 씌운 핸들, 직조 질감 패널보드, 레카로사의 가죽 시트를 갖춰 실내도 더 고급스러웠다. 또 이 모델에는 폭스사의 5 스포크 합금 휠이 장착됐다.

위쪽) Typ 911 S 모델에 장착된 1967년형 Typ 901/10 엔진 Typ 911 S 모델에는 배기량이 2리터인 포르쉐 수평 대향형 6기통 엔진의 업그레이드 버전이 장착되어 6600rpm에서 160마력 출력을 냈다. 정지 상태에서 시속 100km에 도달하는 데는 7.6초 걸렸으며, 최고 시속은 225km였다. 포르쉐는 이 새로운 모델을 추펜하우젠 공장에서 6135달러(2만 4480도이치마르크)에 팔았다.

을 제시했다. 첫째는 Typ 356 모델처럼 속을 채운 패딩 천으로 천장을 덮는 것이었다. 둘째는 덜 복잡한 스피드스터 스타일로 천장을 덮는 것이었다. 그러니까 탈착식 루프 바우roof bow에서 천을 풀어 뒤쪽 트렁크 밑에 집어넣을 수 있게 하는 것이다. 그리고 셋째는 앞좌석 뒤쪽에 설치한 롤오버 바rollover bar*에 탈착식 패널을 부착하는 것이었다.

1964년 중순경에 자동차 디자이너 한스 플로흐만Hans Plochman과 엔지니어 베르너 트렌클러Werner Trenkler는 시제품 Typ 901에서 톱으로 지붕을 잘라냄으로써 카브리올레 시제품 2대를 개발했다. 그 결과 해결할 수 없는 두 가지 문제가 발생했다. 첫째, 901 엔진 냉각 팬이 엔진룸 안에 똑바로 있어 탈착식 천 지붕이 들어가야 할 공간을 다 메워버렸다. 이 문제를 해결하려면 보디를 새로 디자인하거나 엔진 팬에 변화를 줘야 했는데, 어느 쪽이든 현실적으로 쉽지 않았다. 둘째, 지붕을 제거한 상태에서는 자동차가 너무 유연해서 운전하기 힘들 정도라는 것이었다. 뭔가 새로운 구조물로 보강해야 할 상황이었다. 그렇게 해서 자동차 앞쪽과 중간에 롤오버 바를 설치하자는 아이디어가 나왔고, 1964년 6월 중순에 자동차 디자이너 한스 플로흐만과 엔지

니어 베르너 트렌클러는 새로운 디자인을 내놓았다. 페리는 그 디자인을 카르만사에 보내 차체 제작업체로 하여금 운행할 수 있는 시제품을 제작하게 했다.

그런데 그 무렵 미국에서 예상치 못한 상황이 벌어지면서 페리는 카브리올레 버전 제작을 생각하게 된다. 소비자 보호 운동을 이끈 인물로서 자동차 안전을 최우선으로 생각하는 변호사 랠프 네이더Ralph Nader가 위험하다고 판정된 자동차에 큰 관심을 보인 것이다. 그의 주요 공격 목표는 자동차 뒤쪽에 공랭식 엔진이 장착된 소형 쉐보레 자동차였다. 쉐보레는 포르쉐에 엔지니어링 측면의 도움을 요청했고, 포르쉐의 권고에 따라 스윙-액슬 리어 서스펜션을 도입했다. 쉐보레 엔지니어들은 액슬 스윙을 제한하려고 포르쉐에 장착된 것과 비슷한 가로 바를 주문했지만, 쉐보레의 모기업인 GM의 임원들은 4달러가 너무 비싸다며 그 주문을 승인하지 않았다.

한편 랠프 네이더는 처음에는 쉐보레 콜베어Corvair 모델을 집중 공략했으나 곧 공격 대상을 컨버터블 모델 전체로 확대했다. 페리를 비롯한 포르쉐 사람들은 포르쉐의 최대 시장인 미국에서 오픈카 판매가 금지되지는 않을까 걱정하기 시작했다. 또 이

맨 위쪽) 1968년형 Typ 911 R 쿠페 Typ 911 R 모델은 페르디난트 피에히의 '엄청난 집착'의 소산이라 할 만하다. 그와 그의 엔지니어들은 Typ 911 모델을 완벽한 레이스카로 변신시키려고 끈질기게 노력한 끝에 그 모델의 모든 요소를 더 가볍고 더 강력하게 개선했다. 도로 주행도 가능한 Typ 911 R 모델은 무게가 800kg이었지만, 그 토대가 된 911 S 모델은 1030kg이었다.

위쪽) 1967년형 Typ 912 타르가 폴리스 카 독일 아우토반 경찰과 네덜란드 아우토반 경찰은 탈착 가능한 단단한 루프 패널과 부드러운 뒤쪽 창으로 이루어진 새로운 타르가 보디를 활용해 특별히 제작된 이 모델을 초기에 사용한 얼리 어답터였다. 새로 나온 Typ 911 S 모델의 최고 시속이 225km인 데 반해 이 모델은 최고 시속이 195km밖에 안 됐지만, 이 모델에 장착된 양방향 무전기 반응 속도는 그 어느 자동차보다 빨랐다.

1969년형 Typ 911 GTS 쿠페 포르쉐 레이싱 부서는 1968년에 이미 많은 '하이브리드' 자동차를 만들기 시작했는데, 대개 한 자동차의 더 가벼운 섀시와 보디에 또 다른 자동차의 엔진을 쓰는 방식이었다. 그래서 모델명도 Typ 911 ST, Typ 911 TR 식으로 붙였다. 그런 자동차는 대개 추가 보강과 무게 감량 과정을 거쳤다. 그러다가 나온 Typ 911 GTS 모델은 궁극의 버전으로서 아주 큰 변화를 거친 E 플랫폼 안에 내구 레이스용 연료 분사식 S 엔진이 장착됐다. 이 모델은 뉘르부르크링 일대에서 벌어진 84시간 마라톤 드 라 루트 레이스에서 우승하는 등 아무 문제 없이 잘 달렸다.

런 상황 때문에 새로운 혁신을 꾀해야 한다는 주장이 힘을 얻게 되었다. 다른 사람들은 눈 가리고 아웅 하는 격이라며 우려했지만, 부치는 안전을 위한 구조물임을 강조하자는 쪽이었다. 그는 매끄럽게 다듬은 스테인리스강으로 롤오버 바를 감싼 다음, 마케팅 차원에서 '타르가Targa•'라는 이름으로 홍보했다. 포르쉐는 1966년 봄에 Typ 911과 912 모델에 세미 오픈카 버전을 추가 제공했으며, 몇 개월 후에는 드디어 페리의 다른 변종이 나왔다.

포르쉐 엔지니어들은 아무 제약도 받지 않고 슈퍼 모델 개발 계획을 진행했다. 그들은 피스톤을 업그레이드하고 로드와 실린더 헤드, 밸브, 타이밍, 카뷰레터를 서로 유기적으로 연결함으로써 엔진 출력을 기본 모델의 130 제동마력에서 160 제동마력으로 높였다. 정지 상태에서 시속 100km에 도달하는 데 걸리는 시간도 9.1초에서 7.6초로 줄었으며, 최고 시속은 210km에서 225km로 더 빨라졌다. 또 서스펜션을 업그레이드하고 단조 합금 휠을 쓴 덕에 핸들링도 더 좋아졌다. 자동차 전체 무게도 1080kg에서 1030kg으로 줄였다. 그리고 포르쉐는 11월에 Typ 911 S 모델을 1967년형 쿠페 또는 타르가 모델로 선보였다.

무게가 줄어들면서 Typ 911 S 모델은 바로 고성능 GT 레이서 사이에서 인기를 끌었다. 그리고 그들이 가장 먼저 한 일은 고급스러운 실내에서 자동차 속도를 떨어뜨릴 만한 모든 걸 뜯어낸 것이었다. 그러나 페르디난트 피에히는 이미 그들보다 한참 더 앞서나가 있었다. 자신의 레이싱 관련 엔지니어들에게 새로 나온 911 모델이 레이스 측면에서 안고 있는 모든 한계를 개선해줄 새로운 버전을 만들라고 지시한 것이다. 가장 큰 관심사는 자동차 무게와 출력이었다. 페르디난트 피에히는 자신의 프로젝트가 방해받는 걸 피하려고 자신이 Typ 911 R 모델이라고 명명한 자동차의 조립 작업을 슈투트가르트의 외부 차체 제작업체인 카로세리 바우어Karosserie Baur에 맡겼다.

Typ 911 모델의 기본 강철 구조는 상당 부분 그대로 남겼지만 도어와 앞뒤 트렁크 덮개, 프런트 펜더, 앞뒤 범퍼 등은 유리

Typ 911 카레라 RS 시제품 쿠페 그렇게 무게를 줄였는데도 Typ 911 모델은 여전히 공기역학 측면에서 자동차 앞쪽과 뒤쪽이 들리는 문제가 있었다. 고속 안정성과 코너링을 개선해 자동차 뒤쪽 끝이 들리는 문제를 해결하고자 엔지니어 피터 폴크는 사진과 같이 뒤쪽에 꼬리를 달았다. 그 결과는 즉각적인 핸들링 개선으로 나타났다.

1973년형 Typ 911 카레라 RS 2.7 쿠페 포르쉐는 5300km를 달리는 동아프리카 사파리 랠리를 위해 Typ 911 카레라 RS 2.7 쿠페를 2대 준비했다. 최저 지상고를 25cm로 늘리고 쇼크 업소버를 보강하고 하체에 알루미늄을 추가하는 등의 조치를 취한 것이다. 번호 10번을 달고 달린 랠리 전문 드라이버 표른 발데가르트(Bjorn Waldegard)는 무게가 거의 1100kg에 최대 출력이 210마력이고 최고 시속 215km인 자신의 차에 스페어 부품, 윈치, 로프, 삽, 스페어 연료, 오일 등을 실었다. 그러나 부적절한 테스트 때문에 이 Typ 911 카레라 RS 2.7 쿠페 2대는 결국 실패작으로 끝났다.

섬유 강화 플라스틱FRP으로 제작했다. 카로세리 바우어는 새로운 Typ 911 R 모델에 4mm 두께 앞 유리, 2mm 두께 측면 유리와 백라이트를 썼다. 또 조수석 선바이저와 글로브 박스 도어, 인테리어 도어 패널, 카펫, 재떨이와 담배 라이터, 인테리어 히터를 제거했다. 커다란 다이얼 5개를 3개(속도계, 회전속도계, 유압 및 온도 통합 게이지)로 줄이는 등 대시보드의 인스트루먼트 패널instrument panel•도 간소화했다. 그렇게 해서 Typ 911 R 모델의 전체 무게는 Typ 911 S 쿠페 모델의 1030kg에서 800kg으로 줄었다.

페르디난트 피에히는 엔진 출력을 높이려고 자신이 만든 새로운 스포츠카 Typ 906 카레라 6 모델에서 수평 대향형 6기통 엔진을 가져와 사용했다. 배기량이 2.0리터인 이 듀얼-오버헤드-캠샤프트 엔진은 최대 출력이 210마력이었다. 포르쉐 레이싱 부서에서는 시제품 4대를 제작했는데, 모두가 피에히의 방향과 목표에서 한발 더 나아간 자동차였다. 그런 다음 카로세리 바우어는 1968년형 모델로 Typ 911 R을 20대 조립했다. 포르쉐 레이싱 부서 책임자 후슈케 폰 한슈타인은 피에히와 페리에게 그 프로젝트를 더 확대하라고 촉구했다. 겨우 20대밖에 안 되다 보니 Typ 911 R 모델이 어쩔 수 없이 포르쉐 Typ 906 같은 다른 자사 시제품과 경쟁해야 하는 사태가 벌어진 것이다.

포르쉐 기록 보관소에서 발견된 한 제안서에는 '911 R 투어링Touring' 모델 200대를 조립해 양산차 기반의 그룹 4 레이스에 출전할 자격을 얻자는 내용이 담겨 있었다. 그러나 페르디난트 피에히는 전혀 관심이 없었다. 그에게 Typ 911 R 모델은 Typ 911 모델과 그가 이미 마음에 두고 있던 다른 스포츠카를 제작하는 데 필요한 아이디어를 얻는 시험대 같은 것이었기 때문이다. 포르쉐 내의 다른 사람들은 Typ 911 R 모델은 너무 시끄럽고 너무 거칠고 너무 레이스카 같아서, 심지어 가장 충실한 고객인 고성능 예찬론자들에게도 팔기 어렵다고 주장했다. 결국 피에히의 아이디어가 빛을 보기까지는 여러 해를 더 기다려야 했고 경영상의 큰 변화도 거쳐야 했다.

피에히의 Typ 911 R 모델은 1970년대 초까지도 계속 레이스에 참가했고, 모델명 끝의 알파벳만 바꿔가며 계속 여러 버전으로 재탄생했다. 포르쉐는 1969년에 새로운 도로 주행용 모델인 911 T를 내놓았다. 기본 모델 911 T와 911 S에는 새로운 섀시를 사용했고, 휠베이스가 58mm 더 길어 실내 공간 문제와 자동차 뒤쪽이 뜨는 문제가 해결됐다. Typ 911 T 모델은 기본형인 Typ 911 모델보다 무게가 10kg 덜 나갔다. 그래서 레이서 사이에서는 공공연한 비밀이 되었고, 거의 알려지지 않은 공장 하이브리

운전석이 오른쪽에 있는 1973년형 Typ 911 카레라 RS 2.7 쿠페 일부 사람들은 리어 스포일러가 보기 싫다고 생각했고, 시장에서 이 모델이 잘 팔리지 않을 거라고 예측했다. 포르쉐는 레이싱 참가 자격을 얻으려면 500대는 팔아야 했다. 그런데 시장 예측이 빗나가서 포르쉐는 운전석이 오른쪽에 있는 이 첫 번째 시리즈 117대를 포함해 총 1580대를 조립했다.

드 Typ 911 ST* 모델로 발전됐다. Typ 911 SR 모델도 나왔고 911 GTS 모델 트리오도 나왔는데, 그 모델들은 무게를 조금이라도 더 줄이려고 헤드라이트 버킷을 알루미늄으로 만드는 등 극도로 무게에 신경을 썼다.

1970년대 초에 이르러 레이스와 관련된 포르쉐의 문제는 자사 자동차의 출력-중량비 문제가 아니라 공기역학 구조와 노면 밀착성, 핸들링, 코너링 등이었다.

각종 레이스에서 포르쉐의 Typ 911 모델은 코너링 시 접지력

1973년형 Typ 911 카레라 RSR 3.0 시제품 쿠페 포르쉐는 그해에 이탈리아 시칠리아의 타르가 플로리오 레이스에 이 시제품 3대를 출전시켜 오픈 로드 72km를 달렸다. 자동차 뒤쪽 전체를 가로질러 세워진 스포일러(영국 여왕의 대표 의상에 달린 칼라를 연상케 해 '메리 스튜어트 칼라'로 불리기도 함)는 개조 작업이 이루어진 여러 부분 중 하나였다. 그런 노력 끝에 포르쉐는 종합 3위(사진 속 모델로)와 6위는 물론 종합 우승까지 거머쥐었다.

을 상실해 포드와 BMW 자동차들에 뒤처졌다. 둥근 앞부분 밑과 긴 패스트백 위로 공기가 흘러가면서 자동차 앞뒤가 모두 뜨는 현상도 발생했다. 회사가 나아가야 할 방향을 둘러싼 논란 끝에 1956년에 포르쉐를 떠났던 엔지니어 에른스트 푸어만이 1971년에 수석 엔지니어로 돌아왔고 이후 최고경영자가 되었다. 한 레이스에서 그는 '자신의' 911 모델을 지켜본 뒤 바로 자기 엔지니어들에게 자신의 질문에 답해보라며 이렇게 물었다. "우리 자동차들이 지고 있네요. 이에 대해 생각해보고 어떻게 할 건지 말해볼래요?"

풍동 덕에 결국 그 답을 찾았다. 자동차 앞쪽 하단 모서리 앞에 미세한 립 스포일러를 다는 것인데, 그렇게 하면 공기가 양옆으로 향하면서 자동차가 뜨지 않게 된다. 포르쉐에서는 즉시 아이디어를 테스트했고, 그게 안전 운전에 도움이 된다는 사실을 안 페르디난트 피에히는 서둘러 양산차에 그 립 스포일러를 달았다.

자동차 뒤쪽이 들리면 고속으로 달릴 때도 문제가 됐다. 풍동 테스트를 더 해보다가 고정식 테일 윙tail wing(꼬리 날개)이 탄생했는데, 그것은 립 스포일러가 자동차 앞쪽에서 해준 역할을 자동차 뒤쪽에서 해주었다. 디자이너들은 그 테일 윙에 앤슬러Antler, 즉 '사슴뿔'이란 애칭을 붙였다. 그런데 일반 대중은 그 테일 윙이 위로 향한 오리 꼬리를 연상케 한다면서 뷔르첼Bürzel, 즉 '오리 꼬리'라고 불렀다.

그런데 새로운 수석 디자이너 토니 라피네Tony Lapine는 Typ 911 모델 고유의 라인을 망친다는 이유로 오리 꼬리를 아주 싫어했다. 그래서 엔지니어들이 최적의 높이를 정하자 그는 자신의 미

1973년형 Typ 911 카레라 RSR 터보 2.1 쿠페 터보차저 장치*를 쓰려면 규정대로 배기량을 줄여야 했지만, 포르쉐는 800kg 무게에 출력은 여전히 500마력이나 되는 자동차를 개발했다. 심각한 핸들링 문제 때문에 자동차를 지면에 붙어 있게 해주는 커다란 리어 윙이 필요했다. 그런데 최고경영자 에른스트 푸어만은 그 리어 윙을 아주 싫어해 레이싱 엔지니어 노르베르트 싱어에게 '아무도 못 보게 검게 칠하라'고 지시했다.

적 기준에 맞춰 그 높이를 몇 cm 줄였다. 그러나 립 스포일러와 마찬가지로, 결국에는 편한 핸들링과 안전이 가장 중요했다. 비판론자들을 달래려고 포르쉐는 새로운 시리즈 Typ 911 카레라 RS 2.7 모델(포르쉐가 카레라란 이름을 부활시킨 건 Typ 356 모델 이후 10년 만임)에 그 오리 꼬리를 달았다. 이 모델명에서 RS는 Rennsport, 즉 racing sport를, 2.7은 엔진 배기량 2687cc를 뜻했다.

포르쉐는 양산차 GT 부문 레이스에 참가할 자격을 얻으려면 500대는 제작해야 했다. 경영진 중 일부는 Typ 911 카레라 RS 2.7 모델의 오리 꼬리가 보기 흉하며, 또 그 모델이 너무 시끄럽고 너무 거칠고 너무 레이스카 같아서 50대도 팔기 힘들 거라고 말했다. 또 어떤 사람들은 페르디난트 피에히의 Typ 911 R 모델과 관련해 나왔던 제안을 다시 끄집어냈다. 그건 두 가지 버전, 즉 레이스카 버전과 포르쉐의 플래그십 자동차 Typ 911 모델에 견줄 만큼 실내가 고급스러운 '투어링 카 touring car*' 버전을 내자는 제안이었다.

그런데 예상치 못한 일이 벌어졌다. 포르쉐 열성팬들이 '가장 가벼운 버전 Sports Kit은 900kg이고 최대 출력은 210마력인 '아주 특별한' 911 모델이 나온다'는 사실을 알게 되는 바람에 처음 제작한 500대가 3개월 만에 다 팔린 것이다. 페리가 500대 추가 제작을 재가했는데 그 물량도 거의 3개월 만에 다 팔렸다. 포르쉐는 스포츠 키트 버전(이후 Typ 911 카레라 RS Lightweight 모델로 알려짐)도 200대 조립했다. 총 1580여 대를 제작한 뒤 마침내 제작을 중단했을 때, 포르쉐는 Typ 911 카레라 RS 모델로 훨씬 더 경쟁이 치열한 그룹 4 레이스에 출전해 그 레이스를 석권했다.

레이스에 관심이 많은 고객을 위해서는 RSR 버전을 제작했다. 처음에는 1972년에 단 2대가 나왔는데, 엔진의 실린더 안지름이 조금 더 커 배기량이 2806cc였다. 내부적으로 상당 수준의 업그레이드를 거친 레이스카 버전인 Typ 911 카레라 RSR 2.8 모델은 최대 출력이 300마력이었다. 이 모델은 1973년 시즌부터 고객에게 인도되었는데, 포르쉐는 공장 레이싱 프로그램에 쓸 자동차를 포함해 57대를 조립했다. 1974년 시즌에 포르쉐는 다시 Typ 911 카레라 RSR 3.0 모델을 내놓았는데, 실린더 안지름을 좀 더 키워 배기량은 2993cc였고 최대 출력은 315마력이었다가 1975년에 330마력이 되었다. Typ 911 카레라 RSR 3.0 모델은 아주 넓은 휠과 타이어를 장착해 무게가 늘어 920kg이었다. 미국으로 수출한 투어링 911 카레라 RS 2.7 버전과 스포츠 버전은 그 수가 감소했는데, 그 이유는 배출가스 기준이나 안전 기준을 통과하지 못했기 때문이다. 한편 레이스 숍에서는 Typ 911 카레라 RSR 3.0 '로드카' 버전 109대와 Typ 911 카레라 RSR 3.0 레이스 또는 랠리용 버전 약 50대를 조립했다.

1967-1982

시상대에 빈자리가 더 없는가?

Typ 910, 907, 909, 908

포르쉐의 Typ 906 카레라 6 모델은 Typ 904 카레라 GTS에서 개선된 모델이었지만, 페르디난트 피에히의 관점에서는 여전히 현실적인 타협을 거치면서 뭔가 부족해진 모델이었다. 그는 르망 24시간 레이스 같은 긴 코스에서 최고 속도를 높이려고 공기역학적 측면에서 항력을 줄이려는 자신의 아이디어를 테스트해보고자 Typ 906 카레라 6 모델 개발을 밀어붙였다. 그러면서 동시에 소형 베르크스파이더 모델과 자동차 뒤쪽이 더 긴 쿠페 트리오도 개발했다. 그런데도 Typ 906 카레라 6 모델은 여전히 덩치가 컸다. 그 모델에는 Typ 904 모델에 쓰려고 도입했던 페리의 유산인 15인치 타이어가 장착됐기 때문에 앞쪽 펜더가 아주 커져야 했던 것이다.

피에히가 볼 때 Typ 906 카레라 6 모델의 장점 중 하나는 레이스에 관심이 많은 고객을 위한 또 다른 합법적인 도로 주행용 자동차라는 점이었다. 다만 그 때문에 잃는 것도 많았다. 결국 Typ 906 카레라 6 모델 약 50대가 포르쉐 공장문을 나서기도 전에, 그는 후속작을 개발하기 시작했다. 그가 생각하는 후속작은 단순히 자동차 1대가 아니라 계속 개선되는 시리즈 자동차였다.

그다음에 나올 모델의 Typ 번호는 907이며, Typ 906 모델의 모든 개선점이 한층 더 개선된 쿠페였다. 그러나 포르쉐는 그보다 먼저 새로운 힐클라임 레이스카가 필요했다. Typ 번호가 907,

타르가 플로리오 레이스에 참가 중인 1970년형 Typ 908-03 스파이더 사진에 보이는 브라이언 레드먼은 조 시페르트와 함께 존 와이어-걸프 Typ 908-03 스파이더 모델을 몰고 시칠리아 일대에서 열린 11바퀴 레이스에서 종합 우승을 차지했다. 당시 두 사람은 평균 시속 120.2km로 총 792km를 6시간 35분 30초에 주파했다.

맨 위쪽) 1967년형 Typ 910-6 로드스터 Typ 906 모델은 Typ 904 모델의 남은 부품을 활용하느라 지름 15인치짜리 휠과 타이어를 장착하고 레이스에 참가해 손해를 봤다. 그래서 포르쉐는 이 Typ 910 모델에는 포뮬러 원 레이스에서 널리 쓰이는 13인치 타이어(쓸 수 있는 합성 물질이 더 많은)를 장착했다. 오이겐 콜프는 이 Typ 910 모델에 탈착식 루프 패널(사진 참조)을 달아 쿠페형을 로드스터형으로 바꿀 수 있었다. 이 모델은 출력 270마력에 배기량이 1991cc인 연료 분사식 수평 대향형 6기통 엔진을 장착하고 레이스에 참가했다.

위쪽) 1967년형 Typ 907 쿠르츠헤크(Kurzheck. 짧은 꼬리) 쿠페 레이스카에 번호를 붙이는 포르쉐의 방식은 디자인과 부품 수급 상황이 들쑥날쑥한 경우가 많아 1960년대 말에 종종 원칙에서 벗어나곤 했다. Typ 907 모델은 세 번째 튜브-프레임 '플라스틱 보디' 레이스카이며, 오이겐 콜프가 조종석을 제트 전투기처럼 좁게 만들고 운전석을 오른쪽으로 옮기는 등 특히 항력 개선에 많은 신경을 써서 디자인했다.

908, 909인 모델은 피에히의 상상력 안에 있는 것들이었지만, 강철 튜브로 제작된 새로운 스페이스 프레임 방식의 베르크스파이더 모델은 Typ 번호가 910이었다. 피에히는 레이스카 보디 디자인 엔지니어 오이겐 콜프에게 자신을 위해 탈착 가능한 루프 패널이 달린 2인승 쿠페(곧 스파이더 모델이 됨)를 만들어달라고 했다. 그러면서 피에히는 남아 있는 모든 15인치짜리 휠과 타이어를 Typ 904와 Typ 906 모델을 위한 예비용으로 돌리고, 13인치짜리 휠과 타이어를 새로 도입했다.

그 결과 두 가지 이점을 누릴 수 있었다. 첫째, 포뮬러 원 레이스에서는 13인치짜리 휠과 타이어를 장착해야 했기에 타이어 제조업체들은 그 사이즈에서 쓸 수 있는 합성 물질을 개발했다. 15인치 사이즈에서는 그런 혼합물 자체가 없었다. 둘째, 휠이 더 넓으면서도 크기가 작아지니 프런트 펜더 크기를 줄이고 둥글게 만들 수 있었다. 또 더 넓어진 타이어, 개선된 어퍼 및 로어 A-암, 완전 독립식 서스펜션용 앞뒤 레이더스 암(코일 스프링이 더블-액션 댐퍼를 감싸고 있는 형태), 톱니바퀴와 톱니막대가 맞물려 돌아가는 방식의 빠른 조향 장치 덕에 Typ 910 모델은 핸들링 반응 속도가 아주 빨랐다.

포르쉐는 내구 레이스에는 출력 220마력 Typ 906 수평 대향형 6기통 엔진을 썼고, 힐클라임 레이스에는 출력 270마력 Typ 771 수평 대향형 8기통 엔진(힐클라임 레이스에서는 시제품 자격으로 달림)을 썼다. 자동차 무게는 6기통 엔진을 장착하면 580kg, 8기통 엔진을 장착하면 600kg이 됐다.

Typ 910 스파이더 모델은 이탈리아 타르가 플로리오 레이스에는 적합했지만, 아주 조심스레 무게를 관리했는데도 무게를 아주 중시하는 페르디난트 피에히와 그의 힐클라임 레이스 참가자에게는 너무도 무거웠다. 그래서 엔지니어들은 Typ 910 스파이더 모델의 프레임에 쓰인 강철 튜브를 알루미늄 튜브로 대체했고, 상당수 부품을 티타늄 소재로 바꿨으며, 지붕이 없는 작은 조종석 보디 내의 모든 것을 낮은 앞 유리로 감쌌다. 또 이 모델에는 16리터짜리 연료 탱크(언덕을 오를 때만 쓰고 내려올 땐 관성을 이용)를 장착했다. 이 모든 노력 덕에 이 모델은 무게가 50kg까지 줄었으나, 피에히는 엔지니어들에게 무게를 더 줄여보라며 계속 요구했다.

1967년 시즌에 그들은 실험적으로 베릴륨 소재 브레이크 로터brake rotor를 써봤다. 그 결과 무게를 14kg 줄였지만 과열된 베릴륨에서 나오는 증기가 디스크 패드 교체 작업을 하는 정비공에게 유해하다는 사실을 알게 됐다. 피에히는 그 해결책을 찾으려고 레이싱 엔지니어 피터 폴크Peter Falk와 머리를 맞댔으며, 피터 폴크에게 늘 가압 상태가 유지되어 연료 펌프가 없어도 좋을 구 모양 연료 탱크를 찾아보게 했다. 결국 1967년 말쯤 Typ 910 스파이더 모델의 무게는 420kg까지 줄었다.

그래도 피에히는 만족하지 않았다. 엔지니어들은 발전기를 제거했고 자동차 배터리를 오토바이용 소형 배터리로 대체했다. 또 프런트 코일 스프링을 떼어내고 싱글 트랜스버스 토션 바를 장착했다. 두 차례 세계 힐클라임 레이스 챔피언 자리에 올랐던 게르하르트 미터Gerhard Mitter는 이 자동차를 몰고 스페인 몬세니로 갔다. 자동차 무게는 최대한 가벼워진 382kg이었다. 주말 레이스 기간에 신뢰성을 높이고자 포르쉐는 더 큰 배터리와 더 강력한 연료 탱크를 장착한 채 레이스에 임했고, 무게 400kg짜리 초경량 베르크스파이더 모델로 게르하르트 미터와 포르쉐는 세 번째 챔피언 자리에 올랐다.

엔지니어들은 1968년형 베르크스파이더 모델의 뒤쪽 트렁크 덮개 양옆에 작은 스포일러를 달았다. 이는 기계적 측면에서 리어 서스펜션 멤버suspension member와 관련이 있었으며, 선회 구심력cornering force•에 반응해 자동차를 안정시켜주었다. 코너링 시 바깥쪽 서스펜션이 압축되면, 바깥쪽 스포일러를 끌어내리고 안쪽 스포일러를 밀어 올려 안쪽 타이어 접지력을 높이는 데 도움이 된 것이다.

한편 오이겐 콜프는 새로운 Typ 907 모델을 위해 그간의 보디 디자인 가운데 가장 놀라운 보디 디자인을 내놓았다. 그가 그린 자동차에는 곧 '미라지Mirage'라는 애칭이 붙었는데, 거품처럼 생긴 날씬한 앞 유리와 좁은 실내 등, 조종석이 당시의 프랑스 전투기 미라지의 조종석을 닮았기 때문이다. 또 운전석은 오른쪽

맨 위쪽) 1967년형 Typ 907 K(짧은 꼬리) 쿠페 이런 지형을 달리는 카레이서를 위해 Typ 907 모델에는 배기량 2.0리터나 2.2리터에 출력 270마력 수평 대향형 8기통 엔진, 12인치(30cm)짜리 뒤쪽 휠, 5단 변속기 등을 장착해 레이스에 참가했다. 1968년에는 6단 변속기가 나왔고, Typ 907 모델은 포르쉐에게 첫 종합 내구 레이스 우승을 비롯해 많은 승리를 안겨주었다.

위쪽) 1969년형 Typ 908 L(긴 꼬리) 쿠페 포르쉐의 이 새로운 레이스카는 엔진 배기량 한도를 3.0리터로 정한 레이싱 규정의 결과로 태어났다. 엔지니어들은 배기량이 2952cc인 수평 대향형 8기통 엔진을 디자인했는데, 그 엔진은 첫해에는 최대 출력이 320마력이었고 1969년에는 350마력이었다. 르망 24시간 레이스에서 Typ 908 긴 꼬리 쿠페는 마지막 몇 시간 동안 포드 GT40 모델과 치열한 접전을 펼치다가 2위로 결승선을 통과했는데, 포드 GT40에 채 100m도 뒤지지 않았다.

으로 옮겼는데, 그 덕에 코너링 시 운전자가 안쪽에서 자기 위치를 판단하기가 더 편했다. 오이겐 콜프는 자동차 테일 부분이 짧은 907 K(K는 kurz, 즉 짧다는 뜻) 모델과 테일 부분이 긴 907 L(L은 langheck, 즉 '긴 꼬리'라는 뜻) 모델도 디자인했다.

페르디난트 피에히의 끝없는 노력은 1968년 2월 4일 드디어 결실을 하게 된다. 데이토나 24시간 레이스에서 첫 우승을 거두는 놀라운 업적을 세운 것이다. 규정상 시제품은 배기량이 3.0리터로 제한됐기에 포르쉐는 배기량이 2195cc인 수평 대향형 8기통 엔진이 장착된 Typ 771 모델로 레이스에 참가했는데, 그 긴 꼬리 쿠페 모델은 무게가 600kg이었고 최대 출력은 270마력이었다. 1966년에 열린 르망 24시간 레이스에서는 포드의 GT 모델 3대가 일종의 삼각 편대 대형으로 결승선을 통과하면서 종합 1, 2, 3위를 휩쓸어 신문에 대서특필됐다. 이듬해인 1967년 2월에는 페라리의 P3 모델 3대가 완벽한 대형을 이루며 데이토나 레이스의

1969년형 Typ 908 L 쿠페 포르쉐는 리어 윙 뒷부분 가장자리에 서스펜션 작동 방식의 윙렛 또는 플랩을 부착하는 등, Typ 908 모델의 꼬리 끝부분에 공기역학적 측면에서 적극적인 조치를 취했다. 그러자 인사이드 코너 쪽은 밑으로 내려오고 아웃사이드 코너 쪽은 위로 들려 핸들링이 개선되고 양쪽 휠의 구동력도 좋아졌다.

결승선을 통과해 나란히 종합 1, 2, 3위를 차지했다. 1968년에는 포르쉐의 Typ 907 모델 3대가 24시간 동안 총 2564km를 달린 끝에 변형된 화살 대형으로 결승선을 통과해 첫 번째 종합 우승을 차지했다. 그들은 한 달 후 세브링 레이스에서도 다시 똑같은 업적을 세웠는데, 출전한 자동차 가운데 2대가 종합 1, 2위를 차지했다. 그러나 페르디난트 피에히는 아직도 만족스럽지 않았다.

힐클라임 레이스 서킷에서 포르쉐는 또 다른 번호인 Typ 909 모델을 내놓았다. 피에히의 Typ 910 스파이더 모델은 계속 무게를 줄임에 따라 운전하기가 점점 더 까다로워졌다. 미드-엔진 방식 배열로 기어박스가 여전히 자동차의 뒤쪽 끝부분에 매달려 있었기 때문이다. 그래서 Typ 909 모델에서는 모든 구동 장치를 앞쪽으로, 그러니까 앞 차축과 뒤 차축 사이로 옮겼다. 기어박스를 앞쪽으로 옮기다 보니 엔진이 조종석 안쪽으로 떠밀리게 되고, 그 결과 운전자는 앞바퀴 사이 앞 차축 위에 앉게 됐다. 무게가 430kg이던 Typ 909 모델은 단 두 차례밖에 레이스에 참가하지 못했는데, 아무래도 너무 서둘러 개발하다 보니 그런 결과를 맞은 듯하다.

포르쉐의 다음 콘셉트 카에는 908이란 번호가 붙었다. 피에히는 시제품의 엔진 배기량을 3.0리터로(그리고 포드의 GT 모델과 페라리의 P3 같은 스포츠카는 5.0리터로) 제한하려는 국제자동차연맹FIA의 계획을 알고 있었다. 1967년 7월경 레이싱 엔지니어들은 Typ 907 모델을 토대로 제작한 새로운 쿠페에 배기량이 2997cc이고 출력이 310마력인 새로운 수평 대향형 8기통 엔진을 장착해 그런 제한을 피하려 했다. 타이어 기술도 많이 발전해 레이싱 타이어 제조업체들은 지름 15인치 휠과 타이어에도 더 다양한 합성 물질을 제공할 수 있게 되었다. 그래서 Typ 908 모델에도 다시 15인치짜리 휠과 타이어를 장착했고, 그 결과 브레이크 로터 역시 눈에 띄게 더 커졌다.

처음 제작된 10여 대에는 강철-튜브 스페이스 프레임을 사용했지만, 그 이후에는 짧든 길든 모든 쿠페형 모델과 다양한 스파이더 모델에 알루미늄-튜브 스페이스 프레임을 사용했다. 또 롱테일 보디에는 수직 테일 핀을 부착했고, 그것들이 힐클라임 레이스카처럼 뒤쪽 모서리에 탈착식 플랩이 달린 수평 날개에 힘을 보탰다. 1968년 4월에 참가한 르망 24시간 레이스 테스트에서, 날개를 단 이 908 L 쿠페 모델은 무게가 700kg이었으며 뮬산 스트레이트Mulsanne Straight 스피드 트랩speed trap•에서 시속 320km를 기록했다. 한 달 후 이탈리아 몬차에서 첫 레이스를 치렀는데, 초창기의 소소한 문제로 더없이 유리한 상황에 있던 Typ 908 모델이 11위로 결승선을 통과했다(Typ 907 L 모델 1대는 해당 부문에서 우승함).

5월 중순에는 뉘르부르크링에서 공장 908 K 모델이 1위로 결승선을 통과하면서 희망이 생기는 듯했지만, Typ 908 모델이 벨기에 스파 레이스에서 3위, 뉴욕 왓킨스 글렌 레이스에서 6위를 기록해 다시 잘못된 방향으로 가는 것처럼 보였다. 그러다가 다시 오스트리아에서 908 모델로 1, 2위를 차지하게 되고, 모든 사람이 르망 24시간 레이스에서의 선전을 기대하게 되었다. 그런데 1968년 5월부터 6월 초까지 프랑스에서 학생 소요가 일어

1968-1969년형 Typ 908/02 스파이더 포르쉐에서는 새로운 레이싱 쿠페가 나오고 곧이어 오픈-톱 스타일의 스파이더 모델이 나왔는데, 이 스파이더 모델에는 세 가지 버전이 있었다. 사진 속에 보이는 이 첫 번째 버전은 사이드 도어 부분에서 보디 패널이 밑으로 내려가 있다. 이어진 풍동 테스트 결과에 따르면, 이 같은 자동차 표면 높이의 변화는 항력에 악영향을 미쳤다.

1969년형 Typ 908/02 스파이더 '넙치' 두 번째 버전인 Typ 908/02 스파이더 모델은 첫 번째 버전과는 달리 사이드 도어 부분이 꽉 채워져 있다. 정비공들은 납작한 심해 바닷고기를 연상케 하는 이 자동차에 '넙치'라는 애칭을 붙였다. 이 자동차는 앞뒤 쪽에 커다란 영화 촬영용 카메라를 달고 르망 24시간 레이스에 참가해, 배우 겸 프로듀서인 스티브 맥퀸(Steve McQueen)이 출연한 영화 〈르망(Le Mans)〉에 들어갈 레이싱 장면을 필름에 담았다.

나는 바람에 주최 측에서 르망 24시간 레이스를 9월 말로 늦추었다. 그 레이스에서 알터네이터 벨트 문제 때문에 포르쉐 Typ 908 모델의 최고 성적은 3위에 그쳤고, 개인이 소유한 Typ 907 모델이 배기량 5.0리터인 포드 GT 모델에 이어 2위(시제품 부문에서는 1위)를 차지했다.

1969년에 포르쉐는 새로운 스파이더 모델 Typ 908/02를 내놓았는데, 이 모델은 물결처럼 오르내리며 헤엄치는 납작한 심해 물고기를 연상케 하여 '넙치Flunder'란 애칭이 붙었다. 첫 번째 Typ 908 스파이더 모델은 보디 디자이너 오이겐 콜프 특유의 푹 파인 낮은 도어가 눈길을 끌었으나, 조종석에 난류가 생기는 바람에 안쪽으로 휘어진 아치형 사이드 윈도를 달아야 했다. 그래서 콜프는 Typ 908/02 스파이더 모델의 도어를 앞뒤 쪽 휠 차체 근처까지 높였다. 5월에는 Typ 908/02 스파이더 모델 4대가 타르가 플로리오 레이스에서 1위부터 4위까지 싹쓸이했고, 6월 초에는 이 모델 5대가 뉘르부르크링 레이스를 석권했다. 2주 후에 열린 르망 24시간 레이스에 포르쉐는 Typ 908 L 쿠페 모델뿐 아니라 Typ 908/02 롱테일 '넙치' 모델도 출전시켰다.

한편 페르디난트 피에히는 가장 큰 도박을 벌였다. 배기량을 시제품은 3.0리터로, 스포츠카는 5.0리터로 제한한다는 국제자동차연맹의 규정을 본 뒤 예상치 못한 통찰력이 생겨나, 자신의 엔지니어와 디자이너에게 1969년을 목표로 또 다른 새로운 모델을 개발하게 한 것이다. 그러나 안타깝게도 더없이 혁신적이었던 다른 포르쉐 레이스카와 마찬가지로, 개발 기간이 충분치 못해 초기에는 별 성공을 거두지 못했다. 1969년에 포르쉐는 르망 24시간 레이스에 Typ 908 L 모델을 출전시켜 좋은 성적을 거두었다. 24시간 가운데 23시간 동안 포르쉐의 Typ 908 모델과 포드 GT 모델은 쫓고 쫓기는 접전을 펼쳤다. 그리고 마지막 한 시간은 포드의 용기와 포르쉐의 신중함이 맞붙은 순간들이었다. 결국 포드가 120m 앞서 우승을 거머쥐었고, 포르쉐는 다시 해당 부문 우승으로 만족해야 했다.

1970년에는 포르쉐의 Typ 908/03 스파이더 모델이 페르디난트 피에히의 배기량 5.0리터짜리 스포츠카 도박에 동참했다. 베르크스파이더 모델과 마찬가지로 이 새로운 오픈카 Typ 908/03 스파이더 모델은 포르쉐의 다른 자동차들만큼이나 특정한 목적을 위해 제작된 자동차였다. 우레탄폼과 강화된 유리섬유로 이루어진 초경량 보디는 무게가 12kg밖에 안 됐고, 티타늄 튜브 스페이스 프레임의 무게를 더하면 545kg이었다. Typ 908/03 스파이더 모델은 운전자 위치가 다시 앞으로 나가고 핸들링이 놀라울 만큼 좋은 등, 여러 면에서 배기량 3.0리터짜리 엔진이 장착된 Typ 909 모델이나 다름없었다. 포르쉐는 1970년에 이 모델을 단 두 레이스, 즉 타르가 플로리오 레이스와 뉘르부르크링 1000km 레이스에만 출전시켜 두 레이스에서 다 1, 2위로 결승선을 통과했다. 1971년에는 더 많은 레이스에 출전시켰고, 총 13대를 조립해 연말에는 믿을 만한 고객에게 제공하기 시작했다. 그 고객 중 일부는 1982년 시즌까지도 계속 이 Typ 908/03 스파이더 모델을 몰고 레이스에 참가했다.

르망 24시간 레이스에 참가한 1970년형 Typ 917 K 쿠페 르망 24시간 레이스에 참가한 포르쉐의 Typ 917 모델 중 하나(맨 왼쪽 23번)가 뒷부분에 새로운 테일을 단 채 포르쉐 Typ 908 '넙치' 1대와 함께 첫 번째 코너로 접어들고 있다. 정해진 24시간이 끝났을 때, 23번을 단 빨간색 자동차는 포르쉐와 피에히한테 오매불망 기다려온 종합 우승의 기쁨을 안겨주었다. 2위를 차지한 Typ 917 롱테일 모델과는 5바퀴 차이였다. 게다가 노란색과 빨간색이 섞인 '넙치' 모델이 3위를 차지해, 시상대의 1, 2, 3위 자리를 전부 포르쉐가 차지했다.

을 주었다. 또 자신들의 365 P 스파이더 모델에 배기량 4.4리터짜리 12기통 엔진을 장착하고, 그룹 7 레이스에 대비해 자신들의 712 캔-암 모델에 배기량 7.0리터짜리 새로운 엔진을 과감하게 장착했다. 배기량을 줄이는 건 일도 아니었다. 배기량 5.0리터짜리 새로운 페라리 스포츠카를 확보하는 것도 식은 죽 먹기였다. 그해 5월에 엔초 페라리는 고객에게 이렇게 말했다. "우리가 이걸 만든다면, 사시겠습니까?" 그 말을 페라리 고객은 이렇게 이해했다. "우리가 지금 이걸 만들고 있습니다. 사실 거죠?"

페르디난트 피에히는 뭔가 조치를 취해야 하는 상황임을 알았다. 학생 소요 때문에 르망 24시간 레이스를 주관하는 프랑스 서부자동차연맹ACO이 1968년도 르망 24시간 레이스를 연기한 이후에는 특히 더 그랬다. 피에히는 자신의 Typ 908 모델이 포드나 롤라 스포츠카와 접전을 벌이는 광경을 지켜보는 즐거움을 잃었다. 그래서 그는 레이스카 엔진 디자이너 한스 메츠거에게 새로운 엔진을 디자인해보라고 했다. 배기량 4.5리터를 염두에 둔 채 한스 메츠거는 배기량 3.0리터짜리 908 8기통 엔진을 시작으로 다시 4기통을 더해 12기통 엔진을 만들었다. 그는 결국 레이스 참가 자격을 얻는 데 충분한 배기량 4494cc짜리 엔진을 만들어냈

Typ 917 K 레이스카에 장착된 1971년형 Typ 912-10 엔진 1971년경에 Typ 917 모델은 각 실린더에 스파크플러그가 2개 쓰이고 듀얼 오버헤드 캠샤프트가 사용된, 배기량 4999cc에 최대 출력 630마력인 수평 대향형 12기통 엔진을 장착한 채 레이스에 참가했다. 숏 테일 자동차의 최고 시속은 366km였고, 시험용 머플러가 달렸다.

맨 위쪽) 르망 24시간 레이스에 참가 중인 1971년형 Typ 917-20 '베르타(Bertha)' 파리에 있는 공기역학 연구소인 SERA는 늘씬한 유선형 Typ 917-40 모델을 개발했을 뿐 아니라 이 모델의 투박한 숏 테일 버전도 제안했다. 내부적으로 '뚱보'란 애칭으로 불린 이 모델을 수석 디자이너 토니 라피네는 공공연하게 추하다고 했지만, 그런 그에게 피에히는 직접 도색해보라고 했다. 라피네는 실제로 도색을 했는데, 마치 정육점에서 볼 수 있는 돼지고기 조각 같았다. 저널리스트들조차 '분홍 돼지'라 불렀다.

위쪽) 1971년형 Typ 917-40 '긴 꼬리' 쿠페 포르쉐는 SERA에 이 롱 테일 모델의 튜닝을 의뢰했다. 앞쪽 끝부분이 오목 들어간 것부터 뒷바퀴 커버에 이르기까지 너무도 많이 변화되어 이 자동차에는 Typ 917-40이라는 새로운 모델명이 붙었다. 사진에선 스타일링 스튜디오의 한 디자이너가 1971년도 르망 24시간 레이스 시작을 앞두고 자동차에 마티니의 복잡한 색을 입히고 있다. 21번을 단 이 자동차는 단 4시간 만에 탈락했다. 꼭대기에 장착한 커다란 엔진 냉각 팬의 축이 부러져 빙빙 돌며 헬리콥터처럼 공중으로 솟아올라 트랙 옆쪽 나무 위로 떨어졌기 때문이다.

다. 그는 디자인하고 시제품을 제작하는 시간을 절약하려고 실린더와 피스톤, 연결 로드 등은 Typ 908의 부품을 사용했다. 또 엔진 출력을 자동차 한쪽 끝이 아닌 중간 부분에서 얻었는데, 그 부분이 긴 크랭크축 안에서 유연성이 가장 낮았기 때문이다. 이는 듀시오 Typ 360 모델 제작 경험에서 얻은 아이디어였다.

그해 6월 중순경 오이겐 콜프는 Typ 908 모델의 보디를 키우려 했다. 50퍼센트 더 커진 엔진을 자신들이 상상해낼 수 있는 가장 항력이 낮은 모양의 보디 속에 집어넣으려 한 것이다. 그간 팀을 이뤄 함께 Typ 906, 910, 907, 908 모델을 만들어온 오이겐 콜프와 보디 디자이너 게르하르트 슈뢰더, 보디 모형 제작자 하인리히 클리는 더 혁신적인 접근방식을 취했다. 우선 콜프는 테일 부분을 제거하면 숏 테일(K) 보디가 되는 롱 테일(L) 보디를 디자인했다. 그런데 사무실 관리자 칼 라베가 이 프로젝트를 912라고 명명해, 외부 공급업체에서는 포르쉐의 신차 개발 계획에 혼란을 느끼게 된다. 이 모델의 롱 테일 보디는 길이가 4780mm, 전폭이 1880mm, 높이가 920mm였다. Typ 917 숏 테일 버전은 길이가 4290mm로 490mm 짧았다. 규정에 따라 무게는 최소 800kg이 넘어야 했다.

1972년형 Typ 917-10 캔-암 스파이더 국제자동차연맹 규정이 변하면서 1971년 말에 포르쉐의 Typ 917 쿠페 모델은 레이스 출전 자격이 박탈됐다. 그 무렵 공장 소속 카 레이서 조 시페르트는 이미 북미 캔-암 챌린지 준비에 골몰해 있었다. 그리고 레이싱 숍들 역시 이미 포르쉐+아우디 공장 프로그램과 충성스러운 고객을 위해 이 스파이더 모델을 약 18대 준비해놓고 있었다.

그해 9월 말 르망 24시간 레이스가 끝나고, 나온 지 4년 정도 된 포드의 GT 모델(팀 책임자 존 와이어와 걸프 오일사가 계속 업그레이드해왔음)에 이어 포르쉐의 새로운 Typ 908 모델이 2위로 결승선을 통과하면서 피에히가 우려했던 일이 현실화됐다. 그해 12월 중순에 페라리가 유럽에서 열리는 레이스에 대비해 자신들의 612 캔-암 스파이더 모델을 512 쿠페로 개조하겠다는 계획을 발표하자 피에히의 우려는 더 커져갔다.

엔초 페라리는 한술 더 떴다. 포르쉐의 계획을 들은 그가 한 저널리스트에게 이렇게 호언장담한 것이다. "그들에게 한마디 하겠는데…… 공랭식 12기통 엔진으로는 12기통 엔진의 우리 페라리를 절대 못 이깁니다." 그러나 페라리도 국제자동차연맹도 피에히와 포르쉐가 그런 도전에 어떻게 반응할지 전혀 예상하지 못했다.

1969년 1월 초쯤 포르쉐는 보디 디자인을 최적화하려고 축척 모형을 풍동 안에 넣고 테스트했다. 피에히는 레이스카 엔진 디자이너 한스 메츠거의 새로운 엔진 디자인을 믿고, 굳이 조립해보거나 시제품 엔진을 테스트해보지도 않고 무모할 정도로 과감히 필요한 부품을 주문했다. 그건 새로운 모델 개발과 관련해 그가 취한 놀라운 도박 중 하나였다. 그러고는 3월 중순에 열리는 제네바 모터쇼 전시실을 예약해 새로운 모델을 공개했다. 또 신모델 공개 후에 나눠준 보디 자료에 과감히 이렇게 적었다. "배기량이 4.5리터인 12기통 엔진이 장착되어 최대 출력이 8000rpm에서 520마력이다. 이미 25대가 조립됐으며, 개인 레이서에게는 공장에서 약 3만 5050달러(14만 도이치마르크)에 판매됐다."

1주일 후 국제자동차연맹 감독관이 레이스카 25대를 완성했는지 확인하려고 포르쉐 1공장에 도착했다. 안타깝게도 당시 포르쉐는 2대밖에 완성하지 못했고, 세 번째 자동차는 조립 중이었으며, 13대에 쓸 부품은 대기 중이었다. 일종의 연극에 속아 넘어간 감독관들이 필요한 완성차 대수의 일부만 보고도 포르쉐 자동차에 레이스 참가 자격을 주었었지만, 이번에는 달랐다. 대담하게도 피에히는 그들을 31일 뒤에 다시 초대했다. 한편 일단 세 번째 Typ 917 모델이 완성되자, 포르쉐 측에서는 그걸 르망으로 보내 테스트를 받게 했다. 그 모델은 뮐산 스트레이트 스피드 트랩에서 시속 330km까지 달렸으나, 핸들링과 브레이킹 부분에서 문제를 드러냈다.

다음 검사일이 다가왔을 때 페리와 새로운 모터스포츠 책임자 리코 슈타이네만Rico Steinemann은 국제자동차연맹 사람들에게 아주 멋진 쇼를 펼쳐 보였다. 레이싱 정비공들이 Typ 908 제작에 몰두하고 있는 가운데 배달원, 비서, 견습공 등 공장 내의 다른 모든 사람은 레이스카를 '조립하는 시늉'을 하고 있었다. 슈타이네만은 그 레이스카를 주차장 같은 곳에 나란히 주차해놓았는데, 서로 워낙 가까이 주차되어 있어 제대로 움직이기도 힘든 상황이었다. 레이싱 정비공들은 양쪽 끝에 있는 자동차부터 완성시켜나갔다.

드디어 운명의 날, 피에히는 감독관들에게 주차된 자동차 가운데 아무 자동차에나 올라 직접 시동을 걸고 운전해보라고 했다. 감독관들은 큰 충격을 받았다. 포르쉐는 지금 보란 듯이 감독관들에게 국제자동차연맹의 규정을 들먹이고 있었다. 세상에! 5주 전만 해도 완성차 25대는커녕 2대밖에 없었는데! 한 감독관이 Typ 917 모델 중 하나에 올라타 100m 정도를 운전해보았고, 결국 그 모델은 완성차로 승인받았다. 그러나 기뻐하기는 일렀다. 개발비가 510만 달러를 넘어선 것이다. 이제 모든 자동차를 적절히 재조립해야 했다. 만일 자동차가 대당 3만 5000달러에 팔린다면, 공장은 약 16만 5000달러를 적자로 떠안게 될 판이었다. 1층 레이싱 부서와 2층 중역실 사이에는 찬바람이 씽씽 불었다.

상황은 한동안 나아지지 않았다. 피에히는 최고 속도가 줄어드는 일이 없도록 항력을 가장 덜 받는 자동차 보디를 요구했다. 고속으로 달릴 때 비행기 날개를 뜨게 만드는 공기의 힘에 대해선 잘 알았지만, 그 누구도 지상에서 비행기보다 더 빨리 레이싱을 펼치는 눈물방울 모양의 자동차에 그와 동일한 공기역학 원리를 연결하지는 못했다. Typ 917 모델의 아래로 처진 넓은 꼬리 부분에는 대기압보다 낮은 압력이 생겨났고, 그래서 고속으로 달리면 자동차가 노면에서 위로 떠오르려 했다. 그래서 공장 드라이버들은 Typ 917 모델에 '과부 제조기Widow-Maker'와 '궤양Ulcer'이라는 더없이 치욕적인 별명을 붙였다.

1969년 시즌에 포르쉐는 존 와이어John Wyer를 영입했다. 그는 포드 GT 모델을 앞세워 종합 우승을 놓고 포르쉐와 치열한 경쟁을 벌였던 걸프 오일Gulf Oil 레이싱 팀을 이끈 인물이었다. 그는 레이싱 연도 1970년과 1971년에 포르쉐에 합류했다. 1969년 후반에 포르쉐는 Typ 917 모델을 레이스에 출전시켜 테스트하면서 핸들링 문제를 제외한 모든 부분을 개선했다. 포르쉐 엔지니어들은 핸들링 문제의 원인을 알고 있었다. 바로 자동차를 아래로 끌어내리는 날개를 비롯해 항력을 유발하는 그 무엇도 허용할 수 없다는 신념을 지닌 보스였다.

엔지니어 피터 폴크와 헬무트 플레글Helmut Flegl은 자동차 테일 부분이 너무 낮다는 걸 잘 알았지만, 그 문제를 거론하거나 해결하려 한다면 직장 생활이 끝장나리라는 것도 잘 알았다. 그러다가 그해 시즌이 끝날 무렵 오스트리아에서 존 와이어 팀의 관리자 존 호스만John Horsman과 그의 정비공들이 머리를 맞대면서 드디어 변화가 일어나게 된다. 피터 폴크가 몇 년 후 인정했듯, 그는 마침내 "그들이 해냈습니다!"라고 말할 수 있게 되었다. '그들'은 자동차 테일 끝부분을 460mm 정도 높여 공기가 자동차 위로 자연스레 흘러가게 했다. 그런 다음 새로운 차체 뒤쪽에 스포일러를 하나 달자 자동차의 핸들링을 예측할 수 있게 되었고 또 정확해졌다. 팀 레이서이자 테스트 드라이버인 브라이언 레드먼Brian Redmen은 그 당시를 이렇게 요약했다. "이제 드디어 진정한 레이스카가 됐습니다."

그 진정한 레이스카는 1970년과 1972년 내내 거의 별다른 문제 없이 계속 승전보를 전했다. 우승을 되풀이했을 뿐 아니라 수시로 랩 기록lap record•도 세웠다. 그러나 페르디난트 피에히는 다른 누군가가 '자신의' 자동차로 레이싱을 벌이는 게 마땅치 않았다. 그래서 뜻밖에도 두 번째 포르쉐 레이싱 팀을 만든 뒤 자기 어머니 이름을 따 포르쉐 잘츠부르크Porsche Salzburg라고 명명했다. 그의 어머니가 오스트리아에서 폭스바겐과 포르쉐 판매 대리권을 갖고 있어 그의 그런 모험에 든든한 배경이 되어주었다. 그 레이싱 팀 덕에 피에히는 자기 팀을 이끌고 자신의 방식으로 레이싱을 펼칠 수 있었지만, '공식적인' 걸프-와이어-포르쉐 연합 레이싱 팀에는 분명 눈엣가시였다. 그러나 이렇게 이원화된 레이싱 팀 운영 덕에 더없이 바람직한 경쟁 구도가 되었다. 몇

모토드롬 호켄하임 레이스에 참가 중인 1972년형 Typ 917-10 인터세리 스파이더 인터세리는 캔-암의 유럽식 변형이었다. 무게가 750kg밖에 안 됐던 포르쉐의 Typ 917-10 모델은 미국에서처럼 유럽도 석권했다. 사진 속에선 보쉬(Bosch) 레이싱 팀의 카레서 빌리 카우젠(Willi Kauhsen)이 배기량 4999cc에 최대 출력 1000마력인 트윈-터보차저 방식의 수평 대향형 12기통 엔진이 장착된 자동차를 몰고 있다.

리버사이드 레이스에 참가 중인 1973년형 Typ 917-10 스파이더 사진 속 미국 카레이서 마크 도너휴는 4단 기어 모두에서 뒤 타이어를 돌릴 수 있는 자동차를 원했고, 포르쉐는 자신들이 갖고 있는 극강의 캔-암 자동차를 주어 그의 그런 바람을 충족시켜주었다. 배기량 5374cc 트윈-터보차저 방식 12기통 엔진이 장착된 이 모델을 몰고 그는 레이스에서 최대 출력 1100마력을 냈다. 엔진 개발자 발렌틴 쉐퍼의 벤치 테스트*에서는 1400마력까지 나왔다.

십 년 후 존 와이어 팀 관리자 존 호스만은 이런 말을 했다. "포르쉐를 위해 레이싱을 벌이는 것보다는 포르쉐를 상대로 레이싱을 벌이는 게 훨씬 쉬웠습니다."

포르쉐의 Typ 917 K와 Typ 917 L 모델은 내구 레이스를 완전히 석권했다. 포르쉐의 독주에 놀란 국제자동차연맹은 1971년 말에 포르쉐를 내구 레이스에서 배제했지만 포르쉐는 별 타격을 입지 않았다. 국제자동차연맹의 스포츠카 부문에 회의를 느낀 포르쉐가 마침 페라리도 관심을 쏟고 있던 캔-암 시리즈로 관심을 돌린 것이다. 포르쉐는 캔-암 시리즈 같은 단거리 레이스에서 600마력 이상 출력을 내도록 튜닝된 917 K 엔진을 사용하는 Typ 917 스파이더 모델을 소량 개발해 미국 레이스계의 전설인 로저 펜스케와 손잡고 북아메리카 시리즈에 진출했다. 펜스케와 카레이서 조지 폴머 George Follmer 는 터보차저 엔진이 장착된 Typ 917/10 모델을 몰고 1972년 캔-암 챔피언십에서 우승을 차지했다.

포르쉐는 Typ 917/10 모델에서 처음으로 터보차저 방식 엔진을 도입했다. 인디애나폴리스 500마일 레이스에 참가하는 스피드웨이 레이스카는 여러 해 동안 터보차저 방식 엔진을 사용해왔지만, 피에히의 계획은 자신의 자동차를 철저히 비밀에 붙이는 것이어서 엔지니어 발렌틴 쉐퍼 Valentin Schaffer 는 터보차저 제조업체들과 접촉할 때 거짓말을 해야 했다. 그가 자신이 원하는 출력을 제시했을 때 그들은 모두 안심했다. "좋아요. 잘 알겠습니다. 이건 보트군요." 터보 개발과 관련된 발렌틴 쉐퍼의 모험은 문자 그대로 '모험'이었는데, 터보차저 지연 turbocharger lag*을 바로잡는 일부터가 상당히 힘든 도전 과제였다.

포르쉐는 1973년 테스트 벤치에서 최대 출력이 1400마력까지 나온 배기량 5.4리터짜리 수평 대향형 12기통 엔진이 장착된 새로운 Typ 917/30 모델을 가지고 되돌아왔다. 포르쉐는 캔-암 시리즈에서 국제자동차연맹의 월드 챔피언십의 전철을 밟았다. 로저 펜스케와 카레이서 마크 도너휴 Mark Donohue 가 모든 레이스에서 다른 모든 경쟁자를 압도하면서 2년 연속 우승을 차지하자, 캔-암 시리즈 측에서 1973년 말에 터보차저 방식 엔진이 장착된 포르쉐 자동차의 참가 자격을 박탈한 것이다.

펜스케-도너휴의 포르쉐 Typ 917/30 모델은 1975년 8월에 다시 한 이벤트에 참가했다. 펜스케는 그 모델이 육상 속도 기록을 수립할 거라고 믿고, 자동차와 엔진을 업그레이드(인터쿨러를 새로 도입하고 연료 혼합기의 온도를 낮추고 그 농도와 힘을 늘리려고 라디에이터를 장착하는 등)했다. 도너휴는 앨라배마주 탈라디가의 트라이-오벌 tri-oval* 레이스 코스를 달렸다. 그리고 번개처럼 내달린 끝에 무려 시속 356.64km를 기록했는데, 그 기록은 지금까지도 유효하다.

1967–1976

중간에 갇히다

Typ 914-4, 914-6, 914-6GT, 916

스포츠카 디자인에서 미드-엔진 탑재 방식은 일종의 트렌드와 같았다. 페리 포르쉐의 첫 번째 자동차도 그랬고, 그의 아버지의 가장 유명한 레이스카 중 하나인 독일 오토 유니언 레이싱 팀의 자동차 '실버 피시Silver fish' 역시 엔진이 차축 사이에 있었다. 페리는 그의 시리즈 양산차에서 리어-엔진 탑재 방식으로 되돌아갔지만, 그건 패키징 문제에서 비롯된 일이었다. 처음부터 포르쉐의 레이스카는 엔진이 자동차 중앙부에 탑재됐다. 그리고 페리의 엔지니어들은 1953년 페리의 Typ 550 RS 스파이더 모델부터 미드-엔진 트렌드를 따르기 시작했지만, 1960년대 초에 이르면 거의 모든 레이스카 제조업체가 미드-엔진 탑재 방식을 채택하게 된다.

자동차 레이싱에서 사람들을 열광시킨 것은 자기 자동차를 소유한 자동차 팬 또한 열광시켰다. 1964년에는 프랑스 자동차 제조업자 르네 보네René Bonnet가 미드-엔진 탑재 방식 로드카 마트라 디젯Matra Djet을 내놓았다. 1966년에는 페루초 람보르기니Ferruccio Lamborghini가 그의 놀라운 미우라Miura 모델을 내놓았고, 엔초 페라리는 1966년에 한 힐클라임 레이스에 미드-엔진 탑재 방식 디노Dino 206 모델을 출전시켰으며 1967년부터는 도로 주행용 버전을 내놓았다.

1960년대 말에 포르쉐는 시선을 경쟁사에서 거두고 '다음 새로운 자동차'를 내놓을 생각에 골

1970년형 Typ 914-4 포르쉐는 자신들이 만드는 시제품과 모든 레이스카에 대해 1000km 가까운 시운전 테스트를 거쳤다. 그 과정에서 섀시와 서스펜션과 보디에 이런저런 문제가 생기면 엔지니어와 정비공이 수리했다. 또 디자인상의 문제를 해결하는 등 더는 문제가 생기지 않을 때까지 모든 걸 다시 작업했다.

위쪽) 1970년형 Typ 914/4 포르쉐의 보디 모형 제작 책임자 하인리히 클리는 폭스바겐의 의뢰에 따라 Typ 914 모델을 2인승 스포츠카로 만들었다. 폭스바겐에서 그걸 거부하자, 포르쉐 측에서는 몇 가지 변화를 준 뒤 배기량 1679cc에 출력 80마력 수평 대향형 4기통 엔진을 자동차 중앙에 탑재했다. 각 Typ 914 모델에는 탈착 가능한 '타르가' 지붕을 얹었으며, 포르쉐 공장에서 3006달러(1만 1955도이치마르크)에 판매했다.

오른쪽) 1970년형 Typ 914/6 GT 쿠페 Typ 914 모델의 레이스 버전이며, 배기량은 1991cc이고 출력 220마력 수평 대향형 6기통 엔진을 장착했다. 공장에서는 1970년에 28대를 조립했고, 1971년에 다시 18대를 조립해 그중 3대는 1970년 뉘르부르크링에서 84시간 마라톤을 완주했는데 그 3대가 1, 2, 3위를 휩쓸었다.

몰했다. 페르디난트 피에히의 미드-엔진 탑재 방식 레이스카는 각종 레이스에서 점점 더 좋은 성적을 냈고, 국제자동차연맹FIA에서 새로운 규정을 내놓으면서 다음 새로운 자동차를 향한 그의 야심은 더욱 불타올랐다. 게다가 포르쉐는 각종 비용도 치러야 했고 직원들의 급여도 지불해야 했다. 가장 최근에 내놓은 Typ 911 S 모델과 타르가 변종 모델은 잘 팔리고 있었다. 그런데 1949년에 페리와 그의 누나 루이제 피에히가 폭스바겐 측과 상호 유통 협약을 맺고, 제조되는 모든 자동차에 대해 폭스바겐에서 상당액의 로열티를 지불한다는 내용에 합의했다. 그 계약에는 폭스바겐이 신제품 연구와 개발 시에 포르쉐의 도움을 받는다는 조항도 포함되어 있었다.

그리고 1960년대 말에 이르자 폭스바겐은 신제품이 필요했다. 그들은 1955년에는 카르만 기아사의 쿠페 모델로, 1957년에는 컨버터블 모델로 이미지를 개선하고 시장 점유율도 높였다. 그러나 보디 스타일은 아무 진전 없이 정체 상태였다. 주로 보이지 않는 자동차 안쪽이 개선되었으니, 새로운 고객을 끌어들이는 건 고사하고 기존 고객도 제대로 붙잡지 못했다.

폭스바겐은 1968년 배기량 1679cc짜리 공랭식 엔진을 개발해 자신들의 411 세단에 장착해 비틀과 대체했다. 1949년에 페리 및 루이제와의 모든 협상을 담당했던 폭스바겐 회장 하인츠 노르

트호프Heinz Nordhoff는 다시 페리와 손을 잡았다. 두 사람은 411 세단 외에 새로운 폭스바겐 스포츠카를 개발할 생각이었다. 그 임무가 포르쉐의 새로운 바이사흐 디자인/엔지니어링 센터에 떨어지면서 많은 인력이 투입됐다. 새로운 모델의 이름은 Typ 914였다.

폭스바겐은 곧 새로운 자동차를 미드-엔진 탑재 방식 2인승 자동차로 한다는 데 동의했다. 보디 디자인은 페리의 아들 부치 포르쉐의 스타일링 부서가 맡게 됐는데, 하인츠 노르트호프는 새로운 자동차가 포르쉐의 그 당시 제품과 비슷해선 안 된다고 강조했다. 보디 모형 제작자 하인리히 클리는 모형 제작 작업에 착수했다. Typ 914 프로젝트가 바이사흐에서 포르쉐의 엔지니어링 기술로 진행되는 가운데, Typ 914 모델은 두 가지 정체성을 갖게 된다. 하나는 폭스바겐의 엔진과 주행 장치를 토대로 제작되는 폭스바겐 자동차라는 것이었고, 또 다른 하나는 4기통 엔진이 장착된 포르쉐 912 모델을 대체하는 포르쉐 자동차라는 것이었다. 클리의 보디 디자인 콘셉트는 앞쪽과 뒤쪽에 짐 실을 공간을 넉넉히 주고, Typ 911 타르가 스타일에 탈착 가능한 커다란 유리섬유 루프 패널을 다는 것이었다. 구동 장치가 다른 문제는 페리의 예산 지원 덕에 해결할 수 있었다. 또 각종 아이디어 교류와 동일 제품에 대한 이중 적용 문제는 양측 합의로 해결할 수 있는 간단한 문제였다.

그런데 폭스바겐의 회장 하인츠 노르트호프에게는 본인은 아직 원치 않는 은퇴가 다가오고 있었다. 폭스바겐 이사회는 68세인 회장에게 후계자를 택해 훈련시키라고 촉구했다. 결국 노르트호프는 스위스 전기 회사 브라운 보베리Brown Boveri의 최고경영자를 역임한, 자신보다 열세 살 어린 쿠르트 로츠Kurt Lotz를 영입했다. 로츠는 1968년 말에 회장 자리에 오르고, 노르트호프는 자문 역할을 맡을 계획이었다. 그런데 나이 들어 병마와 싸워온 노르트호프의 상태는 예상외로 빠르게 악화했다. 노르트호프가 병원에서 보내는 시간이 점점 더 늘어나자 폭스바겐의 운영 전반, 특히 포르쉐와의 복잡한 관계에 대해 차기 회장에게 설명해줄 시간이 줄어들었다. 노르트호프는 1968년 4월 12일 세상을 떠났다. 그는 1948년 1월 1일 폭스바겐의 이사가 되었고 포르쉐 집안과는 제2차 세계대전 전부터 알고 지낸 사이이며, 전쟁 전에는 독일 자동차 제조업체 오펠Opel에서 '국민차' 제작에 참여하기 위해 동분서주했었다.

포르쉐와 폭스바겐 사이에 쌓인 친밀감과 신뢰는 로츠 시대가 되면서 끊어졌다. 폭스바겐의 새로운 회장으로서 실수하지 않으려고 조심하는 과정에서 로츠는 노르트호프의 유산인 포르

1969년형 Typ 914/8 S-11 쿠페 페리 포르쉐가 자신의 60번째 생일 선물인 특별판 Typ 914 모델의 도어 프레임을 잡은 채 지지자 사이에 서 있다. 이 모델에는 레이스용 Typ 908 모델에서 가져온 배기량 2996cc에 출력 260마력 수평 대향형 8기통 엔진이 장착되어 있었다. 페리는 여러 해 동안 이 자동차를 일상용으로 사용하면서 수천 km를 주행했고 최고 시속 250km인 이 자동차의 속도를 즐겼다.

쉐와의 우정과 양사의 신뢰 관계에 의문을 품기 시작했다. 예를 들면 이런 의문들이었다. '저가 패밀리 카로 잘 알려진 폭스바겐이 왜 스포츠카 제작에 뛰어들려고 하는가? 포르쉐는 일상적으로 스포츠카 디자인과 개발을 하는 기업인데, 왜 그런 포르쉐에 스포츠카 디자인과 개발을 의뢰하고 돈까지 주어야 하는가?' 결국 신차 개발 프로젝트를 점검하는 과정에서 그는 포르쉐가 디자인한 폭스바겐 자동차로 이익을 내는 구조를 재검토해야겠다고 생각하기에 이른다.

그러나 새로운 포르쉐 모델 개발에 폭스바겐이 자금을 지원하는 건 별개의 문제였다. 폭스바겐은 여전히 새로운 제품군이 필요했기 때문이다. 그는 포르쉐 측에 미드-엔진 탑재 방식 패밀리 카와 일종의 캠핑용 밴 제작을 의뢰했는데, 두 모델 모두 뒷좌석 밑에 공랭식 엔진을 탑재하게 되어 있었다. 폭스바겐의 자금으로 바이사흐 디자인/엔지니어링 센터에서 신모델을 제작 중이던 페리는 새로운 프로젝트를 EA 266이라 칭했는데, 그의 엔지니어들은 그 프로젝트에서 자신들의 스포츠 쿠페 모델의 가능성을 보았다.

그 때문에 Typ 914 모델은 일종의 의붓자식 취급을 받게 됐다. 그러나 이 모델의 보디와 섀시는 아주 다양한 용도로 쓸 수 있어서, Typ 911 변종 모델 중 하나는 물론 폭스바겐의 오리지널 411 엔진도 얹을 수 있었다. 포르쉐에서 오랫동안 정비공 겸 카레이서로 일한 헤르베르트 링게가 테스터와 개발 책임을 맡고 있었는데, 그는 훗날 배기량 1.7리터짜리 폭스바겐 엔진이 성능도 괜찮고 연비도 좋았다고 회상했다. 레이싱 엔지니어들이 레이스용 버전 개발을 염두에 두며 그 모델을 풍동에 보냈는데, 그 결과가 예상외로 좋아 거의 모든 사람이 놀랐다. 포르쉐 플래그십 모델인 Typ 911과 비교했을 때 Typ 914는 자동차 뒤쪽이 살짝 더 뜨고 앞쪽은 살짝 덜 떴다. 클리가 만든 보디는 간단한 리어 스포일러만 달아도 Typ 911 모델에 필적할 만했는데, 그건 아무도 예상하지 못한 일이었다. 아니, 그 누구도 원치 않은 일이었다.

쿠르트 로츠와 페리 포르쉐는 함께 마케팅 및 판매 문제를 해결했다. 그 결과 미국 고객을 대상으로는 새로 설립된 자회사 포르쉐+아우디 Porsche+Audi를 통해 Typ 914 모델 마케팅 작업을 했다. 폭스바겐이 노르트호프 시절에 인수한 아우디를 홍보하려는 조처였다. 또 미국에서는 Typ 914 모델 앞쪽에 포르쉐 엠블럼을 부착했고, 뒤쪽에는 914/6 VW-Porsche 엠블럼을 부착했다. 반면에 유럽에서는 폭스바겐과 포르쉐 사이에 50:50 지분 상태로 VW-Porsche VG를 설립했고, 배기량 1.7리터짜리 신모델에는 Volkswagen-Porsche란 이름을 붙였다. 그 결과 뜻밖에도 'VoPo'라는 달갑지 않은 별명을 얻게 되는데, 그건 구동독 Volkspolizei people's police (인민 경찰)의 줄임말이었다.

그 달갑지 않은 별명에도 불구하고 두 회사는 1969년 프랑크푸르트 모터쇼에서 VW-Porsche 914와 VW-Porsche 914/6 모델을 공개했다. 자동차 무게는 900kg이었고, 배기량 1.7리터짜리 엔진은 출력이 80마력이었다. 플래그십 Typ 911 모델의 위상을 지키기 위해 포르쉐는 무게가 940kg인 Typ 914/6 모델에 출력이 110마력인 Typ 911 T 엔진을 장착했다. VoPo라는 별명에도 불구하고 Typ 914/4 모델은 잘 팔렸다. 독일에서는 3275달러에 팔았는데, 참고로 2년 전에는 출력이 53마력인 카르만 기아 컨버터블 모델이 2445달러였다.

Typ 914/6 모델에 대한 사람들의 반응이 더 회의적이었다. 복잡한 각종 계약, 유통, 엠블럼 문제 등을 해결한 뒤 포르쉐는 Typ 914/6 모델의 포르쉐 버전을 5475달러에 내놓아야 했다. 그 결과 판매가 저조했다. 그건 새로운 자동차가 기존의 포르쉐 자동차와 비슷하지도 않아, 잠재적인 고객이 굳이 그런 자동차를 5471달러에 팔린 Typ 911 T보다 4달러 더 비싸게 살 필요가 있느냐며 회의적인 반응을 보였기 때문이다.

처음 3년간 폭스바겐은 4기통 엔진 모델을 6만 5351대 제작했다. 그리고 1973년에 나온 914/4 모델은 배기량이 1971cc인 폭스바겐 공랭식 4기통 엔진의 출력을 100마력으로 업그레이드한 모델이었다. 폭스바겐은 그 모델을 다시 3만 2522대 더 조립했다. 또 1974년과 1975년에는 Typ 914/4 1.8 버전이 나왔는데, 그 엔진은 배기량 1795cc에 출력은 85마력이었으며 1만 7773대가 팔렸다. 반면에 포르쉐는 1970년부터 1972년까지 Typ 914/6 모델을 3388대만 제작했다.

페르디난트 피에히는 그 자동차를 받아들여 914/8 모델 2대의 제작을 의뢰했다. 그리고 그중 1대는 자신이 보유했는데 무게는 1150kg, 배기량 2996cc에 출력 300마력인 Typ 908 수평대향형 8기통 레이싱 엔진이 장착되어 있었다. 그는 또 페리의 60번째 생일 선물로 두 번째 914/8 모델을 제작했는데, 그 모델에는 출력을 조금 낮춘 260마력 엔진이 장착됐다. 페리는 그 자동차를 즐겨 사용해 총 1만 km 넘게 운행했다. 그리고 엔지니어들은 탈착식 유리섬유 패널을 제거하고 용접으로 강철 루프를 달아 차량의 안정성을 높였다.

포르쉐는 강철 루프 형태인 Typ 916 모델도 11대 제작했다. 배기량 2.4리터짜리 연료 분사식 수평 대향형 6기통 911 S 엔진이 장착된 1000kg짜리 그 모델은 극소수 고객에게만 제공됐으며 출력은 190마력이었다. 그리고 그 모델의 펜더는 눈에 띄는 나팔 모양(몇 안 되는 Typ 914/6 GT 모델을 구입한 카레이서에게 주어지는 옵션)이었다. 적절한 사람을 알고 있고 1만 953달러가 있었다면, 아마 당신도 Typ 916 모델을 구입했을 것이다.

세계 경제와 독일 정치 상황도 중요한 이야기이다. 폭스바겐의 회장 쿠르트 로츠는 프런트 엔진 탑재 방식의 수랭식 전륜구동 자동차로 성공을 거둔, 거의 100년 역사를 자랑하는 기업 NSU를 인수했다. 그러나 폭스바겐은 로터리 엔진rotary engine• 개발에 과도하게 투자한 데다가 양산차의 신뢰성과 보증 문제까지 겹쳐 거의 파산 지경에 이르렀다. 게다가 폭스바겐은 NSU의 4기통 내연기관의 성공을 활용해 비틀의 후속작인 골프Golf 개발에 나섰다. 그러자 곧 아우디의 기술을 폭스바겐 파사트Passat 모델에 적용했을 때와 같은 일이 벌어졌다. 일단 프런트 엔진과 수랭식 냉각 방식을 택하자 다시는 이전 상태로 돌아갈 수 없게 된 것이다.

이 모든 상황으로 폭스바겐은 안팎으로 혼란을 겪게 됐다. 쿠르트 로츠는 폭스바겐과 포르쉐의 미드-엔진 탑재 방식인 공랭식 자동차 개발 프로젝트 EA 266을 다시 재가했으나, 그의 전략은 어디까지나 수랭식 엔진을 미는 것이었다. 그는 폭스바겐 노동조합의 지지를 잃은 데다가 치명적이게도 이사회의 지지까지 잃었다. 그러다 1971년 매출 현황이 발표됐는데, 폭스바겐은 분명 생사의 기로에 있었다. 결국 쿠르트 로츠는 1971년 9월 13일 폭스바겐 회장직에서 물러났다.

폭스바겐은 로츠 대신 거칠고 공격적인 비용 절감 전문가 루돌프 라이딩Rudolf Reiding을 회장으로 선임했다. 그리고 회장직에 오른 지 3주도 안 돼 그는 EA 266 프로젝트를 중단시켰다. 폭스바겐 측에선 이미 460만 달러(1600만 도이치마르크)를 투자했고 신모델은 생산 준비가 끝난 상태였는데, 그 겉모습이 놀랄 만큼 새로운 골프 모델과 비슷했다. 그러나 그건 폭스바겐이 새로운 방향으로 가는 걸 가로막고 있던 대규모 투자였다. 일부 사람들은 라이딩이 폭스바겐과 포르쉐 간의 협력 관계를 부정한 걸로 봤지만, 사실 라이딩의 목적은 순전히 비용을 절감하고 단순화해 회사 상황을 호전시키는 것이었다.

그 과정은 마치 배의 항로를 변경하는 것과 비슷했다. 폭스바겐은 1974년에 3억 2300만 달러(8억 3300만 도이치마르크) 적자를 기록했다. 1974년은 마침 골프 모델이 유럽 딜러에게 도착한 해였지만, 라이딩은 뱃머리를 너무 늦게 돌렸다. 1975년에 골프 모델이 미국에 도착했을 때 라이딩은 폭스바겐을 떠났다. 그해 8월에 이사회는 라이딩 대신 토니 슈뮈커Toni Schmücker를 회장으로 선임했다. 그런데 뜻밖에도 1975년에 매출이 기록적인 75억 달러(184억 5000만 도이치마르크)에 이르는 걸 지켜본 슈뮈커는 폭스바겐의 모델군에 스포츠카를 포함해야 한다고 생각했다. 그리고 그가 가장 먼저 연락한 곳이 포르쉐였다.

1974년형 Typ 914/4 1.8 Typ 914 모델 제작이 중단되자 포르쉐의 북미 유통업자는 특별판 Typ 914 모델 2대를 만들었다. 바로 검은색과 노란색이 섞인 이 범블비(Bumble Bee), 즉 '호박벌'과 포르쉐가 캔-암 시리즈에서 뛰어난 성적을 올린 걸 기념하려고 만든 흰색과 빨간색이 섞인 크림시클(Creamsicle)이었다. 이 '호박벌' 모델에는 배기량 1795cc에 출력 99마력인 연료 분사 방식 4기통 엔진이 장착됐다. 이 모델은 정지 상태에서 시속 100km에 도달하는 데 12.0초 걸렸고 최고 시속은 178km였다. 포르쉐는 이 두 모델을 각각 500대씩 조립했다.

1974 – 현재

배출가스 나오니까 더 빨리 달려!

Typ 911에 터보차저를 달다

포르쉐 경영진은 폭스바겐의 예기치 못한 기업 활동들에 아무런 준비가 되어 있지 않았다. 부활했던 프로젝트가 모두 중단됐고, 이후 새로 시작된 프로젝트도 모두 중단됐다. 포르쉐가 바이사흐 디자인/엔지니어링 센터를 운영하는 데 의존했던 수입도 전부 사라졌다. 1971년 추펜하우젠에서는 페리의 경영권 자체가 위기에 빠졌다. 페리는 회사에서 페르디난트 포르쉐와 피에히의 사람들을 전부 쳐내고 그 자리를 외부 전문가로 채우면서 위기를 넘겼다.

에른스트 푸어만은 Typ 356 모델에 쓰려고 포르쉐의 듀얼 오버헤드 캠샤프트 Typ 547 엔진을 설계했었다. 그러다 당연히 자기 자리라고 믿었던 이사 자리에 페리가 다른 사람을 앉히자 1956년에 포르쉐를 그만두었다. 그리고 다음 고용주 밑에서 경영진 이사회 이사로 승진했다. 그런 상황에서 페리가 그를 포르쉐의 최고경영자로 추대한 것이다. 폭스바겐이 포르쉐와 협력 관계를 중단한 건 푸어만이 추펜하우젠으로 돌아온 지 2주도 채 안 됐을 때였다.

그 무렵 포르쉐는 폭스바겐을 괴롭힌 재정 문제를 그대로 겪고 있었다. 문제는 독일 정부가 마르크 가치를 9퍼센트 낮춘 데서 시작됐다. 그러자 수입 자동차(특히 폭스바겐의)에 불공정한 혜택이 주어지게 됐다며 미국 디트로이트 자동차 제조업체들이 호소하는 바람에 미국 정부 역시 미국 밖

1974년형 Typ 930 터보 시제품 포르쉐는 1974년 초가을에 1975년형 모델로 자신들의 첫 터보차저 방식 시리즈 양산차를 내놓았다. 국제 모터쇼 서킷을 위해 설계된 이 자동차는 실제 배기량 2994cc에 최대 출력 260마력 수평 대향형 6기통 엔진을 장착하고 달렸다. 무게는 1140kg, 정지 상태에서 시속 100km에 도달하는 데 5.5초 걸렸고 최고 시속은 250km였다.

맨 위쪽) 1974년형 Typ 930 터보 시리즈 제작 번호 001 사려 깊고 이해심 많은 페리는 포르쉐에서 처음 제작한 터보 엔진 방식 쿠페를 누나 루이제 피에히에게 선물했다. 루이제는 열정적인 아마추어 화가였기에, 페리는 유리 선팅을 지워 그녀가 운전하면서 세상을 있는 그대로 볼 수 있게 해주었다. 그리고 가족 외의 사람에게는 이 터보 자동차를 2만 5503달러(6만 5800도이치마르크)에 팔았다.

위쪽) 1977년형 Typ 930 터보 타르가 그 당시 고객 서비스 업무를 맡고 있던 포르쉐의 엔지니어 롤프 스프렝거(Rolf Sprenger)는 이런 식의 튜닝 작업을 해달라며 1공장으로 되돌아오는 자동차를 보면서, 왜 포르쉐는 이런 튜닝 작업을 직접 해주지 않아 고객이 다른 튜닝 전문점으로 가게 하는지 의아해했다. 독일어로 '특별한 소원'을 뜻하는 존더뷘셰(Sonderwünche)를 설립해 이런 튜닝 작업을 사내에서 처리하게 하는 데 페리도 동의했다. 몇 년 후 포르쉐는 존더뷘셰라는 이름을 세상 사람들이 더 쉽게 발음할 수 있도록 익스클루시브(Exclusiv)로 바꿨다.

에서 제작된 모든 자동차에 10퍼센트 수입세를 부과했다. 이 일로 포르쉐는 매우 큰 타격을 받았다. 폭스바겐의 결정 이후 바이사흐 디자인/엔지니어링 센터에서는 수입원이던 개발 프로젝트가 사라졌고 Typ 911 모델의 후속작 개발도 기약이 없었다.

수년간의 고민 끝에 포르쉐의 최고경영자 에른스트 푸어만은 레이싱에 참여하려면 시리즈 스포츠카 양산을 계속해야 한다는 결론에 도달했다. 그는 포르쉐의 터보 캔-암 자동차의 활약을 먼 발치서 듣고 깊은 인상을 받았었다. 그는 '자기' 회사가 빠진 딜레마에 대해 깊이 생각했다. Typ 911 모델은 포르쉐가 Typ 356 모델을 단종시킬 때만큼 노후화되었으며, 공장의 엔지니어와 디자이너는 해야 할 일이 없어 무척이나 한가로웠고 새로운 수입원도 없었다. 푸어만은 Typ 911 모델이 되살아나서 계속 사람들의 관심을 끌도록 터보차저를 써보면 어떻겠냐고 엔지니어들에게 물었다.

"아, 그건 이미 시도했었습니다!" 그랬다. 페르디난트 피에히는 Typ 911 시제품의 뒤쪽 끝부분과 Typ 914 모델의 뒤 트렁크 덮개 쪽에 터보차저를 매다는 실험을 해보라고 했었다. 결국 그 아이디어는 너무 이르다는 판단하에 유보됐었다. "그 아이디어는 경영진에서 퇴짜당했어요!", "불가능한 일이에요!", "그럴 만한 공간이 없어요!" 엔지니어들은 온갖 이유를 들먹였지만, 에른스트 푸어만은 못 들은 체했다. 그는 자기 사람들에게 일거리를 주어야 했고, 플래그십인 Typ 911 모델도 되살려야 했다. 그는 1991년 필자와 진행한 인터뷰에서 당시 자신이 포르쉐에서 한 일을 이렇게 설명했다. "나는 결국 911 모델에 터보 엔진을 달았습니다. 엔진룸을 들여다보면서 이렇게 말했거든요. '분명 공간이 있을 거네!'"

푸어만은 레이싱을 통해 자동차가 개선되고, 레이스에 성공하면 자동차도 잘 팔린다는 흐름을 잘 알고 있었다. 새로운 포르쉐 시제품을 더 만들 수는 없었기에, 레이스에 참여하려면 Typ 911 모델을 손보는 수밖에 없었다. 또 출력이 450마력에서 480마력까지 나오는 마트라와 미라지의 자동차와 경쟁할 유일한 방법은 터보 엔진을 쓰는 것이었다. 국제자동차연맹FIA에서는 최대 배기량을 3.0리터로 제한했고, 터보 엔진에 곱셈 원칙을 적용해 곱하기 1.4를 한 실제 배기량이 3000cc를 넘으면 안 됐다. 그래서 포르쉐의 엔지니어들은 배기량이 2142cc(1.4를 곱하면 약 2999cc가 됨)인 수평 대향형 6기통 엔진을 만들어냈다.

그래도 여전히 너무 크고 너무 무거웠다. 피에히가 Typ 911 R 모델에 취했던 조치와 비슷한 인정사정없는 감량 조치로 무게가 825kg까지 줄어들었다. 그러나 최소 무게가 650kg이라는 국제자동차연맹의 규정 때문에 푸어만과 레이싱 엔지니어 노르베르트 싱어Norbert Singer, 엔지니어링 책임자 헬무트 보트는 불리한 무게 문제를 더 강력한 출력으로 보강하는 수밖에 없다는 결론에 도달했다. 그 이후는 자신들의 엔진 디자이너 발렌틴 쉐퍼Valentin Schaffer와 한스 메츠거에게 맡겨야 했다. 그리고 그 두 엔지니어는 기대를 저버리지 않고 1974년 시즌이 끝나갈 무렵 커다란 KKK 터보차저를 이용해 Typ 911 엔진으로 500마력 출력을 내는 데 성공했다. (노르베르트 싱어는 1970년 3월 포르쉐에 합류했으며, 처음에는 Typ 917 모델의 기어박스를 냉각시키는 일을 맡았고, 국제자동차협회에서 주관하는 세계내구챔피언십(WEC), 캔-암 시리즈, 인터세리 챔피언십 등에서 좋은 성적을 거둔 끝에 Typ 911 모델을 레이스카로 개조하고 그 자동차에 터보 엔진을 장착하는 일을 맡았다.)

그러나 이제 리어 엔진에 터보차저와 트랜스액슬이 장착된 상황에서 엔지니어들이 오일 탱크를 달고 자동차에 연료를 가득 넣자 자동차 무게의 70퍼센트는 뒤 차축에 얹히게 되고 앞 차축에는 30퍼센트만 얹히게 됐다. 그렇게 자동차 앞뒤 무게가 균형도 안 맞는 상태에서 거의 500마력에 달하는 출력을 제어하려다 보니, 극도로 넓은 휠에 이례적일 만큼 커다란 타이어를 달아야 했다. 게다가 그런다고 모든 문제가 해결되는 것도 아니었다.

레이싱 엔지니어들은 이제 공기역학이 레이스카의 안정성을 해치는 또 다른 빌런임을 깨달았다. 불가능해 보이던 핸들링 문제를 해결해준 것은 프런트 에어 댐과 리어 스포일러와 윙이었다. 그렇게 탄생한 새로운 레이스카 Typ 911 카레라 RSR 터보 2.1을 가지고 노르베르트 싱어와 포르쉐는 새로운 지평을 열었다. 1991년 필자와 인터뷰할 때 에른스트 푸어만은 깜짝 놀라며 이렇게 회상했다.

"무엇 때문에 이렇게 커야 하는 겁니까?" 푸어만이 물었다. 그는 Typ 917 쿠페와 스파이더 모델을 공기역학적으로 더없이 효율적인 자동차로 만들기 위해 많은 시간을 쏟아붓던 시절을 그리워했다. 공기역학적 효율성이 높아지면 항력이 커 보이는

맨 위쪽) 1979년형 Typ 930 터보 쿠페 1979년에 이르러 포르쉐는 이미 3세대 터보 모델을 내놓고 있었다. 포르쉐 디자이너들에게는 '사슴뿔'로 알려져 있고 외부에는 '고래 꼬리'로 알려진 리어 윙은 가장자리가 위로 올라가 공기 흐름을 더 잘 제어할 수 있는 '차 쟁반(tea tray)'으로 바뀌었다. 엔진 출력은 300마력으로 늘었으며, 가격은 통화 절상으로 7만 3688달러(13만 4850도이치마르크)까지 뛰었다.

위쪽) 1983년형 Typ 930S '기울어진 코' 쿠페 롤프 스프렝거가 제작한 첫 번째 '익스클루시브' 모델은 포르쉐의 레이스카 Typ 935 모델의 앞부분을 평평하게 만든 것인데, '기울어진 코'라고 불렸다. 앞부분이 평평해진 건 포르쉐의 새로운 Typ 944 모델에서 가져온 집어넣을 수 있는 헤드라이트 때문이다. 그 결과 최고 시속이 260km에서 275km 넘게 올라갈 수 있었다.

맨 위쪽) 1990년형 Typ 930S 카브리올레 공식적으로 포르쉐는 1989년에 Typ 930 모델의 생산을 중단했다. 그런데 한 고객이 그가 갖게 될 자동차가 마지막 Typ 930 모델이라는 사실을 알고는 '기울어진 코'라는 아주 특이한 옵션을 주문했다. 그 옵션에는 할증 요금이 붙어서 자동차 가격 8만 5585달러(16만 900도이치마르크) 외에 4만 1135달러(7만 7330도이치마르크)를 더 내야 했다. 이 자동차의 옵션 목록은 11페이지나 됐는데, 최종 가격은 그보다 좀 더 높았을 것이다.

위쪽) 1990년형 Typ 965 터보 시제품 이 무렵에 포르쉐의 놀라운 Typ 959 모델이 나왔다가 사라졌지만, 엔지니어들은 그 모델이 열광적인 팬들과 저널리스트들에게 걸었던 마법이 다시 작동하기를 바랐다. 그들은 특별한 보디에 4륜구동 방식 터보 엔진이 장착된 Typ 965를 꿈꿨으나, 그 당시 경제 상황이 너무 안 좋았다. 몇몇 시제품은 창고에 보관되었다.

자동차라도 다운포스downforce•와 접지력이 개선되어 트랙을 더 빨리 돌 수 있게 되곤 했다. 또 이렇게 말했다. "좋아요! 근데 리어 윙이 무슨 비행기 날개 같아서 보기에 안 좋네요. 눈에 띄지 않게 검게 칠해요."

6월 15일과 16일 르망에서 모습을 드러낸 새로운 자동차는 Typ 911 모델 외형에 은색, 빨간색, 파란색 띠로 이루어진 마티니 레이싱 리버리Martini racing livery•와 나팔 모양의 커다란 펜더로 눈길을 끌었다. 자동차 뒤쪽은 380mm로 1974년에 나온 Typ 911 시리즈보다 넓었으며 끝부분은 거대한 검은색 날개로 되어 있었다. 이 자동차는 레이스에서 잠시 선두를 지켰으나, 양산차 기반 5단 변속기가 이 자동차의 450파운드-피트 토크에는 부적합한 것으로 드러났다. 결국 15시간 동안 무게 635kg에 최대 출력 480마력인 마트라 자동차에 이어 꾸준히 2위를 기록하다가 최종 종합 2위로 레이스를 마쳤다.

푸어만은 자신의 엔지니어들에게 똑같은 임무를 맡겼다. 레이싱 참가 자격에 적합한 자동차를 만들되 시리즈 Typ 911 모델에 터보 엔진을 장착하라는 것이었다. 포르쉐 레이스카 Typ 917 스파이더 모델에 첫 터보 엔진을 장착했던 엔진 개발자 발렌틴 쉐퍼는 스로틀 반응 때문에 애를 먹고 있었다. 그러나 레이스카 사용법은 간단명료했다. 카레이서들은 풀 스로틀로 달리거나 브레이크를 밟거나 둘 중 하나였다. 그 누구도 레이스카로 천천히 달리지는 않는다.

BMW는 1973년에 2002 터보 엔진을 도입했는데, 외부 엔지니어 마이클 메이Michael May가 개발한 엔진을 토대로 만든 것이었다. 메이는 포드 자동차 애호가들에게 배기량 2.3리터짜리 포드 카프리Capri 모델에 필요한 애프터마켓aftermarket• 부품 키트를 팔았다. 포르쉐 측에서는 그렇게 튜닝된 카프리 모델을 하나 구했고, 엔진 디자이너 헤르베르트 암페러Herbert Ampferer가 처음으로 그 자동차를 몰아봤다. (암페러는 1970년에 포르쉐에 합류했고, 처음에는 폭스바겐의 언더시트 엔진 작업을 했으며, 이후 Typ 924 개발 작업에 참여했다. 그의 다음 작업은 발렌틴 쉐퍼와 함께 포르쉐의 레이스카에 터보 엔진을 장착하고 시리즈 양산 911 모델을 토대로 도로 주행용 자동차를 만드는 것이었다.)

2012년 필자와 진행한 인터뷰에서 암페러는 당시를 이렇게 회상했다. "반응이 아주 안 좋았어요. 차를 몰고 추펜하우젠 공장을 나섰고 잠시 후 한 작은 도로에서 유턴했습니다. 액셀러레이터를 밟았는데 차가 펄쩍 뛰어오르더니 커다란 콘크리트 담 쪽으로 달리는 거예요."

그는 자신이 어떤 문제에 직면했는지 분명하게 파악하고는 바이사흐 디자인/엔지니어링 센터로 돌아갔다. 그런데 뜻밖에도 문제는 점점 더 복잡해져갔다. Typ 911 모델의 엔진룸을 들여다보면, 터보차저와 거기에 딸린 배관을 어디에 넣어야 할지 분명하지가 않다. 암페러는 보스에게 물었다.

"알려주세요. 이 차에 에어컨을 꼭 넣어야 하나요?"

"아뇨, 그럴 필요는 없어요."

"이 차에 리어 와이퍼와 모터를 꼭 달아야 하나요?"

"아뇨. 이 차는 200대 정도밖에 안 돼요. 그런 건 없어도 돼요."

공교롭게도 국제자동차연맹에서 레이스 참가 자격을 얻으려

1993년형 Typ 964 터보 3.6 쿠페 차세대 터보 모델이 1991년형 Typ 964 모델 형태로 나왔는데, 엔진은 배기량 3.3리터에 출력 320마력이었다. 그러다 1993년에 새로운 엔진이 나왔는데, 배기량 3.6리터에 출력 360마력이었으며, 정지 상태에서 시속 100km에 도달하는 데 4.8초 걸렸고 최고 시속은 280km였다.

면 200대가 필요했던 것이다.

판매와 마케팅 문제도 남아 있었다. 다행히 Typ 911 카레라 RS 2.7 모델의 뜻하지 않은 성공에서 얻은 교훈이 있었다. "우린 아마 훨씬 더 많은 자동차를 팔 수 있을 거예요." 그들이 암페러에게 말했다. "하지만 에어컨은 있어야 해요. 리어 와이퍼도요."

"그래서 나는 그간 그린 도안을 전부 버리고 처음부터 다시 시작했습니다." 암페러의 말이다.

다른 사람들은 포르쉐의 다른 미래에 대해서도 생각하고 있었다. 에어컨과 리어 와이퍼가 설치되고 실내도 고급스럽게 꾸며 자동차 무게가 1195kg이나 나갔고, 시리즈 터보 엔진은 출력이 260마력밖에 안 됐으며, 배기량이 2.1리터인 Typ 911 카레라 RSR 모델에 지대한 영향을 미쳤던 무게와 균형 문제는 여전히 남아 있었다. 기본형 카레라 쿠페는 너비가 1652mm였지만, 터보 버전은 너비가 1775mm로 늘어났다.

그러나 최고경영자 에른스트 푸어만이 '비행기 날개' 같다고 했던 리어 윙의 경우와 마찬가지로, 사람들에게 이런저런 말을 많이 들은 건 리어 스포일러였다. 그건 포르쉐에 새로 합류한 두 사람의 작품이었다. 당시 새로운 수석 디자이너 토니 라피네와 함께 오펠사에서 영입한 수석 모형 제작자 페터 라이징거Peter Reisinger, BMW와 포드에 몸담았던 디자이너 하름 라하이Harm Lagaay가 바로 그들이다. 라이징거와 그의 동료들은 바로 자신들의 작품에 '사슴뿔'이란 애칭을 붙였는데 이후 '고래 꼬리'란 애칭으로 더 잘 알려졌다. 푸어만은 또다시 충격을 받았다. 자신의 첫 번째 터보 모델을 자신의 공장 테스트 자동차로 제작하라고 지시하면서, 기본형 Typ 911 카레라 모델의 보디에 리어 윙은 달지 말라고 구체적으로 주문했었기 때문이다.

제작 대수는 레이스 참가 자격을 얻는 데 필요한 200대를 넘어섰으며, 1977 모델 연도 말경에는 2850대가 제작됐다. 놀랍게도 이는 훨씬 더 나빠진 경제 상황 속에서 예기치 않게 이룬 성과였다.

포르쉐는 1973년 9월 중순에 프랑크푸르트 국제 모터쇼에서 Typ 930 터보 카레라 모델을 공개했다. 그 모델은 10월 초에 거기에서 국제 모터쇼에 참가하려고 다시 파리로 향했다. 포르쉐 측에서 첫 제품 인도는 1년 후에나 가능하다고 설명했는데도 포르쉐 애호가들은 열광했다. 그러다 파리 모터쇼가 끝나자마자 전혀 예상치 못한 국제 정치가 자동차 업계를 강타했다. 10월 16일에 아랍석유수출국기구OAPEC가 배럴당 원유 가격을 3.00달러에서 5.11달러로 올린다는 성명을 발표한 것이다. 또 그다음 날 아랍석유수출국기구는 이스라엘에 우호적인 국가에는 석유 수출을 금수 조치한다는 성명을 발표했다. 그리고 실제로 그런 국가들을 상대로 즉시 원유 수출을 25퍼센트씩 줄였다.

첫 Typ 930 터보 모델이 나오기 5개월 전인 1974년 3월경에는 원유가 배럴당 12.00달러에 팔리고 있었다. 미국에서는 휘발유 가격이 두 배로 뛰었고 그러다 곧 세 배까지 뛰었다. 휘발유가 부족해 긴 줄이 생겨났고, 구매자는 1인당 10갤런(37.85리터)어치만 살 수 있었다. 독일에선 한동안 일요일에 사적인 운전을 금지하기까지 했다.

그런데도 포르쉐는 하던 일들을 멈추지 않았다. 엔지니어들은 1978년형 모델의 최대 출력을 300마력으로 업데이트하는 단계에 있었다. 더 장기적인 개발 계획에는 Typ 911 SC 카브리올레 모델을 토대로 제작되는 터보 엔진 방식 타르가 모델과 카브리올레 모델 개발도 포함되어 있었다. 첫 10년 동안 포르쉐는 터보 모델을 1만 4476대 제작했다. 포르쉐는 또 1989년에 차세대 모델인 Typ 964를 내놓았으며, 1991년에는 최대 출력이 320마력인 Typ 964 터보 모델을 내놓았다. 1992년과 1993년에는 옵션으로 제공되는 성능 향상 키트를 통해 최대 출력이 355마력까지 올라갔고, 1992년에는 최대 출력 381마력 한정판 터보 S 모델을 고객 약 86명에게 제공했다.

포르쉐의 Typ 993 터보 모델은 중요한 한계점을 넘어, 1996년부터 무려 408마력(그러나 4륜구동 플랫폼 안에서만)이라는 출력을 냈다. 수석 엔지니어 헬무트 보트는 Typ 959 모델 개발에 관여하면서, 출력 400마력이 넘는 포르쉐 자동차는 운전자의 안전과 통제력을 위해 4륜구동 방식으로 제공되어야 한다는 결론에 도달했다. 그 결론 덕에 꾸준히 강력해져가던 포르쉐 자동차의 엔진 출력은 한층 더 강력해지게 된다.

오른쪽 위) 1997년형 Typ 993 터보 S 쿠페 포르쉐는 차세대 911 모델인 Typ 993을 1994년 중반 모델로 내놓았다. 1997년경에 터보 엔진을 사용하는 이 4륜구동 모델의 최대 출력은 450마력에 달하게 된다. 포르쉐는 이 쿠페 모델을 345대만 조립했으며, 17만 5085달러(30만 4650도이치마르크)에 팔았다.

오른쪽 아래) 1997년형 Typ 993 터보 S 쿠페 배기량 3600cc에 트윈-터보, 트윈-인터쿨러 방식 'S' 엔진이 장착된 이 모델은 정지 상태에서 시속 100km에 도달하는 데 4.1초 걸렸고 최고 시속은 300km였다. 이는 과거에 포르쉐의 가장 희귀한 레이스카나 도달할 수 있는 기록이었다. 이 모델은 실내도 고급스러웠고 무게는 1500kg이었다.

1974 - 현재   14장. 배출가스 나오니까 더 빨리 달려!   109

1975-1981

고래를 풀어주다

그룹 5와 그룹 4 실루엣 레이서들

1975년에 국제자동차연맹FIA/국제스포츠위원회CSI의 규정이 바뀌면서 주안점이 그룹 6 시제품과 스파이더 모델에서 그룹 5의 '실루엣 레이서silhouette racer*' 쿠페로 옮겨가게 된다. 실루엣 레이서는 양산차를 토대로 제작된 레이스카이다. 자동차 레이스 주관 기관은 이 실루엣 레이서를 위해 '제조업체를 위한 세계 챔피언십WCM: World Championship for Manufacturers'을 만들었다. 그룹 5는 레이스 참가 자격에 필요한 최소 제작 대수가 없다. 그러나 순수 시리즈-양산 모델에 더 가까운 그룹 4 부문 자동차는 레이스에 참가하려면 규정에 따라 2년간 400대를 조립해야 한다. 포르쉐의 최고경영자 에른스트 푸어만이 엔지니어들에게 Typ 911 모델에 터보 엔진을 장착하라고 몰아붙인 것도 바로 이 그룹 5와 그룹 4의 기준 때문이었다. 포르쉐는 Typ 930 터보 모델을 1974년에는 274대 제작하고 1975년에는 1176대 제작해 아주 여유 있게 레이스 참가 자격을 얻었다. 그리고 그 덕에 두 가지 개발 프로그램을 동시에 진행했다.

레이싱 엔지니어 노르베르트 싱어의 그룹 5 자동차는 시리즈-양산 모델에 그 뿌리를 두어야 했고(적어도 근본적으로), 그래서 그 누구의 눈에도 그게 분명히 드러나야 했다. 싱어의 팀은 부식 방지재, 흡음재, 내부 장식재 등을 모두 제거한 Typ 930 모델에서 작업을 시작했다. 그리고 얇은 유리

1977년형 Typ 934/5 쿠페 에트가어 도렌(Edgar Doren)과 위르겐 바르트는 1977년 5월에 ADAC가 주최하는 뉘르부르크링 1000km 레이스에서 함께 발보린 레이싱 Typ 934/5 모델을 몰았다. 934/5라는 모델명은 개인 팀이 Typ 934 모델의 앞 끝부분과 Typ 935 모델의 엔진, 리어 서스펜션, 차체 등을 조합해 그룹 5 부문 레이스에 참가한 데서 생겨났다.

맨 위쪽) 1976년형 **Typ 934 쿠페** 카레이서 보브 볼레크(Bob Wolek)가 독일 뉘른베르크의 노리스링 서킷에서 액셀러레이터를 밟아 코너를 돌아 나오며 종합 우승을 향해 질주하고 있다. 볼레크와 그의 후원자인 독일 난방 및 환기, 온수 장비 제조업자 발리안트(Vaillant)를 위해 만프레트 크레머(Manfred Kremer)와 에르빈 크레머(Erwin Kremer) 형제가 자동차 유지보수 등 레이싱 준비를 해주었다.

위쪽) 1976년형 **Typ 935-01** 포르쉐의 첫 Typ 935 모델. 앞부분이 경사진 2세대 모델이며, 1976년 5월에 뉘르부르크링 레이스에 참가했다가 좌절을 맛보았다. 서킷 9바퀴를 돈 뒤 엔진 내 배전기 캡이 고장 났는데, 카레이서 만프레트 슈르티(Manfred Schurti)와 롤프 슈토멜렌이 외부 지원을 받는 바람에 자격을 박탈당한 것이다.

섬유 강화 플라스틱FRP으로 펜더와 도어와 앞뒤 트렁크 덮개 등을 제작했다. 또 보디 디자이너 오이겐 콜프는 카레이서가 피트로 들어갔을 때 쉽게 제거할 수 있도록 펜더와 프런트 에어 댐이 포함된 원-피스형 노즈one-piece nose를 만들어냈다. 그는 또 두 가지 버전으로 보디를 만들었다. 하나는 헤드라이트가 일반적인 자리에 있는 버전이었고, 또 다른 하나는 펜더가 평평하고 헤드라이트가 에어 댐 안에 들어가 공기역학적으로 더 깔끔한 버전이었다.

오이겐 콜프는 오리지널 보디를 개조하지 않고도 자동차 뒷부분에 달 수 있는 기다란 꼬리를 만들어냈다. 거기에는 아주 공격적이고 큰 리어 윙이 달려 있어 뒷부분을 조절할 수 있었으며, 기류를 억제하도록 양 끝에 수직 펜스가 세워져 있었다. 실내 공간은 극도로 절제되어 티타늄으로 된 운전자 시트만 있을 뿐, 헤드라이너headliner도 없고 충전재도 최소한으로 넣었으며 스페어 타이어나 휠도 없었다. 대시보드의 인스트루먼트 패널에는 앞과 중간 부분에 회전속도계가 달려 있었고, 롤 바와 기어-시프트 레버는 알루미늄으로 되어 있었다. 앞 유리는 안전유리였지만, 다른 모든 유리는 플렉시글라스Plexiglas였다.

노르베르트 싱어는 Typ 935 모델의 무게를 900kg 밑으로 줄였지만, 국제스포츠위원회에서는 시즌이 시작될 때까지도 세부 내용을 구체적으로 밝히지 않았다. 자동차 무게가 등식의 한 부분이라면, 또 다른 부분은 규칙 제정자가 엔진 배기량으로 결정하는 등급이었다. 예를 들어 배기량이 2856cc인 터보차저 방식 포르쉐 수평 대향형 6기통 엔진의 경우 1.4배의 '슈퍼차징 요소'가 필요했고, 그 결과 조정된 배기량은 3998.4cc였다. 최소 무게는 970kg이었다. 뜻밖에도 노르베르트 싱어는 자동차의 균형을 잡기 위해 70kg이 넘는 밸러스트 ballast를 적재하는 여유를 부렸다.

그는 1975년 12월에 자동차를 끌고 프랑스 남부의 폴 리카르 서킷 Circuit Paul Ricard으로 가서 밸러스트 적재를 비롯한 많은 테스트를 치렀다. 테스트를 마쳤을 때, 자동차는 전체 무게의 47퍼센트는 앞쪽에 가고 나머지 53퍼센트는 뒤쪽에 가는 상태로 레이스 준비를 끝냈다. 120리터 용량의 연료 탱크와 오일 리저버 oil reservoir, 소화 장치, 배터리는 자동차 앞쪽에 있었다.

포르쉐의 레이스용 Typ 935 모델의 엔진은 시리즈 Typ 930 모델의 엔진에서 진화된 것이었다. 한스 메츠거와 발렌틴 쉐퍼는 시리즈 Typ 930 모델에서 크랭크축과 크랭크 케이스, 밸브 등을 가져오고 캠샤프트, 배기관, 윤활 장치, 커넥팅 로드 등은 교체했다. 전기식 연료 펌프 5개가 흡입구에 설치된 인젝터로 보쉬 Bosch 사의 고압 연료 분사 장치 역할을 했다. 엔지니어들은 리어 윙 안에 터보 엔진의 공기-공기 방식 인터쿨러를 설치해, 기류가 윙을 통과하면서 열을 앗아가게 했다. 엔진은 22psi에서 590마력의 출력을 냈다.

노르베르트 싱어는 새로운 그룹 5 규정을 잘 알았다. 그는 배기량 2.1리터짜리 Typ 911 카레라 RSR 터보 모델을 토대로 새로운 모델 개발을 거의 끝낸 상태에서 Typ 935라는 모델명을 붙였다. 당시 포르쉐는 그런 과정까지 가 있는 유일한 자동차 제조업체였는데, 뜻하지 않게 국제스포츠위원회에서 그 시리즈 출시를 1976년까지 미루라며 압력을 가했다. 시간 여유가 생긴 포르쉐 엔지니어들은 그룹 4 레이스카인 Typ 934 모델 개발에 전념했다. 당시 규칙은 훨씬 제한적이어서, 엔지니어들이 할 수 있는 건 서스펜션을 개조하고 안전을 위해 일부 부품을 다른 부품으로 교체하고 레이스카 브레이크를 다는 정도였다.

Typ 935 모델의 외형은 그 토대가 된 시리즈 Typ 930 모델을 닮았지만 상당히 업그레이드되었다. 양 측면의 플라스틱 펜더는 50×100mm 정도 늘어났고, 각 휠 웰 wheel well에는 허가받은 휠이 장착됐다. 공격적인 자동차 앞부분에서는 공기가 수랭식 인터쿨러 라디에이터 2개와 중앙의 오일 냉각기로 들어갔고, 양쪽 가장자리에 있는 브레이크도 냉각시켰다. 국제스포츠위원회의 규정에 따라 포르쉐는 자동차 뒤쪽에 '고래 꼬리' 또는 '사슴뿔'이라고 불리던 리어 스포일러를 달았다.

노르베르트 싱어의 엔지니어링 팀이 Typ 934 모델의 조종석 안을 Typ 935 모델 때처럼 철저히 정리하지 못한 결과, 뒷좌석과 조수석이 다시 나타났고 알루미늄 롤 바가 들어갔다. 그리고 규정에 따라 양산형 유리 윈도를 달았다. 또 Typ 934 모델의 엔진 배기량을 토대로 그룹 4 자동차의 최소 무게는 1120kg이었

1977년형 크레머 935 K2 관중을 더없이 즐겁게 해준 Typ 935 모델의 특징 중 하나는 속도를 줄일 때 불꽃이 튀는 경우가 많다는 점이었다. 카레이서 보프 볼레크가 뉘르부르크링의 2.3km 길이 그랑프리 서킷에서 자신의 발리안트-레이싱 크레머 935 K2 모델을 몰고 코너를 돌고 있다. 그는 종합 3위 기록으로 결승선을 통과했다.

고, 그렇게 감량 허용량이 많아 이야깃거리가 되게 된다. 싱어는 시리즈 양산차에 쓰이는 전기식 파워 윈도가 크랭크로 움직이는 수동식 윈도보다 무게가 덜 나간다는 결론에 도달했다. 그래서 Typ 934 모델은 파워 윈도를 달고 레이스에 참가했다.

포르쉐는 Typ 934 모델에서 공기-물 방식 인터쿨러를 테스트했는데, 1976년 레이스 시즌에 국제스포츠위원회가 리어 윙에 대한 자신들의 규정을 '재해석'하면서 뜻하지 않은 혜택을 보게 됐다. 이전에 국제스포츠위원회는 양산형 모델과 다른 뒤쪽 에어포일airfoil•을 허용했었다. 그런데 갑자기 스포일러가 다를지라도 Typ 930 표준 버전과 호환할 수 있어야 한다고 주장한 것이다. 포르쉐는 그해 3월 말에 이탈리아 무젤로 서킷에서 Typ 935와 934 모델을 성공리에 데뷔시켰다. Typ 935 모델은 종합 우승을 했고, 개인 자격으로 참가한 Typ 934 모델 1대는 종합 4위를 기록하면서 그랜드 투어링 부문 우승을 차지했다. 그리고 14일 후 무젤로 서킷 부근의 발레룽가에서 비슷한 성적을 올렸다. 또 다시 1주일 후 영국 실버스톤에서 싱어는 자신이 리어 패널을 개조했기 때문에 자신의 리어 윙이 불법이라는 사실을 알게 됐다.

리어 윙을 바꾸려면 풍동 안에서 여러 시간 테스트해야 했고, 트랙을 달리며 새로운 리어 윙의 모양을 확정 지어야 했다. 레이스카 엔진 디자이너 한스 메츠거와 발렌틴 쉐퍼는 그 거대한 리어 윙 안에 여유 공간이 있어서 크면서도 더 가벼운 공기-공기 방식 인터쿨러를 설치했었다. 두 사람은 이제 Typ 934 모델에 쓰려고 만들었던 공기-물 방식 인터쿨러를 Typ 935 모델에 설치했다. 노르베르트 싱어는 필자에게 당시 상황을 이렇게 설명했다. "그래서 8주도 안 남은 상황에서 우리는 새로운 물 인터쿨러를 설계해 그 모든 배관과 연결선, 펌프에 맞춰 테스트해야 했고, 거기에 맞춰 엔진도 재튜닝해야 했으며, 연료 분사 펌프에 필요한 새로운 스페이스 캠과 완전히 새로운 스로틀 연결 장치를 개발하고 테스트해야 했습니다."

이제 수년간 뉘르부르크링 1000km 레이스에서 좋은 성적을 내는 게 절실해졌다. 그런데 이미 예상했듯 Typ 935 모델로는 불가능했다. 그래서 엔지니어들은 임시 조치로 Typ 934 모델의 인터쿨러에 맞췄다. 모든 변수 사이에서 균형을 잡는 건 힘든

크레머와 맥스 모리츠(Max Moritz), 루스(Loos) 등이 핸들을 잡은 Typ 935 쿠페들 1977년 10월에 뉘르부르크링의 빌스타인 슈퍼스프린트에서 보프 볼레크는 그린 발리안트-크레머 935 No.51 자동차(맨 왼쪽)를 몰고 2위로 결승선을 통과했다. 만프레트 슈르티는 재거마이스터 No.52 자동차를 몰고 종합 3위를 기록했고, 롤프 슈토멜렌은 게오르그 루스 겔로-레이싱 No.66 자동차를 몰고 44바퀴, 100km 레이스에서 종합 우승을 차지했다.

일이었고, 결국 엔진 내부 진동 때문에 Typ 935와 Typ 934 두 모델의 배전기가 다 망가졌다.

그런데 그 무렵에 똑똑한 잡종 자동차가 나타났다. Typ 934/5로 알려진 그 자동차가 영국 실버스톤에 도착했을 때, 노르베르트 싱어는 자신의 Typ 935 모델에 대한 안 좋은 소식을 접했다. Typ 934/5 모델은 Typ 934 모델에 가까웠지만, 공교롭게도 Typ 935 모델의 더 넓은 리어 펜더와 리어 윙까지 사용하고 있었고, 그래서 그룹 5 부문 레이스에 참가할 수 있었다. 이 모델 1대는 종합 3위를 차지했다. 그리고 개인 자격으로 참가한 2대는 뉘르부르크링 레이스에서 2위와 4위를 기록했다.

포르쉐 Typ 935 모델은 자체 규정이 따로 있는 르망 24시간 레이스에서 더 좋은 성적을 냈다. 그 레이스에서 Typ 935 모델은 성능의 결점도 거의 없었지만, 여기저기 작은 문제가 생겨 결국 레이스에서 종합 4위, 그룹 5 부문 우승을 차지했다. 그리고 종합 우승은 물론 네 부문에 걸쳐 승리를 거두며 레이스는 포르쉐의 압승으로 끝났다. 그 이후 치러진 몇 차례 레이스에서도 Typ 935 모델의 선전과 Typ 934 모델의 압도적 승리는 계속 이어졌다. 1976년에 포르쉐 바이사흐 디자인/엔지니어링 센터는 그룹 5 부문과 그룹 4 부문에서 많은 타이틀을 거머쥐었다.

1976 시즌 내내 포르쉐는 독일 쾰른의 만프레트 크레머와 에르빈 크레머 형제에게 자신들의 두 번째 Typ 935 모델의 운용과 개발을 맡겼다. 그들의 마무리 작업은 포르쉐가 각종 레이스에서 우승하는 데 많은 도움이 됐다. 그러나 1977년에 포르쉐가 Typ 935 고객용 자동차를 팔기 시작하면서 판이 기하급수적으로 커졌다. 몇몇 레이스의 출발선에서는 Typ 935 모델이 무려 5대가 출발했다. Typ 934 모델의 레이스 참가 역시 급증해, 결국 1976년과 1977년에 포르쉐는 유럽과 미국 고객을 위해 Typ 935와 Typ 934 모델을 약 42대 조립했다.

그룹 5 부문 레이스는 포르쉐의 집안 잔치처럼 되어버렸다. 시즌 중반에 독일 TV는 결국 더 큰 자동차는 무시한 채 더 경쟁이 치열한 배기량 2.0리터 이하 부문을 집중 취재하기로 결론 내렸다. 그 같은 상황 변화를 예의주시해온 포르쉐의 최고경영자 에른스트 푸어만은 결국 싱어와 메츠거, 쉐퍼 등에게 배기량이 2.0리터 아래인 Typ 935 모델 제작을 지시했다. 1976년에 모든 인터쿨러 문제를 해결하는 게 어려웠으니, 이번에도 역시 어려울 것이었다.

그렇지만 그들은 해냈다. 1977년 3월에 작업을 시작했고, 7월 3일 노리스링에서 열리는 시즌의 6번째 레이스 참가 자격을 얻었다. 축소된 Typ 935 보디로 제작해 무게가 750kg밖에 안 되는 새로운 자동차에 배기량 1425cc(1.4를 곱하면 1995cc)짜리 터보 엔진을 장착했고, 최대 출력은 370마력이었다. 이 자동차는 사실상 테스트할 시간도 없었고 레이스에서는 70바퀴 중 38바퀴까지만 달릴 수 있었다. 그러나 3주 후에 이 '베이비(그들은 Typ 935/77 2.0 모델을 '베이비'라고 부름)'는 널리 방송되는 독일 레이싱 챔피언십DRM, Deutsch Rennwagen Meisterschaft의 배기량 2.0리터 아래 자동차 부문에서 2위보다 52초 빨리 결승선을 통과하면서 부문 우승을 차지했다. 에른스트 푸어만은 그 결과에 흡족해했으며, 이후 이 모델을 퇴역시켜 포르쉐 박물관에 전시했다. 시즌 막바지에 한 차례 더 그룹 4와 그룹 5 우승을 차지한 뒤 포르쉐는 활발했던 레이싱 활동을 접었다. 예외적으로 가끔 '성명'을

Typ 935/78 '모비 딕' 쿠페 거대한 백경을 연상시키는 이 자동차는 노르베르트 싱어가 1978년 자신의 원칙을 깨고 회사의 그룹 5 레이스카로 제작한 것이다. 배출가스 테스트 재개를 앞두고 프랑스 르 까스틀레에 있는 폴 리카르 서킷의 포르쉐 피트에 서 있다. 포르쉐는 바이사흐 지역이 눈에 덮이는 겨울에 가끔 이 폴 리카르 서킷에서 포르쉐 레이스카를 테스트하곤 했다.

1979년형 크레머 935 K3 1979년에 미국인 빌 휘팅턴(Bill Whittington)과 돈 휘팅턴(Don Whittington)이 현금이 가득 든 여행 가방을 들고 프랑스 르망에 나타나 크레머 형제가 포르쉐 Typ 935 모델을 토대로 제작한 이 공기역학적인 최신판 자동차를 구입했다. 두 사람은 크레머 팀 드라이버인 클라우스 루트비히(Klaus Ludwig)와 함께 르망 24시간 레이스에서 우승했다. 이는 양산차를 토대로 제작된 그룹 5 자동차로는 처음이자 유일하게 르망 24시간 레이스에서 우승한 사례였다.

1980년형 크레머 Typ 945 K3 오랫동안 포르쉐 카레이서로 르망 24시간 레이스에 참가해온 딕 바버(Dick Barbour)는 1980년에 크레머 형제가 준비한 자신의 Typ 935 K3 모델 2대를 르망 24시간 레이스에 출전시켰다. 바버의 레이스카 파트너인 밥 가렛슨(Bob Garretson)은 그룹 5 시즌을 위해 애플 컴퓨터 협찬을 따냈다. 그리고 가렛슨과 공동 운전자 바비 라할(Bobby Rahal)과 앨런 모펏(Alan Moffat)은 은퇴하기 전까지 135바퀴를 완주했다.

내고 레이스에 참가하기도 했지만, 그 외에는 주로 고객 레이싱 팀을 지원하는 일을 계속했다.

'베이비', 즉 Typ 935/77 2.0 모델은 놀라운 작품이었으나 레이싱 엔지니어 노르베르트 싱어가 1978년에 내놓은 모델은 그렇지 못했다. 그룹 5 부문의 규정이 느슨해지자 그는 많은 생각을 하며 새로운 해석의 여지를 찾아냈다. 그리고 마침내 그의 Typ 935/78 모델이 나왔을 때, 그건 사람들이 상상해온 Typ 911 모델과는 전혀 달랐다. "그룹 5 부문 규정하에서는 루프 라인을 바꿀 수 없었기 때문에, 나는 오리지널 루프 라인을 그 안에 둔 채로 새로운 루프 라인을 만들어냈습니다." 노르베르트 싱어가 필자에게 한 말이다.

"프런트 배기관이 설치된 프런트 엔진 자동차를 위해 만든 원칙 덕에 나는 자동차 전체를 6cm 낮출 수 있었습니다. 그래서 나는 플로어 팬을 완전히 걷어냈고, 알루미늄 튜브 프레임으로 자동차 전체를 지탱하면서 플로어를 얇은 유리섬유로 대체했습니다. 우리는 또 기어박스를 뒤엎어 드라이브샤프트에 대한 스트레스를 줄였으며 완전히 새로운 서스펜션을 만들었습니다. 또 배기량이 3.2리터인 새로운 수랭식 엔진(포르쉐 자동차로는 최초)을 개발했으며 새로운 보디도 개발했습니다."

보디 디자이너 오이겐 콜프의 또 다른 작품인 보디는 에어-댐-장착 방식 헤드라이트에 자동차 앞부분이 앞으로 더 나아갔으며, 테일 부분은 Typ 917 L 모델을 연상케 하는 길이만큼 늘어났다. 섀시 디자이너 호르스트 라이터 Horst Reitter와 보디 디자이너 오이겐 콜프, 엔진 디자이너 발렌틴 쉐퍼, 수석 엔지니어 노르베르트 싱어가 모든 작업을 마쳤을 때, 그들 앞에는 길이 4890mm에 휠베이스 2279mm인 Typ 911 모델이 서 있었다. 그 모델은 무게가 1025kg이었고, 엔진 최대 출력은 650마력이었다. 또 길고 넓은 흰색 자동차였는데, 도어와 프런트 후드에 품위 있는 마티니 레이싱 스티커가 붙어 있었다.

이 자동차는 영국 실버스톤에서 처음 그 모습을 드러냈으며, 사람들은 곧 '모비 딕 Moby Dick'이란 애칭으로 불렀다. 그리고 첫 번째 레이스에서 2위와 무려 7바퀴(33.8km) 차이로 확실한 1위를 차지했다. 또 최종 목적지이자 목표인 르망 24시간 레이스를 앞두고 치른 테스트에서는 시속 365km를 기록했다. 그러나 정작 실전 레이스에서는 스로틀이 들러붙고, 워터 라디에이터가 새고, 연료 분사 펌프에 문제가 생기고, 배전기가 고장 나는 등 갖가지 소소한 문제가 발생해 애를 먹었다. 그 결과 결국 종합 7위와 그룹 5 부문 3위에 만족해야 했다. 그러나 이 졸전이 다른 레이싱 팀에 미친 영향은 엄청났다.

수석 엔지니어 노르베르트 싱어는 1979년에 출시할 계획으로 또 다른 '모비 딕' 개발에 나섰다. 그 계획은 레이스를 앞두고 취소됐으나, 개인 팀은 자신들의 '모비 딕'을 개발했다. 1980년에 이르자 그룹 5 레이스가 열릴 때마다 여러 색깔로 각자의 후원사 로고를 붙인 '모비 딕' 10여 대가 모습을 드러냈다. 그 덕에 포르쉐는 1978년과 1979년, 1980년에 계속해서 세계 챔피언 타이틀을 거머쥐는 영광을 재현했다. 포르쉐 Typ 935 모델은 심지어 규제 기관이 그 모델을 출전 중지시킨 이후인 1983년 시즌까지도 계속 레이스에서 두각을 드러냈다.

1976-1981

박물관에 자동차가 있는가?

Typ 936

노르베르트 싱어와 그의 엔지니어링 팀은 자신들의 새로운 Typ 934 모델과 Typ 935 모델을 서둘러 레이스에 데뷔시켰다. 최고경영자 에른스트 푸어만은 수시로 그들을 만나 진전 사항을 체크했다. 그런데 뜻밖에도 그가 그들에게 불쑥 그룹 6를 위한 새로운 규정을 어떻게 생각하느냐는 질문을 던졌다. 사람들의 눈이 온통 푸어만에게 쏠렸고, 방 안에는 무거운 침묵이 감돌았다. 푸어만의 시선이 싱어의 얼굴에 가 꽂혔다.

"우린 지금 세계 챔피언 타이틀을 따려고 935 모델을 준비 중이었어요. 물론 스포츠 시제품 부문이 있다는 걸 우리는 알고 있었습니다." 싱어가 필자에게 한 말이다. 푸어만 역시 시제품이 참가하는 세계스포츠카챔피언십WSC이 있다는 걸 알고 있었다. 늘 그렇듯 그는 천천히 말을 이어나가면서, WSC 프로그램에 맞는 자동차를 만들면 어떨 것 같냐고 모든 사람에게 물었다. "우린 지금도 917 모델에서 나온 스페어 부품을 잔뜩 비축해놓고 있습니다." 푸어만은 모든 사람에게 그걸 상기시키며 말을 이었다. "그 부품 덕에 아마 스포츠 시제품을 만드는 건 어렵지 않을 겁니다."

왁자지껄하니 갑자기 시끄러워졌다. "우린 이미 그룹 5 자동차를 만들고 있다고요.", "우린 지금

뉘르부르크링에 나타난 1976년형 Typ 936 스파이더 새로 만든 그룹 6 부문용 모델을 경쟁업체에 들키지 않으려고 에른스트 푸어만은 자동차를 검게 칠하라고 지시했다. 이 자동차는 그해 4월 뉘르부르크링 300km 레이스에서 데뷔했는데, 계속해서 내리는 비와 안개에도 문제없이 잘 달렸다. 후원자인 음료 회사 마티니의 그레고리오 로시 데 몬텔레라(Gregorio Rossi de Montelera) 백작은 자동차를 비밀에 붙이길 원했고, 그 바람에 레이싱 관련 사진작가들이 제대로 촬영하지 못해 관련 사진도 거의 없었다.

맨 위쪽) 뉘르부르크링 피트에 서 있는 1976년형 Typ 936 스파이더 뉘르부르크링 11바퀴 레이스 출발 전에 포르쉐 피트에 서 있는 Typ 936 스파이더 모델. 밋밋한 검은색으로 도색되어 아주 큰 자신감을 내보이는 듯하다. 공장 카레이서 롤프 슈토멜렌은 251.2km를 완주한 뒤 4위로 결승선을 통과했다. 그런데 이 새로운 자동차가 언론에서 별 주목을 받지 못하자, 마티니 후원자들은 두 번째 레이스를 앞두고 자동차를 흰색으로 재도색했다.

위쪽) 르망 24시간 레이스에 참가한 1976년형 Typ 936 자동차를 흰색으로 재도색한다고 해서 크게 달라졌다고 말하긴 어렵지만, 정해진 24시간이 끝났을 때 No.20을 단 이 자동차는 2위보다 11바퀴 앞서면서 종합 1위를 차지했다. 재키 익스와 헤이스 판 레넵(Gijs van Lennep)은 총 350바퀴, 4769.9km를 완주했다. 두 사람의 평균 시속은 198.7km였다.

그룹 4에서 개인 드라이버를 지원하고 있습니다.", "또 다른 시리즈를 추가한다고요? 그럴 시간이 없는데요!" 싱어는 당시 모든 사람이 이런저런 핑계를 댔다고 기억했다.

그러나 푸어만은 프랑스 자동차 그룹 르노Renault가 이미 그런 자동차를 개발하고 있다는 걸 알고 있었다. 알파 로메오도 마찬가지였다. 그리고 르망 24시간 레이스에선 여전히 스포츠 시제품의 레이스 참가를 요청했다. 또 르망 24시간 레이스 측은 국제자동차연맹FIA 타이틀 레이스가 '데이토나-르망 트로피 Daytona–Le Mans Trophy'라는 자체 레이싱 시리즈를 만들고 데이토나 및 세브링과 함께 '내구 트리플 크라운Endurance Triple Crown'을 만드는 걸 거부했다.

"좋아요. 그러니까 우리가 하는 겁니다." 푸어만이 특정한 대상도 없이 혼잣말하듯 말했다. 2주 후에 푸어만은 똑같은 변명을 들었다. "우린 이미 그렇게 하고 있습니다. 비축된 부품을 꺼내 새로운 스페이스 프레임을 만들고, 보디도 만들고……."

싱어는 허점을 노렸다. "새로운 보디를 만들려면 풍동 테스트도 거쳐야 합니다." 그러나 푸어만은 그런 말도 일축했다. "싱어 씨는 경험이 많잖아요. 풍동은 없어도 될 거예요. 그냥 만드세요!"

푸어만은 그 프로젝트를 헬무트 플레글에게 맡겼다. 그는 Typ 917 쿠페를 개발해 성공시켰고, Typ 917 캔-암과 Typ 917 인터세리 스파이더 모델을 개발해 각종 레이스를 석권했었다. 그리고 그룹 6 부문에선 엔진 배기량을 3.0리터로 제한했기 때문에, 헬무트 플레글은 배기량이 2142cc(1.4를 곱하면 2998.8cc)인 Typ 911 RSR 카레라 터보 엔진을 사용했다. 그 엔진은 또 22psi에서 최대 출력이 520마력까지 나왔다. 또 공기-공기 방식 인터쿨러 한 쌍이 5단 917 트랜스액슬에 얹혀 있었다. 섀시 디자이너 호르스트 라이터는 포르쉐 자동차로는 처음으로 엔진을 스트레스 요소로 활용하는 알루미늄-튜브 스페이스 프레임 섀시를 설계했다.

보디 디자이너 오이겐 콜프는 자신이 만든 Typ 908/03과 Typ 917/10 스파이더 모델의 이런저런 요소를 토대로 오픈된 싱글-시트 보디를 설계했다. 힘과 무게 관리를 위해 폴리에스테르 섬유로 제작된 보디는 세 부분으로 나뉘어 앞부분과 뒷부분을 완전히 탈거할 수 있었다. 자동차 전체 무게는 700kg이었다. 국제스포츠위원회CSI에서는 그룹 6 부문 자동차의 연료를 160리터까지 허용했기에 호르스트 라이터는 연료 탱크를 운전자와 엔

맨 위쪽) 프랑스 디종에서의 1976년형 Typ 936 Typ 936 모델은 1976년 9월 초에 프랑스 디종에서 르망 24시간 레이스에서의 종합 우승을 재현했다. 카레이서 재키 익스(차에 오르려 하는 사람)와 요헨 마스(Jochen Mass)는 152바퀴를 도는 레이스를 2시간 41분 23초 만에 완주하며 1위로 결승선을 통과했다. 두 사람은 평균 시속 185km 속도로 499.93km를 달렸다.

위쪽) 르망에서의 1977년형 Typ 936-77 포르쉐는 1977년 6월 르망에 돌아왔고 또다시 기세등등하면서도 드라마틱한 우승을 차지했다. 공동 운전자인 헐리 헤이우드, 위르겐 바르트, 재키 익스가 함께 총 342바퀴를 돌았다. 그러나 마지막 3바퀴를 남겼을 때 엔진에서 실린더가 5개만 돌아가며 속도가 느려졌다. 결승선을 단 200m 앞두고 엔진에서 흰 연기가 뿜어져 나왔지만 바르트는 계속 달렸고, 기쁨에 넘쳐 주먹을 흔들며 결승선을 통과했다. 그리고 10여 미터도 못 가 엔진이 퍼졌고, 요동을 치며 차가 멈췄다.

1977년형 Typ 936과 Typ 911 SC 사파리 모델 늘 바삐 돌아가던 바이사흐 레납타일룽 레이스 숍의 전형적인 모습. 정비공들이 차세대 Typ 936 스파이더 모델을 조립 중인데, 아직 높다란 리어 윙이 달리지 않은 상태이다. 뒤쪽에서는 배기량 3.0리터짜리 엔진이 장착된 아프리카 사파리 911 SC 쿠페 2대가 수송을 앞두고 최종 작업 중이다.

진 사이에 탑재했다. 그리고 그 자동차는 Typ 934와 Typ 935의 뒤를 잇는다는 의미에서 Typ 936으로 명명됐다.

싱어는 그때 일을 이렇게 회상했다. "푸어만은 우리에게 이런 말을 했습니다. '이 차는 완전히 비밀입니다. 우리 포르쉐가 그룹 6 부문 자동차를 개발 중이라는 걸 그 누구도 알아선 안 돼요.' 그러면서 그는 차를 검은색으로 칠해 바이사흐 근처에서 초기 테스트를 할 때 아무도 못 보게 하자는 재미있는 아이디어를 냈습니다."

바이사흐에서의 테스트가 성공적으로 끝나자, 엔지니어 헬무트 플레글과 노르베르트 싱어는 즉시 프랑스 폴 리카르 서킷에서 내구력 테스트를 계획했다. 공식적으로는 Typ 935 모델을 테스트하려고 트랙을 빌린 거지만, 사실 트레일러 안에는 비밀리에 제작한 Typ 936 모델이 숨겨져 있었다. 그 전날만 해도 포뮬러 원 팀은 공개 테스트를 실시했기에 트랙에는 많은 저널리스트가 모여들었다. 포르쉐의 날에 포뮬러 원 팀은 갔지만 일부 저널리스트는 남아 있었다. 포르쉐는 트레일러에서 Typ 935 모델을 끌어 내린 뒤, 독일 자동차 전문 잡지 〈스포트 오토 Sport Auto〉의 기자가 바로 근처에 있는 상황에서 Typ 936 모델을 선보였다.

"전체가 검게 도색된 데다 아무 표식도 붙어 있지 않았어요. 정말 믿기 힘든 상태였죠. 그런 상태로 트럭 리프트에 실려 있었어요. 바로 거기에!" 노르베르트 싱어가 웃으며 말했다. "그때 프랑스 일간 스포츠 신문 〈레키프 L'Équipe〉의 한 기자가 가까이 다가왔어요." 에른스트 푸어만은 그 자동차를 3주 후 뉘르부르크링 서킷에서 데뷔시킬 생각이었다. 싱어는 독일 기자에게 프랑스 기자를 처리해주면 비밀 시제품에 대한 '독점' 기사를 쓸 수 있게 해주겠다고 약속했다. 〈스포트 오토〉의 출간 계획에 따르면, 그 기사는 레이스 시작 직전에 발표될 참이었다. 결국 프랑스 기자는 떠났고, 독일 기자가 특종을 잡았다.

포르쉐 레이싱 후원자인 음료 회사 마티니의 그레고리오 로시 데 몬텔레라 백작은 검게 도색된 푸어만의 Typ 936 모델을 보고 사랑에 빠졌다. 그해 4월 4일 뉘르부르크링 서킷에서 그 검은색 스파이더 모델은 드디어 마티니사의 줄무늬와 로고를 드러냈다. 드라이버 롤프 슈토멜렌 Rolf Stommelen은 전혀 예상치 못한 마티니 & 로시의 일명 '검은 미망인 Black Widow'을 몰고 레이스에 참가해 종합 5위를 기록했다. 4월 초에 치러진 이 레이스는 비가

뉘르부르크링에서의 1981년형 Typ 908-80 오랫동안 포르쉐 개인 카레이서로 활약한 라인홀트 외스트(Reinhold Joest)는 포르쉐 측에 936 모델의 조립을 제안했지만, 에른스트 푸어만은 그 제안을 거절했다. 그래서 포르쉐 레이싱 팀이 외스트가 Typ 908/80이란 이름의 자기 자동차를 조립하는 걸 도와주었다. 그리고 1981년 5월 공장 카레이서 요헨 마스가 외스트와 함께 그 차를 몰고 뉘르부르크링 1000km 레이스에 참가해 종합 2위로 결승선을 통과했다. 두 사람은 끔찍한 충돌 사고로 단축된 레이스에서 종합 2위를 기록한 것이다.

추적추적 내리는 가운데 진행됐다. 그래서 사진작가들은 '검은 미망인'을 제대로 보지 못했고, 다음 레이스 때 Typ 936 모델은 마티니 상징색으로 도색한 채 출전하게 된다.

Typ 936 모델 이야기는 포르쉐가 기대는 Typ 935 모델에 걸었다가 실제 성과는 Typ 934 모델에서 올렸던 경우와 비슷하게 흘러갔다. Typ 936 모델로 포르쉐는 몬차, 이몰라, 르망, 엔나, 디종, 잘츠부르크에서 종합 우승을 차지했고, 캐나다와 세계스포츠카챔피언십WSC에서는 3위를 기록했다. 최고경영자 에른스트 푸어만의 호기심이 충족되자 포르쉐는 1년에 한 번 르망 24시간 레이스에 참가시키는 Typ 936 모델 '퇴역' 스케줄을 짰다. Typ 937/77 모델이 르망 24시간 레이스에서 우승하기는 했지만, 세상에 쉬운 승리는 없었다.

주어진 24시간 가운데 45분만 남겨놓은 상태에서, 한참 앞서 달리던 카레이서 헐리 헤이우드Hurley Haywood는 피스톤 문제로 포르쉐 피트로 들어갔다. 피트 정비공들은 발화 장치 연결을 끊어 연료 공급을 차단했고, 공장 테스트 및 개발 드라이버인 위르겐 바르트가 실린더 5개만으로 남은 몇 바퀴를 돌았다. 바르트는 정해진 시간에 2바퀴를 완주해야 했기에 수리공들은 알람 시계를 테이프로 핸들에 붙들어 매놓았다. 바르트는 요란한 소리를 내며 차를 몰고 피트를 빠져나와 계속 서킷 안쪽 가장자리에 붙어서 다른 레이스카가 지나가게 내버려두었다. 그런데도 그는 두 번째로 10초 빨리 결승선을 통과했다. 이제 남은 건 13.63km였다. 마지막 커브를 빠져나올 때 자동차 엔진에서 흰 연기가 났고, 그렇게 결승선을 통과했다. 결국 포르쉐는 마지막 3바퀴를 실린더 5개로 달리고도 2위보다 9바퀴나 앞서 우승했다.

1977년과 1978년 사이에 엔지니어 헬무트 플레글과 노르베르트 싱어를 비롯한 포르쉐 직원들은 공기역학적 개선에 힘썼다. 그 결과 Typ 937/77 모델은 1976년 뮬산 서킷에서 최고 속도가 시속 330km까지 올라갔다. 1977년 초에는 조금 더 긴 테일을 이용해 시속 24km가 더 빨라졌다. 차 높이는 60mm 더 낮아졌다. 레이스가 시작될 무렵 포르쉐는 두 번째 Typ 936 모델을 완성했는데, 두 모델 모두 최대 출력이 540마력인 트윈-터보 엔진을 장착했다. 2대 중 1대인 No.3 모델은 4시간 만에 엔진이 고장 났고, No.4 모델은 11바퀴, 그러니까 거의 152km 차이로 우

르망 피트에 서 있는 1981년형 Typ 936-81 1981년에 포르쉐는 승산이 없는 경주마 신세였다. 그들이 르망 24시간 레이스에 참가할 수 있었던 건 마지막 순간에 새로운 남성 향수 질(Jules) 출시를 앞둔 크리스챤 디올(Christian Dior)의 협찬을 얻어낸 덕분이었다. 공동 운전자인 재키 익스와 데릭 벨(Derek Bell)이 몰 No.11 자동차는 폴 포지션*에 섰다. 헐리 헤이우드와 요헨 마스와 페른 슈판(Vern Schuppan)이 모는 두 번째 Typ 936 모델인 No.12 자동차는 두 번째로 빨리 레이스 참가 자격을 얻었다.

승을 차지했다.

    그 두 모델은 1978년에 완전히 새로운 엔진을 장착한 채 세 번째로 다시 르망 24시간 레이스에 참가했다. 바이사흐 디자인/엔지니어링 센터의 엔진 디자이너 한스 메츠거와 발렌틴 쉐퍼는 노르베르트 싱어의 '모비 딕'에서 가져온 4-밸브, 수랭식 실린더 헤드를 이용해 배기량이 2142cc인 580 제동마력의 수평 대향형 6기통 엔진을 만들었다. 독일 플라흐트Flacht 공장(포르쉐 레이스카를 개발하는 곳) 사람들은 앞서 나온 2-밸브 방식 엔진을 이용해 세 번째 Typ 936 모델을 만들어냈다. 그 자동차의 엔진에는 새로운 기어박스를 장착해야 했고, 폴 리카르 서킷에서 40시간 내구력 테스트를 잘 마쳤는데도 르망 24시간 레이스에서는 문제가 생겨 2대는 당시 인기 있었던 르노-알핀Renault-Alpine 모델에 이어 2위와 3위를 기록했고, 세 번째 자동차는 레이스 시작 20시간 만에 사고로 탈락했다.

    1979년에 포르쉐 Typ 935 모델은 엄밀히 말해 고객 팀의 자동차였기에 포르쉐 공장 차원에서는 레이싱이 없는 상태였다. 당시 시리즈 자동차를 개발하던 헬무트 플레글과 노르베르트 싱어를 비롯한 포르쉐 엔지니어링 팀에게 다시 레이스카 개발 임무가 주어졌다. Typ 936 모델은 1978년 이후 크게 변한 게 없었다. 다른 레이스카 제조업체에서는 양산 모델에 신경 쓰지 않고 레이스카 개발에만 전념하는 상황에서, 결국 지속적인 레이스카 개발에 나서지 못한 포르쉐는 그 대가를 치러야 했다. 사실 그들은 비용을 최소화하려고 포르쉐 박물관에서 4-밸브 엔진 936 중 하나를 빼왔다. 그리고 레이스 결과는 실망스러웠다.

레이스 시작 3시간 만에 2위를 달리던 브라이언 레드먼의 자동차 뒤 타이어가 터지면서 왼쪽 뒤 차체가 여기저기 찢겨나갔다. 레드먼은 차에 실려 있던 연장통 나이프로 남은 타이어 조각을 쳐낸 뒤 뒤뚱거리는 차를 몰고 피트로 갔다. 그 과정에서 38분이 날아갔다. 수리하는 데 다시 53분이 지나갔다. 그들은 38위로 레이스를 재개했으나 자정 무렵에는 다시 7위까지 올라갔다.

재키 익스는 아침 일찍 여전히 7위로 달리고 있었는데, 그때 발전기 구동 벨트가 망가졌다. 그가 얼른 수리했지만 얼마 못 가 다시 망가지는 바람에 오도 가도 못하는 신세가 됐다. 그때 한 포르쉐 정비공이 산책하다가 익스를 발견하곤 무심코 울타리 너머로 새 벨트를 던져줬다. 그러나 르망 24시간 레이스에는 여기저기 진행 요원이 많았고, 그 모습을 모두 지켜보고 있었다. 익스는 그 새 벨트를 집어 들어 포르쉐 피트로 가져갔는데, 몇 시간 후 레이스 운영진은 외부 지원을 받았다는 이유로 재키 익스를 실격시켰다. 또 다른 포르쉐 자동차는 아침 늦게 기어박스 고장을 일으켜 레이스를 포기해야 했다.

1980년에 공장 레이싱 팀은 프런트 엔진을 장착한 자신들의 새로운 공랭식 자동차로 레이스에 참가했고, 포르쉐는 그룹 6를 떠나 레이싱 파트너인 라인홀트 외스트의 레이싱 팀에 합류했다. 아주 경험 많은 카레이서이자 팀 관리자인 외스트는 수십 년간 포르쉐 자동차를 몰고 레이스에 참가해 우승했고, 포르쉐 공장 팀을 꺾고 우승한 적도 몇 번 있었다. 그는 포르쉐 측의 은밀한 도움으로 1977년에 자신의 Typ 936 모델을 조립한 뒤 재키 익스를 영입해 함께 레이스에 참가하기도 했다. 당시 외스트 레이싱 팀은 그 자동차를 Typ 908/80이란 이름으로 레이스에 출전시켰다. 그들은 초저녁부터 선두에 나섰지만 완충 장치를 제대로 만들지 않는 실수를 저질렀다. 결국 발전기 벨트가 다시 망가졌으나, 재키 익스는 미리 준비한 새 벨트로 문제를 완벽히 해결했다. 그러나 그 때문에 피트로 들어가느라 30분을 허비했다.

그다음에 그들은 늘 겪던 문제에 부딪혔는데, 이번엔 훨씬 더 심각했다. 일요일 아침에, 1979년에 그랬던 것처럼 5번 기어가 나간 것이다. 24시간 중 6시간이 남은 상황에서 정비공들은 기적적으로 25분 만에 기어박스를 교체했고, 익스는 다시 레이스에 나가 다른 자동차들을 따라붙었다. 마지막 한 시간이 남은 상황에서 그는 1위를 달리고 있었다. 그때 갑자기 폭우가 쏟아졌고, 익스는 레인 타이어로 갈아 끼우려고 다시 피트로 돌아갔다.

그런데 뜻밖에도 폭우가 잦아들더니 다시 해가 나왔고, 익스는 레인 타이어 때문에 속도를 올릴 수 없었다. 결국 라인홀트 외스트 레이싱 팀의 Typ 908/80 모델은 1위보다 2바퀴 뒤진 종합 2위를 기록했다.

1981년은 포르쉐가 처음 르망 24시간 레이스에 참가한 지 30년이 되던 해였다. 에른스트 푸어만은 1980년에 은퇴했고, 페리는 피터 W. 슈츠Peter W. Schutz를 최고경영자로 영입했다. 슈츠는 베를린에서 미국인 부모한테서 태어나 시카고에서 교육받았으며, 직전에 독일 최대 규모인 디젤 트럭 제조업체를 이끌었다. 그는 자동차 제조 경험이나 스포츠카 지식이 없는 데다 레이싱에 대해서도 아는 게 전혀 없었다. 페리는 그를 세브링으로 보내 12시간 레이스를 지켜보게 했다. 그러자 슈츠는 레이스 열혈 팬이 되어 돌아왔다.

긍정적이고 낙천적인 슈츠는 그간 다른 사람들에게 동기부여를 해주는 데 뛰어난 능력이 있음을 입증해왔다. 페리가 원한 것이 바로 그런 능력이었다. 전임 최고경영자 에른스트 푸어만은 포르쉐에서 가장 많은 이익을 내왔고 가장 많은 사랑을 받아온 Typ 911 모델군의 생산을 이제는 중단해야 한다는 뜻을 비쳐왔는데, 그건 정말이지 포르쉐 전 직원의 사기를 꺾는 제안이었다. 그런데 필자와 인터뷰할 때 슈츠는 자신이 신속한 액션을 취했다고 설명했다. 노르베르트 싱어를 비롯한 엔지니어들이 1981년 르망 24시간 레이스에 출전하는 문제에 대해 프레젠테이션할 때, 그는 그들에게 우승 가능성이 얼마나 되는지 물었다.

우승 가능성은 제로였다. 그들은 양산차를 토대로 제작된 레이스카인 Typ 924 모델은 순전히 마케팅용이라고 설명했다. "그런데 말입니다. 내가 이곳 회장으로 있는 한, 우리가 우승할 결심 없이 레이스에 출전하는 일은 절대 없을 겁니다. 그런데 나는 어떻게 하면 우승할 수 있는지 모르니까, 내일 여기에서 다시 미팅할 때 어떻게 하면 좋을지 여러분의 의견을 말해줘요." 거의 바닥까지 떨어져 있던 포르쉐 직원들의 사기가 하룻밤 새에 완전히 되살아났다. 뜻밖에도, 회사가 이제는 단순히 마케팅을 위해서가 아니라 '우승하려고' 르망으로 되돌아가게 된 것이다!

Typ 936 모델 2대가 다시 현역으로 복귀했다. 또 1979년에 포르쉐가 채택했던 공기-물 냉각 방식 4-밸브 듀얼-오버헤드-캠 엔진이 업그레이드되어 새로운 엔진으로 거듭났다. 트윈 터보와 인터쿨러를 장착한 배기량 2649cc짜리 엔진은 최대 출력이 620마력이었다. 패션 기업 크리스챤 디올이 자신들의 새로운 남성 향수 쥘의 광고 자금을 들고 다가오기 전까지만 해도, 포

르쉐가 르망 24시간 레이스에 참가할 수 있을지조차 의심스러웠었다. 재키 익스는 시속 380km라는 최고 속도 기록까지 세웠고, 실제로 뮬산 서킷에서 시속 약 380km 기록을 세워 출발 지점에서 폴 포지션에 서기도 했다.

그러나 실제 레이스에서는 초반부터 문제가 있었고 비극적인 일도 발생했다. 레이스 시작 두 시간 만에 충돌 사고가 났고, 거기서 파편에 맞아 코스 진행 요원 하나가 목숨을 잃은 것이다. 게다가 엎친 데 덮친 격으로 한 시간 후에 다시 충돌 사고가 나면서 드라이버 한 명이 목숨을 잃었다. 그리고 새로 도입된 페이스 카 pace car•의 통제를 받으면서 두 차례 사고로 레이스카들은 30분이 지체됐다. 그다음엔 맑게 갠 뜨거운 하늘 아래서 제대로 달릴 수 있었다. Typ 936 모델 1대는 운이 나빠 계속 점화 플러그, 클러치, 연료 분사 장치 등의 문제를 겪었고, 그 바람에 결국 종합 12위로 결승선을 통과했다.

재키 익스와 공동 운전자 데릭 벨은 그 반대의 경험을 했다. 두 사람은 레이스가 시작되고 4시간 이후부터 선두를 지켰고, 2위 팀과 무려 14바퀴 차이로 우승을 차지했다. 위대한 동기부여자 피터 슈츠는 매우 기뻐했다. 그는 페리 포르쉐에게 르망 24시간 레이스에 와달라고 강력히 권했는데, 에른스트 푸어만 시절에 페리는 르망 24시간 레이스에 온 적이 없었다. 머뭇거리던 페리는 결국 슈츠의 제안을 받아들였다. 슈츠가 우승 트로피를 안겨주려고 페리를 '시상식대'로 데려갔을 때 장내 방송에서는 종합 우승 팀을 축하하는 독일 국가가 울려 퍼졌고, 페리는 흐느껴 울었다.

르망 24시간 레이스에 참가한 1981년형 Typ 936-81 르망에 도착한 재키 익스와 데릭 벨(No.11 자동차)은 자신들의 이력과 Typ 936 모델 관련 기록에 종합 우승을 하나 더 보탰다. 그들은 총 354바퀴를 완주했고 2위보다 무려 14바퀴나 앞서 결승선을 통과했다. 또 평균 시속 201.1km로 4825.3km를 달렸다. 자매 모델인 Typ 936(No.12)은 클러치 문제로 애를 먹은 뒤 12위로 결승선을 통과했다. 라인폴트 외스트 레이싱 팀의 Typ 908/80 모델(No.14)은 60바퀴째 사고가 나 레이스를 중도 포기했다.

1975-1995

포르쉐 자동차에
부동액이 필요한가?

Typ 928, 924, 944, 968

포르쉐의 바이사흐 디자인/엔지니어링 센터와 수시로 바뀌는 폭스바겐 회장 간의 관계가 부침을 거듭하는 가운데, 포르쉐는 이제 막 공개된 폭스바겐-포르쉐 Typ 914의 '대체 모델'을 디자인하고 개발한다는 새로운 계약을 받아들였다. 그리고 그것은 포르쉐의 업무 목록에 프로젝트 EA 425란 이름으로 기록되었다. Typ 914 모델과 불운했던 프로젝트 EA 266의 경우와는 달리 그 새로운 모델은 폭스바겐만의 자동차가 될 예정이었다.

바이사흐 디자인/엔지니어링 센터에서의 개발 작업에는 폭스바겐에서 제작한 엔진을 활용하는 것도 포함되어 있었는데, 배기량이 1984cc인 아우디의 수랭식 직렬 4기통 엔진이며 최대 출력은 5800rpm에서 125마력이었다. 포르쉐는 그 엔진에 싱글 오버헤드 캠샤프트와 보쉬 K-제트로닉 전자식 연료 분사 장치와 더욱 스포츠카 같은 소리를 내줄 새로운 듀얼 배기 장치를 달았다. 그리고 자동차의 균형을 잡기 위해 바이사흐 디자인/엔지니어링 센터는 포르쉐 레이스카의 리어-탑재식 트랜스액슬을 토대로 새로운 기어박스를 개발했다. 그러나 그러려면 엔진 출력을 전달할 긴 드라이브샤프트가 필요했는데, 그렇게 하면 진동이 생기기 쉬웠다. 그래서 포르쉐는 가느다란 드라이브샤프트를 거의 보디 길이만 한 단단한 튜브로 감쌌다.

1976년형 Typ 924 이 예전 폭스바겐 프로젝트는 여러 면에서 포르쉐 스포츠카에 새로운 선례를 만들었다. 이 모델은 뒤쪽에 4단 수동 트랜스액슬 기어박스가, 앞쪽에는 수랭식 4기통 엔진이 장착되어 있었다. 또 페리 포르쉐가 오랫동안 염원해온 유리로 된 커다란 리어 해치가 달려 있었다. 이 모델은 처음에 포르쉐 공장에서 9222달러(2만 2240도이치마르크)에 팔렸다.

맨 위쪽) 1974년형 시제품 924 하름 라하이의 시제품은 폭스바겐에서 마음에 들어 할 만한 잠재력을 지니고 있었지만, 폭스바겐 측에서는 거부 의사를 밝혔다. 포르쉐는 기꺼이 이 시제품을 회수했다. 그런 다음 보쉬 K-제트로닉 전자식 연료 분사 장치가 사용된 아우디 100 모델에서 가져온 출력 125마력 직렬 4기통 엔진을 개조했다. 이 자동차의 휠베이스는 2400mm였으며 완전히 새로운 플랫폼이 사용됐다. 길이는 4214mm, 너비는 1865mm, 높이는 1270mm였다.

위쪽) 1978년형 Typ 928 1968년에 이미 포르쉐 경영진은 Typ 911 모델을 대체 또는 보완해줄 새로운 모델을 생각했다. 1971년에는 Typ 911 모델을 구식이라고 여긴 최고경영자 에른스트 푸어만이 수랭식 프런트 엔진 방식의 GT 자동차를 만들라고 독려했다. 그럴 목적으로 엔지니어들은 배기량 4474cc에 출력을 240마력에서 쉽게 300마력까지도 올릴 수 있는 8기통 엔진을 설계했다. 그러다 시제품 924 모델이 포르쉐로 되돌아오자 Typ 928 모델 개발 작업은 한쪽으로 밀려났다.

또 보디는 포르쉐의 젊은 스타일리스트 하름 라하이가 디자인했는데, 바이사흐의 모든 후보 보디 중에서 쿠르트 로츠가 개인적으로 선택한 보디였다. 그 보디는 거칠면서도 멋졌으며, 하름 라하이가 처음 만들어본 풀 보디 디자인이었다. 몇 년 후 그는 그 디자인에는 그 자신조차 제대로 알지 못했던 디자인 장난과 기법이 담겨 있었다는 걸 인정했다. 그런 상황에서 1975년 1월 폭스바겐은 루돌프 라이딩을 회장 자리에서 밀어내고 토니 슈뮈커를 영입했다. 슈뮈커는 바로 포르쉐와의 공동 프로젝트 EA 425에서 손을 뗐고, 하름 라하이는 쾌재를 불렀다.

슈뮈커는 선제적인 조치를 취한 거겠지만 성급했던 건 분명하다. 그는 EA 425 프로젝트를 포르쉐에 팔아넘기면서 직원 2만 5000명도 해고했다. 세상사가 늘 그렇듯, 1976년 말에 폭스바겐은 10억 도이치마르크라는 사상 최고의 이익을 냈다. 그 결과 토니 슈뮈커에게는 '사기꾼Toni der Trister'이라는 별명이 붙게 되었다. 한편 논리에 반하여 또는 다른 사람들의 반대를 무릅쓰고도 전임 회장 루돌프 라이딩이 포르쉐와 함께 스포츠카를 만들려 한 것을 비난만 하기는 어렵다.

그는 폭스바겐의 브라질 사업을 이끌면서 '프로젝트 X'를 승인하고 지원했는데, 그 프로젝트는 하름 라하이가 디자인한 EA 425와 비슷한 2인승 스포츠카의 개발 프로젝트였다. 그 자동차는 SP2Sao Paulo 2란 이름으로 생산됐다. 그 전에 SP1 모델도 나왔는데, 자동차 뒤쪽에 배기량 1.6리터짜리 폭스바겐 공랭식 엔진을 장착했으며 출력이 65마력밖에 안 되어 애처로울 정도로 속도가 느렸다. SP2도 75마력으로 여전히 무기력했는데, 1972년에 마침내 그 자동차가 나왔을 때 라이딩은 폭스바겐에 없었다.

EA 425를 바이사흐 디자인/엔지니어링 센터로 되가져온 뒤 포르쉐 스타일링 부서는 하름 라하이의 보디 디자인 작업을 마무리했고, 엔지니어링 부서는 아우디의 4기통 엔진에 대해 추가 개조 작업을 했다. 이제 포르쉐 자동차가 된 Typ 924 모델은 Typ 911 모델의 시트를 썼으며, 인근 네카르줄름에 있는 폭스바겐 공장과 계약하여 1975년에 1976년 모델로 생산을 시작했다.

프런트 엔진, 수랭식 냉각, 후륜구동 등, 포르쉐는 이미 비슷한 길을 간 적이 있지만 Typ 928 모델을 Typ 911 모델의 보완재 또는 대체제로 봤다. 그리고 1971년에 포르쉐 최고경영자였던 에른스트 푸어만은 Typ 928 모델의 개발을 승인했는데, 출력 300마력짜리 8기통 엔진에 2+2 시트 방식을 택해 누가 봐도 확실한 그랜드 투어링 카, 즉 장거리 운전을 위한 고성능 자동차였다.

미국 정치는 Typ 928 모델은 물론 EA 425/924에도 영향을 미쳤다. 당시 미국 의회는 자동차 산업 쪽에 관심을 쏟고 있었다. 에른스트 푸어만이 미국이 리어 엔진 탑재 방식 자동차의 판매를 금지할지 모른다며 걱정했던 것도 바로 그 무렵이었다. 긴축 재정 상태이던 1970년대 초에도 포르쉐가 제작한 자동차의 거의 절반이 미국 고객에게 팔리고 있었는데, 그만큼 미국은 중요한 시장이었다.

바로 그 시기에 토니 라피네Tony Lapine가 새로운 스타일링 부서 책임자로 포르쉐에 합류했다. 라피네는 독일 뤼셀스하임에 있는 GM의 자회사 오펠Opel에서 디자인 부서를 이끌었었다. 그는 미국 디트로이트에서 독일 오펠로 옮겨갔으며, 그때 미시간

주 워런에 있던 GM 스튜디오에서 자동차 디자이너와 모형 제작자를 여럿 데려갔다. 그는 포르쉐로 옮길 때도 다시 그 사람들을 데려오겠다고 주장했다. 그리고 그들 중 한 사람인 볼프강 뫼비우스Wolfgang Möbius가 Typ 928 모델의 디자인 임무를 맡았다.

그는 보디 엔지니어 에르빈 코멘다와 모형 제작자 하인리히 클리를 비롯해 부치 포르쉐와 함께 일한 다른 포르쉐 보디 디자이너들이 발전시킨 디자인 방식으로 시작했다. 그러나 그의 디자인은 단순한 발전 수준뿐 아니라 혁명 수준도 넘어섰으며, 최종적으로는 놀라움과 경악 사이에서 멈췄다. 그러나 과거 Typ 346 모델과 911 모델이 그랬듯, 그의 디자인은 결국 한결같은 포르쉐 디자인이었다.

엔지니어들은 배기량이 4474cc이고 출력이 240마력인 새로운 공랭식 오버헤드-캠샤프트 8기통 엔진을 설계했다. 포르쉐는 새로운 자동차를 1976년 모델로 내놓을 계획이었다. 또 새로운 자동차는 나온 지 1년 된 출력 260마력짜리 터보 모델과 포르쉐 플래그십이라는 타이틀을 놓고 경쟁하게 될 자동차도 아니었다. 포르쉐는 또 Typ 928 모델에 자신들의 5단 수동 변속기나 개조된 메르세데스-벤츠의 3단 자동 변속기를 장착할 계획이었다. 터보 모델의 주 판매 대상이 페라리와 람보르기니의 고객이었다면, Typ 928 모델의 주 판매 대상은 '콘티넨털' 콜벳을 원하는 미국인 고객과 BMW와 메르세데스-벤츠 스포츠 쿠페의 소유주들이었다.

포르쉐의 Typ 928 모델 공개는 Typ 924 모델 개발 작업 때문에 1978년으로 미뤄졌다. 그런데 최고 속도가 시속 230km이고 정지 상태에서 시속 100km에 도달하는 데 6.8초 걸린 Typ 928 모델은 출시되기가 무섭게 멋진 외관과 우주 캡슐을 연상케 하는 실내 모습 덕에 유럽 자동차 전문 매체에서 '그해의 자동차'로 선정되었다. 스포츠카가 그런 찬사를 받은 건 Typ 928 모델이 처음이자 유일했다. 포르쉐는 1976년에 Typ 924 모델을 9222달러에 선보였는데, Typ 928 모델은 2만 7500달러였다. 또 1978년형 Typ 911 SC 쿠페는 1만 9950달러에 팔렸으며, 터보 구매자가 1978년형 Typ 930 모델을 집에 가져가려면 3만 9250달러를 지불해야 했다.

정기적으로 출력을 업그레이드했고 새로운 모델명을 붙였다. 포르쉐는 1979년형 모델로 터보 엔진이 장착된 Typ 924와 Typ 931을 공개했는데 출력이 170마력, 최고 시속은 225km였다. 또 1980년 중반 모델로 Typ 928 S를 공개했는데 출력이 300마력, 최고 시속은 250km였다. 그 무렵에 또 포르쉐는 유럽 국제자동차연맹 및 미국 SCCA 레이싱 부문에 참가할 Typ 924 모델의 레이스카 버전을 공개했다. Typ 924 카레라 모델이 더 가볍고 더 개선된(무게는 140kg 더 가볍고 출력은 210마력) 카레라 GT 버전으로 소량 공개되기도 했다. 포르쉐는 레이스 참가 자격을 얻기 위해 400대를 조립했으며, 그런 다음 출력 245마력짜리 카레라 GTS 버전을 50대 추가 조립했다. 이어 포르쉐는 1980년에 르망 24시간 레이스에 자동차 3대를 출전시켰다. 그중 2대는 냉각 장치 문제로 실린더 5개만으로 레이스를 마쳤지만 종합 6위와 12위, 13위를 기록했고 각 부문 우승도 차지했다.

그 자동차들은 다시 출력이 375마력인 Typ 924 카레라 GTR 모델로 발전됐다. 그중 2대와 모델명이 944 LM인 새로운 시제품 1대가 1980년 르망 24시간 레이스에 참가했다. 새로 포르쉐

맨 위쪽) 1978년형 Typ 928 스타일링 부서의 책임자 토니 라피네는 볼프강 뫼비우스에게 새로운 포르쉐 모델의 외관을 디자인해달라고 했고, 인테리어 디자이너 플라스타 루이브르(Vlasta Rujbr)에게는 바람에 날리는 체커드 플래그를 형상화한 시트 천을 만들어달라고 했다. 그 결과 시트를 덮은 파스카 천은 외관만큼이나 상징적인 이 자동차의 대표적인 디자인이 되었다.

위쪽) 1979년형 Typ 931(924 터보) Typ 924 모델의 출력을 늘려달라는 고객의 많은 요구 끝에 나온 게 바로 1979년형 터보 버전이다. 이 모델에 장착된 배기량 1984cc짜리 직렬 4기통 엔진은 출력이 170마력이었다. 그리고 이처럼 출력이 50마력 느는 바람에 정지 상태에서 시속 100km에 도달하는 데 걸리는 시간은 10.5초에서 7.8초로 줄었고, 최고 시속은 200km에서 225km로 늘었다.

르망에서의 1981년형 Typ 944 GTP 최고경영자 에른스트 푸어만의 진두지휘 아래 포르쉐는 서둘러 프런트 엔진 탑재 방식 모델군을 늘려 레이스에 출전시켰다. Typ 924 카레라 GTS(Typ 937) 모델은 1980년 르망 24시간 레이스에 참가했고, 후속작인 이 Typ 944 GTP 모델은 1981년에 참가했다. 그러나 Typ 924 모델 3대 중 2대는 냉각 장치 문제로 1980년에 종합 6위에 그쳤다. 1981년에는 위르겐 바르트와 발터 뢰를이 이 Typ 944 GTP 모델을 몰고 종합 6위와 시제품 부문 우승을 차지했다.

1982년형 Typ 944 르망 24시간 레이스에서 해당 부문 우승을 하고 몇 개월 뒤 포르쉐는 도로 주행용 Typ 944 모델을 내놓았다. 그 모델의 보디는 Typ 924 카레라 모델과 Typ 944 GTP 모델이 합쳐진 형태였다. 그런데 포르쉐의 팬들이 볼 때 Typ 944 GTP 모델에는 Typ 924 모델과는 크게 다른 점이 하나 있었다. Typ 924 모델에는 여전히 아우디의 엔진이 장착됐지만, Typ 944 모델에는 배기량이 2479cc인 새로운 포르쉐 엔진이 장착됐던 것이다. 그러니까 근본적으로 엔진 출력이 럭셔리 GT 928 모델에 쓰인 최신 8기통 엔진의 절반이었던 셈이다. 그 엔진은 최대 출력이 163마력이었다.

최고경영자가 된 피터 슈츠에게 큰 영향을 준 게 바로 이 자동차 3대이다. 그는 그 자동차들이 종합 우승할 가능성이 전무하다는 사실을 알고는 엔지니어들에게 우승할 수 있는 새로운 모델을 만들라고 촉구했었다. 그런데 Typ 944 LM 모델은 종합 7위와 해당 부문 우승을 차지했고, GTR 모델 중 1대는 종합 11위와 해당 부문 우승을 차지했다.

그 전해 가을에 포르쉐는 시리즈 양산형 Typ 944 모델을 내놓았다. 그 모델의 보디는 Typ 928 터보 모델보다 우람한 버전이었고 앞뒤 휠 웰이 나팔 모양이었으며, 멋진 리어 스포일러가 부착되어 있었다. 스포츠카에 세단 엔진이 웬 말이냐는 Typ 924 모델 비판자들을 의식해 배기량 2479cc짜리 포르쉐 직렬 4기통 엔진(최신 Typ 928 모델의 8기통 엔진의 절반을 토대로 제작됐)을 장착했다. 그 엔진은 출력 163마력에 최고 시속은 220km였다.

반면에 Typ 928 모델은 스펙트럼의 반대쪽 끝에 놓여 있었다. 콘셉트 자체가 럭셔리 GT 모델이었기에 레이스카를 만든다고 해도 디자인이나 엔지니어링 측면에서 그 어떤 부분도 양보하지 않았던 것이다. 이 모델의 경쟁자는 다른 레이스카가 아니라 다른 럭셔리 GT 모델이었다. 그래서 Typ 928 S 모델은 1984년에 출력이 300마력에서 10마력 늘어 310마력이 되었다.

그해 1월에는 Typ 944 터보 모델이 나왔는데, 그 모델은 출력 220마력에 최고 시속은 245km였다. 1986년에는 출력이 944 엔진 버전의 163마력에서 150마력으로 하향 조정된 자연흡기식 944 엔진이 장착된 Typ 924 S 모델이 나왔다. 그런 다음 1987년에는 190마력짜리 자연흡기식 엔진이 장착된 Typ 944 S 모델이 나왔고, 이어서 250마력짜리 엔진이 장착된 Typ 944 터보 S 모델이 나왔다. 그 모델에는 5단 기어박스가 장착됐으며 최고 시속은 260km였다. 포르쉐는 그 모델을 1635대 조립했다.

1988년에 Typ 924 모델이 단종된 후에도 포르쉐는 세 종류, 아니 Typ 911 모델에서 파생된 Typ 959 슈퍼카 모델까지 포함하면 사실상 네 종류의 제품군을 지원했다. 경제가 다시 위축되는 상황에서 이는 무책임한 일까진 아니더라도 위험한 일로 여겨졌다.

Typ 928 모델군은 1987 모델 연도에 출력 320마력짜리 Typ 928 S4 모델이 나왔다. 엔지니어링 부서에서는 Typ 944 S 모델에 장착할 배기량 2990cc짜리 직렬 4기통 엔진을 개발 중이었는데, 이 모델은 1990년형 모델로 공개될 예정이었으나 더 강력한 928 모델, 그러니까 출력 330마력에 최고 시속 275km인 Typ 928 럭셔리 모델이 나온 뒤에야 공개됐다.

포르쉐는 1989년에는 새로운 Typ 944 터보 쿠페 모델과 더불어 Typ 944 S2 카브리올레 모델도 공개했으며, 1991년에는 Typ 944 터보 카브리올레 모델을 공개했다. 그 모델은 출력이 250마력이었다.

1년 후인 1992 모델 연도에는 새로운 멋진 Typ 968 쿠페와 카브리올레 모델이 Typ 944 모델을 대체했다. 그 모델은 엔진 배기량이 2990cc였고 출력은 240마력이었으며 최고 시속은 252km였다. 이 모델은 1995년까지 계속 생산됐으며, 주로 레이스카 용도로 제작되어 거의 전설이 된 Typ 968 터보 S 쿠페에서 전성기를 누렸다. 지극히 강력한 이 쿠페는 무게가 1300kg이었으며, 출력은 305마력이었고, 정지 상태에서 시속 100km에 도달하는 데 5초가 걸렸다. 포르쉐는 1993 모델 연도와 1994 모델 연도에 이 모델을 단 14대만 제작했다.

1995 모델 연도에는 Typ 928 모델군의 생산이 중단되었다. 그 때문에 트랜스액슬 기어박스가 장착된 프런트 엔진 탑재 방식의 수랭식 스포츠카에 대한 포르쉐의 초기 실험도 끝나게 된다. 마지막 Typ 928은 그 모델군 중 가장 공격적인 모델이었다. 최대 출력이 350마력이고 배기량이 5397cc인 8기통 GTS 엔진은 5단 수동 변속기나 4단 자동 변속기를 통해 힘들이지 않고도 곧장 시속 275km까지 올라갔다. 그러나 이런 모델군을 너무 오래 지원하는 것이 위험하다는 사실은 회계사들이 각종 수치를 뽑아보는 과정에서 분명해졌다. 포르쉐는 1976년부터 1995년까지 Typ 928 모델을 6만 1056대 제작했으나, GTS 모델은 2831대밖에 제작하지 않았다.

포르쉐가 더 건강하게 경영되던 시절에는 레이스와 무관한 Typ 924 모델은 13만 937대, Typ 944 모델(모든 변종 포함)은 14만 286대 제작했었다. 그러나 1980년대 중반에 들어서면서 화폐 가치의 등락과 다른 경제적 요소 때문에 포르쉐의 최고경영자 피터 슈츠와 그의 공동 브레인이자 주요 조력자이던 헬무트 보트는 예정보다 빨리 회사를 그만두었다. Typ 968 모델은 4년간 1만 1245대만 제작됐다. 게다가 Typ 911, 928, 968 모델은 단 한 가지 부품도 서로 공유할 수 없었다. 세 모델이 전부 별도의 조립 라인에서 제작된 데다가 조립 라인 직원들에 대한 교육 또한 전혀 공유되지 않았던 것이다. 뭔가 변화가 필요했다. 그리고 포르쉐 이사회는 그 일을 맡기기 위해 또다시 예전에 함께했던 엔지니어를 불러들였다.

위쪽) 1995년형 Typ 928 GTS 이 자동차는 8기통 엔진이 장착된 포르쉐의 마지막 Typ 928 모델이었다. 이 모델은 출력 350마력에 최고 시속은 275km였으며, 자동차 뒤쪽에 탑재된 5단 수동 트랜스-액슬 변속기나 4단 자동 변속기로 운전하는 즐거움을 맛볼 수 있었다. 포르쉐는 이 모델을 11만 7406달러(16만 7890도이치마르크)에 팔았으며, 총 6만 1056대 조립했다.

아래쪽) 1994년형 Typ 968 터보 S 쿠페 독일 울름 공장에서 Typ 968 모델을 총 1만 1245대 제작했지만, 포르쉐는 출력이 305마력인 이 쿠페 모델은 11대만 조립했다. 이 한정판 모델은 공장에서 12만 2378달러(17만 5000도이치마르크)에 팔려 플래그십인 Typ 928 GTS 모델보다 더 비쌌다. 또 이 모델은 포르쉐 궁극의 4기통, 터보차저, 인터쿨러 방식 스포츠카였다. 최고 시속은 280km였다.

1982-1995

머리가 천장에 닿으면 어쩌자는 말인가?

지면 효과

1981년 1월, 국제자동차연맹FIA 산하 단체인 국제자동차스포츠연맹FISA의 기술위원회는 다음 레이싱 챔피언십 규정을 정하고 있었다. 포르쉐의 엔지니어 겸 카레이서인 위르겐 바르트는 국제자동차스포츠연맹에서 포르쉐를 대표하고 있었는데, 그는 회사 경영진을 향해 1982년에 출범 예정인 그룹 C에 참여할 것을 촉구했으며, 예전의 그룹 5 실루엣 레이스카와 그룹 6 스포츠카를 대체했다. 바르트는 위원회가 직면한 다음과 같은 문제가 열거된 메모를 배포했다. '새로운 엔진 아니면 기존의 엔진? 터보 엔진 아니면 자연흡기식 엔진? 수랭식 아니면 공랭식? 엔진 배기량은? 출력은? 기어박스는? 섀시는?'

바르트는 포르쉐가 기존 요소를 새로운 규정에 맞출 건지, 아니면 모든 걸 처음부터 다시 시작할 건지 알고 싶어 했다. 그리고 만일 후자를 택한다면, 어느 정도 비용을 들일 것이며 그 자금은 어디서 끌어올지 궁금했다. 포르쉐 내부의 몇몇 사람은 시기상조라고 여겼다. 최고경영자 피터 슈츠는 이제 막 합류했고 레이싱 지식도 한정되어 있었다.

포르쉐의 엔지니어들은 조심스레 두 가지 엔진 옵션을 제시했다. 그들은 공랭식 4-밸브 실린더

르망 24시간 레이스에 참가한 1982년형 Typ 956 Typ 956 모델을 몰고 선두에 나선 재키 익스와 데릭 벨이 르망 서킷에 설치된 페리스 휠* 앞을 빠른 속도로 지나가고 있다. No.1 자동차를 몬 익스와 벨은 2위를 차지한 팀 동료 요헨 마스와 페른 슈판(No.2)보다 3바퀴 앞서 1위로 결승선을 통과했고, 위르겐 바르트와 헐리 헤이우드와 알 홀베르트(Al Holbert)는 No.3 자동차를 몰고 3위로 결승선을 통과했다.

맨 위쪽) 바이사흐에서 첫 공개 중인 1982년형 Typ 956 위르겐 바르트는 완전히 새로운 그룹 C 시제품을 몰고 처음 몇 바퀴를 돌았다. 그는 지면 효과 때문에 몸으로 느낄 만큼 코너링 속도가 빨라진다는 사실에 놀랐다. 수석 엔지니어 노르베르트 싱어는 자동차 뒤쪽 밑에 흙먼지가 들러붙어 있는 걸 보고 놀라 바르트에게 혹시 트랙을 벗어났냐고 물었다. 그런데 그건 지면 효과 때문에 진공청소기처럼 트랙 표면의 흙먼지를 빨아들였기 때문이었다.

위쪽) 레납타일룽에서 명명식을 치르고 있는 1982년형 Typ 956 레이싱 책임자 피터 폴크는 개발팀이 한 모금 마신 뒤 남은 샴페인을 Typ 956-001 모델에 뿌렸다. 왼쪽부터 노르베르트 싱어, 수석 정비공 클라우스 비쇼프(Klaus Bischof), 섀시 디자이너 호르스트 라이터, 위르겐 바르트(드라이버 옷을 입은 사람)이고, 옆에서 다른 팀원들이 자랑스레 바라보고 있다.

헤드를 이용하는 배기량 3.0리터짜리 새로운 6기통 엔진을 만드는 옵션을 선호했다. 또 V자 배열을 택하면 하체에 공기역학적 지면 효과 ground effect⁕ 터널이 생겨나는 디자인 문제를 완화해 줄 게 분명했다. 그러나 새로운 엔진을 만들려면 많은 돈이 필요했고, 개발 기간도 수년이 걸리니 포르쉐의 레이스 참가가 1983년이나 어쩌면 1984년까지 늦춰질 것도 분명했다.

엔지니어들이 제시한 두 번째 엔진 옵션은 '모비 딕'용으로 제작된 수랭식 4-밸브 실린더 헤드가 달린 배기량 2857cc짜리 수평 대향형 6기통 엔진을 업그레이드해 사용하는 것이었다. 그 당시의 전자 기술 발전 덕에 엔지니어들은 둘 중 어느 엔진을 쓰든 출력을 650마력까지 낼 수 있었다. 어느 엔진을 쓰든, 그들에게 필요한 건 새로운 보스에게 승인을 받는 일이었다.

새로운 최고경영자이자 레이싱 초보자인 피터 슈츠는 생애 첫 자동차 레이스를 보고 난 뒤 레이스광이 되어 돌아왔다. 그리고 그는 레납타일룽, 즉 모터스포츠 숍을 그 나머지 엔지니어링 부문에서 분리했다. 또 시리즈 양산차 제작과 레이스카 제작이라는 두 가지 목적에 따라 엔지니어들과 그 외의 사람들로 나눴다. 또 1981년 포르쉐가 포르쉐 박물관에서 빼온 부품으로 제작한 자동차로 르망 24시간 레이스에서 우승하면서, 단순한 레이스광이었던 피터 슈츠는 레이스 신봉자로 진일보했다.

수석 엔지니어 노르베르트 싱어는 새로운 그룹 C 자동차 제작이 승인될 때까지 마냥 기다리진 않았다. 섀시 디자이너 호르스트 라이터는 알루미늄 모노코크 섀시 디자인 작업을 시작했다. 수년 전에 그들은 Typ 936 모델에 모노코크 섀시를 쓰는 걸 고려했으나, 그때는 그럴 시간이 없었다. 그런데 이제 그룹 C 규정에 따라 자동차 앞부분과 뒷부분과 옆부분을 '조각낼 수 있는 구조'로 만들어야 했다. 새로운 자동차에 요구되는 거의 모든 사항과 목표는 알루미늄 튜브-프레임 구조로 충족할 수 있었지만, 조각낼 수 있는 구조는 아직 그렇지 못했다.

레이스카 보디 디자이너 오이겐 콜프는 전체 길이, 휠베이스, 높이, 너비 등 알려진 스펙을 토대로 보디를 디자인했다. 1981년 8월 1일 피터 슈츠가 새로 발표한 1982년 예산에는 Typ 956으로 명명된 새로운 레이스카 개발 자금도 포함됐다.

새로운 연료 소모량 관련 규정은 극히 엄격했다. 레이스카에 허용되는 연료 탱크는 100리터짜리였다. 국제자동차스포츠연맹은 6시간 내구 레이스에는 연료를 600리터 제공했고, 르망 24시간 레이스에는 2500리터 제공했다. 그리고 각 주유기로는 연료를 분당 50리터만 공급할 수 있어 피트에 머무는 시간이 최소 2분은 되게 했다. 수석 엔지니어 노르베르트 싱어는 포르쉐에 이미 엔진이 있는 건, 그러니까 1981년 르망 24시간 레이스에서 우승한 Typ 936 모델용으로 제작된 '인디 Indy' 엔진이 있는 건 행운이라고 생각했다.

그 엔진은 Typ 935/76인데 배기량이 2649cc였다. 국제자동차연맹 FIA의 1.4배 원칙에 따르면 그 4-밸브식 수평 대향형 6기통 엔진의 조정된 배기량은 3708.6cc였다. 엔진 압축비는 7.2:1이었고 내구력은 조금 늘어났으며 출력은 620마력이었다. 그러나 그 외에는 모든 게 새로웠다.

먼저 가장 드라마틱하게 새로워진 건 지면 효과였다. 그 효과

왼쪽) 실버스톤에서 데뷔 중인 1982년형 Typ 956 재키 익스와 데릭 벨은 실버스톤에서 6시간 레이스에 공동 운전자로 참가해 종합 2위를 기록했다. 사진에선 Typ 956 모델이 포드의 C100 그룹 C(No.7)와 라인홀트 외스트의 그룹 C 포르쉐 Typ 936(No.4)을 앞질러 달리고 있다. 실버스톤에서의 선전은 조심스레 연료를 소모해야 하는 드라이버들에게 좌절감을 안겨주었다. 총력을 기울이는 레이싱 시대는 간 것처럼 느껴졌다.

아래쪽) 스파에서의 1982년형 Typ 956 포르쉐는 벨기에에서 열린 세계내구챔피언십에 자동차 2대를 출전시켰다. 1대는 자동차 제조업체를 위한 자동차였고, 다른 1대는 드라이버를 위한 자동차였다. 1000km를 달린 뒤 재키 익스와 요헨 마스가 모는 No.1 자동차가 1위를 차지했다. 그보다 3바퀴 뒤처진 데릭 벨과 페른 슈판의 No.2 자동차는 종합 3위, 해당 부문 2위를 차지했다.

르망에서의 1982년형 Typ 956 모델들 포르쉐가 Typ 907, 908, 917 모델의 생산을 중단한 상황에서 노르베르트 싱어와 호르스트 라이터와 오이겐 콜프는 르망 24시간 레이스 참가를 목표로 Typ 956 모델의 '롱 테일' 버전을 만들었다. 그리고 새로운 규정이 자동차 전체 길이를 엄격히 제한하는 상황에서, 엔지니어들이 찾아낸 해결책은 리어 윙을 낮추는 것이었다. 그러자 풍동 터널 테스트에서 자동차 보디를 늘인 효과가 나타났다.

는 주로 앞 차축 아래쪽 최저 지상고 ground clearance•부터 자동차 뒤쪽의 커다란 벤투리 터널 venturi tunnel까지 열려 있는 차체 밑 터널 2개를 통해 나타났다. 섀시 디자이너 호르스트 라이터의 모노코크 섀시와 보디 디자이너 오이겐 콜프의 보디는 이 중요한 공기역학적 업그레이드를 잘 받아들였다.

호르스트 라이터의 섀시 도면에서는 실물 크기 시트가 드러나 수석 엔지니어 노르베르트 싱어는 운전자의 자세와 앞 펜더 너머로 보이는 운전자 시선의 적합도를 테스트해볼 수 있었다. 라이터의 콘셉트는 또다시 연료 탱크를 조종석 시트 뒤쪽에 가로로 놓는 것이었다. 게다가 그 뒤쪽에 수평 대향형 6기통 엔진을 탑재하자, 자동차 무게의 대부분이 차축 사이에 몰리게 됐다. 자동차의 최대 높이가 1100mm였기 때문에 라이터와 콜프는 Typ 956 모델의 무게 중심을 낮추고 극 관성 모멘트를 부여해 자동차의 민첩성이 엄청나게 좋아지게 만들었다.

작업 속도는 익숙했다. 과거 포르쉐 레이스카가 늘 그랬듯 아주 엄격하면서도 빠르게 진행되었던 것이다. 다른 경쟁업체들은 엄두도 못 낼 만큼 엄격하면서도 빨랐기에, 1982년 1월 1일이 되었을 때 포르쉐 외에 새로운 레이스카를 준비한 경쟁업체는 거의 없었다. 그래서 국제자동차스포츠연맹 FISA은 규칙을 완화해 1982년은 과도기로 삼겠다고 했다. 그러니까 참가 팀을 늘리려고 이전 세대의 그룹 4, 5, 6 자동차의 레이스 참가를 허용해준 것이다. 그러나 포르쉐는 자신들의 방침을 그대로 밀고 나갔다.

섀시 디자이너 호르스트 라이터의 기술자들은 1981년 11월 23일에 자신들의 첫 Typ 956 모노코크 섀시 제작을 끝냈다. 또 엔지니어 노르베르트 싱어는 보디 디자이너 오이겐 콜프가 만든 레이스카 보디의 5분의 1 축소 모형을 가지고 이미 풍동 안에서 테스트를 해왔다. 그는 이후 18개월간 400여 가지 변형 모형을 가지고 슈투트가르트대학교와 폭스바겐 풍동에서 테스트를 했다. 그리고 라이터가 모노코크 섀시 제작을 끝내자, 싱어와 그의 엔지니어링 팀은 1922.3kg의 다운포스를 확인했다. 완성된 자동차 무게는 최소 800kg은 되어야 했다. 이 수치는 카레이서가 만일 어떻게 해서든 자동차를 긴 풍동 터널의 천장 부분까지 끌어올릴 수 있다면, '다운포스' 진공 상태가 자동차를 그 상태로 유지시켜줄 수 있다는 걸 의미했다. 그해 12월 중순에 이르자 싱어와 콜프와 라이터는 풍동 테스트 데이터에 만족할 수 있게 되었고, 기술자들은 보디 주형 제작에 착수했다. 포르쉐는 1982년에 Typ 956 모델을 4대에서 6대까지 레이스에 출전시키고 1983년에는 고객에게 판매할 계획이었다.

그런데 그 계획은 단 2주 만에 뜻하지 않은 문제에 봉착했다. 북미국제모터스포츠협회 IMSA에서도 새로운 규정을 내놓았는데,

오른쪽) **1982년형 Typ 956 축소 모형** 노르베르트 싱어(왼쪽)가 모터스포츠 및 언론 책임자 만프레트 얀트케(Manfred Jantke)와 최고경영자 피터 W. 슈츠에게 Typ 956 모델의 모양을 설명하고 있다. 이 모형은 광범위한 풍동 테스트를 위해 나무 합판을 가루로 찧어 만든 5:1 축소 모형이다. 오른쪽에 가루 찧는 기계를 다루는 사람이 서 있다.

아래쪽) **독일 디폴츠에서의 1983년형 Typ 956 고객 자동차** 라인홀트 외스트는 초기 Typ 956 모델의 고객이었다. 그의 드라이버 보프 볼레크는 1983 시즌의 6번째이자 마지막 레이스인 독일 레이싱 챔피언십(DRM)에서 이 모델을 몰았다. 볼레크는 2년 연속 챔피언 타이틀을 거머쥘 정도로 뛰어난 카레이서였으나, 이 마지막 레이스에서는 4위를 기록했다.

그중 두 가지 규정이 수석 엔지니어 노르베르트 싱어의 Typ 956 모델과 직접 충돌했던 것이다. 북미국제모터스포츠협회 규정에 따르면, 우선 모든 엔진은 시리즈 양산차의 엔진이어야 했는데 Typ 936과 956 모델은 순수 레이스카 혈통이었다. 또 운전자의 두 발과 페달 박스는 앞 차축 뒤에 와야 했는데, 라이터가 Typ 956 모델을 국제자동차스포츠연맹 규정에 맞춰 개발하면서 차량 균형 문제 때문에 운전자의 두 발이 앞 차축 앞에 오게 됐다. 어느 한쪽으로 타협할 수도 없었다.

포르쉐는 새로운 자동차 개발을 멈추거나 다시 디자인하기에는 너무 멀리 와 있었다. 모노코크 섀시 형태가 이미 단단히 고정되어 단순히 운전자 자리를 300mm 뒤로 이동하는 것도 불가능했다. 또 북미국제모터스포츠협회에서는 이미 새로운 '그랜드 투어링 프로토타입GTP: Grand Touring Prototype' 부문을 확정 지은 상태여서 특정 자동차 제조업체만 예외로 할 수도 없었다. Typ 956 모델은 미국 외 지역에 한정되어 시장도 크게 줄어들게 되어 있었다. 노르베르트 싱어는 뭔가 바꿔야 할 책임이 자신에게 있다는 걸 잘 알고 있었다.

2월에 발렌틴 쉐퍼의 엔진 개발팀은 Typ 956 모델의 엔진에 대한 첫 동력계 테스트를 했다. 그리고 쉐퍼의 개선 작업으로 기대했던 620마력 출력을 내게 됐을 뿐 아니라 연료 소모량도 1981년에 비해 5퍼센트 줄어들었다. 그는 연료 소모량 목표를 갤런(3.785리터)당 3.92마일(약 6.3km)로 정해 100km당 60리터라는 국제자동차스포츠연맹의 허용량에 맞추려 했다. 또 오이겐 콜프가 디자인한 보디 너비 덕에 쉐퍼는 터보 엔진 위치를 Typ 936 모델의 뒤쪽에서 앞쪽으로 옮겨 스로틀 반응과 배기가스 흐름을 개선했다.

그런 뒤 3월 27일에 바이사흐 서킷 아래쪽 끝부분에 있는 플라흐트의 새로운 포르쉐 공장에서 드디어 완성된 자동차가 나왔다. 모터스포츠 책임자이자 수석 테스팅 엔지니어인 피터 폴크는 공장 소속 카레이서이자 고객 레이싱 관리자인 위르겐 바르

트에게 운전 임무를 맡겼다.

"그 자동차는 키가 170cm인 재키 익스를 위해 특별 제작되었는데, 나는 키가 185cm입니다. 그야말로 구겨 앉아야 했죠." 바르트가 웃으며 필자에게 했던 말이다.

"그 누구도 지면 효과가 나는 스포츠카를 몰아본 적이 없었습니다. 코너링 구심력은 정말 믿기 어려울 정도였어요. 나는 트랙으로 나가 5바퀴 정도 돈 뒤 오일류를 점검하러 들어왔는데, 보트 교수가 자동차 뒤쪽을 둘러보더니 혹 트랙을 벗어난 적이 있냐고 묻더군요." 그러면서 바르트는 말을 이었다.

"'아뇨!'라고 대답했죠." 보트는 자동차 뒤쪽 밑 커다란 벤투리 터널에 들러붙은 흙먼지를 가리켰다. 그건 모두를 놀라게 한 뜻밖의 발견이었다. "자동차 밑의 터널이 진공청소기처럼 트랙 위의 흙먼지를 빨아들였어!"

승차감은 아주 단단했는데, 그건 지면 효과에 노출된 자동차 하체의 공기 흐름을 잘 제어해 원하는 기능을 발휘하게 하는 데 아주 중요했다. 르망 24시간 레이스까지는 84일이 남아 있었다. 수석 엔지니어 노르베르트 싱어는 그 자동차를 몰고 남부 프랑스 르 까스틀레에 있는 폴 리카르 서킷으로 가서 광범위한 테스트를 실시했다. 그는 포르쉐가 그 시즌을 위해 계약한 카레이서 데릭 벨과 재키 익스의 도움을 받았다. 테스트가 끝났을 때 그들은 사고 한 번 없이 600km를 달렸다.

Typ 956 모델을 추가로 검증하려고, 바르트와 개발 엔지니어 롤란트 쿠스마울Roland Kussmaul은 150mm 높이 점프까지 해야 하는 '거친 도로(기본적으로 경미한 지진 이후의 자갈길 포함)'에서 다양한 테스트를 하며 1000km를 달렸다. 그러는 동안 노르베르트 싱어는 풍동에서 자동차 보디에 대한 미세 조정 작업을 진행했다. 오이겐 콜프는 자동차 전장 관련 규정에서 허용되는 롱테일 디자인 작업을 했다. 그는 높이 솟은 리어 윙을 낮추고 길이는 늘렸다. 모든 작업이 완료되자 항력은 25퍼센트 줄고 연료 소모는 4.5퍼센트 줄었다. 5월 6일경 새로운 시제품은 테스트하느라 총 6830km를 달렸다. 10일 후에는 한 번 더 6시간짜리 테스트를 거쳤다. 그러나 이제 무엇보다 먼저 도색을 해야 했다.

몬차 레이스에 참가한 1983년형 그룹 C 보프 볼레크와 티에리 바우천(Thierry Boutsen)은 라인홀트 외스트의 Typ 956 모델(No.11)을 몰고 1983년 세계내구챔피언십 시즌의 오프닝 라운드인 1000km 레이스에서 우승을 차지했다. 그들은 재키 익스와 요헨 마스가 모는 포르쉐 공장 No.1 자동차(No.11 바로 뒤에 있어 번호는 안 보임)를 단 0.07초 차로 따돌리고 1위를 기록했다. 데릭 벨과 알 홀베르트(왼쪽 끝의 No.2)는 7위로 결승선을 통과했다. 마티니 란시아 LC2-83 모델은 9위를 기록했다.

노리스링 레이스에 참가한 1983년형 DRM 케케 로스베르크는 독일 뉘른베르크 노리스링 서킷에서 크레머 레이싱 팀의 Typ 956 모델을 몰았다. 그는 노리스링 트로피 레이스*에서 5위를 기록했다.

그 기간 내내 Typ 956 모델은 흰색이었다. 그러다 영국 실버스톤 레이스에서 레이스카로 데뷔하기 직전에, 영국 담배 회사 로스만Rothmans이 다년간 다종 프로그램 후원사가 되어주겠다는 계약에 서명했다. 이후 Typ 956 모델은 파란색, 흰색, 금색 띠를 두르게 되었고, 그 색은 로스만의 정체성만큼이나 뚜렷한 포르쉐의 정체성으로 자리 잡는다.

실버스톤 레이스는 1982년의 첫 번째 레이스는 아니었지만, 많은 레이싱 팀에게는 그 레이스가 르망 24시간 레이스를 앞두고 참가하는 마지막 레이스였다. 따라서 6시간 동안 달리면서 24시간 동안 달릴 준비가 되어 있는지 최종 점검하는 레이스이기도 했다. 포드는 C100 모델을 출전시켰고, 영국 자동차 제조업체 롤라Lola는 T610 모델을, 카레이서 장 롱도Jean Rondeau는 M482 모델을 출전시켰다. 푸조 엔진을 장착한 레이스카도 있고, 포드 코스워스Ford Cosworth 엔진을 장착한 다른 여러 레이스카도 있었으며, 그룹 6과 그룹 C 사이의 간극을 좁혀주는 역할을 하기 시작한 새로운 란치아Lancia* 모델 같은 레이스카도 많았다. 그때 레이싱 준비가 끝난 포르쉐가 잘 검증된 시제품 001을 이끌고 나타났다.

레이싱 책임자 피터 폴크는 섀시 구조와 연료 소모량을 확정해 연료 재급유 및 타이어, 운전자 변경에 필요한 계획을 세우려 했다. 그 결과 처음에 Typ 956 모델은 외부인에게 별다른 인상을 심어주지 못했다. 그러자 자신의 데이터를 확인한 폴크는 카 레이스에서 재키 익스를 내보냈다. 익스는 가장 빠른(그래서 레이스 시작 시 맨 앞에 섰던) 란치아 레이스카의 기록을 1초 이상 앞당겼는데, 그건 란치아가 감당하기 힘든 차이였다.

실제 레이스에서는 연료 제한이 없는 그룹 6의 란치아 레이스카가 빠르게 치고 나갔다. 그리고 결국 그들이 연료 절약 규정을 엄수한 피터 폴크의 포르쉐 드라이버들보다 5바퀴 앞섰다. 란치아 레이스카 1대는 고장 났고, 다른 1대는 포르쉐 레이스카보다 3바퀴 앞서 결승선을 통과하며 우승했다. 그래도 포르쉐 레이스카는 그룹 C 부문에서 우승했다. 게다가 포르쉐 Typ 956 모델은 뜻밖에도 레이스를 마쳤을 때 연료 탱크에 아직 40.9리터가 남아 있었으며, 100km당 연료를 평균 41.48리터 썼다. 이는 100km당 18.5리터라는 발렌틴 쉐퍼의 연료 소모량 목표를 크게 상회하는 기록이었다.

완벽주의자인 수석 엔지니어 노르베르트 싱어가 자동차를 끌고 바이사흐에 돌아왔을 때 그의 메모지에는 해결해야 할 문제가 잔뜩 적혀 있었다. 그 문제가 다 해결된 뒤 자동차에 대한 마지막 테스트를 실시했다. 자동차의 네 바퀴를 올려놓고 롤러를 회전시켜 동력을 측정하는 섀시 동력계인 롤링 로드rolling road 테스트를 30시간 진행했고, 그런 다음 르망 24시간 레이스의 거리만큼 달리는 테스트도 6시간 진행했다. 테스트 드라이버들은 르망 24시간 레이스의 직선 구간인 뮬산 스트레이트 주행을 시뮬레이션하려고 전속력으로 30초 달리는 등 총 13.64km인 '서킷 드 라 사르트Circuit de la Sarthe' 구간에 대한 주행 훈련을 했다. 그렇게 해서 르망 24시간 레이스가 채 한 달도 남지 않은 5월 22일 해 질 무렵에 문제가 전혀 없는 새로운 레이스카가 완성됐다.

르망 24시간 레이스가 열리는 바로 직전 주에 노르베르트 싱어는 카레에서 데릭 벨과 재키 익스를 바이사흐로 다시 데려와 포르쉐가 르망 24시간 레이스에 출전시킬 Typ 956-002, 956-003, 956-004 모델 3대의 초기 테스트를 부탁했다. 그리고 프랑스에 도착한 뒤 포르쉐는 경쟁 차종 중 상당수가 실버스톤 레이스 때 출전했던 차종과 비슷하다는 걸 알게 됐다. 포르쉐는 경쟁 차종과 비교하며 자신들의 이론이 옳았다는 걸 확신했다. Typ 956 모델은 뮬산 스트레이트 구간을 시속 370km까지 달렸는데, 그건 10여 년 전에 나온 Typ 917 모델보다 시속 16km 정도 느린 속도였다. 그러나 새로 생겨난 지면 효과 덕에 코너링 때는 훨씬 더 빨라졌다. 코너링 때 드라이버들이 상반신과 목 근육에 과거보다 훨씬 큰 부담을 느낄 정도였다.

결국 재키 익스와 데릭 벨이 우승했는데, 그 과정에서 걱정거리가 전혀 없었던 건 아니다. 엔진에 연료 혼합과 냉각 문제가 생겼는데, 다행히 일요일 아침이 되자 모든 문제가 저절로 해결된 듯했다. 요헨 마스와 페른 슈판은 재키 익스와 데릭 벨보다 3바퀴 뒤진 상태로 2위를 기록했지만, 카메라에 잡힌 사진을 보면 6m 정도 뒤진 걸로 보였다. 포르쉐 Typ 956 No.3 자동차를 몰았던 헐리 헤이우드와 알 홀베르트와 위르겐 바르트는 2위에 6m 정도 뒤진 상태로 3위를 기록했는데, 1위 팀에 비하면 19바퀴 뒤진 상태였다. 레이스에 참가한 Typ 956-002, 956-003, 956-004 3대의 결승선 통과 순서는 모델명 번호순이었다.

레이스 관계자와 저널리스트가 낸 집계에 따르면, 포르쉐 자동차들은 그룹 C 부문 우승을 비롯해 북미국제모터스포츠협회IMSA 그랜드 투어링 실험GTX 부문 우승, 북미국제모터스포츠협회 GTO(2.5리터 이상 그랜드 투어링) 부문 우승, 그룹 5 및 그룹 4 우승(각 부문 우승에 톱 10 중 7)을 차지했다. 게다가 재키 익스와 데릭 벨은 에너지 효율 지수 부문에서도 우승했으며, 요헨 마스와 페른 슈판은 2위, 위르겐 바르트와 헐리 헤이우드와 알 홀베르트는 4위를 차지했다. 그리고 최종 관련 데이터에서도 익스와 벨 그리고 피츠패트릭Fitzpatrick의 고객 자동차를 몬 존 피츠패트릭John Fitzpatrick과 데이비드 홉스David Hobbs가 각기 해당 부문별 거리 완주 기록을 세웠다. (피츠패트릭과 홉스는 둘 다 영국 카레이서이며 포르쉐와 오랜 인연을 맺어왔다. 팀 소유주 피츠패트릭은 포르쉐 Typ 956 모델의 초기 고객 중 한 사람이기도 했다.)

레이스가 끝난 뒤 르망 24시간 레이스를 주관하는 프랑스서부자동차연맹ACO은 공식적인 결과를 내놓으면서 각 레이스카의 실제 연료 소모량을 발표했다. 재키 익스와 데릭 벨은 총 2341.3리터를 사용했고 258.71리터를 남겨 우승을 차지했다. 두 사람은 더 빨리 달릴 수도 있었을까? 아마 그랬을 것이다. 더 멀리 갈 수도 있었을까? 아마 그랬을 것이다.

그러나 페르디난트 포르쉐부터 존 와이어, 로저 펜스케Roger Penske 같은 외부 레이싱 전문가에 이르기까지 포르쉐의 레이싱 철학은 가능한 한 천천히 완주해야 우승할 수 있다는 것이었다. 자동차가 모든 걸 다 소진한 채 결승선을 통과해 1m도 못 가 멈추는 게 레이싱 목표인 것이다. 재미있는 결론이지만, 그러니까 레이스카를 최대한 효율적으로 제작해야 한다는 것이다. 결승선을 통과할 때 연료를 다 소진하게 하고, 그런 다음 바로 모든 것이 고갈되어야 한다는 것이다.

그렇다고 포르쉐 사람들이 몽상가는 아니었다. 르망 24시간 레이스는 그 자체로 모든 레이싱 시즌의 모든 것이자 궁극적인 것이었다. 그러나 챔피언이 되려면 많은 성공을 거두어야 했다. 포르쉐는 스파 레이스, 후지Fuji 레이스, 브랜즈 해치Brands Hatch 레이스 등에서 우승한 데 이어 세계내구챔피언십WEC에서도 우승했다. 게다가 재키 익스는 최우수 드라이버로 선정됐다.

포르쉐는 이제 1983년을 기다리고 있었다. 고객 레이싱 분야 책임자인 위르겐 바르트는 다음 세계내구챔피언십 시즌에 대비해 Typ 956 모델을 구입하려는 개인 레이싱 팀의 주문을 처리하는 등 벌써 바빠지고 있었다.

또 Typ 911 SC 모델은 이전 카레라 모델보다 너비도 조금 더 넓어졌다(1610mm에서 1652mm로). 그 외에 차체가 미묘하게 개선되었는데 크롬 도금 창틀과 도어 핸들, 헤드라이트 베젤 등도 눈에 띄었다. 자동차 하부는 앞뒤에 설치된 스웨이 바sway bar 덕에 핸들링이 더 개선됐다. 포르쉐는 카레라 모델에 앞뒤 터보 스포일러를 옵션으로 제공해, 날개 달린 타르가 모델과 카브리올레 모델에 대해 특별 주문을 할 수 있었다.

포르쉐는 1984년에 Typ 911 SC 모델을 새로운 3.2 카레라 시리즈(쿠페 보디 스타일, 타르가 보디 스타일, 카브리올레 보디 스타일)로 대체했다. 배기량이 3164cc인 새로운 수평 대향형 6기통 엔진은 출력이 231마력이었으며, 점화 스파크와 연료 분사를 제어하는 보쉬의 디지털 모터 전자 시스템이 사용됐다. 미국과 일본에서 배출가스 규제가 더 엄격해지면서 그 두 나라에서는 출력을 207마력으로 줄였다. 1985 모델 연도에는 터보 휠, 타이어, 브레이크와 함께 터보룩Turbolook 스포일러와 더 넓어진 펜더가 다시 옵션으로 제공됐다. 또 포르쉐는 자신들의 동기 맞물림식 5단 변속기를 손봐 기어 포스gear force를 줄였고, 변속 레버의 기하학적 구조를 바꿔 기어 변속 속도를 줄였으며, 그 새로운 기어박스를 G50이라고 불렀다.

포르쉐는 1987년 프랑크푸르트 모터쇼에서 자신들의 첫 복고 콘셉트를 선보였다. Typ 356 변종 생산을 중단한 지 30년 만에 스피드스터 보디 스타일을 제시한 것이다. 1988년과 1989년에는 자신들의 터보 플랫폼과 넓은 차체(일부 '보디가 좁은' 자동차도 나왔지만)를 토대로 3.2 스피드스터 모델을 조립했는데, 뒷좌석 짐칸에 토너 커버tonneau cover를 씌운 2인승 자동차였다. Typ 911 SC 모델은 이제 카브리올레 지붕을 자동으로 여닫게 됐지만, 스피드스터 모델은 오리지널 모델에 충실해 여전히 천으로 된 지붕을 손으로 여닫아야 했다. 그러나 스피드스터 모델에도 1950년대부터 써온 투박한 플라스틱 사이드 커튼 대신 3.2 카브리올레 모델의 자동 창문을 장착했다.

1989년 프랑크푸르트 모터쇼에서 포르쉐는 4륜구동 방식인 Typ 964 카레라 4 모델을 공개했는데, 배기량 3600cc에 출력이 250마력인 새로운 수평 대향형 6기통 엔진, 안티록antilock 브레이크, 새로운 코일-스프링 서스펜션이 장착되어 있었다. 1990년 초봄에는 후륜구동 방식 Typ 964 카레라 2, 타르가, 카브리올레 보디 모델도 선보였다. 또 터보룩 카레라 2 카브리올레 모델이 1992년 모델과 1993년 모델로 공개됐는데, 포르쉐는 미국 시장을 위해 향수를 자극하도록 '아메리카 로드스터'라는 이름으로 또 다른 복고풍 모델을 내놓았다. 동시에 포르쉐는 출력이 355마력인 후륜구동 방식 터보 카브리올레Turbo Cabriolet 모델도 내놓았다. 그리고 Typ 964 모델의 생산 중단이 가까워졌을 때, 포르쉐는 보디가 좁은 다음 스피드스터 모델을 내놓았다.

Typ 964 모델을 대체해 나온 게 카레라와 쿠페와 카브리올레 보디를 토대로 제작된 포르쉐의 1994년형 Typ 993 모델이었다. 그 모델의 배기량 3600cc짜리 업데이트된 엔진은 출력이 272마력이었다. 또 1964년에 나온 오리지널 Typ 911 모델을 처음으로 보디의 앞부분부터 뒷부분까지 싹 재디자인한 모델이기도 했다. 1994년 봄에는 카브리오Cabrio 모델이 나왔다. Typ 964 모델에서 발전되어 천장은 자동으로 여닫히게 됐다. 또 Typ 964 모델은 천장을 여닫으려면 엔진을 꺼야 했지만, Typ 993 모델은 주차 브레이크를 걸어 맞물린 기어를 풀기만 하면 됐다.

1996년 7월 15일에는 Typ 356 모델과 911 모델, 프런트 엔진 트랜스액슬 변형을 포함해 총 100만 번째 시리즈 양산차가 추펜하우젠 공장의 조립 라인을 빠져나왔다. 그 모델 연도에 포르쉐 엔지니어들은 엔진 출력을 285마력으로 끌어올렸고, 넓은 보디를 활용한 자연흡기식 쿠페 모델뿐 아니라 전부 유리로 된 커다란 접이식 루프가 눈길을 끄는 독창적인 타르가 모델도 선보였다.

1998년형 Typ 993 모델은 포르쉐에는 오랜 시대의 마감을 상징하는 모델이었다. 오랜 세월 사용해온 포르쉐의 전설적인 공랭식 엔진이 장착된 마지막 모델인 것이다. 배기가스와 소음 공해 때문에 일부 엔지니어는 수십 년간 원해왔고 일부 포르쉐 광팬들은 무작정 받아들이길 거부해온 한 가지 변화가 불가피해졌다.

1997년형 Typ 993 카브리올레 Typ 993 모델은 포르쉐 광팬 사이에서 여러 가지 논란을 불러일으켰다. 엔지니어들과 디자이너들은 전작인 Typ 964 모델에 비해 너무 편안함을 중시했다고 느꼈다. 그래서 레이싱 책임자 피터 폴크의 지시하에 Typ 993 모델은 민첩한 핸들링을 중시하게 됐다. 새로운 뒤 차축 조립이 도움이 됐다.

쇼 카show car와 관련된 팀원들은 포르쉐 배기량 3.3리터짜리 터보 플랫폼을 이용해 급하게 카브리올레 모델을 1대 조립했다. 방문객들은 엔진부터 앞 차축까지 이어진 드라이브샤프트가 거울에 그대로 비치는 걸 보고 놀랐다. 그리고 그들은 예상치 못한 또 다른 사실, 그러니까 Typ 911 터보 카브리올레 모델 역시 4륜구동 자동차라는 사실에도 놀랐다. 포르쉐에서는 뜻밖의 발표를 했다. "우리는 앞으로도 911 모델을 없애지 않을 뿐 아니라 여러분이 상상도 하지 못하는 방향으로 나아갈 겁니다!" 새로운 자동차는 세계 각국의 신문과 자동차 전문 잡지의 표지에 나오는 등 센세이션을 일으켰다.

지붕 없는 카브리올레 모델 911 쿠페의 강도를 높이는 철저한 각종 테스트를 하며 여름을 보냈고, 추펜하우젠 공장에서는 놀랍게도 10월 6일에 첫 Typ 911 SC 카브리올레 모델을 완성해 1982년 중반 모델로 공개했다. 자동차 소유주들은 천으로 된 루프를 손으로 올리고 내렸다. 그리고 최고경영자 에른스트 푸어만의 지시하에 포르쉐는 Typ 911 SC 모델을 내놓았는데, Typ 911 제품군을 보쉬 K-제트로닉 전자식 연료 분사 장치, 즉 배기량 2994cc에 출력 180마력인 자연흡기식 수평 대향형 6기통 엔진을 장착한 모델이었다. 출력은 마지막 카레라 모델에 비해 20마력이 줄었지만, 엔지니어들이 엔진을 손봐 카레라 모델의 경우 188파운드-피트였던 토크를 195파운드-피트로 높임으로써 도시에서의 주행성을 개선했다.

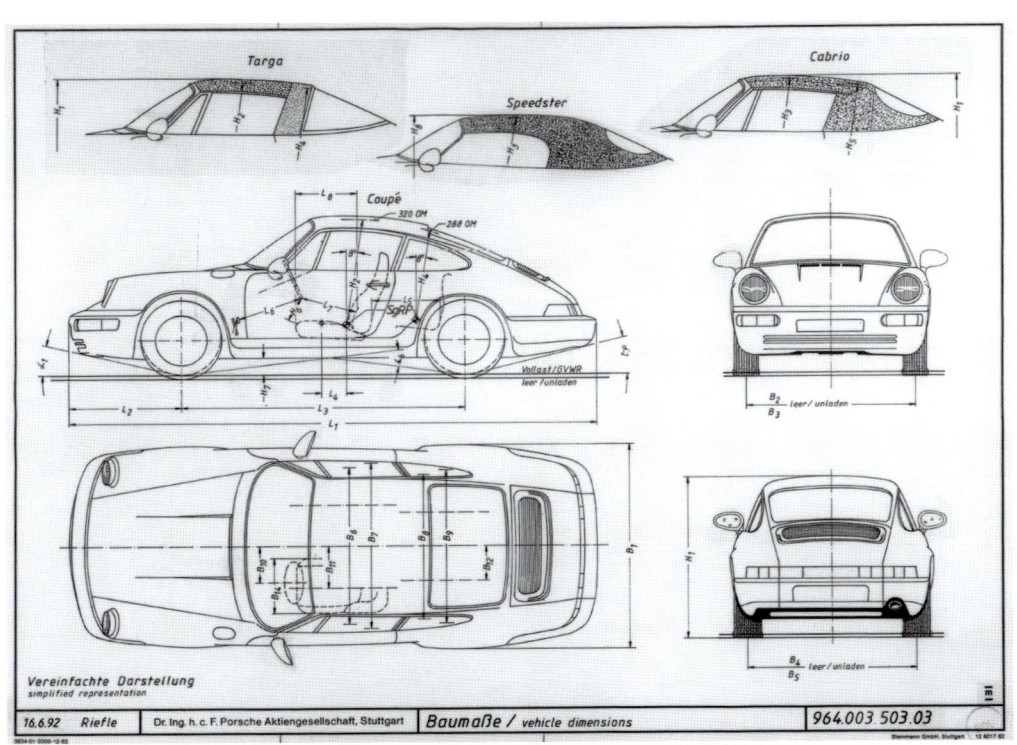

위쪽) 1992년형 Typ 964 카레라 2 카브리올레 터보 룩 포르쉐는 1992년과 1993년에 보디가 넓은 카브리올레 버전을 내놓아 미국 시장에 '카레라 2 아메리카 로드스터'란 이름으로 마케팅을 했다. 그 모델에는 표준 카브리올레 모델의 보디보다 123mm 더 넓은 너비 1755mm짜리 터보 보디가 쓰였다. 추펜하우젠 공장에서는 2년간 이 모델을 702대 조립했다.

왼쪽) 1992년형 Typ 964 카브리올레와 타르가 이 당시 계획을 보면, 포르쉐는 Typ 964 시리즈 제작 기간에 타르가 보디와 카브리올레 보디를 계속 사용하려 했을 뿐 아니라 루프 라인이 더 낮은 또 다른 스피드스터 버전을 제작하려 했다는 걸 알 수 있다. 포르쉐는 Typ 964 카레라 2 스피드스터를 1993년 모델로 내놓았다.

1967년형 Typ 912 타르가 컨버터블 자동차가 지붕을 접었을 때의 문제를 해결하고자 포르쉐에서 즉각 내놓은 해결책은 사진 속 자동차와 같은 통합된 롤 오버 바를 설치해 조종석과 지퍼식 뒷창문을 덮는 접이식 톱 패널을 보강하는 것이었다. 포르쉐는 1969년까지 4기통 엔진이 장착된 Typ 912 모델에 이런 조치를 취했으며, 1993 모델 연도 내내 Typ 911 모델군에 타르가 모델식 탈착형 루프를 장착했다.

아가 헬무트 보트를 만났습니다. 그러곤 그가 회사 상황에 대해 얘기해준 걸 전부 믿는다면서 Typ 911 모델로 컨버터블 버전을 만들기로 마음먹었다고 말했습니다. 그러자 그가 이런 반응을 보이더군요. '나는 우리가 그 일을 5~6년 전에 했어야 한다고 생각합니다. 왜 못 한 줄 아십니까? 생겨나지도 않을 규정이 두려워서였습니다.'"

일단 슈츠가 Typ 911 카브리올레 모델 개발에 박차를 가하자 헬무트 보트는 조금도 시간을 허비하지 않았다. 카브리올레, 즉 컨버터블 모델을 만든다는 건 단순히 강철 루프 부분을 드러내는 대신 천 조각을 갖다 대는 간단한 일이 아니었다. 그러나 헬무트 보트의 실험 부서는 한 달도 채 안 되어 그가 '로드스터 Roadster'라는 애칭까지 붙인 Typ 911 카브리올레 시제품을 만들어냈다. 그리고 4월 중순에는 그 시제품을 몰고 바이사흐 일대를 돌아다니기도 했다.

은퇴 이후 3년 만에 한 인터뷰에서 그는 자신이 Typ 911 타르가를 처음 몰았을 그때가 기억났다면서 당시 자신은 뒷창문을 완전히 탈착할 수 있어야 한다고 주장했다는 말도 했다. 그러니까 자신의 엔지니어들에게 쓴 메모에서 Typ 911 카브리올레 모델에도 지퍼식 뒷창문을 달기 원한다고 말했던 것이다. 시제품을 몰아보고 2주 조금 더 지나서 보트는 최고경영자 슈츠를 그 시제품에 태웠고 그에게 생산 승인을 받았다.

"그건 정말 흥미로운 도전이었습니다." 보디 엔지니어 오이겐 콜프가 필자에게 한 말이다. "첫 시제품을 보고 슈츠는 '좋아요. 시리즈 생산에 들어갑시다!'라고 말했어요. 그가 원하는 공개 날짜는 분명했습니다. 프랑크푸르트 모터쇼에서 공개하고 싶어 했죠."

레이스카 보디 디자이너 오이겐 콜프는 빠듯한 마감에 아주 익숙했으며, 물체의 움직임과 관련된 운동학에도 정통했다. 이번에 그는 활짝 열려 뒷좌석 뒤로 들어가 완벽히 밀봉되는 접이식 루프를 만들어야 했다.

"슈츠는 시제품을 보고는 자신들이 그걸 아주 빨리 만들 수 있을 거라고 기대했습니다." 오이겐 콜프의 말이다. "그런데 그건 불가능했습니다. 그는 얼마나 많은 일을 해야 하는지를 잘 알지 못했습니다." 동료들에 따르면, 최고경영자 슈츠에게 있는 한 가지 문제는 너무 단순하다는 점이었다. 각종 제안에 대한 그의 열정적인 반응은 명백한 지시가 아닌 한 대개 복잡한 과정이 생략된 승인으로 해석됐다.

이제 그들이 해야 할 일은 세상 사람들에게 Typ 911 모델의 부활을 알리는 것이었다. 단순히 강철 지붕을 드러내고 오픈카 형태 자동차를 보강하는 것만으로는 충분치 않다는 듯, 그들은 거기서 훨씬 더 멀리 나아갔다. 슈츠가 지붕을 접을 수 있는 카브리올레 버전 제작을 승인한 뒤, 그와 헬무트 보트는 그 자동차를 프랑크푸르트 모터쇼에서 4륜구동 섀시 형태로 공개해 포르쉐가 앞으로 나아갈 방향을 보여주자는 구상을 했다. 7월 초에 보트의 직원들은 Typ 911 A4라고 명명된 포르쉐의 첫 4륜구동 시제품 조립에 착수했다. 7월 초부터 모터쇼가 열리는 9월까지 하루하루가 휙휙 지나갔다. 프랑크푸르트 모터쇼가 시작되는 9월 17일, 저널리스트들과 초대받은 손님들은 거울 플랫폼 위에 서 있는 흰색 포르쉐 Typ 911 카브리올레 시제품을 보았다. 실내 장식도 잘 어울리는 흰색이었다.

1989년형 Typ 911 카레라 스피드스터 모델 주행을 마치고 배기량 3.2리터짜리 카레라 카브리올레 보디를 활용하는 문제를 심사숙고한 끝에, 포르쉐는 스피드스터라는 이름과 외양을 부활시켰다. 뒷좌석 짐칸에 유리섬유 덮개를 씌운 2인승 자동차였다. 포르쉐는 이 보디 너비가 좁은 스피드스터 모델을 171대 조립했으며, 너비가 123mm 더 넓은 터보룩 보디를 쓴 스피드스터 모델은 2103대 조립했다.

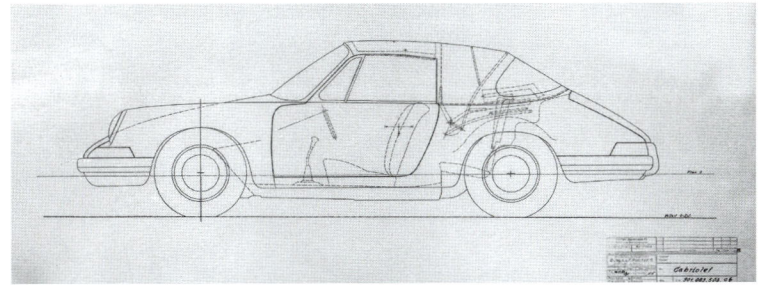

맨 위쪽) 1983년형 Typ 911S 카브리올레 지붕을 접을 수 있는 카브리올레 버전, 즉 컨버터블 버전 없이 모델 연도를 18년 보낸 뒤 포르쉐는 SC 시리즈의 마지막 해에 다시 카브리올레 버전을 내놓았다. 그 버전을 만들려면 상당한 섀시 보강 작업이 필요했지만, 시속 235km로 달릴 수 있어 세계에서 가장 빠른 수동식 컨버터블 자동차 중 하나가 되었다. 포르쉐는 첫해에 이 모델을 4096대 조립했다.

위쪽) 1964년형 Typ 901 카브리올레 페리 포르쉐는 일찍부터 Typ 356 모델에 오픈카 보디를 쓰라고 요구했었다. 그 요구는 내부 정책으로 유야무야되었지만, 디자인 및 테스트 결과 섀시 플랫폼을 강화해야 한다고 밝혀졌다. 게다가 엔진의 높다란 수직 팬 때문에 지붕을 접어 넣을 공간이 너무 부족했다.

Typ 911 모델의 선을 차트 끝 바깥쪽으로 늘려 벽 위까지 그리더니, 벽 가장자리에 다다르자 다시 다음 벽까지 이어서 그렸다.

"나는 사무실 벽에 지워지지 않는 매직펜 자국을 남겼습니다." 체셔 캣Cheshire Cat● 같은 웃음을 지으며 슈츠가 필자에게 한 말이다. "내가 말했죠. '보트 씨, 우리 마음이 통한 거죠?'"

"그는 밝은 표정을 지으며 자리에 앉아 있었습니다. 그러더니 이렇게 말하더군요. '그렇게 하실 수 있겠습니까, 슈츠 씨?'"

"할 수 있습니다, 보트 씨."

잠시 후 보트는 슈츠에게 카브리올레 자동차에 대한 자신의 꿈을 보여주었다. 자기 사무실 아래쪽 차고 깊숙한 데로 슈츠를 데리고 가 오픈카 형태인 Typ 911 모델을 보여준 것이다. 에른스트 푸어만이 해체하라고 지시했던 일명 '보트의 스피드스터Bott's Speedster' 모델이었다. 두 사람은 머리를 맞대고 그 오픈카를 시리즈 양산차로 만드는 것에 대해 얘기했는데, 그때 슈츠가 'Typ 911 모델이 아주 쌩쌩하게 살아 있다'는 걸 딜러와 고객에게 어떻게 알릴 것인지 물었다.

"포르쉐 임직원의 사기가 떨어지고 수익이 줄어든 건 자신들의 911 모델을 잃었기 때문입니다." 그러면서 슈츠는 필자에게 말했다. "저는 그때까지 911 모델에 앉아본 적도 없었습니다. 심지어 그게 어떤 차인지도 잘 몰랐습니다. 하지만 그건 중요치 않았습니다. 회사가 다시 잘 돌아가게 하는 게 최고경영자인 제가 해야 할 일이었고, 그게 가장 확실하고 가장 쉽고 가장 빠른 방법이었거든요."

보트에게서 바로 Typ 911 카브리올레 제작 제안서가 왔고, 슈츠는 곧바로 그 제안서를 승인했다.

"며칠 후 나는 다시 바이사흐 디자인/엔지니어링 센터를 찾

1983 – 현재

자외선 차단 크림 갖고 있는 사람?

Typ 911 카브리올레

1981년 1월 피터 슈츠는 새로운 포르쉐 최고경영자로서 추펜하우젠에 가기 전에 포르쉐의 딜러와 고객을 상대로 포르쉐 자동차와 관련된 인터뷰를 했다. 그는 가장 수익성이 높은 모델군이지만 너무 비싸고 포르쉐가 해결하길 거부하는 문제도 많은 데다 곧 단종될 것이라는 많은 단점에도 불구하고 고객 충성도가 매우 높은 Typ 911 모델에 실망하고 혼란스러워했다.

"기업을 키우고 싶다면 당신 스스로 고객의 꿈과 연결되어야 합니다." 포르쉐를 떠난 지 15년쯤 되던 해에 한 인터뷰에서 피터 슈츠는 이렇게 설명했다. "고객을 이해해야 하며 그들이 꾸는 꿈이 무엇이든 그 꿈을 실현해줘야 합니다. 만일 고객이 자신의 꿈을 발견하지 못한다면, 당신이 그 꿈을 보여주어야 합니다. 포르쉐는 지금 고객에게 그 꿈의 회원 자격을 파는 사업을 하고 있습니다."

그런데 슈츠는 포르쉐의 꿈과 사업이 위기에 처해 있다고 생각했다. 딜러와 고객을 대상으로 인터뷰한 직후에 슈츠는 좀 더 많은 걸 알아보려고 바이사흐 디자인/엔지니어링 센터 책임자인 헬무트 보트를 만나러 갔다. 보트의 사무실 벽에 걸려 있는 막대 차트에는 포르쉐 자동차의 생산 현황이 정리되어 있었다. Typ 924, 944, 928 모델은 4년 또는 그 이후에 생산 중단됐다. Typ 911 모델은 1981년에 생산이 중단됐다. 차트를 유심히 보던 슈츠가 바로 앞 책상에 있는 매직펜을 집어 들고는

1993년형 Typ 964 스피드스터 1954년부터 1958년까지 제작된 오리지널 Typ 356 스피드스터 모델은 열렬한 추종자 집단을 만들어냈다. 그래서 포르쉐는 카레라 2 플랫폼을 토대로 1989년형 Typ 356 카레라 버전을 내놓았다. 너비 1652mm로 더 좁아진 보디 형태로 930대 조립했다.

1982-1987

오픈 휠 방식에 새로운 지평을 열다

TAG P01

포르쉐가 포뮬러 원과 포뮬러 투의 오픈 휠 카 레이스에 마지막으로 참가한 1960년대 초반도 수십 년이 지났다. 그러나 그 레이스에 대한 호기심은 여전히 남아 있었다. 포르쉐 자동차가 다양한 세계 내구챔피언십WEC에서 그 어떤 활약을 벌이든, 네 바퀴가 모두 보디 밖으로 돌출된 1인승 자동차인 오픈 휠 카 레이스야말로 진정한 최고의 레이스이며, 그 외에 다른 레이스는 훈련이나 은퇴 활동에 지나지 않는다고 여겼던 것이다.

미국 내 미국 오토 클럽USAC과 챔피언십 오토 레이싱 팀CART 역시 그런 생각을 하고 있었다. 그래서 카 레이싱에 관심이 많은 미국 기업가 겸 영화 제작자인 테드 필드Ted Field가 자신들의 인디 레이스Indy race˚용 엔진을 가지고 포르쉐에 접근했을 때, 포르쉐의 엔지니어 헬무트 보트와 에른스트 푸어만은 관심을 보였다. 그 당시에 테드 필드는 캘리포니아에 기반을 둔 자신의 인터스코프Interscope 레이싱 팀을 이끌고 포르쉐의 카레라 RSR 모델과 Typ 935 모델로 성공적인 레이싱을 펼쳐왔다. 그와 공동 운전자 대니 온가이스Danny Ongais는 검은색 Typ 935 모델 2대를 몰고 북미국제모터스포츠협회IMSA 레이스와 르망 24시간 레이스에 참여하고 있었다. 테드 필드는 오픈 휠 카의 섀시를 구입했고, 포르쉐에서는 엔진 디자이너 발렌틴 쉐퍼와 한스 메츠거가 도움을 주었다. 두 사

1984년형 Typ TAG-P01과 맥라렌 맥라렌의 포뮬러 원 스타인 니키 라우다는 자신의 맥라렌 자동차에 어떻게든 포르쉐 엔진을 장착하고 싶어 했다. 한스 메츠거의 디자인과 발렌틴 쉐퍼의 터보차저 기술을 아주 신뢰했기 때문이다. 결국 그가 옳았다. 1984년 데뷔 시즌에서 니키 라우다는 포뮬러 원 챔피언 자리를 놓고 팀 동료 알랭 프로스트(Alain Prost)와 선두 다툼을 벌였다.

1980년형 Typ 인디 P6B 인터스코프 포르쉐 엔진 개발팀은 배기량이 2.65리터인 자신들의 수평 대향형 6기통 엔진을 개조해 인디 레이싱 요구사항에 맞춰 메탄올을 연료로 쓸 수 있게 했다. 인터스코프 모델의 파르넬리 P6B 섀시에 장착된 엔진은 최대 출력이 630마력이었다. 또 무게가 680kg인 이 레이스카는 테스트 트랙 주행에서 너무 빠른 속도를 낸 나머지 한 중요한 경쟁자에게 심각한 위협이 되었다. 그는 주최 측에 항의했고, 주최 측은 그를 잃지 않으려고 규칙을 바꾸는 걸 택했다. 그 바람에 인터스코프 모델은 경쟁력을 잃었다.

람은 자신들의 배기량 2650cc짜리 Typ 935 모델의 엔진 중 하나를 개조해 북미국제모터스포츠협회 레이스에서 허용된 연료인 알코올로 달릴 수 있게 했다.

테드 필드와 포르쉐에게는 안타까운 일이었지만, 이 모든 일은 포르쉐의 친구인 로저 펜스케를 비롯한 다른 많은 레이싱 팀 소유주들이 레이싱의 미래에 대해 미국 오토 클럽USAC과 이견을 보이던 상황에서 일어났다. 그리고 미국 오토 클럽 측 주장에 불만을 느낀 레이싱 팀 소유주들은 결국 CART, 즉 '챔피언십 오토 레이싱 팀Championship Auto Racing Teams'이라는 자동차 경주 대회를 새로 만들었다. CART는 전통에 매여 있는 기존의 USAC보다는 포르쉐의 방향과 일치하는 점이 더 많았다. 그러나 인디애나폴리스 500마일 레이스처럼 가장 중요한 레이스는 USAC가 주관하고 있었다. 그래서 상황이 복잡해졌다.

포르쉐는 자신들의 엔진을 USAC 스펙에 맞춰 조립했으며, 테드 필드의 자동차에 대한 자체 테스트 결과 역시 성능이 아주 뛰어났다. 사실 성능이 워낙 뛰어났기에 USAC의 일부 창단 멤버가 USAC 측을 향해 포르쉐의 속도를 제한할 방법을 찾지 않는다면 CART에 가입할 거라고 위협하기도 했다. 결국 인디애나폴리스 500마일 레이스를 몇 개월 앞두고, USAC는 자신들이 갖고 있는 옵션을 검토한 뒤 포르쉐를 염두에 둔 레이스 규칙을 변경하기로 했다. 그런데 그 변화가 워낙 급격해서, 포르쉐나 테드 필드 모두 우승 가능성이 아예 사라져버렸다. 그렇게 USAC는 자신들의 창단 멤버를 붙잡았고, 포르쉐는 USAC에서 철수했다.

그런데 뜻밖에도 1년 후 맥라렌 인터내셔널 측에서 포르쉐에 연락해와 포뮬러 원 레이싱용 엔진 제작 얘기를 꺼냈다. 다른 많은 레이싱 팀과 마찬가지로, 맥라렌은 자신들의 레이스카에 배기량 3.0리터짜리 자연흡기식 포드 코스워스 엔진을 쓰고 있었다. 그런데 1977년 이후 르노에서 터보 엔진으로 도전해오고 있었다. 그 같은 르노의 도전은 1981년까지는 그럭저럭 저지됐지만, 그들이 주는 메시지는 명확했다. 포뮬러 원에서 우승하려면 터보 엔진을 써야 한다는 것이었다. 맥라렌은 포르쉐가 북아메리카 캔-암 챌린지, 유럽 인터세리 레이스, 그룹 4, 5, 6 레이스에서 많은 성공을 거둔 걸 익히 알고 있었다. USAC와 포뮬러 원을 주관하는 국제자동차연맹FIA의 중요한 차이점을 알고 있던 포르쉐의 엔지니어 헬무트 보트와 한스 메츠거는 요구사항을 파악하기 위해 맥라렌의 부사장 론 데니스Ron Dennis와 디자이너 존 바너드John Barnard를 만났다.

헬무트 보트도 제안서를 냈지만, 맥라렌은 엔진 개발에 들어가는 모든 비용을 포르쉐에서 부담하도록 제안했다. 페리 포르쉐는 그 제안을 거부했다. 그런데 뜻밖에도 그 당시에 한 포뮬러 원 레이싱 팀을 후원하며 장기적인 기술 발전 프로그램에도 두루 관심이 많던 TAG라는 기업이 맥라렌의 후원자로 나섰다. 그 덕에 돈 문제는 해결됐다. 결국 1981년 10월 12일에 맥라렌 부사장 론 데니스와 포르쉐 최고경영자 피터 슈츠는 계약서에 서명했다.

엔진 디자이너 한스 메츠거와 터보 엔진의 장인 발렌틴 쉐퍼를 비롯한 포르쉐 엔진 개발팀은 1년간 아주 바쁜 시간을 보냈다. 인터쿨러가 장착된 배기량 1499cc짜리 새로운 6기통 트윈-터보 엔진을 만들었다. TAG와 맥라렌 그리고 포르쉐 간의 계약에 따르면 마감 기한이 엄격했다. 맥라렌은 디자이너 존 바너드가 디자인한 자신들의 최신 자동차에 그 엔진을 장착한 뒤 테스트하고 1984년부터 1987년까지 대대적으로 홍보할 생각이었다. 1981년 12월 18일에 드디어 포르쉐의 첫 시제품 엔진을 시험 가동했다. 한스 메츠거의 출력 목표는 600마력을 조금 넘는 것이었는데, 시험 결과 그 목표는 초과 달성됐다. 장차 더 발전될 잠재력이 크다는 점이 입증된 것이다.

호기심이 발동한 포르쉐 측에서는 그 새로운 엔진을 자신들의 Typ 956 모델 중 하나에 장착해 실제 주행 상황에서 터보 래그turbo lag, 스로틀 반응, 엔진 성능 등을 테스트했다. 그러나 이는 새로 개발되는 엔진은 맥라렌 레이스카에만 사용된다고 명시

된 맥라렌과의 계약 조건에 위배되는 일이었다. 맥라렌 부사장 론 데니스는 Typ 956 모델의 공기역학적 구조와, 특히 무게는 실제 포뮬러 원 레이스 세계와는 거리가 멀다고 봤다. 어쨌든 욱하는 성격을 지닌 론 데니스를 달래려면 헬무트 보트와 피터 슈츠가 나서서 설득해야 했다.

포르쉐는 1983년 3월 28일에 맥라렌 MP4 모델에 새로 개발한 엔진을 장착했다. 그 자동차는 바이사흐 디자인/엔지니어링 센터의 테스트에서 꾸준한 시험 주행을 해 누적 주행 거리가 6400km에 달했다. 한편 포르쉐는 새로운 엔진을 10개 더 조립하기 시작했다. 맥라렌은 1983년에만 시험 주행을 할 계획이었지만, 이미 많은 시험 주행을 한 레이싱 팀 드라이버 니키 라우다 Niki Lauda는 다른 생각을 하고 있었다. 당시 맥라렌의 주요 후원사는 담배 회사 말보로 Marlboro였다. 그들은 니키 라우다와 개인적인 계약도 맺고 있었다. 그러니까 니키 라우다가 맥라렌의 론 데니스와 디자이너 존 바너드를 건너뛴 채 맥라렌이 근본적으로 시간 낭비를 하고 있다며 말보로 회장을 설득한 것이다.

당시 새로 개발된 엔진은 최대 출력이 700마력으로, 포드 코스워스 엔진보다 200마력 정도 더 높았다. 즉 르노의 터보 엔진

맨 위쪽) 바이사흐 디자인 센터에서의 1983년형 Typ 맥라렌 MP4/1D와 TAG-P01 맥라렌과 TAG 팀의 수송 차량과 지원 차량이 팀의 대규모 테스트 및 개발 프로그램의 일환으로 바이사흐 테스트 서킷으로 이동했다. 출력 700마력에 배기량이 1.5리터인 포르쉐의 트윈-터보차저 방식 트윈-인터쿨러 6기통 엔진은 이곳에서 4000km 넘는 테스트 주행을 했다.

위쪽) 1983년형 Typ 2623 TAG-P01 엔진 한스 메츠거가 이 6기통 엔진에 실린더 내경 82mm, 스트로크 47.3mm를 적용해 총 배기량이 1499cc였다. 무게 150kg인 이 엔진은 처음에 레이스용 부스터 압력 3.3바(48psi) 상태에서 출력이 1만 1200rpm에서 600마력 나왔다.

오스트리아 외스테라이히링 서킷에서 열린 1984년 포뮬러 원 레이스 7번을 단 알랭 프로스트는 참가 자격은 2위로 받았으나 출발선에선 예선 1위를 했던 넬송 피케트(Nelson Piquet)를 제치고 선두에 나섰다. 8번을 단 니키 라우다는 5위로 출발했으나 코스 안쪽에서 속도를 올려 11번을 단 오스트리아 카레이서 엘리오 데 안젤리스(Elio de Angelis)를 제쳤다. 오스트리아인인 니키 라우다는 자기 고향의 서킷에서 우승을 차지했다. 이건 그 시즌 12번째 레이스였으며, 포뮬러 원 그랑프리가 시작된 1950년 이후 400번째 포뮬러 원 그랑프리 레이스이기도 했다.

맨 위쪽) 테스트 중인 1984년형 Typ 맥라렌 MP4/1D 모델과 TAG-P01 엔진 맥라렌 사람들이 1983년 2월 폴 리카르 서킷에서 잠시 피트에 들어온 테스트 드라이버 알랭 프로스트 주변에 둘러서 있다. 미셸린과 보쉬의 기술자들도 보인다. 이들의 노력은 좋은 성적을 냈는데, 알랭 프로스트는 1984년 시즌에 7개 레이스에서 우승을 차지했다.

위쪽) 1985년형 Typ TAG-P01 엔진과 맥라렌 알랭 프로스트는 1984년에 맥라렌에 합류했다. 챔피언십에서 니키 라우다에 이어 2위를 차지했다. 알랭 프로스트는 1985년 시즌 11번째 라운드에 네덜란드 그랑프리 레이스에서 자신의 맥라렌-TAG 모델을 몰고 종합 2위를 차지했다. 그리고 챔피언십에서 우승했다.

과 맞먹는 수준에 도달해 있었다. 말보로는 항의하는 론 데니스와 존 바너드에게 후원사로서 막강한 영향력을 과시했다. 그 결과 니키 라우다는 영국 실버스톤 레이스에서 몸을 푼 다음, TAG P01 엔진이 장착된 새로운 맥라렌 MP4 모델을 몰고 네덜란드의 잔드보르트 레이스, 이탈리아의 몬차 레이스, 영국의 브랜즈해치 레이스, 남아프리카공화국의 키얄라미 레이스에 출전했다.

그런데 실전 레이싱 상황에서 배우는 게 더 많다는 데는 모든 사람이 동의하겠지만, 이는 너무 이른 시도였는지도 모른다. 포르쉐는 계약상의 모든 타협안에 따라 자신들의 엔진을 포드 코스워스 엔진용으로 디자인된 섀시에 탑재해서 맥라렌의 디자이너 존 바너드가 다루기 쉽게 했다. 그렇다 보니 인터쿨러가 들어갈 공간이 불충분했다. 특히 브레이크를 장착하는 건 더 힘들었다. 이런 점들은 500마력이라는 최대 출력에는 별 영향을 주지 않았지만, 니키 라우다와 팀 동료 존 왓슨John Watson은 다른 사람들에 비해서는 이르게 정지선 150m 앞에서 브레이크를 밟기 시작하는 법을 익혔다. 브레이크를 밟는 그 긴 시간에 엔진이 유휴 상태로 들어가서 다시 속도를 높이는 데는 시간이 더 오래 걸렸다.

남아프리카공화국의 키얄라미 레이스를 앞두고 맥라렌 디자이너 존 바너드는 아주 많은 문제를 해결했다. 그 덕에 니키 라우다는 두 번째로 빨리 트랙을 돌았지만, 전기 문제가 지속적으로 발생해서 겨우 11위로 결승선을 통과했다.

그룹 C 레이스에서 그랬듯, 국제동차연맹은 1984년부터 포뮬러 원 레이스에서도 연료 사용 제한 규정을 적용하기 시작했다. 연료 허용량이 220리터로 제한되어 레이스당 58.1 미국 갤런US gallon만 사용할 수 있게 되었다. 그러자 포르쉐 엔진 디자이너 한스 메츠거는 엔진 압축비를 7.8:1로 늘렸다. 보쉬는 연료 효율성이 더 높은 모트로닉 순차식 연료 분사 및 불꽃 점화 시스템을 새로 개발했다. 게다가 맥라렌 디자이너 존 바너드가 새로운 섀시를 만들어내자, 맥라렌 레이싱 팀의 레이싱 판세까지 바뀌면서 결국 새로운 팀 동료 알랭 프로스트(존 왓슨을 대체함)가 리우데자네이루에서 열린 시즌 개막 레이스에서 우승을 차지했다.

프로스트가 우승한 뒤 관계자들이 그의 자동차를 점검해보니, 아직도 연료가 5.3갤런(20리터)이 남아 있었다. 남아프리카공화국의 키얄라미에서 열린 그 시즌의 두 번째 레이스에서는 니키 라우다가 1위, 알랭 프로스트가 2위를 기록하는 등 맥라렌이 1, 2위를 석권했다. 그 시즌의 나머지 기간에도 포르쉐의 엔진 디자인과 존 바너드의 섀시, TAG의 지원은 계속해서 빛을 발했다. 레이싱 시즌을 마치면서 포뮬러 원 월드 컨스트럭터 챔피언십Wold Constructors' Championship의 영광은 맥라렌-TAG 레이싱 팀에게 돌아갔다. 포르쉐의 엔진 덕에 니키 라우다는 월드 드라이버즈 챔피언십을 거머쥐었고, 알랭 프로스트는 2위를 차지했다.

1985 시즌에 국제자동차연맹은 연료 허용량을 다시 51.5 미국 갤런(195리터)으로 줄였다. 포르쉐 엔진 디자이너 한스 메츠거는 엔진 압축비를 8.0:1로 늘리고 터보 부스트turbo boost도 3.3바(48psi)에서 3.4바로 높였다. 그러자 최대 출력이 850마력이 되었다. 보쉬는 연료 분사 및 점화를 위해 3세대 엔진 관리 시스템을 제공했고, 맥라렌 디자이너 존 바너드는 터보차저의 위치를 바꿔 스로틀 반응을 개선했다. 그 결과 맥라렌은 다시 우승을 차지했고, 월드 드라이버즈 챔피언십의 영광은 총 16회 레이스에

맨 위쪽) 브랜즈 해치에서 열린 1984년 영국 그랑프리 영국에서는 1971년부터 담배 광고가 금지됐다. 이는 말보로-맥라렌 팀에게는 영국에서 열리는 레이스에서 후원사 이름을 밝힐 수 없다는 걸 의미했다. 니키 라우다(8번)는 세 번째 빠른 속도로 레이스 참가 자격을 얻었다. 실제 레이스에서는 트랙 71바퀴를 돈 끝에 2위를 차지한 르노 자동차보다 42초 앞서 결승선을 지나면서 종합 우승을 차지했다.

위쪽) 미드-오하이오 코스를 달리는 1989년형 Typ 2708 인디 모델 오픈 휠 레이스에 도전한 포르쉐에 또다시 좌절을 안겨준 레이스였다. 전설적인 인디애나폴리스 500마일 레이스 출전을 계획하고 있던 포르쉐의 바이사흐 디자인/엔지니어링 센터는 포르쉐 모터스포츠 북미 레이싱 팀과 함께 레이싱 참가 준비를 시작했다. 한스 메츠거는 0.6바 부스트(8.7psi)에서 700마력 출력을 내는 배기량 2.6리터짜리 메탄올 연료식 8기통 엔진을 새로 준비했다. 섀시가 계속 문제였으나, 끝없는 테스팅을 거친 끝에 1989년 9월 미드-오하이오 스포츠카 코스에서 그 자동차로는 처음이자 유일한 종합 우승을 차지했다. 포르쉐는 1990년에 철수했다.

서 6회 우승을 차지한 알랭 프로스트한테 돌아갔다. 니키 라우다는 전기 고장에 따른 차체 떨림 문제에 시달리다가 결승선을 통과하기보다는 중도 탈락하는 경우가 더 많아 월드 드라이버즈 챔피언십 10위에 그쳤고, 결국 그해 말에 레이싱계를 떠났다.

1986년 맥라렌 레이싱 팀에는 케케 로스베르크Keke Rosberg가 합류해 알랭 프로스트와 팀을 이뤘다. 한편 그 무렵 프랭크 윌리엄스Franck Williams•가 이끄는 윌리엄스 레이싱 팀에서는 혼다 엔진을 사용하기 시작했다. 맥라렌 레이싱 팀을 후원하던 TAG는 윌리엄스 레이싱 팀도 후원하고 있었다. 그래서 그들에게도 포르쉐-TAG 엔진을 제공했다. 그러나 레이싱 팀 소유주인 프랭크 윌리엄스는 포르쉐가 여기저기 두루 적용되는 엔진을 제공할 게 뻔한 데다가 경쟁사인 맥라렌 인터내셔널과 정보를 공유하거나 자신의 필요를 타협해야 하는 것도 꺼려졌다. 그래서 윌리엄스는 혼다에 접근했다.

알랭 프로스트는 레이스를 시작해 네 차례 우승했고, 다시 월드 드라이버즈 챔피언십을 가져갔다. 케케 로스베르크는 월드 드라이버즈 챔피언십에서 6위를 차지했다. 변화의 시기를 예고하듯 맥라렌-TAG 레이싱 팀은 포뮬러 원 월드 컨스트럭터 챔피언십에서 새로운 강자인 혼다에 밀려 2위에 머물렀다.

포르쉐가 TAG 및 맥라렌과 맺은 계약 기간의 마지막 해인

1987년에, 포르쉐의 엔진 디자이너 한스 메츠거는 터보 부스트를 3.5바(51psi)로 높이고 엔진 압축비 또한 8.7:1로 늘렸다. 그 결과 알랭 프로스트와 새로운 카레이서 스테판 요한손Stefan Johansson은 각종 레이스에서 900마력까지 낼 수 있었다. 몇 년간 한스 메츠거는 한계 회전 속도 내에서 엔진 속도를 1983년의 1만 1200rpm에서 1987년에는 1만 2600rpm까지 늘릴 수 있었다. 카레이서들은 엔진 속도를 순식간에 1만 3000rpm까지 낼 수도 있었다. 포르쉐 엔진 제어 장치 덕에 카레이서들은 계속 자신들의 터보 부스트를 변화시킬 수 있었다. 그리고 1987년에는 모트로닉 시스템 덕에 카레이서들이 조종석 안에서 3단계 선택 장치로 연료 혼합비를 바꿀 수 있게 됐다.

포르쉐의 엔지니어 겸 카레이서인 위르겐 바르트에 따르면, 아주 지적이고 사려 깊고 통찰력도 뛰어나 다른 카레이서들 사이에 '교수'로 알려져 있던 알랭 프로스트는 3단계 선택 장치를 쓰지 않았다. 바르트는 이렇게 말했다. "모든 카레이서 중에 타이어 고무와 브레이크 패드 또는 연료를 가장 적게 쓰는 사람이 바로 프로스트였습니다. 심지어 설정도 바꿀 필요가 없었죠. 그는 레이스에서 늘 연료 혼합비를 조금 후하게 잡았는데, 연료가 증발해 내부가 더 많이 냉각될수록 엔진이 손상될 가능성이 줄어들기 때문입니다."

모터스포츠계에는 이런 말이 있다. "레이스에선 가끔 10센트짜리 부품 하나 때문에 진다." 1987 시즌에 아주 간단하면서도 값싼 부품 때문에 연달아 실패를 맛보면서, 맥라렌과 TAG 그리고 그게 마지막 시즌이었던 포르쉐는 실망을 금치 못했다. 맥라렌은 총 16회 포뮬러 원 레이스에 참가해 단 4회밖에 우승하지 못했다. 그해 월드 드라이버즈 챔피언십에서 알랭 프로스트는 4위, 스테판 요한손은 6위를 기록했다. 인상적인 레이스였다. 그리고 1983년 말부터 1987년 말까지 맥라렌과 TAG는 포르쉐 엔진 덕에 월드 챔피언십에서 3회 우승했고, 총 68회 포뮬러 원 그랑프리 레이스 가운데 25회 우승했다.

1988년에 맥라렌은 윌리엄스 레이싱 팀을 따라 혼다 엔진을 사용했는데, 혼다는 그 엔진을 무료로 제공했다. 포르쉐는 그런 인심을 쓸 여력이 없었다. 그래서 TAG는 모든 비용을 지불해야 했다. 안타깝게도 포르쉐의 바이사흐 디자인/엔지니어링 센터는 배기량 1.5리터짜리 6기통 엔진의 사용처를 더 찾을 수 있을 거라는 기대하에 계약을 체결했다. 그러나 그 엔진은 주행 특성 때문에 내구 레이스에는 맞지 않았고, 미래의 시리즈 생산에 적용할 수도 없었다.

1990년형 Typ 3512 풋워크-포르쉐 포뮬러 원 엔진 포르쉐 엔지니어 한스 메츠거에게 이 엔진은 큰 좌절감을 안겨주었다. 포르쉐의 고객인 풋워크 레이싱(Footwork Racing)은 새로운 포뮬러 원 규정에 맞는 엔진, 즉 최대 배기량 3.5리터짜리 자연흡기식 엔진 개발을 의뢰해왔다. 풋워크 레이싱에서는 무게가 150kg을 넘지 않으면서 700마력 출력을 내는 엔진이 필요했다. 그런데 이 엔진은 670마력이어서 출력이 부족했고 무게는 165kg이어서 너무 무거웠다.

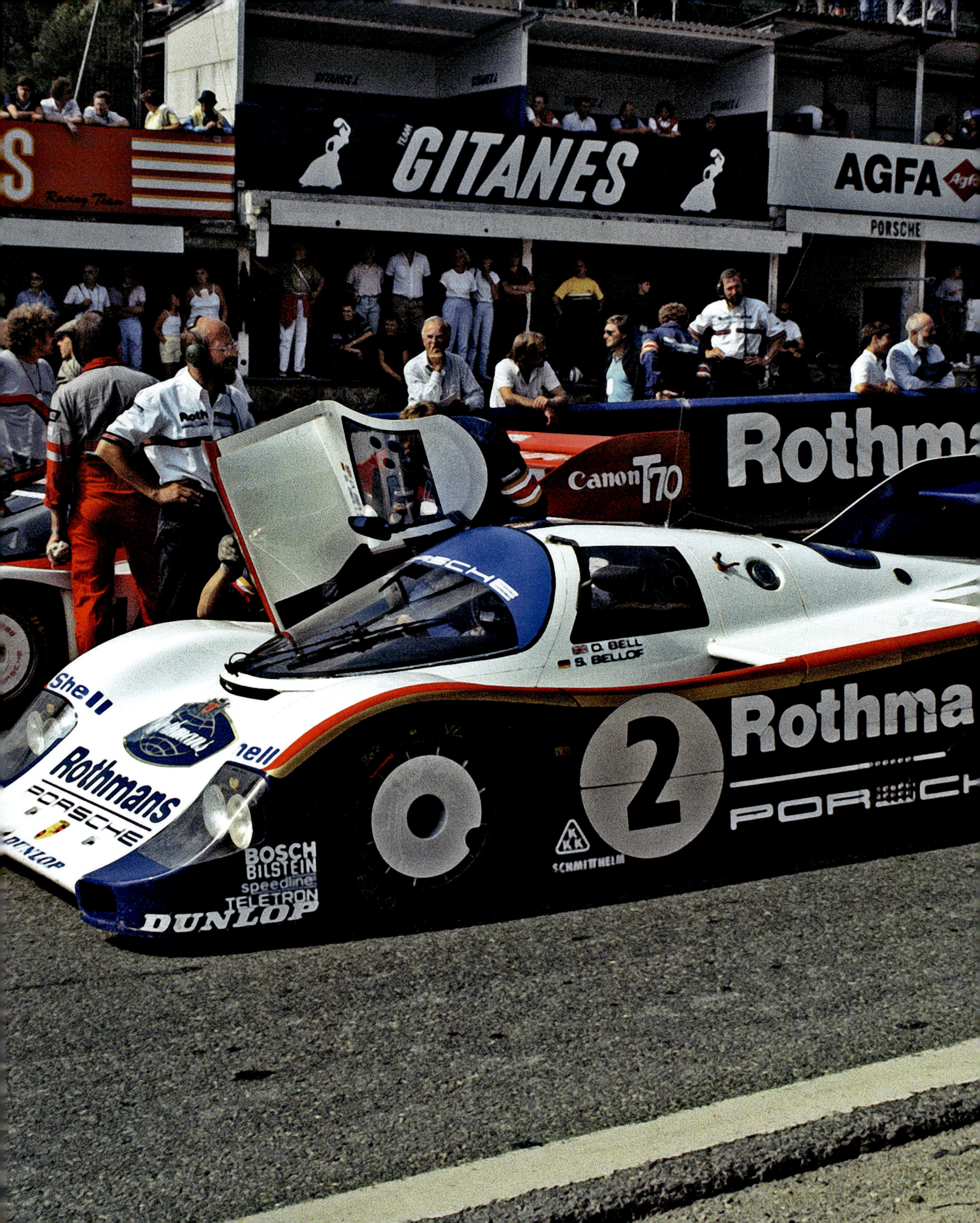

1983–1995

레이스를 그만두고 고객 속으로

Typ 956, 962

레이싱 엔지니어 노르베르트 싱어와 발렌틴 쉐퍼는 Typ 956 모델의 스파크-점화/연료-분사 제어 장치를 보쉬의 새로운 모트로닉 장치로 업그레이드했다. 그 바람에 공장 레이싱 팀 소속 자동차는 이탈리아 몬차에서 열린 세계내구챔피언십WEC 오프닝 라운드에서 문제를 일으켰다. 그렇지만 이미 여러 개인 레이싱 팀이 자신들의 Typ 956 모델을 운용 중이었고, 그중 일부 레이싱 팀은 자체적으로 테스트와 업그레이드 작업까지 했다. 그 결과 외스트 레이싱 팀을 소유한 라인홀트 외스트는 자신의 Typ 956 모델을 몰고 몬차에서 우승했다. 또 그의 예비 자동차는 2위를 차지한 공장 레이싱 팀 소속 자동차에 이어 3위를 기록했다.

공장 레이싱 팀 소속 자동차든 개인 레이싱 팀 소속 자동차든, 세계내구챔피언십 규정하에서 포르쉐 자동차가 우승한 것은 주목할 만한 일이었다. 공장 레이싱 팀은 실버스톤, 뉘르부르크링, 르망, 스파, 후지, 무젤로, 키얄라미 등의 레이스에서 우승을 거머쥐었다. 특히 세계내구챔피언십에서는 2위인 이탈리아 란치아를 큰 점수(총 140점 중 32점) 차로 따돌리며 우승했다.

1983년에는 노르베르트 싱어, 호르스트 라이터, 오이겐 콜프가 북미국제모터스포츠협회IMSA의 GTP 시리즈에 적합한 956 그룹 C를 개발했으며, 그 새로운 자동차를 Typ 962라고 명명했다. 연료

벨기에 스파 레이스에 참가한 1984년형 Typ 956-83 카레이서 데릭 벨과 슈테판 벨로프는 두 번째 빠른 속도로 참가 자격을 얻어 스파-프랑코르샹에서 열린 1000km 레이스에 참가했다. 이 악명 높은 고속 서킷에서 평균 시속 169.95km로 달린 끝에 두 카레이서는 출발한 지 거의 6시간 만에 종합 1위로 결승선을 통과했다.

맨 위쪽) 샌다다운 파크에 나타난 1984년형 Typ 956-83 호주 멜버른 중심 근처의 샌다다운 파크에서 열린 시즌 마지막 1000km 레이스에서만 볼 수 있는 매력적인 장면 중 하나는 포르쉐의 정비공들이 공장 소속 레이스카 3대를 몰고 시내 도로를 이용해 서킷까지 이동하는 모습이었다. 2번 차를 몬 카레이서 데릭 벨과 슈테판 벨로프는 가장 빠른 속도로 레이싱 참가 자격을 얻었다. 실제 레이스에서도 팀 동료인 재키 익스/요헨 마스 팀보다 3바퀴나 앞서 종합 우승을 차지했다. 포르쉐는 포뮬러 원 월드 챔피언이었던 호주 카레이서 앨런 존스(Alan Jones)를 초대해 같은 호주 카레이서인 번 슈판(Vern Schuppan)과 함께 3번 차를 몰게 했는데, 그 팀은 8위를 기록했다.

위쪽) 뉘르부르크링 레이스에 참가한 1984년형 Typ 956 C1 뉘르부르크링에 새로 생겨난 4.54km 길이 그랑프리 서킷은 1984년 세계내구챔피언십 4라운드에서 세상에 첫선을 보였다. 레이싱 팀 소유주인 라인홀트 외스트는 제3의 카레이서를 위한 자리를 마련해달라는 요청을 받았다. 그래서 그 카레이서가 자신에게 돈을 내는 거냐고 물었는데, 알고 보니 자신이 돈을 내야 하는 상황이었다. 포뮬러 원 레이스의 스타 아일톤 세나(Ayrton Senna)는 시즌 후반에 포뮬러 원 레이스를 위해 뉘르부르크링의 새로운 서킷에 대해 많은 걸 배워야 했던 것이다. 그는 결국 헨리 페스카롤로(Henri Pescarolo), 슈테판 벨로프와 함께 7번 자동차에 올랐고, 종합 8위를 기록했다.

탱크는 구조물 중앙에 단단히 자리 잡았다. 그 앞쪽 벽은 운전석 뒷부분이었고, 그 뒤쪽 칸막이벽은 엔진 방화벽이었다. 앞 차축을 움직이려면 새로운 차체 앞부분과 새로운 보디가 꼭 필요했다. 그래서 노르베르트 싱어는 완벽에 가까운 보디를 만들기 위해 풍동 안에서 수백 시간을 보내야 했다.

포르쉐는 1984년 2월 데이토나 24시간 레이스에서 Typ 962 모델을 처음 선보였다. 그 레이스에서 레이싱 엔지니어 노르베르트 싱어는 Typ 962-001 모델에 전설적인 미국 카레이서 마리오 안드레티 Mario Andretti와 그의 아들 마이클을 앉혔다. 그 바람에 포르쉐에서 데이토나 24시간 레이스를 위해 자신들에게 Typ 962-001 모델을 줄 거라고 믿었던 여러 레이싱 팀 소유주를 실망시켰다. 그 레이스에서 안드레티 부자는 완주하지 못했다. 북미국제모터스포츠협회 규정하에서는 Typ 962 모델에 1978 '모비 딕' 쿠페에 장착됐던 배기량 3211cc짜리 포르쉐 엔진을 장착할 수 있었는데, 레이싱 팀은 대부분 시즌 내내 그렇게 했다. 데이토나 24시간 레이스에서는 포르쉐 엔진을 장착한 마치 83G March 83G 모델을 몬 남아프리카공화국 팀이 우승했다. Typ 935 모델 1대는 2위를 차지했고, 또 다른 1대는 다크호스로 등장한 재규어 XJR-5(3위)에 진로가 막혀 4위를 기록했다.

데이토나 24시간 레이스 주최 측은 국제자동차스포츠연맹 FISA 회장 장-마리 발레스트레 Jean-Marie Balestre를 초대해 미국인

들이 24시간 레이스를 어떻게 끌어가는지를 참관하게 했다. 북미국제모터스포츠협회는 연료 제한 규정을 두지 않았고, 레이스는 경쟁이 치열한 게 아주 흥미진진했다. 발레스트레는 미국인들의 레이스 운영 방식에 깊은 인상을 받고 프랑스로 돌아갔다. 그리고 뜻밖에도 그간 자신이 지지해온 국제자동차스포츠연맹의 한 규정을 철회했다. 그 규정에 따라 1984년에는 연료 허용량을 다시 15퍼센트 줄였으나, 이후 그 규정을 완전히 없애버린 것이다. 레이싱 엔지니어 노르베르트 싱어와 발렌틴 쉐퍼는 이제는 철회된 그 규정에 맞추려고 무진 애를 써왔는데, 그 규정은 단순히 드라이버를 비틀어 한 번 더 조이면 끝나는 간단한 규정이 아니었다.

1984년 세계내구챔피언십WEC 오프닝 라운드에서 포르쉐 공장 소속 레이싱 팀은 Typ 956/83 모델 2대를 끌고 레이스에 참가했다. 그러고는 란치아 모델 1대와 개인 Typ 956 모델 3대를 제치고 1위와 2위로 결승선을 통과했다. 그리고 영국 실버스톤에서는 그해의 본보기가 될 만한 일이 일어났다. 포르쉐 공장 소속 레이싱 팀이 우승을 차지했고, 톱 10에 들어간 자동차 가운데 무려 6대가 포르쉐 Typ 956 모델이었다. 란치아 LC2-84 모델 2대가 그 뒤를 따랐고, 10위 자리는 또 다른 공장 소속 포르쉐 956/83 모델에게 돌아갔다.

국제자동차스포츠연맹에 대한 실망은 계속됐고, 결국 포르

맨 위쪽) 스파 레이스에 참가한 1985년형 Typ 962 C 2번 자동차를 몬 데릭 벨과 한스-요아힘 슈투크(Hans-Joachim Stuck)는 리카르도 파트레세(Riccardo Patrese), 난니니(Nannini), 마우로 발디(Maruo Baldi)가 모는 란치아 LC2-85 모델(4번)과 나란히 2위로 출발했다. 그리고 벨과 슈투크는 세계내구챔피언십 7번째 라운드 1000km 레이스 마지막 순간에 마우로 발디와 밥 볼렉, 리카르도 파트레세가 몬 란치아 레이싱 팀의 또 다른 자동차(5번)보다 2분 뒤처진 2위로 결승선을 통과했다.

위쪽) 노리스링에서의 1985년형 Typ 962 C 노리스링의 독일 레이싱 챔피언십에서는 만프레트 빙켈호크(Manfred Winkelhock)가 크레머 형제의 리퀴 몰리 레이싱 포르쉐를 몰고 종합 5위를 기록했다.

쉐는 일관성 결여에 대한 항의 표시로 르망 24시간 레이스에서 철수했다. 그러나 포르쉐가 원하는 활약을 개인 레이싱 팀이 해주었다. 라인홀트 외스트 레이싱 팀이 우승했고, 프레스턴 헨Preston Henn은 2위, 존 피츠패트릭은 3위에 올랐다. 세 팀 모두 새로운 포르쉐 Typ 956 B 모델을 몰았다.

맨 위쪽) 데이토나에서의 1986년형 Typ 962 데이토나에서 열린 1986년 세계내구챔피언십 시즌 오프닝 라운드에서는 레이싱 팀 소유주 알 홀베르트가 포르쉐 공장 소속 카레이서인 데릭 벨과 인디 챔피언 알 언서 주니어(Al Unser Jr.)와 팀을 이뤄 종합 우승을 차지했다. 24시간 레이스가 끝났을 때 세 운전자는 트랙 712 바퀴를 돌아 총 4079.23km를 달렸으며, 2위를 기록한 A. J. 포이트(A. J. Foyt)의 Typ 962보다 1분 49.15초 빨리 결승선을 통과했다.

위쪽) 세브링에서의 1986년형 Typ 962 IMSA 세브링의 12시간 코스에서 레이싱 팀 소유주 짐 버스비(Jim Busby)는 B. F. 굿리치의 후원을 받은 자신의 Typ 962 IMSA 모델을 몰고 종합 2위를 기록했다. 다린 브래스필드(Darin Brassfield)와 존 모턴(John Morton) 팀은 플로리다주 중심부에 있는 전형적인 공항 서킷에서 7.82km 트랙을 279바퀴 돌았다.

포르쉐는 뉘르부르크링에서는 톱 10에 무려 9대를 올렸고, 브랜즈 해치에서는 8대를 올렸으며, 캐나다의 모스포트에서는 1위, 2위, 4위를 기록했다. 스파와 이몰라에서는 톱 10에 8대를 올렸고, 후지에서는 톱 10에 6대를 올렸다. 호주의 샌드다운 파크에서는 톱 10에 9대를 올렸고, 각 레이스에서 모두 우승까지 거머쥐었다. 포르쉐는 다시 큰 점수 차이로 란치아를 제쳤으며, 포르쉐 카레이서들은 1984년 월드 드라이버즈 챔피언십에서 1위부터 4위까지 싹쓸이했다.

1985 시즌을 시작하면서 포르쉐는 공장 소속 카레이서이자 고객 레이싱 관리자인 위르겐 바르트가 효율적으로 잘 운영하고 있는 '쿤덴슈포르트Kundensport(고객 레이싱)' 프로그램을 통해 자신들의 개인 고객을 지원하는 데 집중했다. 고객의 Typ 962 모델은 데이토나와 세브링(둘 다 북미국제모터스포츠협회에서 주관하는 레이스임), 무젤로, 몬차, 르망, 호켄하임, 모스포트, 브랜즈 해치 레이스에서 우승했고, 시즌 마지막에는 말레이시아에서 우승했다. 두 레이스에서는 란치아가 우승을 가져갔다. 세계내구챔피언십 타이틀과 월드 드라이버즈 챔피언십 톱 10 중 1위부터 4위까지는 다시 포르쉐가 싹쓸이했다. 아이로니컬하게도 이 무렵 포르쉐의 개인 고객 팀은 날개를 활짝 펴고 자신들의 창의성을 발휘하기 시작했다. 늘 독창적인 크레머 형제는 새로운 버전으로 Typ 956과 962 모델을 개발한 뒤 CK5라고 명명했다. 그들은 세계내구챔피언십 순위에서도 포르쉐에는 뒤졌지만 란치아보다는 앞서 2위를 차지했다.

1986 시즌을 시작하면서 포르쉐 Typ 962 모델은 데이토나 레이스에서 1, 2, 3위를 차지했고, 세브링 레이스에서도 다시 1, 2, 3위를 기록했다. 세계내구챔피언십 오프닝 라운드는 몬차에서 열렸는데, 포르쉐는 자신들의 Typ 962 C 모델로 우승을 차지했고, 란치아 LC2-85 모델이 2위를 했다. 그런 다음 실버스톤 레이스에서는 재규어 XJR-6 모델이 우승했다. 포르쉐는 공장 소속의 Typ 962 C 모델로 르망 24시간 레이스에서 우승했으며, 톱 10에 들어간 자동차 가운데 무려 9대가 포르쉐 모델이었다. 재밌게도 그중 1대는 4륜구동인 Typ 961이었고 7위를 차지했으며, GTX 부문에서는 우승을 차지했다.

라인홀트 외스트 레이싱 팀은 국제자동차스포츠연맹FISA이 상업용 텔레비전 방송을 위해 새로 도입한 좀 더 단거리 레이스인 뉘른베르크 '슈퍼스프린트Supersrint' 레이스에서 재규어 2대를 제치고 우승을 차지했다. 포르쉐 개인 레이싱 팀은 브랜즈 해치, 스페인 헤레스, 스파, 후지 레이스에서 우승했다. 그러나 뉘르부르크링 장거리 레이스에서는 자우버Sauber(스위스의 포뮬러 원 레이싱 팀)와 메르세데스-벤츠 연합 팀에 우승을 넘겨줘야 했다. 포르쉐 레이싱 팀은 세계내구챔피언십을 대체한 세계스포츠프로토타입챔피언십WSPC에서 1위부터 3위까지를 휩쓸었다. 그리고 포르쉐 카레이서들은 여전히 월드 드라이버즈 챔피언십을 석권했다.

1987년에는 포르쉐의 Typ 962 모델이 데이토나에서 1위부터 6위까지, 그리고 세브링에서는 1위부터 4위까지를 싹쓸이했다. 그러나 스페인 자라마에서 열린 WSPC 오프닝 레이스에서도 그렇고 몬차와 실버스톤에서도 재규어에게 우승을 넘겨줬다. 그런 다음 포르쉐 공장 소속 레이싱 팀이 르망 24시간 레이스에서 우승을 차지했으며, 개인 레이싱 팀은 2위와 4위를 기록했다. 또 개인 레이싱 팀은 뉘른베르크의 노리스링에서 1위부터 4위까지 휩쓸었지만, 브랜즈 해치와 뉘르부르크링, 스파에서는 재규어에

우승을 넘겨주는 바람에 재규어는 1950년대 중반 이후 처음으로 시즌 챔피언십을 손에 넣었다.

1988년의 경기 침체로 포르쉐는 더 큰 부진에 빠졌다. 데이토나에서는 재규어 자동차가 우승을 차지했고, 포르쉐 Typ 962 모델이 2위를 기록했다. 세브링에서는 자우버와 메르세데스-벤츠 연합 팀의 C9-88 모델이 우승을 차지했고, 재규어 자동차가 2위, 포르쉐 Typ 962 모델이 3위를 기록했다. 자라마 슈퍼스프린트에서는 재규어가 우승했다. 이런 과정에서 한 가지 새로운 패턴이 생겨났다. 즉 포르쉐가 종종 우승하지만, 5년이 지나 취약해진 Typ 962 모델을 상대로 재규어와 메르세데스-벤츠가 양면 공격하는 패턴이다. Typ 962 모델은 세브링 레이스를 휩쓸었지만, 1988년에 세 번째로 열린 WSPC의 몬차 레이스에서는 재규어가 우승했고, 실버스톤과 르망과 브랜즈 해치에서도 재규어가 우승했다. 메르세데스-벤츠는 체코슬로바키아와 뉘르부르크링, 스페인, 호주 샌드다운 파크에서 우승했다. 시즌의 피날레를 장식한 건 플로리다주 탬파에서 열린 슈퍼스프린트 스타일의 레이스였다. 닛산Nissan GTP ZX-터보 모델이 포르쉐 Typ 962 C 모델 2대를 제치고 우승함으로써 세대교체 흐름이 더 가시화되었다. 팀 챔피언십은 재규어가 가져갔고, 2위는 메르세데스-벤츠가, 3위는 라인홀트 외스트 레이싱 팀의 포르쉐가 가져갔다.

1989년에는 국제자동차연맹과 국제자동차스포츠연맹이 또 다시 레이스 규정을 바꿨다. 최고의 시리즈인 포뮬러 원은 터보차저 장착을 금지하는 엔진 규정을 발표하고 최대 배기량을 3.5

맨 위쪽) 노리스링 슈퍼컵에 참가한 1986년형 Typ 962 숏 테일 1986년 4월 뉘른베르크 노리스링에서 열린 제1회 슈퍼컵 챔피언십에서는 한스-요하임 슈투크가 우승을 차지했다. 당시 슈투크는 평균 시속 176.04km로 1시간 22분 5초 동안 빡빡한 도시 서킷을 39바퀴 돌았다.

위쪽) 르망 24시간 레이스에 참가한 1986년형 Typ 962 C 르망 24시간 레이스의 최종 우승자인 데릭 벨, 알 홀베르트, 한스-요아힘 슈투크(1번 자동차)가 공장 레이싱 팀 동료인 요헨 마스, 페른 슈판, 밥 볼렉과 함께 출발했다. 결국 벨, 홀베르트, 슈투크는 트랙을 386바퀴 돌아 총 4972.73km를 달렸으며, Typ 962 모델을 몬 개인 레이싱 팀에 8바퀴 앞서 결승선을 통과했다. 공장 소속 2번 자동차는 180번째 바퀴를 돌 때 사고가 나서 중도 포기했다.

리터로 확대해 스포츠카의 미래를 감지할 수 있게 했다. 국제자동차스포츠연맹은 일본 레이싱 팀이 매년 르망 24시간 외에 더 많은 레이스에 참가하길 바라며, 그룹 C에 속한 레이싱 팀은 모두 시즌 내내 모든 레이스에 참가하게 했고 레이스를 건너뛰면 무거운 벌금을 부과하기로 했다. 또 텔레비전 시청자를 더 많이 끌어들이려고 1989년에 르망 24시간 레이스를 제외한 모든 레이스의 주행 거리를 480km로 재조정했다.

슈퍼스프린트 시리즈가 인기를 끌었지만, 국제자동차스포츠

연맹은 흐름을 잘못 이해한 듯했다. 24시간 내내 달리는 르망 레이스와 미국의 인디애나폴리스 500마일 레이스는 여전히 가장 많은 텔레비전 시청자를 끌어들이고 있었다. 국제자동차스포츠연맹과 르망 24시간 레이스를 주관하는 프랑스서부자동차연맹ACO이 텔레비전 방영권 문제에 이견을 보이면서, 프랑스서부자동차연맹이 1989 시즌(그리고 1990 시즌 역시)에 르망 24시간 레이스를 WSPC에서 철수했다.

미국에서 북미국제모터스포츠협회IMSA가 주관하는 레이스들은 상황이 다소 나았다. 협회 설립자 존 비숍John Bishop이 협회를 매각했고, 새로운 소유주가 북미국제모터스포츠협회의 전직 국제자동차연맹 업무 담당자인 마크 라파우프Mark Raffauf를 영입했다. 그리고 라파우프는 레이스 규정을 손보기 시작해 결국 터보차저를 금지함으로써 국제자동차연맹이 포뮬러 원 레이스에 취한 조치들을 그대로 반복했다.

1989년에는 닛산과 토요타Toyota가 국제 레이스 시리즈에 모두 참가했고, 마쯔다Mazda도 돌아왔다. 데이토나와 세브링과 르망 24시간 레이스는 그대로 세계스포츠프로토타입챔피언십WSPC 밖에 있었지만, 데이토나와 세브링 레이스에 참가하는 이들은 눈에 익은 팀들이었다. 우승은 포르쉐 Typ 962 모델에게 돌아갔다. 닛산은 세브링 레이스에서 자신들의 GTP ZX-터보 모델로 우승을 차지했다. 세계스포츠프로토타입챔피언십 오프닝 레이스는 일본 스즈카 서킷에서 열렸고, 자우버와 메르세데스-벤츠 연합 팀이 1위로 결승선을 통과했다. 프랑스 디종에서는 라인홀트 외스트 레이싱 팀의 포르쉐 Typ 962 C 모델이 우승을 차지했다.

르망에서는 메르세데스-벤츠가 우승했다. 대부분의 우승 팀 명단에 포르쉐는 없었다. 스페인 자라마에서는 월터 브룬Walter Brun의 포르쉐 자동차가 메르세데스-벤츠와 재규어에 밀려 3위에 그쳤다. 라인홀트 외스트는 브랜즈 해치에서 메르세데스-벤츠에 이어 2위를 차지했고, 포르쉐가 뉘르부르크링에서 거둔 최고 성적은 3위였다. 영국 도닝턴 파크에서 열린 레이스에서 포르쉐는 4위에 만족해야 했다. 라인홀트 외스트 레이싱 팀은 스파에서 2위를 기록했다. 멕시코에서 열린 시즌 파이널 레이스에서는 메르세데스-벤츠가 우승했다. 챔피언십 결과 역시 현실을 반영해, 자우버와 메르세데스-벤츠 연합 팀이 1위에 올랐고 라인홀트 외스트가 2위, 월터 브룬이 3위, 재규어가 4위, 닛산이 5위를 차지했다.

프랑스서부자동차연맹ACO과 국제자동차스포츠연맹FISA은 1990년에도 계속 논쟁을 벌였다. 프랑스서부자동차연맹에는 르망 24시간 레이스가 있었고, 그 레이스의 경우 그간 참가 팀을 채우기 위해 국제자동차연맹FIA이나 국제자동차스포츠연맹의 승인을 받을 필요가 전혀 없었다. 그러나 국제자동차스포츠연맹 측에서 르망 24시간 레이스에 참가하는 팀의 경쟁 자격을 박탈하겠다고 위협하면서, 양 연맹 간의 논쟁은 아이들 모래밭 싸움처럼 유치해져버렸다. 결국에는 1992년에 세계스포츠프로토타입챔피언십이 폐지되는 결과로 이어졌을 뿐이다. 마치 무슨 스캔들이라도 터진 것처럼 레이스 참가 팀이 줄었고 관중 수도 감소했으며 후원사들도 등을 돌렸다. 게다가 포르쉐에서 자동차 지원을 축소하면서 레이스 참가 팀 수는 더욱 줄어들었다. 라인홀트 외스트, 크레머 형제, 월터 브룬, 한스 오베르마이어Hans Obermaier 등은 다

른 자동차 제조업체가 아니라 다른 시리즈로 갔다. (당시에는 투어링카 레이싱의 인기가 꾸준히 높아지고 있었다.) 아니면 아예 레이싱계를 떠나기도 했다. 모든 시즌에 참가를 신청한 자동차 44대 가운데 포르쉐 자동차는 17대에 불과했다. 북미국제모터스포츠협회가 주관하는 미국에서는 다소 적은 숫자였다.

1990년 데이토나 레이스에서는 재규어가 1, 2위를 차지했고, 포르쉐 Typ 962 모델이 3위와 4위를 차지했다. 세브링 레이스에서는 닛산과 재규어, 포르쉐가 순위를 나눠 가졌고, 세계스포츠프로토타입챔피언십 시즌 오프닝 라운드가 열린 스즈카 레이스에서는 메르세데스-벤츠, 닛산, 토요타 자동차가 포르쉐 Typ 962 모델 7대를 제치고 먼저 결승선을 통과했다. 몬차 레이스에서는 라인홀트 외스트가 5위에 오른 것이 포르쉐의 최고 기록이었다. 스파 레이스에서도 월터 브룬이 몬 포르쉐 Typ 962 모델이 5위에 오른 게 최고 성적이었다.

르망 24시간 레이스는 종종 포르쉐 자동차와 카레이서, 엔지니어 그리고 레이싱 팀에게 가장 좋은 성적을 안겨줬지만, 포르쉐 Typ 962 모델이 노후화되면서 점점 더 다른 팀이 더 좋은 성적을 거두게 되었다. 1990년에는 재규어가 우승했고, 포르쉐는 2위에 만족해야 했다. Typ 962 모델의 유통 기한이 다 되어가는 가운데, 프랑스 디종에서는 메르세데스-벤츠가 우승을 차지했다. 뉘르부르크링 레이스에서는 메르세데스-벤츠가 다시 1, 2위를 가져갔고, 라인홀트 외스트가 6위, 월터 브룬이 8위, 조금 덜 알려진 독립 카레이서 요헨 다우어 Jochen Dauer가 11위를 기록했다. 세계스포츠프로토타입챔피언십 WSPC 7라운드가 열린 도닝

맨 위쪽) 르망 24시간 레이스에 참가한 1986년형 Typ 961과 962 C 공중에서 찍은 이 사진에는 르망 24시간 레이스에 참가한 레이싱 팀 중 중간에 위치한 팀들의 모습이 보인다. 피트 벽에 쓰인 'CLUB'이란 글자 바로 앞에 포르쉐의 독특한 4륜구동 레이스카 Typ 961 모델이 레이스 시작을 기다리며 서 있다. 4륜구동 자동차에 맞는 공식 카테고리가 없었기 때문에 주최 측에서는 이 자동차를 북미국제모터스포츠협회 GTX 부문에 포함시켰다. 카레이서 르네 메트주(그해 초반에 파리-다카르 랠리에서 우승함)와 클로드 발로-레나(Claude Ballot-Lena)는 Typ 961로 종합 7위를 기록했으며, 트랙 321바퀴를 돈 끝에 GTX 부문에서 우승을 차지했다.

위쪽) 1988년형 Typ 962 팹카(Fabcar) 팹카 디자인 보디가 장착된 Typ 962 모델은 과장될 정도로 큰 루프톱 공기 흡입구가 눈에 띄었다. 호치키스 레이싱 윈(Hotchkis Racing Wynn)의 10번 자동차는 카레이서 존 호치키스 시니어나 존 호치키스 주니어 또는 짐 애덤스(Jim Adams)가 액셀러레이터를 밟아 뒤로 불길을 내뿜으며 나아갈 때 특히 시선을 집중시켰다. 세 사람은 종합 5위를 기록했다.

턴 파크 레이스에서는 포르쉐의 영웅들이 7위부터 17위까지 기록했으나, 메르세데스-벤츠와 재규어, 스파이스 Spice, 닛산에 밀려 1위부터 6위까지에는 명함도 못 내밀었다. 여러 차례 충돌 사고가 발생하면서 주행 거리를 반으로 줄인 몬트리올 레이스에서는 메르세데스-벤츠가 우승했는데, 메르세데스-벤츠는 총 67.5점으로 다시 챔피언십을 가져갔으며, 재규어와 닛산과 스파이스

1994년형 요헨 다우어 포르쉐 962 LM 르망 24시간 레이스 주최 측이 마지막 포르쉐 Typ 962 모델을 봤다고 생각한 지 한참 후에, 예전에 포르쉐 Typ 962 모델 2대를 몰고 레이스에 참가했던 요헨 다우어는 그 모델들을 퇴역시켜 시내 주행용 GT 자동차로 만들었다. 레이싱 엔지니어 노르베르트 싱어는 르망 24시간 레이스를 주관하는 프랑스서부자동차연맹의 규칙에서 허점을 발견했다. 그래서 요헨 다우어의 자동차를 새로운 GT-1 카테고리에 집어넣었고, 그들은 결국 5위와 7위로 그 카테고리 참가 자격을 얻었다.

가 그 뒤를 이었다. 라인홀트 외스트는 포르쉐 팀에서 가장 좋은 성적인 5위를 기록했으나 점수는 고작 9.5점이었다.

라인홀트 외스트 레이싱 팀은 1991년 데이토나 24시간 레이스에서 우승했으며, 독립 카레이서 요헨 다우어는 마리오 안드레티와 그의 아들 마이클, 조카 존John과 함께 참가해 5위를 기록했다. 포르쉐 Typ 962 모델은 6대만 참가했는데, 그중 2대는 독립 카레이서 요헨 다우어의 자동차였다. 그중 1대는 완주도 하지 못했으며, 외스트도 마찬가지였다. 그는 자신의 포르쉐 2대를 가지고 미국 세브링 레이스에 참가했으며, 거기에서 닛산 자동차 2대에 밀려 3, 4위로 결승선을 통과했다. 1991년의 나머지 기간은 1990년만큼이나 고통스러웠다. 때로는 월터 브룬이나 크레머 형제의 도움을 받아가며 라인홀트 외스트가 고군분투했다. 르망 24시간 레이스에서는 마쯔다가 우승했고, 시즌 순위에서 크레머 형제는 6위, 월터 브룬은 9위를 기록했다.

국제자동차스포츠연맹FISA은 변호사 맥스 모슬리Max Mosley가 회장이 되고 포뮬러 원 제조자 협회FOCA의 설립자이자 포뮬러 원 팀의 소유주인 버니 에클레스톤Bernie Ecclestone이 홍보 부회장이 되는 등 새로운 경영진으로 교체됐다. 두 사람은 1991년 11월에 회장과 부회장으로 선출되자마자 스포츠카 시리즈를 폐지하려 했다. 텔레비전 방송과 후원자들을 통해 수입을 올리는 포뮬러 원 경쟁을 없애려는 데 목적이 있었다. 그러나 푸조와 토요타와 마쯔다가 한 시즌만 더 현 상태를 유지하자고 요청했고, 그 요청이 받아들여졌다. 그러나 모슬리와 에클레스톤은 1992년에 자신들의 생각을 실천에 옮겼다. 결국 그 시즌에 레이스 참가를 신청한 자동차는 30대뿐이었고, 거기에 포르쉐 자동차는 단 1대도 없었다. 세계스포츠카챔피언십WSC은 레이스를 6개만 운영했고, 그 레이스에서 푸조는 총 114점을 받아 74점을 받은 토요타를 제치고 1위를 차지했다.

국제자동차스포츠연맹은 레이싱 팀이 포뮬러 원 레이스에 들어오거나 그랜드 투어링GT 레이스로 옮겨가길 바라며 세계스포츠카챔피언십을 영구 폐지했다. 그러나 아이로니컬하게도, 그 어떤 주최 측도 GT 시리즈 제안을 내놓지 않았다. 그래서 레이싱 역사 전문가 야노스 빔펜Janos Wimpffen은 1993년을 '잃어버린 해Lost Year'라고 불렀다. 르망 24시간 레이스는 이제 주로 배기량 3.5리터짜리 자연흡기식 엔진을 장착하는 '예전' 그룹 C 자동차나 더 작은 '터보차저' 방식 C2 클래스 자동차에 대해 1년 더 연장해주었다. 또 르망 24시간 레이스 주최 측에서는 GT 자동차를 적극 권유했고, 포르쉐는 위르겐 바르트의 고객 레이싱 부서에서 Typ 911을 토대로 GT 자동차를 제작함으로써 그 권유에 화답했다.

라인홀트 외스트 레이싱 팀과 크레머 형제들은 모두 자신들의 포르쉐 Typ 962 C 모델을 출전시켰고, 한스 오베르마이어 역시 자신의 포르쉐 Typ 962 C 모델을 출전시켰다. 그러나 GT 클래스는 수많은 포르쉐 Typ 911 카레라 모델과 독특한 Typ 911 S-LM 모델(공장 소속)로 차고 넘쳤다. 푸조는 르망 24시간 레이스에서 1위부터 3위까지 휩쓸면서 우승을 차지했다. 또 한스 오베르마이어의 자동차는 포르쉐 자동차 가운데 가장 먼저 결승선을 통과했지만 7위에 그쳤고, 개인 카레이서 자크 르콩트Jack Leconte는 자신의 포스쉐 Typ 911 카레라 RSR 모델을 몰고 GT 클래스 우승을 차지했다. 뜻밖에도 GT 레이싱이 부활하면서 심기일전한 포르쉐는 1993년 매뉴팩처러즈 챔피언십Manufacturers'

Championship 1위에 올랐다.

1994 레이싱 시즌에는 GT 레이싱 분야가 새로운 합법성을 확보하게 된다. 세 사람이 자신의 이름과 레이싱 전문 지식을 토대로 새로운 레이싱 시리즈를 만든 것이다. 포르쉐의 공장 소속 카레이서이자 고객 레이싱 관리자인 위르겐 바르트와 파리의 권위 있는 레이스 프로모터 패트릭 피터Patrick Peter 그리고 벤투리Venturi의 자동차 제조업자 스테판 라텔Stephane Ratel이 글로벌 내구 시리즈Global Endurance Series를 설립한 것이다. 이 시리즈는 세 사람의 이름 첫 글자에 세 사람의 생각과 영향력 등을 합쳐 흔히 BPR이라 부른다. 이후 국제자동차스포츠연맹의 그룹 A, 그룹 B, 그룹 C 등은 BPR의 비슷한 기준에 따라 GT1, GT2, GT3 등이 된다.

포르쉐의 카레이서들은 즉각 관심을 보였고, 페라리와 쉐보레 콜벳, 닷지 바이퍼Dodge Viper를 비롯해 다른 여러 국가의 시리즈에서 활동 중인 레이싱 팀들도 관심을 보였다. 그런데 이런 변화는 예상외로 한 카레이서에게도 영감을 주었다.

독일 카레이서 요헨 다우어는 이제는 구닥다리가 된 자신의 포르쉐 Typ 962 C 모델로 어느 레이스에도 참가하지 않고 있었는데, 그런 그가 그 자동차들을 도로 주행용으로 개조한 뒤 다우어 962 GT 모델이라 명명한 것이다. 그는 또 번호판을 달기 위해 자동차 앞부분과 뒷부분 패널들도 살짝 손봤다. 도로 주행용 GT 자동차에 대한 르망 24시간 레이스의 규정을 읽어본 그는 포르쉐와 레이싱 엔지니어 노르베르트 싱어에게 연락해 자신의 자동차를 레이스에 참가할 수 있는 자동차로 만들어달라며 도움을 청했다. 노르베르트 싱어의 상사였던 호르스트 마르하르트는 요헨 다우어의 아이디어가 괜찮다고 생각했으나, 맥라렌의 자동차 디자이너 고든 머레이Gordon Murray가 GT 자동차를 디자인하고 있다는 사실도 알고 있었다. 마침내 고든 머레이의 맥라렌 포뮬러 원 모델을 보았을 때, 고든 머레이는 요헨 다우어를 찾아가 포르쉐는 그가 원하는 대로 하지 않을 것이며 대신 그가 자신들이 원하는 대로 해야 한다는 점을 분명히 했다. 요헨 다우어는 기꺼이 동의했다. 르망 24시간 레이스에서는 자동차 하부 터널과 너비를 406mm에서 356mm로 좁힌 타이어는 금지하고 있었다. 또 자동차에는 앞 유리에 서리 제거 장치가 되어 있어야 했고, 자동차 최소 무게는 그룹 C보다 100kg 더 무거운 1000kg이었다. 그러나 GT에서는 연료 탱크 용량이 그룹 C의 26.4갤런(100리터)이 아닌 31.7갤런(120리터)이었다.

노르베르트 싱어의 레이싱 부서 레냅타일룽에서는 이제는 다우어 962 GT-LM이라고 명명된 요헨 다우어의 자동차 2대를 준비했다. 그러나 르망 24시간 레이스의 기술 책임자 알랭 베르타우Alain Bertaut는 그 자동차들이 마음에 들지 않아 이렇게 말했다. "GT 자동차는 로드카에서 제외해야 합니다." 그러자 싱어가 말했다. "이 자동차는 이미 르망 24시간 레이스에서 여러 차례 우승했던 레이스카예요!" 싱어가 2016년 한 인터뷰에서 밝히기를, 베르타우에게 원칙대로 하면 다우어 962 GT-LM의 레이스 참가를 막을 이유가 없다고 반박하자, 르망 24시간 레이스를 주관하는 프랑스서부자동차연맹ACO 측에선 마지못해 다우어 자동차들의 레이스 참가를 허락했다.

다우어의 자동차들은 5위와 7위로 르망 24시간 레이스 참가 자격을 얻었고, 팀 동료인 한스-요아힘 슈투크는 뮬산 직선 구간에서 최고 시속 328km까지 나왔다. 그들은 연료 탱크가 더 커진 덕에 더 먼 거리를 달릴 수 있었고, 그래서 다른 팀이 피트에 세 번 들어갈 동안 두 번만 들어갔다. 그러나 레이스 내내 몇 가지 문제가 발생했다. 두 자동차 모두 드라이브샤프트의 고무 실seal에서 윤활 그리스가 샜다. 노르베르트 싱어는 18시간 동안 그 문제로 걱정했다가 나중에는 안심하게 되었다. 선두를 지키던 토요타 자동차가 시합 종료 90분을 앞둔 상황에서 기어 연결 장치에 문제가 생겨 피트로 들어갔고, 그 틈에 공장 소속 카레이서 헐리 헤이우드와 야니크 달마스Yannick Dalmas와 마우로 발디Mauro Baldi가 선두로 치고 나가 우승한 것이다. 또 다른 토요타 자동차가 2위, 다우어의 두 번째 자동차가 3위를 차지했다.

그 직후 알랭 베르타우는 프랑스서부자동차연맹 기술위원회를 소집했다. 그 기술위원회에서 포르쉐 Typ 962 모델의 레이스 참가를 막는 새롭고 구체적인 규정이 나왔다.

1994년형 다우어 포르쉐 962 LM 다우어의 두 자동차는 밤새 드라이브샤프트 고장 문제로 골머리를 앓았지만, 24시간이 끝나갈 무렵에는 결국 36번 포르쉐 962 모델을 몬 마우로 발디, 야니크 달마스, 헐리 헤이우드가 종합 우승을 차지했다. 그들은 트랙을 345바퀴 돌았으며, 2위인 토요타 자동차보다 한 바퀴 앞서 결승선을 통과했다. 다우어의 35번 자동차를 몬 티에리 바우천, 대니 설리번(Danny Sullivan), 포르쉐 공장 카레이서 한스-요아힘 슈투크는 3위로 결승선을 통과했으며, 트랙을 344바퀴 돌았다.

1985–1989

무엇이 슈퍼카인가?

Typ 953, 595, 961, 964 카레라 2와 4

노르베르트 싱어와 섀시 디자이너 호르스트 라이터 그리고 보디 디자이너 오이겐 콜프는 포르쉐의 새로운 그룹 C 도전자인 Typ 956 모델 개발 작업에 착수했다. 며칠이 지나기도 전에 또 다른 세 사람이 바이사흐 디자인/엔지니어링 센터 책임자 헬무트 보트를 찾아왔다. 엔지니어 피터 폴크와 위르겐 바르트 그리고 롤란트 쿠스마울은 포르쉐 내에서 적극적인 레이스 지지자였는데, 그들은 새로운 그룹 B 부문에 출전할 자동차를 만들자고 제안했다. 그룹 B 부문은 상당한 개조를 거친 그룹 4 양산형 자동차에 국제자동차연맹FIA이 랠리 시리즈로 받아들인, 거의 개조되지 않은 그룹 3 자동차를 두루 포함하는 레이스 부문이었다.

폴크와 바르트와 쿠스마울은 차 앞부분은 낮고 납작하며 뒤에는 높다란 리어 윙을 단 Typ 916 쿠페 모델에 배기량 2.1리터짜리 터보차저 방식 엔진을 장착하길 권했다. 헬무트 보트는 세 사람의 제안을 존중했지만 거절했다. 그가 알고 있는 자동차 제조업체 중에 200대를 만들어야 한다는 새로운 공식에 맞춰온 업체는 없었기 때문이다. 게다가 그는 이런 접근방식 자체가 마음에 들지 않았다.

"우리는 너무도 많은 미드-엔진형 자동차를 만들고 있습니다. 더는 배울 게 없죠." 1991년에 헬무트 보트는 이렇게 말했다. "게다가 우리가 그룹 B 부문 자동차를 만든다면, 911 모델의 미래는 어

파리-다카르 랠리에서의 1986년형 Typ 595 개발 엔지니어인 롤란트 쿠스마울(운전자)과 켄드리크 웅거가 부드러운 모래밭을 힘들이지 않고 달리고 있다. 배기량 2.85리터짜리 수평 대향형 6기통 엔진은 옥탄가가 낮은 아프리카 연료에 맞춰 압축비를 낮춘 상태에서도 400마력의 출력을 냈다. 이 엔진은 듀얼 오버헤드 캠샤프트에 실린더당 밸브 4개가 장착되어 있었다.

찌 될까요?" 그는 자신들의 프런트 엔진 방식 전륜구동 자동차를 가지고 4륜구동 변종을 만들어낸 아우디의 개발 과정을 모니터링해왔었다. 그가 보기에는, 아우디의 모델 80과 관련된 모든 것이 퇴보였다. 엔진이 앞 차축 위로 돌출되다니! 1970년대 말에 엔진을 뒤 차축으로 옮겼더니 견인력과 핸들링이 놀랍게 좋아졌다는 얘기를 아우디의 한 엔지니어에게 들었다. 아우디는 그런 자동차를 1980년에 콰트로Quattro, 즉 4륜구동 형태로 내놓았다. 그리고 1년이 지난 지금, 그러니까 최고경영자 피터 슈츠와 함께 멸종 위기에 놓인 Typ 911 모델을 살린 이후에 헬무트 보트에게는 이런저런 아이디어가 떠올랐다.

"이 911 모델에 대한 우리 고객의 사랑은 정말 아주 극진합니다." 헬무트 보트의 말이다. "그러니 이 모델에 아주 강력한 엔진을 장착해 섀시의 한계와 로드 홀딩road holding과 4륜구동의 힘을 봤으면 했습니다. 그건 단순히 레이스카를 개발하는 것보다 훨씬 더 위대한 목표이자 작업이었습니다. 나는 이 자동차를 미래로 끌고 들어갈 생각이었습니다."

헬무트 보트는 개조된 콰트로 부품을 사용해 제작된 시제품 '911 4A'를 재가했했다. 그런 다음 그는 1982년 2월에 피터 폴크와 정비공 헤르베르트 링게, 동료 엔지니어 만프레트 반틀레Manfred Bantle, 랠리 드라이버 발터 뢰를Walter Röhrl을 오스트리아 알프스로 보내 테스트하게 했다. 그리고 그 테스트 과정에서 수십 가지 의문이 해결됐고 포르쉐의 콘셉트도 명확해졌다.

"우리는 다른 자동차 제조업체에서 그 어떤 시스템도 도입하지 않는다는 결론을 내렸습니다." 헬무트 볼트의 말이다. "이런 시스템은 대개 자동차가 움직이는 시간 거의 내내 정지 마찰력을 한 차축으로 제한하지만, 정보 관리 시스템이 필요하다고 판단되면 자동으로 4륜구동 방식으로 전환됩니다. 포르쉐 카레이서들은 어떤 환경에서 어떤 핸들링 특성을 기대할 수 있는지 정확히 알아야 한다는 게 우리의 생각입니다. 그러니까 도로와 날씨 여건이 수시로 변하는 걸 감안해 앞 차축과 뒤 차축 사이에 계속 토크를 적절히 분배해주는 4륜구동 방식을 개발해야 한다는 의미입니다. 안타깝게도 우리 인간은 실수를 하게 마련이며, 그래서 그런 우리가 뭔가를 결정해야 하는 책임에서 벗어나게 해주는 편이 더 좋은 겁니다."

포르테 드 베르사유에서 출발선에 줄지어 서 있는 1985년형 Typ 953 4×4 거의 1년간의 작업 끝에 나온 포르쉐 Typ 953 4×4 모델들이 1984년 파리-다카르 랠리 출발선에 서 있다. 레이스카는 3.2 카레라 플랫폼을 토대로 제작됐으나 4륜구동 방식이었다. 자동차 무게는 1120.2kg이었고 엔진 최대 출력은 225마력이었다.

1983년형 그루페 B 스투디에 포르쉐는 1983년 9월 프랑크푸르트 모터쇼에서 그루페 B 스투디에(Gruppe B Studie) 모델을 공개했다. 공기역학적인 이 모델의 보디를 디자인한 사람은 포르쉐 스타일리스트 리처드 소더버그였다.

알프스에서 테스트를 마친 뒤 헬무트 보트는 일상생활에서 자신의 '회사 차'로 사용할 목적으로 4륜구동 방식 911 시제품(C-20이라고 명명됨)을 조립하기 시작했다. 그리고 그 자동차를 사용하면 할수록 이점이 많다는 걸 더 확신하게 되었다.

그런 다음 1983년 초에 르망 24시간 레이스 4회 우승자인 재키 익스가 바이사흐 디자인/엔지니어링 센터로 헬무트 보트를 찾아왔다. 재키 익스가 코스의 절반 이상이 사막 지역을 지나는 파리-다카르 랠리에서 우승한 직후였다. "당시 나는 포르쉐 911 모델로도 파리-다카르 랠리에서 우승할 거라고 생각했습니다." 2014년 필자와 인터뷰하며 재키 익스가 한 말이다. "그 이유는 내가 1978년에 동아프리카 사파리의 한 박물관에서 이미 911 모델을 봤기 때문입니다." 그는 헬무트 보트에게 1984년 다카르 레이스에서 자신이 몰 수 있게 4륜구동 방식 911 모델을 1대 준비해 달라고 부탁했다. 그리고 놀랍게도 그는 테스트와 개발 과정에 도움을 주는 건 물론이고 카레이서 역할까지 하겠다고 했다. 특히 중요한 건 세계적인 석유 기업 텍사코Texaco의 후원을 받고 있다는 점이었다. 포르쉐 최고경영자 피터 슈츠가 그 제안을 받아들이자 헬무트 보트는 엔지니어 피터 폴크와 롤란트 쿠스마울을 자기 사무실로 불렀다. 두 사람은 그 순간을 생생히 기억하고 있었다.

"보트 씨가 1984년 다카르 랠리에 맞춰 레이스카를 개발할 수 있느냐고 물었습니다." 2012년에 한 인터뷰에서 피터 폴크가 한 말이다. "그래서 테스트해볼 수 있도록 그의 회사 차를 내준다면 가능하다고 대답했죠. 다소 무례한 요청이었지만 그는 자기 차를 내주었고, 우리는 바로 개조 작업에 착수한 다음 테스트를 실시했습니다."

볼프스부르크에 있는 폭스바겐 공장 부지는 타원형 고속도로 지역과 탱크 테스트에 쓰이는 오프로드 지역이 통합되어 있었다. 군 탱크가 거의 매일 테스트했기 때문에 포르쉐는 주말에만 이용할 수 있었다. 폴크와 쿠스마울을 비롯한 여러 엔지니어와 몇몇 정비공이 힘을 합친 끝에 결국 4륜구동 방식 911 시제품 C-20은 사막 레이스용 자동차로 변신했다. 한편 헬무트 보트는 그 프로젝트의 마무리 작업을 엔지니어 피터 폴크와 만프레트 반틀, 한스 메츠거, 엔진 제작 책임자인 폴 헨슬러Paul Hensler에게 맡겼다. 또 만프레트 반틀에게는 포르쉐의 911 4륜구동 개발 프로젝트인 Typ 953을 끝까지 완수할 임무를 주었다.

"볼프스부르크에서 차를 모는 건 아주 위험했습니다. 모든 길 양옆에 나무가 늘어서 있었거든요." 피터 폴크의 회상이다. "우리는 무언가가 고장 나기 전까지, 또 연료를 보충하거나 운전자

엔지니어 피터 폴크와 롤란트 쿠스마울 외 여러 사람이 폭스바겐의 군사용 차량 개발 시험장 안에서 헬무트 보트의 '회사 차', 그러니까 C-20으로 알려진 911 시제품을 테스트했다.

나 타이어를 교체하기 전까지는 24시간 내내 최대한 빠른 속도로 달렸습니다." 월요일 아침이 되어 해가 떴을 때, 그들은 헬무트 보트의 밝은 빨간색 C-20 모델의 주행 거리에 약 1505km를 더했다. 주말이 되자 흙먼지를 뒤집어쓴 자동차는 갈색으로 변했다. 롤란트 쿠스마울의 기억 역시 아주 생생했다. "매일 부품이 고장 났습니다. 프런트 서스펜션과 리어 서스펜션 등 정말 많은 부품이 고장 났죠. 그리고 우리에겐 사막용 특수 타이어도 없었습니다."

헬무트 보트는 마음속으로 이미 재키 익스가 몰 자동차를 그리고 있었다. 수랭식 4-밸브 실린더 헤드를 사용하는 배기량 2.8리터짜리 트윈-터보 6기통 수평 엔진이 장착된 4륜구동 방식 911 모델 말이다. 국제자동차연맹 측에서는 이 자동차의 배기량을 4.0리터로 봤고 최저 중량은 1100kg으로 봤다. 헬무트 보트는 레이스를 위해 450마력에서 550마력 정도의 출력을 원했는데, 이는 레이스 참가 자격을 얻으려면 '양산차' 200대의 출력이 400마력에서 500마력은 되어야 한다는 의미였다. 3일간의 회의 끝에 이 자동차는 결국 Typ 595로 명명되었다. 국제자동차연맹에서는 4륜구동 자동차를 위한 카테고리는 제공하지 않았지만, 재키 익스의 사막 카테고리는 있었다.

1983년 신년 이브 날에, 파리에서 가장 큰 광장인 콩코르드광장에 지어진 자동차 검사 장소 '파크 페르메 parc fermé' 안에는 트럭과 SUV 310대, 오토바이 114대, 스포츠카 3대가 줄지어 서 있었다. 재키 익스의 레이싱 팀은 6번째로 열리는 파리-알제리-다카르 랠리에 진한 파란색으로 칠해진 4륜구동 자동차 Typ 953 3대를 출전시켰다.

"우리가 거기 도착했을 때는 사방이 온통 SUV와 오프로드 자동차였습니다." 재키 익스의 회상이다. "그들은 모두 우리를 보고 웃었습니다. 우리는 그들이 이런 말을 하고 있다는 걸 알았습니다. '저 친구들 좀 봐. 다카르 랠리에 스포츠카라니! 아마 우리한테 견인될걸.'"

랠리 코스는 총 1만 2000km였고, 참가 팀은 세네갈 다카르까지 쉬는 날 없이 20일 만에 도착해야 했다. 관중 약 3만 명이 참가 팀의 출발을 지켜봤는데, 적잖은 사람들이 의아하다는 듯 고개를 갸우뚱거렸다. "정말 포르쉐야? 911 모델? 잠깐, 2대? 아니,

개발 과정에서는 어디가 취약한지를 알아내려고 여기저기 고장 날 때까지 심하게 차를 몰아댈 필요가 있었다. 그래서 엔지니어들은 4륜구동 방식 911 모델을 개발하면서 반복해서 이런저런 부품을 고장 냈다.

3대!" 포르쉐 팀에는 Typ 953 모델 외에 거대한 지원 트럭도 1대 있었는데, 랠리 규칙에 따라 그 트럭 역시 경쟁을 벌여야 했다.

Typ 953 모델은 모양이 특이했다. 롤란트 쿠스마울은 최저 지상고를 270mm로 높여 잡았고 접지면이 아주 넓은 타이어를 썼으며, 앞쪽에는 쇼크 업소버 2개가 달린 프런트 더블-위시본 서스펜션을, 뒤쪽에는 바위 충격을 막기 위해 플라스틱으로 감싼 930 터보 세미트레일링 암을 장착했다. 또 앞뒤 모두에 오일 쿨러가 있고, 39.6갤런(150리터)짜리 중앙 장착식 연료탱크(프런트트렁크 안에도 다른 31.7갤런(120리터)짜리 연료탱크가 있었음) 위 안쪽에는 스페어타이어 2개와 휠을 탑재했다. 자연흡기식 엔진의 최대 출력은 225마력이었다. 그리고 5단 기어박스와 트랜스퍼 케이스가 동력을 네 바퀴에 분배했다. 롤란트 쿠스마울은 또 각 자동차에 아주 광범위한 스페어 부품과 비상용 키트를 실었으며, 자신이 동료 엔지니어 에리히 레르너Erich Lerner와 함께 모는 자동차 안에는 같은 짐을 더 많이 실었다. 재키 익스는 오랜 친구 클로드 브라소Claude Brasseur와 팀을 이뤘고, 랠리 베테랑 카레이서인 르네 메트주René Metge는 도미니크 르모인Dominique Lemoyne과 팀을 이뤘다. 뽀얀 먼지가 내려앉아 크기가 더 커진 상태에서, 르네 메트주가 다른 누구보다 먼저 다카르에 도착해 종합 우승을 거두었다. 재키 익스는 6위를 기록했고, 롤란트 쿠스마울은 동료 엔지니어와 함께 수시로 다른 사람의 자동차를 수리하느라 유리한 위치를 희생한 끝에 26위를 기록했다.

"처음에는 많은 사람이 우리를 싫어했습니다." 2012년에 한 인터뷰에서 쿠스마울이 한 말이다. "그들은 저녁때 우리 쪽으로 다가와 이런 말을 했습니다. '이봐, 당신들은 여기에 어울리지 않아. 집으로 가!' 그러나 3일, 4일, 5일이 지나면서 분위기가 바뀌었습니다. 다들 뭔가가 고장 났거든요. 그리고 문제가 생기거나 뭔가가 필요한 게 있을 때면 포르쉐 친구들에게 가야 한다는 걸 깨달았죠. 우리가 할 수 있는 한 도와줬으니까요."

포르쉐는 1985년에 다시 다카르로 돌아왔는데, 이번에는 595 모델의 보디에 953 모델의 자연흡기식 4륜구동 장치를 장착했다. 이번 랠리의 거리는 총 1만 4000km였다. 출발 장소는 파리의 포르트 드 베르사유였다. 이전 랠리와 마찬가지로 재키 익스는 클로드 브라소와, 르네 메트주는 도미니크 르모인과 팀을 이뤘다. 956 모델 카레이서 요헨 마스는 엔지니어 에크케하르트 키퍼Ekkehard Kiefer와 팀을 이뤘다. 롤란트 쿠스마울은 여분의 연료와 스페어 부품을 가득 실은 메르세데스-벤츠 G 280 겔렌데바겐을 몰았다. 게다가 포르쉐는 4액슬, 8륜구동 방식의 서비스 트럭 2대도 투입했다.

그러나 이번엔 성공이 포르쉐 레이싱 팀을 비켜 갔다. 마스/키퍼 팀은 알제리에서 충돌 사고가 났고, 익스/브라소 팀은 사소한 문제에 시달리다가 큰 문제에 봉착했다. 모래밭 바로 밑에 숨어 있던 바위에 부딪혀 앞바퀴가 찢겨 나가고 서스펜션과 차체까지 망가져 그렇게 끝나고 말았다. 결승선을 두 단계 앞둔 상황에서는 메트주/르모인 팀의 오일 라인이 파열되면서 엔진에 문제가 생겼다. 쿠스마울은 여전히 달리고 있었지만 함께 철수했다.

이듬해인 1986년에는 이 모든 게 보상을 받았다. 자동차들은 시제품이 아닌 정식 Typ 595 모델이었으며, 최대 출력은 400마력이었고, 배기량 2.8리터짜리 트윈-터보 엔진과 새로운 6단 트랜스액슬이 장착됐다. 역시 재키 익스는 클로드 브라소와, 르네 메트주는 도미니크 르모인과, 롤란트 쿠스마울은 켄드리크 웅거Kendrick Unger와 팀을 이뤘다. 포르쉐 디자인 총책임자 토니 라피네는 959 모델의 보디 디자인을 리처드 소더버그Richard Soderbergh에게 맡겼다. 1981년 프랑크푸르트 모터쇼에서 공개됐던 그의 그루페 B 디자인은 별로 변한 것 없이 사막 랠리용 자동차로 옮겨왔다. 신년 이브 날 베르사유에서 시작된 총 1만 5000km에 달하는 긴 여정은 1월 13일에 잠시 휴식을 취한 뒤 1월 22일 다카르에서 막을 내렸다. 메트주와 르모인이 다시 1위로 결승선을 통과했고, 익스와 브라소는 2위를, 쿠스마울과 웅거는 6위를 기록했다.

수리 작업이든 예방 차원의 정비 작업이든 야간 작업이 비일비재했다. 르네 메트주의 자동차(중앙)는 사막에서 무려 1만 1265km를 고속으로 달리고도 오일을 겨우 5쿼트(quart. 1쿼트는 0.94리터)만 썼기에 정비공들은 레이스 내내 손쓸 일이 없었다. (사진 제공: Porsche Corporate Archiv)

그러나 헬무트 보트의 실험은 아직 끝나지 않았다. 플라흐트 레이스 숍에서는 포장도로 레이스용 버전인 Typ 961 모델이 조립됐다. 그들은 내구 레이싱을 위해 최저 지상고를 10mm 줄였고 서스펜션도 바꿨다. 엔진은 최대 출력이 640마력이었으며, 포르쉐는 이 자동차를 몰고 1986년 르망 24시간 레이스에 참가했다. 그리고 사실상 아무 문제 없이 종합 7위로 결승선을 통과했다. 1987년에 다시 르망 24시간 레이스에 참가했으나 결과는 만족스럽지 못했다. 한 운전자의 실수로 자동차가 다 파손되어 버렸기 때문이다.

이 모든 것 덕분에 Typ 595 모델은 잊으려야 잊을 수 없는 전설이 되었다. 그리고 1986년 다카르 랠리에 참가한 그 어떤 차량보다 기술적으로 복잡했으나, 3대 모두 거의 문제없이 잘 달렸다. 헬무트 보트의 바람대로 Typ 595 모델은 미래를 위한 Typ 911 모델이 된 것이다. 포르쉐는 이 모델을 시제품을 포함해 총 234대 조립했으며, 1987년부터 1988년까지 세심하게 분류된 고객 명단을 토대로 실내 전체를 가죽으로 감싼 투어링 버전과 실내를 천으로 감싸고 롤 케이지roll cage가 설치된 스포츠카 버전으로 판매했다. 가격은 28만 4100달러(50만 도이치달러)였다. 포르쉐는 미국 시장에서는 이 모델을 판매하지 않았다.

안타깝게도 이 모델은 전 세계적으로 환율이 하강 국면에 들어간 시기에 럭셔리 카 시장에 나왔는데, 일부 이사회 이사들은 그 책임을 회장인 피터 슈츠에게 돌렸다. 바깥세상에서는 일부 잡지와 많은 비즈니스 간행물과 일반 간행물에서 이 Typ 595 모델을 표지 기사에 올려 그 놀라운 엔지니어링 기술을 상세히 소개하는 등 우상 같은 존재로 떠올랐지만, 회사 내부에서는 과도한 개발 비용 문제 등으로 그 전설에 금이 가고 있었다. 포르쉐

파리의 출발선에서 냉소적인 사람들은 다카르에서 Typ 911 모델을 볼 일은 절대 없을 거라고 예견했다. 그러나 사진에서처럼 메트주와 르모인이 제일 먼저 다카르 시내로 거침없이 들어왔다. 이렇게 Typ 911 4×4 모델은 모든 예상을 뒤엎었다.

왼쪽) Typ 595 로드카의 자체 생산 시설이 있었다. 포르쉐는 처음 써보는 복잡한 장치를 검증하는 데 필요한 시제품을 포함해 Typ 595 로드카를 총 234대 조립했다.

아래쪽) 파리-다카르 랠리에서 우승한 뒤 포르쉐는 르망 24시간 레이스에 출전한 도로 코스 버전인 Typ 961 모델을 준비했다. 그 모델의 자동차 무게는 1200kg이었고, 같은 엔진을 재튜닝해 최대 출력이 640마력이었으며, 최고 시속은 약 400km였다.

맨 아래쪽) 1985년에 실망스러운 성적표를 받아 든 포르쉐 레이싱 팀은 1986년에 시제품이 아닌 정식 Typ 595 모델을 몰고 재도전했다. 컴퓨터로 제어되는 구동 장치 덕에 엔진 출력의 100퍼센트를 뒤 차축에 전달할 수 있었고, 실내에서 간단히 조작해 다양한 전륜 편향과 후륜 편향을 구현할 수도 있었다.

이사회는 개발비 관리 실패에 대한 책임을 물어 결국 헬무트 보트를 조기 퇴임시켰으나, 오래지 않아 자신의 계약을 1년 일찍 끝내겠다는 슈츠의 제안은 그대로 받아들였다.

자동차 역사 전문가들은 최고 시속이 317km인 포르쉐 Typ 595 모델을 인맥만 좋다면 일반적인 자동차 애호가도 구입할 수 있는 세계 최초의 슈퍼카로 평가하고 있다. 또 이 모델에는 성능 못지않게 뛰어난 브레이크와 안전장치가 장착되어 있었다. 그리고 피터 슈츠와 헬무트 보트가 회사를 떠나기 전에 취한 뜻밖의 조치 덕에, 포르쉐는 이 모델을 일반 대중에게도 제공하게 됐다.

포르쉐 엔지니어들은 Typ 911 G-시리즈 3.2 카레라 플랫폼을 토대로 Typ 595 모델을 제작했다. 그리고 1989년 가을에는 Typ 595를 대체하는 Typ 964 카레라 4 모델이 1990 모델로 공개됐다. 예상치 못하게도 포르쉐는 슈퍼카의 정의를 180도 바꿔놓았으며, Typ 911 카레라 모델 덕에 세상 어떤 곳에 사는 그 어떤 고객도 최고 시속 250km 슈퍼카 버전을 4분의 1 가격에 구입할 수 있게 되었다. 964 카레라 4의 초기 가격은 6만 9500달러였다.

1997-현재

중용을 취하다

Typ 986 박스터, Typ 987 카이맨

특히 20세기 후반의 포르쉐에서는 새로운 모델 개발에 들어가는 비용의 대부분은 다른 모델과 공유되지 않았다. 그런데 만일 최소 새로운 한 모델에 대해 그런 비용 중 상당 부분을 피할 수 있는 방법이 있다면 어떨까?

1989년 무렵에 포르쉐의 엔지니어 호르스트 마르하르트는 신차 개발 전반을 책임지는 자리에 올랐다. 그는 페르디난트 포르쉐가 구축한 포르쉐의 전략 하나를 페리 포르쉐에게 물려받았는데, 그건 바로 회사는 늘 그 어떤 연구 프로그램과 개발 프로그램에서든 최소 한 가지는 배워 활용한다는 것이었다. 마르하르트는 모든 자동차 라인도 그런 방식으로 디자인할 수는 없을까 하고 생각했다. 포르쉐는 한때 새로운 폭스바겐 세단과 Typ 911 대체 모델을 같은 공학 기술로 제작하는 걸 목표로 폭스바겐 프로젝트를 그런 식으로 진행했었다.

어떤 새로운 자동차든 앞부분에 가장 비용이 많이 든다. 충돌 테스트도 해야 하고 정면충돌 시 안전도 확보해야 하며 스티어링, 에어백, 인스트루먼트 패널, 주행 제어 장치, 난방 장치, 에어컨, 각종 엔터테인먼트, 내비게이션, 도어 프레임은 물론 도어 자체도 신경 써야 한다. 이런 관점에서 1991년 10월은 포르쉐에게 더없이 중요한 시기였다. 마르하르트가 회사 이사회 이사가 되면서 각

2006년형 Typ 986 박스터 로드스터 엔진 출력은 박스터와 박스터 S 버전으로 거의 매년 늘어났다. 2006년에는 기본 모델의 출력이 225마력에서 240마력으로 늘어났고, 박스터 S 모델은 258마력에서 280마력으로 늘어났다. 두 버전 모두 처음부터 정확한 스티어링과 모범적인 노면 유지 성능이 유지됐다.

종 프로젝트를 수행하거나 각종 아이디어를 구현하는 데 더 큰 권한을 갖게 되었다.

2주 후에 수석 디자이너 하름 라하이는 새로 취임한 포르쉐 최고경영자 아르노 본Arno Bohn과 함께 도쿄 모터쇼를 보러 갔다. 본은 자동차 분야가 아니라 컴퓨터 분야에서 일해온 사람인데, 자기 눈을 의심하지 않을 수 없었다. 두 사람은 이사회 이사 몇 명과 라하이 부서 디자이너 한 무리와 같이 천천히 전시장을 둘러보고 있었다. 그는 다른 자동차 제조업체들은 모두 미래 지향적인 콘셉트 카를 전시하고 있는데 왜 포르쉐만 그러지 않는지 의아해했다. 하름 라하이가 방법을 알려주었다. "물어보면 알 수 있습니다!" 본은 그렇게 하도록 했다. 그러자 하름 라하이가 바이사흐 디자인/엔지니어링 센터로 전화해 자기 디자이너들에게 콘셉트 카 스케치를 보내줄 수 있는지 물었다. 호텔 측에선 그의 방에 팩스를 설치해주었고, 그는 그다음 날 아침에 일어나 둘둘 길게 말린 콘셉트 카 스케치를 팩스로 받아볼 수 있었다. 그중에서 하나를 골라 아침 식사 시간에 본에게 건넸다. 그리고 본은 즉각 그걸 재가했다.

한편 동일한 프런트 엔진이 장착된 두 가지 모델을 만든다는 마르하르트의 아이디어는 그가 받아들일 만한 한 개발 계획에 포함됐다. 그의 동료 이사들은 911 대체 모델 개발 계획은 물론 911 모델에 두 번째 2인승 스포츠카를 추가한다는 계획도 승인해주었다.

그런 다음에는 모든 일이 일사천리로 진행됐다. 2주 동안 하름 라하이는 갑자기 두 가지 신차 개발을 위한 세 가지 다른 제안을 규합해야 했고, 본이 주문한 모터쇼 전시용 콘셉트 카 개발도 착수해야 했다. 그는 두 명으로 구성된 디자인 팀 세 개를 서로 인접한 디자인 스튜디오에 배치했다. 그는 마르하르트의 아이디어는 새로 개발하는 두 모델 모두 각종 기계류와 구조는 물론 앞뒤 모습까지 공유한다는 것이었다. 그 결과 서로 다른 세 팀의 자아와 세 팀의 스타일과 취향을 존중하고 다른 팀을 있는 그대로 받아들일 수 있게 되었다. 하름 라하이는 그걸 마치 결혼 상담자나 심판이나 이혼 변호사 같다고 비유했다. 그런데 그의 새로운 자동

2001년형 Typ 986 박스터 로드스터 포르쉐는 자신들의 박스터 모델을 1993년 디트로이트 모터쇼에서 쇼 카로 선보였다. 이 자동차가 대히트하면서 당시의 포르쉐 최고경영자 벤델린 비데킹은 며칠 내로 그 자동차를 생산하기로 결정했다. 그렇게 해서 1997년식 미드-엔진이 장착된 204마력짜리 2인승 자동차가 탄생했으며, 공장에서 4만 3966달러(7만 6000도이치달러)에 팔렸다. 2001년에 기본형 박스터 모델은 최대 출력이 220마력이었고, 새로 나온 박스터 S 모델은 최대 출력이 252마력이었다.

차 디자이너 여섯 명 가운데 한 명인 그랜트 라슨Grant Larson이 쇼 카 콘테스트에서 우승했다는 것 때문에 상황이 복잡해졌다. 게다가 신모델 두 가지, 그러니까 Typ 986과 Typ 996 모델의 디자인으로 최종 선정된 것 역시 라슨과 팀 동료 핑키 라이Pinky Lai의 디자인이었다. 그런 데다 침체에 빠진 세계 경제로 포르쉐가 큰 타격을 받고 있다는 사실 때문에 상황은 한층 더 복잡해졌다. 엎친 데 덮친 격으로, 포르쉐가 메르세데스-벤츠나 제너럴 모터스나 토요타에 인수된다는 소문이 모든 업계 잡지에 실렸다.

"당시 상황은 디자인 측면에서도 도움이 안 됐습니다." 10년 후 필자와 인터뷰할 때 하름 라하이가 한 말이다. "게다가 우리 머릿속에 있는 것들을 한 가지 틀에 맞춰 넣는 건 너무도 힘든 일이어서 어려움을 겪을 수밖에 없었습니다. 게다가 우리의 마음 한쪽엔 미래 지향적인 콘셉트 카를 동시에 진행할 수 있을 거라는 동화 같은 생각이 숨어 있어서 더 그랬습니다. 게다가 이번에는 팀이 하고 있던 것과도 달랐고 그랜트 라슨과 핑키 라이의 디자인 중에서 선택하던 것과도 달랐습니다."

포르쉐의 디자인 부서는 디트로이트 모터쇼에 맞춰 라슨의 쇼 카를 완성시켰다. 그런데 미국에서의 판매 실적을 토대로, 모터쇼 주최 측에서는 포르쉐에 가장 작고 컴컴한 구석 자리를 할

맨 위쪽) 2006년형 Typ 987 카이맨 S 쿠페 포르쉐 최고경영자 벤델린 비데킹이 그랜트 라슨의 1993년 쇼 카 생산 계획을 재가한 직후, 수석 디자이너 하름 라하이는 라슨에게 박스터 쿠페가 어떤 모습일지 상상해달라고 요청했다. 그리고 최종적인 디자인 경쟁 끝에 라하이와 비데킹은 핑키 라이의 디자인을 선택했다. 포르쉐는 카이맨(Cayman)이란 이름으로 이 쿠페 모델을 공개했는데, 이례적으로 최대 출력 291마력의 S 버전이 최대 출력 245마력인 2007년형 기본 모델보다 앞서 공개됐다.

위쪽) 2007년형 Typ 987 카이맨 쿠페 박스터 모델이 그랬던 것처럼, 포르쉐는 카이맨 쿠페 모델에 서로 다른 두 가지 미드-엔진을 제공했다. 기본 카이맨 쿠페 모델에는 배기량 2.7리터짜리 직렬 6기통 엔진을, 카이맨 S 쿠페 모델에는 배기량 3.4리터짜리 직렬 6기통 엔진을 장착한 것이다. 또 기본 모델은 5단 수동 기어박스가 표준이었고, 6단 변속기는 기본형에서는 옵션이었고 S 모델에서는 표준 장치였다. 포르쉐는 또 양쪽 모델 모두에 5단 팁트로닉을 옵션으로 제공했다.

당했다. "디트로이트는 우리를 원치 않았습니다. 그들은 우리를 무시했습니다." 디트로이트에 온 포르쉐 임원들은 모터쇼 전날 밤 한자리에 모여 그다음 날에 벌어질 최악의 상황을 상상하며 깊은 고민에 빠졌다.

"우리는 그다음 날에 자동차 관련 저널리스트들이 던질 걸로 예상되는 대답하기 힘든 질문을 전부 죽 적어봤습니다. '만일 포르쉐가 파산한다면 어떻게 할 겁니까?', '만일 여러분이 손을 털고 가버린다면 미국 고객들은 어찌 되는 겁니까?' 등등을요."

그다음 날 포르쉐의 기자 회견 자리는 입추의 여지가 없었다. 모든 저널리스트는 포르쉐가 독립된 기업으로서 또는 자동차 제조업체로서 마지막으로 참가하는 모터쇼가 어찌 되는지 두 눈으로 직접 보고 싶어 했다. 최고경영자 아르노 본도 포르쉐를 떠난 때여서 타이밍도 결코 좋지 않았다. 감독자 협의회에서는 1993년 생산 담당 엔지니어 벤델린 비데킹 Wendelin Wiedeking을 최고경영자로 지명했다.

"저널리스트 수백 명이 모여 있었습니다." 하름 라하이가 말을 이었다. "우리 쪽 사람들은 전부 온갖 끔찍한 질문에 답할 준비를 하고 있었습니다." 준비된 말을 다 끝낸 뒤 포르쉐의 미국 최고경영자 프레드 슈와브 Fred Schwab가 질문이 있냐고 물었다.

한 미국인 저널리스트가 단도직입적으로 가장 중요한 얘기를 꺼냈다. "저 덮개 밑엔 뭐가 있나요?" 안도의 숨을 내쉬며 비데킹이 라하이를 향해 은색 천을 벗기라는 신호를 보냈다.

'박스터'는 디자이너 스티브 머켓 Steve Murkett이 장시간에 걸친 브레인스토밍 기간에 생각해낸 이름인데, 6기통 수평 엔진의 별칭인 '박서 Boxer'에 '스피드스터 Speedster'가 합쳐진 말이었다. 어쨌든 그 박스터 모델은 공개되자마자 대히트를 쳤다. 저널리스트들은 그 모델을 아주 좋아했다. 신문과 잡지와 텔레비전에서는 주요 뉴스로 다뤘다. 그 주일 내내 디트로이트 지역의 자동차 대리점에서는 예약을 받았는데, 그 누구도 박스터 모델이 실제로 생산될 거라고 장담할 수 없는 상황에서 대기자 명단 맨 위에 오르길 바라는 사람들의 주문이 쏟아져 들어왔다.

하름 라하이는 바이사흐 디자인/엔지니어링 센터로 전화를

위쪽) 2008년형 Typ 987 카이맨 RS 60 스파이더 그랜트 라슨은 박스터 모델을 디자인하는 과정에서 처음부터 포르쉐 1958-1960년형 Typ 718 RS 60 레이스카들에서 영감을 얻었다. 그런 전통을 기리고자 포르쉐는 특별하게 튜닝된 배기량 3.4리터짜리 수평 대향형 6기통 엔진(최대 출력 303마력)을 장착해 50주년을 기념했다. 이 모델의 최고 시속은 275km였다.

왼쪽) 2014년형 Typ 981 카이맨(왼쪽)과 Typ 981 카이맨 S(오른쪽) 쿠페 새로운 엔진이 장착된 새로운 플랫폼 때문에 포르쉐의 3세대 카이맨 모델에는 새로운 Typ 번호가 붙었다. 휠베이스는 60mm가 늘어나 2474mm였다. 또 각종 수정과 업그레이드를 거쳐 배기량 2.7 마력짜리 엔진의 최대 출력은 260마력이었고, 배기량 3.4리터짜리 엔진의 최대 출력은 310마력이었다. 고객은 6단 수동 변속기를 선택하거나 7단 듀얼-클러치 변속기(PDK)를 선택할 수도 있었다.

걸었다. 박스터 모델 덕에 포르쉐에 대한 사람들의 관심이 되살아났다. 포르쉐는 아직 죽지 않았다. 우리 포르쉐에게는 이 위대한 박스터 모델이 있다. 그랜트 라슨은 짜릿한 희열을 느꼈지만, 그렇다고 해서 그와 핑키 라이가 독일 바이사흐 디자인/엔지니어링 센터에서 직면하고 있는 도전 과제가 줄어들지는 않았다. 그들은 자신들의 스타일링 주제를 구현해낼 수가 없었다. 게다가 박스터 모델의 콘셉트는 작은 Typ 911 모델이었지만, Typ 986 모델의 콘셉트는 중간 크기의 911 모델이었고 Typ 996 모델의 콘셉트는 일반 크기의 911 모델이었다. 또 박스터 모델의 콘셉트는 라슨과 라이의 Typ 986/996 모델 콘셉트와는 전혀 달라 보였다. 그리고 바로 거기에 새로 드러난 사실과 해결책이 함께 있었다. 하름 라하이는 그 모델들이 박스터 모델의 디자인을 취해 모든 비율을 20퍼센트 키워 새로운 Typ 986 모델로 만들고 자동차 앞뒤 콘셉트는 Typ 996 모델의 콘셉트와 비슷하게 가야 한다고 주장했다.

스타일링 문제가 도전 과제 수준이었다면, 엔진과 섀시 문제

맨 위쪽) 2016년형 Typ 981 카이맨 GTS 쿠페 포르쉐는 2014년에 카이맨 GTS 모델을 선보였다. 배기량 2.4리터짜리 수평 대향형 6기통 엔진이 장착됐으며, 그 엔진은 튜닝을 거치면 최대 출력이 335마력까지 나왔다. 그 결과 듀얼-클러치 변속기(PDK)를 쓰면 정지 상태에서 시속 100km에 도달하는 데 4.5초 걸렸으며, 최고 시속은 283km였다.

위쪽) 2015년형 Typ 781 박스터 스파이더 이 모델은 포르쉐 카이맨 GT4의 오픈카 변형이었다. 무게가 1315kg이었고, 최대 출력 370마력인 배기량 3.8리터짜리 수평 대향형 6기통 엔진이 장착됐다. 그 결과 정지 상태에서 시속 100km에 도달하는 데 4.5초 걸렸고, 최고 시속은 290km였다.

는 그야말로 악몽이었다. 소음과 유독성 배기가스 규제 기준은 점점 엄격해지고 있었는데, 이는 더 강력하고 더 빠르고 더 연비가 좋은 엔진에 대한 고객의 요구와 상충하는 면이 있었다. Typ 911 모델의 엔진은 더는 개선할 여지가 없다고 믿는 사람도 있었다. 어떤 경우를 생각하든 그들이 도달하는 결론은 같았다. 수랭식 엔진은 절대적으로 필요하며 그게 유일한 해결책이라는 것이었다. 그렇게 되면 4-밸브 기술을 쓸 수 있어 출력과 효율성을 모두 높일 수 있었다. 연소 소음도 줄일 수 있었다. 그렇게 해서 엔진 팀장 위르겐 카퍼Jürgen Kapfer와 그의 팀은 포르쉐 역사상 가장 혁신적인 엔진 중 하나를 만들어냈다. 통합된 드라이 섬프식 윤활 방식에 100퍼센트 교환 가능한 실린더 헤드(밸브 4개가 서로 반전된 형태), 싱글 스파크 플러그, 오버헤드 캠샤프트, 한쪽 끝의 캠 드라이브 체인 등이 주요 특징이었다. 그리고 Typ 996 모델에서 자동차 뒤쪽 끝이 올라가는 문제를 제어하는 데 어려움이 있었듯, Typ 986 박스터 모델의 미드-엔진 냉각 문제도 난제였다. 그러나 박스터 쇼 카에 대한 일반 대중과 언론 매체의 뜨거운 반응에 힘입어 포르쉐 이사회는 활기를 띠게 되었고 각종 문제 해결에 필요한 자금도 지원됐다.

두 모델 모두 논란 많은 헤드라이트 디자인을 채택하고 있었다. 그러니까 모든 전면부 라이트 기능을 커다란 모듈 한 조각 안에 집어넣는 디자인을 채택한 것이다. "모듈식으로 한 건 전형적인 포르쉐식 결정이었습니다." 하름 라하이의 설명이다. "20초 안에 헤드램프를 세워야 했습니다. 밀어 넣어서 제자리에 들여보내는 것도요. 단 20초요. 그래서 우리는 전조등, 상향등, 안개등, 방향 지시등, 헤드라이트 워셔 등 다섯 가지 기능을 전부 한 모듈 안에 집어넣게 됐습니다. 전형적인 사업적 결정이었죠."

포르쉐는 박스터 모델과 Typ 996 모델을 가지고 큰 도박을 했다. 두 자동차의 앞뒤 스타일링을 거의 동일하게 만듦으로써 엔지니어 호르스트 마르하르트의 엔지니어링 및 디자인 철학과 재무적 가치 판단을 받아들인 것이다. 그런데 공개 시점 때문에 포르쉐 애호가들과 저널리스트들에게 혼란을 안겨주었다. 유럽에서 1998년 모델로 내놓은 Typ 996 모델은 포르쉐의 주력 상품이었지만, 그 겉모습이 1997년 모델로 내놓은 입문용 수준의

2020년형 Typ 718 박스터 GTS 4.0 스파이더 모델 명명법이 다시 바뀌었다. 포르쉐의 가장 강력한 박스터 모델에는 배기량 4.0리터짜리 엔진이 자동차 중앙 부분에 욱여넣어졌다. 그 결과 7600rpm에서 출력이 414마력까지 나왔다. 고객은 듀얼-클러치 변속기(PDK)와 스포츠 크로노(Sport Chrono) 패키지를 옵션으로 선택할 수 있었고, 정지 상태에서 시속 100km에 도달하는 데 3.7초 걸렸으며, 최고 시속은 300km였다.

2022년형 Typ 718 카이맨 GT4 RS 쿠페 포르쉐는 이 쿠페 모델을 '면도날처럼 예리한 트랙 툴'이라고 불렀다. 엔진 배기량은 4.0리터였으며 최대 출력은 493마력이었다. 정지 상태에서 시속 100km에 도달하는 데 3.2초 걸렸고, 최고 시속은 315km였다. 미국에서 판매가는 최저 14만 1700달러였다.

박스터 모델과 너무 닮았던 것이다.

정작 중요한 차이점은 자동차 표면 아래에 숨겨져 있었다. 2인승 박스터 모델은 천장이 천으로 된 로드스터 스타일인데, 가로지르는 방식의 배기량 2480cc짜리 수평 대향형 6기통 엔진이 장착되어 최대 출력이 200마력이었고, 정지 상태에서 시속 100km에 도달하는 데 6.9초 걸렸으며 최고 시속은 240km였다. 그리고 Typ 996 모델은 새로운 4인승 Typ 911 모델 쿠페형으로 나왔고, 1년 후에 지붕을 접을 수 있는 카브리올레형이 나왔다. 배기량 3387cc짜리 수평 대향형 6기통 엔진이 장착되어 최대 출력이 300마력이었고, 정지 상태에서 시속 100km에 도달하는 데 5.2초 걸렸으며 최고 시속은 280km였다. 포르쉐는 박스터 S 버전도 내놓았는데, 배기량 3179cc짜리 수평 대향형 6기통 엔진이 장착되어 최대 출력이 252마력이었고 정지 상태에서 시속 100km에 도달하는 데 5.9초 걸렸으며 최고 시속은 260km였다. 박스터 S 버전에는 더 단단한 서스펜션에 17인치(432mm) 휠이 장착됐다.

1년 후인 2001년에는 전자 스로틀 연결 기술이 발전한 덕에 또다시 비약적으로 도약했다. "와이어 스로틀 연결로 자동차가 날다시피 합니다." 2012년에 필자와 인터뷰하면서 위르겐 카퍼가 한 말이다. "마찰 저항도 없고 고장도 안 납니다. 모든 신호가 모터 관리 장치로 가서 바로 타이밍과 연료 흐름 양과 다른 모든 요소를 계산하는 겁니다."

2003년에는 포르쉐 스타일링 부서에서 박스터 모델에 페이스리프트facelift•를 실시해 앞부분과 뒷부분을 일부 변경했고 측면 공기 흡입구도 바꿨다. 모트로닉 ME 7.8 시스템을 도입해 엔진 관리에 변화를 주어 박스터 기본 모델은 최대 출력이 228마력, 박스터 S 모델은 266마력이었다. 포르쉐는 50주년 기념 박스터 모델도 내놨는데, 1953년형 550 RS 스파이더 모델을 기념하고자 생산 대수를 1953대로 제한했다.

2004년 파리 오토 살롱에서는 Typ 987 2세대 박스터 모델이 첫선을 보였다. 배기량이 2687cc였던 박스터 기본 모델의 엔진은 출력이 236마력이었고, 배기량이 3179cc였던 박스터 S 모델의 엔진은 출력이 276마력이었다. 그리고 새로운 둥근 헤드라이트 덕에 차 앞부분이 심플해졌다. 엔지니어들은 박스터 S 모델의 엔진 배기량을 3.4리터로 늘렸고, Typ 987 엔진에 혁신적인 밸브 관리 시스템인 포르쉐 바리오캠 플러스 시스템을 통합시켰다. 이 복잡한 흡입 밸브 메커니즘의 경우, 각 실린더에 2개씩 있는 전기-유압식 작동 태핏tappet•에 따라 흡입구 밸브가 2단계로 올라가며, 그 결과 주행 여건이나 엔진 부하에 따라 밸브 타이밍이 계속 바뀌게 된다. 오랜 기다림 끝에 나온 '카이맨'이라는 최대 출력 295마력짜리 박스터 쿠페 모델은 박스터 S 트림trim•과 핑키 라이의 멋들어진 패스트백 보디가 특징인 2005년형 모델로 그 모습을 드러냈다. 자매 모델인 박스터와 마찬가지로, 기본형 박스터 카이맨 모델에는 5단 수동 변속기 또는 5단 수동 겸용 자동 변속기가 사용됐으며, 박스터 S 모델에는 6단 변속기가 사용됐다.

박스터 모델의 경우 2008년에 다시 페이스리프트 모델이 나왔는데, 기본 모델의 엔진은 배기량이 2.9리터로 늘었고, S 모델의 엔진에는 직접 연료 분사 방식이 적용됐다. 또 자동차 앞뒤 라이트가 바뀌었고, 뒤쪽 끝부분에는 트윈 디퓨저가 장착됐다. 각 자동차에는 6단 수동 기어박스 외에 옵션으로 새로운 7단 포르쉐 듀얼-클러치 변속기(PDK)도 제공됐다. 그리고 2009년에도 선례에 따라 카이맨 기본 모델과 S 모델이 나왔다.

새로운 디자인 책임자 마이클 마우어Michael Mauer는 3세대 박스터Typ 981와 카이맨Typ 982 모델의 외양을 더 잘 다듬었고 휠베이스는 40mm를 늘렸다. 두 모델 모두 2012년 봄에 제네바 모터쇼에서 첫선을 보였으며, 박스터 모델은 그해 여름에 시판됐고, 카이맨 모델은 2013년 초에 2014년 모델로 그 모습을 드러냈다. 철저한 엔지니어링 덕에 박스터 모델은 각종 치수가 조금 더 커졌는데도 무게는 Typ 987 모델보다 35kg 더 가벼웠다. 또 포르쉐는 포르쉐 토크 벡토링•과 스포트 크로노 플러스• 등, 두 모델에 Typ 911 타입 옵션을 제공했다. 2014년에는 6단 수동 변속기나 7단 듀얼-클러치 변속기(PDK)가 장착되고 배기량 3.4리터짜리 표준 엔진보다 출력이 15마력 더 높은 카이맨 GTS 모델을 내놓았다. 포르쉐는 마지막으로 배기량이 3.8리터이고 최대 출력이 385마력인 자연흡기식 수평 대향형 6기통 엔진이 장착된 카이맨 GT4 모델도 내놓았다. 그리고 그것이 2016년에는 배기량 4.0짜리 엔진이 장착된 콤팩트한 자동차로 진화됐는데, 그 자동차는 카이맨 컵Cayman Cup 레이싱 시리즈와 도로 주행용 GT4 모델 형태로도 선보였다. 이 모델은 공격적인 앞부분과 눈에 띄는 높다란 리어 윙 때문에 한눈에 알아볼 수 있었다. 도로 주행용 모델은 최대 출력이 414마력이었다.

배기가스 배출과 연료 소모는 줄이고 출력과 성능은 높인다는 새로운 전략의 일환으로, 포르쉐는 Typ 718로 명명된 완전히 새로운 박스터와 카이맨 쿠페 모델군을 개발했다. 이 모델들에는 1950년대 말과 1960년대 초에 크게 인기를 끌었던 Typ 718 스파이더와 쿠페 레이스카에 경의를 표한다는 의미가 담겨 있었다. 기본 모델에는 배기량 2.0리터짜리 수평 대향형 4기통 터보 엔진이 장착됐고, S 모델에는 배기량 2.5리터짜리 4기통 터보 엔진이 장착됐다. S 모델의 터보 엔진은 포르쉐 911 터보 엔진과 비슷해, 가변 터빈 지오메트리VTG, variable turbine geometry 날개가 통합되었다. 배기 구동 터빈이 회전하면서 속도를 훨씬 더 올려주는, 조절할 수 있는 날이 달려 있는 것이 특징이다. 2017년 중반에는 4세대 Typ 918 모델이 나왔고, 그 뒤를 이어 바로 최대 출력이 385마력인 박스터와 카이맨 GTS 변형이 나왔다. 2020년에 포르쉐는 업데이트된 GTS 4.0 모델을 내놨는데, 그 모델에는 박스터와 카이맨 보디 스타일에 배기량이 4.0리터인 수평 대향형 엔진(394마력)이 장착됐다. 2022년에는 GT4 모델에 최대 출력 414마력에 배기량 4.0리터인 엔진이 장착되었으며, 정지 상태에서 시속 약 96.6km에 도달하는 데 4.2초 걸렸고 최고 시속은 305km였다. 포르쉐는 또 최대 출력 414마력인 스파이더 4.0 모델도 제공했는데, 최고 시속은 300km였다. 그 모델의 가장 눈에 띄는 디자인 특징 중 하나는 자동차 앞좌석의 머리 받침대부터 내려오는 에어로-타입 페어링aero-type fairings인데, 1960년부터 1962년 사이에 나온 Typ 718 스파이더 모델의 스타일을 연상케 했다.

1995-1998

종합 우승을 향해, 다시!

Typ 911 GT1

포르쉐는 오랫동안 고객을 위해 레이스에서 우승하는 자동차들을 생산해왔다. 그들의 독특한 1994년형 Typ 911 S-LM 모델은 매년 동일한 차량 25대를 제작해야 한다는, BPR이라고 불리는 글로벌 내구 시리즈Global Endurance Series 레이스 규칙을 따르기 위해 911 GT2 모델로 진화했다. 이 고객용 스포츠카는 출시되기도 전에 45대가 팔렸고, 1995년에는 43대, 1996년에는 14대가 팔렸다. 그리고 이 자동차 중 21대는 포르쉐 플라흐트 공장에서 도로 주행용으로 개조됐다.

이 모델의 레이스 버전은 무게 1110kg에 최대 출력 480마력이었고, 도로 주행 버전은 무게 1293kg에 최대 출력 430마력이었다. 고객은 에어백과 자동식 창문, 에어컨 등을 옵션으로 선택할 수 있었지만, GT2 레이스 버전은 엄격한 레이스 기준에 따라 후륜구동 방식이었다.

모델명에서도 알 수 있듯, GT2 모델은 BPR 레이스의 주요 카테고리는 아니었다(BPR 레이스는 GT1, GT2, GT3로 나뉨). 그 그룹인 GT1 카테고리 내에서 포르쉐는 과거 포뮬러 원 레이스에서 경쟁했던 맥라렌의 거센 도전을 받고 있었다. 참고로 맥라렌의 자동차 디자이너 고든 머레이가 디자인한 탄소섬유 소재의 F1 GTR 모델은 1995년 6월 르망 24시간 레이스에서 우승을 거머쥔 바 있다. 영원

르망 24시간 레이스에 참가한 1998년형 Typ 911 GT1 26번과 25번 새로 제작된 공장 소속 레이스카 Typ 911 GT1 2대가 선두를 달리고 있다. 이 자동차들에는 많은 개조를 거친 배기량 3.2리터에 최대 출력이 550마력인 수평 대향형 6기통 엔진과 업데이트된 6단 순차 변속기가 장착됐다. 앨런 맥니시(Allan McNish), 스테판 오텔리(Stephane Ortelli), 로랑 아이엘로(Laurent Aiello)가 몬 26번 자동차가 트랙을 352바퀴 돈 끝에 종합 우승을 차지했는데, 그들은 2위를 차지한 팀 동료 외르크 뮬러(Jörg Mueller), 우베 알첸(Uwe Alzen), 밥 볼렉이 몬 25번 GT1 모델보다 한 바퀴 앞서 결승선을 통과했다.

르망 24시간 레이스에 참가한 1996년형 Typ 911 GT1 티에리 바우천, 한스-요아힘 슈투크, 밥 볼렉이 공장 소속 Typ 911 GT1 모델을 몰아 종합 2위로 결승선을 통과했으며, 새로 생긴 LM GT1 부문 1위를 차지했다. 그들은 트랙을 353바퀴 돌았으며, TWR-외스트 포르쉐 WSC95 모델을 몰고 종합 우승을 차지한 라인홀트 외스트의 레이싱 팀에 한 바퀴 뒤졌다. 두 번째 공장 소속 Typ 911 GT1 모델은 종합 3위, 새로운 LM GT1 부문 2위를 차지했다.

한 경쟁 상대인 페라리는 12기통 엔진이 장착된 새로운 333SP 모델의 시제품을 확보하고 있었다.

BPR 레이스의 GT1 카테고리 규칙에 따르면, 이 카테고리에 출전하는 자동차 제조업체는 도로 주행용 버전도 판매해야 했다. 포르쉐의 엔지니어 노르베르트 싱어는 주행용 버전 1대면 충분하다고 봤다. 그는 Typ 911 GT2 모델이 종합 우승을 하려면 공기역학적으로 더 개선하고 다운포스도 늘리고 출력 또한 더 높여야 한다는 걸 알고 있었다. GT1 출전 자동차들은 맨 앞부분부터 뒤 차축까지 바닥이 평평해야 했다. BPR 규칙에 따르면, 그 뒤쪽으로는 자동차 하부가 올라가 1개 이상의 벤투리 관을 형성해 자동차를 아래쪽으로 끌어내리는 역할을 해도 됐다. 노르베르트 싱어와 포르쉐 모터스포츠 관리자 헤르베르트 암페러는 엔진을 자동차 뒤 차축 앞에 탑재한다면 그렇게 될 수 있을 거라고 믿었다. 그래서 노르베르트 싱어는 GT1 부문 레이스를 위해 Typ 911 GT2 모델의 휠베이스를 2271mm에서 2499mm로 늘렸다.

포르쉐 감독자 협의회는 그런 조치를 잠정 승인했지만, 최종 승인을 위해 한 가지 명확한 조건을 내걸었다. 그건 '한눈에 봐도 911 모델과 똑같아야 한다'는 것이었다. "그래서 섀시 디자이너 호르스트 라이터는 양산차의 앞 끝부분을 통합시켰다. 이 모델은 로드카 승인에 꼭 필요한 미국과 독일의 충돌 테스트를 모두 통과했으며, 그 결과 호르스트 라이터는 Typ 933 모델의 인스트루먼트 패널도 그대로 사용할 수 있게 됐다. 또 그런 고려사항 때문에 스타일리스트 토니 해터러Tony Hatter가 이 프로젝트에 참여하게 됐다. 그는 시리즈 Typ 933 모델을 디자인했었으며, 뜻밖에도 포르쉐 스타일링 부서에는 회사에서 가장 강력한 컴퓨터가 있었다.

"처음에 내가 할 일은 자동차들을 911 모델과 비슷해 보이게 하는 것이었습니다." 토니 해터러는 2012년에 필자와 인터뷰하면서 이렇게 회상했다. "노르베르트 싱어는 곧 우리가 자동차 업계에서 가장 최신 기술을 이용해 작업하고 있다는 걸 알게 됐어요. 레이싱 부서에는 없는 기술이었죠. 우리는 자동차를 디지털 방식으로 제작할 수 있었어요. 싱어는 처음엔 아주 회의적이었죠. 자동차 실제 제작 경험이 아주 많았지만 이젠 그 무엇 하나도 할 수 없었고, 결국 떠났죠. 결국 나는 그가 없는 상황에서 스크린을 보며 작업해야 했어요."

토니 해터러는 Typ 993 모델을 늘리고 넓혀 레이스용 타이어를 낄 수 있게 했다. 그리고 컴퓨터 지원 시스템 덕에 노르베르트 싱어가 딕 소더버그Dick Soderberg와 손잡고 1978년형 Typ 935/78 모델 작업을 할 때나 호르스트 라이터와 보디 디자이너 오이겐 콜프가 Typ 956 모델을 Typ 962 모델로 개조할 때보다 더 빠르고 더 쉽게 작업을 끝낼 수 있었다. 감독자 협의회는 1995년 7월 말에 계속 그렇게 해도 좋다고 승인했다.

그때부터 1996년 1월까지, 작업은 정신없이 진행됐다. 레이스용 서스펜션 위에 양산형 앞부분을 장착하기 위해 호르스트 라이터는 자신의 생각을 수정해야 했다. 헤르베르트 암페러는 엔진을 개조했고, 그 엔진 덕에 Typ 962 쿠페 모델은 1994년 내내 우승을 거머쥐게 된다. 그는 또 엔진 배기량 3164cc는 그대로 유지했으나, 엔진을 식히는 데는 수랭식 냉각 장치를 썼다. 포르쉐는 최대 출력을 300마력으로 조정한 배기량 3.3리터짜리 카레라 엔진으로 도로 주행용 버전의 승인 요건을 충족시켰다. 그해 3월 14일에는 위르겐 바르트가 레이스카 시제품을 몰았다.

위쪽) **1996년형 Typ 911 GT1 스트라센** 다른 데서 실어 와 막 내린 듯한 Typ 911 GT1 스트리트 버전은 BPR 규정에 따라 필요했다. 레이스카 버전과 마찬가지로 이 자동차는 길이 4683mm, 너비 1946mm, 높이 1173mm였다. 무게는 약 1000kg이었다.

아래쪽) **중국 주하이 4시간 레이스에 참가한 1996년형 Typ 911 GT1 모델들** BPR은 자신들의 첫 시즌을 중국 주하이의 새로운 서킷에서 열린 11번째이자 마지막 레이스로 마무리했다. 미래의 자동차 판매 시장을 아시아로 넓힐 계획이던 포르쉐는 서킷 개장 기념 레이스에 공장 직속 레이싱 팀을 보낸 유일한 자동차 제조업체였다. 에마뉘엘 콜라르(Emmanuel Collard)와 랄프 켈레네르스(Ralf Kelleners)가 모는 36번 자동차가 팀 동료 야니크 달마스와 밥 볼렉이 모는 35번 자동차를 앞서 있다. 콜라르와 켈레네르스는 트랙 149바퀴를 돈 끝에 종합 우승을 했으며, 개인 자격으로 참가한 페라리 F40 GT-E 모델을 2바퀴 앞서 결승선을 통과했다.

맨 위쪽) 1997년형 Typ 911 GT1과 Typ 911 GT2 자세히 들여다보면 두 모델 간에 비슷한 점이 있다. 1997년 6월 뉘르부르크링 4시간 레이스 중에 번호 7번을 단 공장 소속 Typ 911 GT1 모델이 피트 안으로 들어가고 있다. 야니크 달마스와 밥 볼렉은 레이스 기간 내내 연료 공급 문제에 시달린 끝에 종합 25위를 기록했다. 71번 자동차는 루이지노 파고토(Luigino Pagotto)와 루카 드로디(Luca Drodi)가 몬 Typ 911 GT2 모델이며, 31위를 기록했다.

위쪽) 1997년형 Typ 911 GT1 에보 스트라센 두 번째 시즌에 포르쉐는 Typ 911 GT1 모델에서 진화된 모델을 제작했으며, 레이스 참가 승인을 받기 위해 다시 도로 주행용 버전을 조립해야 했다. 이 모델은 새로운 겉모습과 새로운 프런트 서스펜션, 새로운 6단 순차 변속기, 새로운 헤드라이트로 탈바꿈했다. 1997년에 새로운 시리즈 Typ 996 모델을 내놓기 위해 필요한 과정이었다.

그 이후 3월 말까지 작업 속도는 그야말로 전광석화였다.

노르베르트 싱어는 특유의 스타일대로 자기 팀 직원을 이끌고 5일에 걸친 한 테스트에서만 1930km 넘게 달리는 등 새로운 모델의 테스트를 철저히 진행했다. 6월에 섀시 001과 002가 장착된 모델이 르망에 도착함으로써 그들은 모든 준비를 마쳤다. 그리고 밥 볼렉Bob Wollek과 티에리 바우천과 한스-요아힘 슈투크가 몬 섀시 002 모델은 포르쉐 엔진이 장착된 오픈 스포츠 레이스카를 몬 외스트 레이싱 팀에 이어 종합 2위로 결승선을 통과했으며 GT1 부문 1위를 차지했다.

"르망 24시간 레이스 이후 48시간도 안 돼 우리는 전화를 열통 받았고 도로 주행용 자동차 주문도 받았습니다." 위르겐 바르트의 회상이다. "금요일이 되자 주문량은 40대에 육박했는데, 우리가 고객은 르망 24시간 레이스 때 쓰인 엔진이 아니라 300마력짜리 엔진이 장착된 자동차를 받게 될 거라고 발표한 뒤에야 판매 열기가 조금 수그러들었습니다."

600 제동마력에 무게 1056kg밖에 안 되는 이 레이스카의 성능은 정말 놀라웠다. 정지 상태에서 시속 210km에 도달하는 데 9.8초 걸렸으며, 르망 24시간 레이스에서는 더 긴 기어 장치

를 사용함으로써 최고 시속이 380km 가까이 나왔다.

마지막 세 BPR 레이스, 그러니까 브랜즈 해치, 스파, 중국 주하이 레이스에서는 이 자동차 아니면 저 자동차가 종합 우승을 차지했다. 연말에 이르러 바이사흐 디자인/엔지니어링 센터는 GT1/96으로 알려진 자동차의 도로 주행 버전과 레이스 버전의 주문 약 30건에 응했다. 도로 주행 버전 자동차에는 결국 카레라 엔진이 아닌 544 제동마력짜리 엔진이 장착됐다. 그리고 약 93만 달러(140만 도이치마르크)에 팔렸다.

포르쉐 GT1 로드카와 레이스카 시장에서 포르쉐는 예기치 못한 십자포화를 맞게 된다. 맥라렌은 개선된 F1 GTR 모델은 물론 100만 달러짜리 3인승 로드카도 갖고 있었다. 게다가 메르세데스-벤츠 역시 GT 시리즈(BPR에서 가져와 11개 레이스로 이루어진 국제자동차연맹 시리즈에 통합시킴)에 출전한다는 계획을 발표하는 등, 포르쉐의 GT1 모델을 1997년에 자신들이 공략해야 할 목표로 삼고 있었다. 그러면서 메르세데스-벤츠는 배기량 6.0리터짜리 12기통 DLK GTR 모델을 공개했다. 메르세데스-벤츠가 그들의 계획을 발표하기 전에 포르쉐 최고경영자 벤델린 비데킹이 GT1에 대해 어떤 계획을 갖고 있었든, 이제 그는 노르베르트 싱어와 바이사흐 디자인/엔지니어링 센터의 책임자 호르스트 마르하르트를 전폭 지지하고 있었다. 노르베르트 싱어는 경쟁력 있으면서도 진화된 자동차를 개발하고자 했다. 그래서 토니 해터러와 함께 새로운 로드카를 만들어내는 데 필요한 변화를 꾀하려 했으며, 디자인 부서에서는 거의 완성 단계에 있던 새로운 Typ 996 모델에서 그 단서를 찾았다. 포르쉐는 11개 레이스로 이루어진 국제자동차연맹FIA 시리즈에 전력투구했다.

포르쉐의 Typ 911 GT1 모델은 1997년 내내 메르세데스-벤츠와의 경쟁에서 별 두각을 드러내지 못했다. 노르베르트 싱어는 포르쉐에게는 탄소섬유 모노코크 섀시가 필요하다는 걸 알고 있었다. 메르세데스-벤츠와 맥라렌과 경쟁할 때 약점으로 작용하던 자동차 무게를 90kg 줄일 수 있는 확실한 길이었기 때문이다. 벤델린 비데킹은 1993년에 포르쉐 최고경영자 자리에 앉은 뒤 곧바로 비용 절감에 착수했으며, 그 결과 각종 손실이 사라지고 생산 시간도 절약되었다. 그 덕에 고객의 상상력을 자극한 Typ 993 모델의 마지막 시리즈를 생산할 수 있게 됐다. 포르쉐와 최고경영자는 이제 다시 고객용 레이스카 생산에 전념할 수 있게 되었다. 그리고 포르쉐 최고위층의 전폭적인 지원을 받는 상황에서 노르베르트 싱어와 호르스트 라이터, 토니 해터러, 헤르베르트 암페러 그리고 엔지니어와 수리공 수십 명은 새로운 과제를 떠안게 됐

맨 위쪽) 1998년 데이토나 24시간 레이스에 참가한 1997년형 Typ 911 GT1 에보 개인 레이싱 팀 소유주 다브 므라이(Dave Mraj)는 최대 출력 600마력에 무게 1050kg인 포르쉐 고객용 자동차 중 1대를 구입했다. 자신의 데뷔 레이스였던 데이토나 시즌 개막 레이스에서 그는 엔진 과열 문제로 일찍 레이스를 마쳐야 했다. 당시 드라이버였던 티에리 바우천과 랄프 켈레네르스와 앤디 필그림(Andy Pilgrim)은 트랙 614바퀴를 돈 뒤 기권했다.

위쪽) 1998년형 Typ 911 GT1 스트라센 버전 이 자동차는 레이스에 참가할 수 있는 로드카 중에서 가장 공격적으로 보이는 Typ 911 GT1 모델이며, 현존하는 가장 급진적인 Typ 911 모델 중 하나이기도 하다. 실망스러운 1997 시즌을 보낸 포르쉐는 모든 걸 원점에서 다시 시작해 1998년에 완전히 새로운 자동차를 내놓았다. 이는 탄소섬유 재질의 모노코크 섀시로 만들어진 최초의 포르쉐 자동차이며, 그 덕에 총 무게가 950kg으로 줄었다.

다. 그것은 Typ 911 GT1/98 모델 개발이었다.

"레이싱 부서에서 나는 Typ 993 모델에 기반한 다양한 하이브리드 혼혈들 속에서 길을 잃었습니다." 토니 해터러의 회상이다. "우선 이건 993 모델에 기반한 것이고, 저것 역시 993 모델에 기반한 것인데 헤드라이트는 새로운 겁니다. 그리고 물론 우리는 결국 911 모델과는 아무 관계도 없는 자동차를 만들었는데, 그런데도 여전히 거기 장착된 새로운 헤드라이트에 집착하는 겁니다. 아무리 생각해도 이상한 일이죠."

핑키 라이와 모형 제작자 에버하르트 브로제Eberhard Brose가 Typ 996 모델을 위해 만든 포름스프라헤Formsprache, 즉 '형태 언어' 덕에 토니 해터러가 그걸 계승하는 모델을 디자인하는 게 더

르망 24시간 레이스에 참가한 1998년형 Typ 911 GT1-98 포르쉐는 르망 24시간 레이스 때까지 기다렸다가 자신들의 3세대 GT1 모델을 공개했다. 그 레이스에서 종합 우승을 차지한 26번 자동차가 일상적인 토요일 밤 정차 후에 피트에서 나와 달리고 있다. 엔지니어들은 이 자동차의 휠베이스를 2700mm로 늘려 연료 탱크를 중앙에 재배치했다. 자동차 길이는 4890mm였다.

수월해졌다. 우선 그는 조종석 뒤에 100리터짜리 연료 주머니를 장착해야 했다. 그래서 그와 노르베르트 싱어와 호르스트 라이터는 휠베이스를 2500mm에서 2870mm로 늘려야 했다. 그 시점에서 이미 새로운 자동차였다.

토니 해터러와 레이싱 엔지니어들은 모든 걸 처음부터 다시 시작했다. 그들은 완전히 컴퓨터 스크린만 보면서 보디와 탄소 섬유 재질의 터브tub를 개발했다. 토니 해터러의 컴퓨터 디자인에는 그와 레이싱 엔지니어들이 풍동 안에서 축소 모형을 가지고 행한 실험 결과도 반영됐다. 그들은 운전석을 오른쪽으로 옮겼다. 또 추가 전구를 달기 위해 새로운 Typ 996 모델의 헤드램프 크기를 키웠다. 낯익은 유사성 덕에 포르쉐의 형태 언어는 보존됐지만, 어쨌든 이 모델은 분명 레이스카였다. 엔진은 개조되어 총 배기량이 3198cc였으며 제동마력은 550마력이었다. 그러나 최신 Typ 911 GT1 모델은 1988 시즌 내내 새로 나온 메르세데스-벤츠의 CLK 모델에 뒤처짐으로써 포르쉐는 계속 좌절을 맛봐야 했다.

토요타와 닛산, 페라리, 맥라렌, 메르세데스-벤츠는 모두 레이싱 팀을 지원하고 있었고, 르망 24시간 레이스에서 포르쉐 Typ 911 GT1/98 모델 3대와 경쟁할 새로운 자동차를 내놓았다. 르망 24시간 레이스가 끝난 6월 7일 일요일에 포르쉐는 1, 2위를 차지했다. 그런 뒤 월요일 레이싱 분야에서는 포르쉐의 새로운 프로젝트에 대한 소문이 퍼졌는데, 그건 레이싱 분야와는 무관한 프로젝트였다.

포르쉐 최고경영자 벤델린 비데킹은 포르쉐-폭스바겐 협업 프로젝트를 발표했다. 포르쉐는 10억 500만 달러(10억 유로)를 투자해 포르쉐 제품군을 확대하기로 했는데, 그건 사람들이 쉽게 이해하기 힘든 내용이었다. 어쨌든 그렇게 해서 포르쉐는 새로운 공장을 하나 더 갖게 됐으며, 그 때문에 몇 년간 계속해서 많은 비판에 시달리게 된다. 새로운 타입의 포르쉐 차량에 이 같은 대규모 투자를 함으로써 당시 진행 중이던 Typ 911 모델에 기반한 레이스카 개발 외에 레이스 분야에 쓸 돈은 씨가 말라버렸다.

게다가 GT1 레이스는 더는 열리지 않게 됐다. 국제자동차연맹에서 2000년에 그 부문 레이스를 중단한 것이다. 그리고 GT1 부문 대신 두 가지 LMP, 즉 '르망 시제품Le Mans Prototype' 부문이

일본 스즈카 서킷을 달리는 1998년형 Typ 911 GT1 포르쉐는 일본에서 열린 국제자동차연맹의 GT 레이스 6라운드에 Typ 911 GT1 모델 1대를 보냈다. 앨런 맥니시와 야니크 달마스와 스테판 오텔리는 트랙 168바퀴를 돈 끝에 1000km 레이스에서 종합 3위를 차지했다. 1, 2위는 메르세데스-벤츠의 CLK LM 모델 2대가 차지했다.

신설됐다. 그래서 포르쉐는 1999년 르망 24시간 레이스에 참가하기 위해 오픈카 스타일의 스파이더 모델인 LMP1/98 모델 개발에 착수했다. 벤델린 비데킹이 르망과 관련된 결정을 내린 지 몇 개월 뒤, 포르쉐는 자신들의 계획을 2000년까지 한 해 미룬다고 발표했다. 2000년에 레이스 규칙이 바뀔 예정이었기 때문에, 그건 납득할 만한 조처였다. 벤델린 비데킹은 엔지니어들의 새로운 레이스카 개발을 재개했다. LMP2000으로 알려진 그 레이스카에는 원래 6기통 수평 터보 엔진을 사용할 계획이었다. 그런데 헤르베르트 암페러는 배기량 3.5리터 자연흡기식 12기통 엔진을 개발했었고, 그런 다음 풋워크 애로우즈에서 열리는 포뮬러 원 레이스를 위해 그와 비슷한 배기량 3.5리터짜리 10기통 엔진도 개발했다. 그러나 이 Typ 3512 엔진이 좌절감만 안겨주었기에 풋워크 애로우즈와 포르쉐의 인연은 1991년에 끝났고, 포르쉐는 그 10기통 엔진을 창고에 처박았었다. 그러나 르망 24시간 레이스 규정에 따라 자연흡기식 엔진은 쓸모가 있었고, 그래서 엔지니어들은 그 엔진의 배기량을 5.5리터로 늘렸다. 그 엔진의 최대 출력은 680마력이었다.

영국의 롤라 자동차 그룹은 1999년 여름에 탄소섬유 재질로 된 터브를 제작했다. 포르쉐의 노르베르트 싱어는 LMP1 서스펜션을 업그레이드했고, 풍동 안에서 각종 테스트를 거친 끝에 탄소섬유 소재의 보디를 개발했다. 포르쉐와 롤라 그룹이 첫 번째 섀시를 완성한 직후에 노르베르트 싱어의 엔지니어들은 조립을 완료한 뒤 1999년 11월 말에 바이사흐에서 이틀간 그 자동차를 테스트했다. 그리고 며칠도 안 돼 포르쉐는 그 프로젝트를 포기한다고 발표했다. 개발 엔지니어 롤란트 쿠스마울이 그 자동차를 창고에 집어넣었다. 자동차를 운전한 사람은 그와 르망 24시간 레이스 우승자인 앨런 맥니시와 밥 볼렉이었다. 쿠스마울은 당시의 일을 이렇게 회상했다. "그 자동차는 바이사흐에서 새로운 트랙 일주 기록을 세웠습니다."

그 당시 포르쉐의 홍보 부서에서는 프로젝트를 중단한 건 사업상의 결정이었다는 보도 자료를 내놓았다. 그 덕에 엔지니어링 관련 자산을 신제품 개발에 쏟아부을 수 있게 됐던 것이다. 사람들은 그 모든 걸 포르쉐에서 조만간 새로운 SUV^{Sport Utility Vehicle}가 나올 거라는 의미로 보았다.

1998–현재

Typ 911을 물로 식힌다고? 이단 행위야!

Typ 996, 997, 991, 992

예기치 못한 일이라고? 바이사흐 디자인/엔지니어링 센터 밖의 포르쉐 팬들 입장에선 Typ 911 모델의 엔진을 수랭식으로 만드는 건 그 누구도 예상 못 한 큰 변화였다. 그럴 조짐은 있었다. 엔진 디자이너 한스 메츠거는 '모비 딕'이라고 불린 노르베르트 싱어의 Typ 935/78 모델에 쓸 수랭식 실린더 헤드를 개발했고, 그런 다음 Typ 936 모델이 나왔으며, 더 최근에는 Typ 956과 962 레이스카가 나왔다.

바이사흐 디자인/엔지니어링 센터의 엔지니어들은 Typ 993 모델에 수랭식 엔진을 쓸 생각을 했었다. 그러나 예산과 시간 문제로 미룰 수밖에 없었다. 그러나 이번엔 그걸 미룰 가능성이 없었다. 포르쉐의 중요한 시장에서 배기가스 배출 기준이 점점 더 까다로워지고 있었기 때문이다. 소음 기준 또한 여러 나라에서 점점 더 까다로워지고 있었는데, 수랭식 엔진 재킷으로 실린더와 실린더 헤드를 감싸면 엔진 연소 소음이 줄어들게 되어 있었다.

이 모든 일이 포르쉐가 어려움을 겪고 있던 시기에 일어났다. 독일은 자국 마르크화를 평가 절상했고, 1987년 주식 시장이 폭락하면서 마르크화와 다른 통화 간의 환율이 독일한테 불리하게 변화되었다. 매출이 떨어지자 포르쉐는 자신들의 911 모델 애호가 두 사람인 최고경영자 피터 슈츠와

1998년형 Typ 996 카브리올레 포르쉐는 1997년 말에 Typ 996 모델을 1998년 모델로 내놓았다. 쿠페와 카브리올레 버전 모두 최대 출력 300마력에 배기량 3387cc짜리 수평 대향형 6기통 엔진이 장착됐다. 포르쉐 특유의 세심한 관심을 통해 자동차 무게는 50kg이 줄었다.

엔지니어링 책임자 헬무트 보트를 내보냈다. 계약을 조기 종료한 것이다. 그러면서 다임러-벤츠와 토요타, 제너럴 모터스, 심지어 회사 규모도 작은 영국 로터스 카즈Lotus Cars가 포르쉐 인수를 논의 중이라는 소문이 퍼졌다. 1988년에는 매출이 1500만 달러로 곤두박질쳤다. Typ 911 모델이 다시 위기에 빠졌다는 소문이 돌았다. 포르쉐는 감사 전문가 하인리히 브라니츠키Heinrich Branitzki를 최고경영자로 영입했고, 헬무트 보트 대신 BMW 테크니크BMW Technik에서 울리히 베츠Ulrich Bez를 데려왔다.

경제는 다시 안정을 되찾았고, 포르쉐의 노력 끝에 불안해하던 고객과 공급업자와 금융업자도 안정을 되찾았다. 그리고 1989년에는 이익이 두 배 이상 뛰어 3230만 달러에 이르렀다. 새로 엔지니어링 책임자가 된 울리히 베츠는 무모하게도 전임자 헬무트 보트가 했던 것처럼 비용이 많이 드는 프로젝트를 밀어붙였다. 그 프로젝트들은 우여곡절 끝에 실패로 끝나거나 개발됐지만 비용이 너무 많이 들어 회수가 불가능했다. 불운했던 4도어 세단에 장착됐던 뒤 차축이 Typ 993 모델에 나타나기도 했다. 결국 최고경영자 하인리히 브라니츠키는 포르쉐를 떠났고, 울리히 베츠 역시 퇴사를 권유받았다. 이사회는 오랜 세월 바이사흐 디자인/엔지니어링 센터의 엔지니어였던 호르스트 마르하르트를 울리히 베츠 대신 엔지니어링 책임자 자리에 앉혔다. 1990년부터 1992년까지 2년간은 아르노 본이 포르쉐의 최고경영자 자리를 지켰으나, 이사회는 벤델린 비데킹을 재영입해 최고경영자로 추대했다. 비데킹은 포르쉐 내 모든 부문을 강도 높게 간소화시켰다. 그 이후의 매출 추이를 보면 전임 최고경영자 피터 슈츠의 결론이 옳았다는 게 입증됐다. Typ 911 모델은 워낙 수익성이 좋고 인기도 높아 절대 폐기할 수 없다는 결론 말이다. 그래서 비데킹은 프런트 엔진 방식의 수랭식 모델 개발 계획을 중단시켰다.

앞에서 언급했듯, 포르쉐의 디자이너 그랜트 라슨과 핑크 라이는 두 가지 새로운 자동차를 만들면서 자동차 뒤쪽 끝부분 전체를 공유함으로써 개발비 수백만 마르크를 절약했다. 그러나 예산 자체가 워낙 빠듯했기 때문에, 핑크 라이는 심지어 포르쉐가 두 세대 전 Typ 964 모델에 도입해 최근의 Typ 993 모델에까지 사용한 높다란 리어 스포일러를 사용할 수도 없었다.

최고경영자 아르노 본이 취한 마지막 조치 중 하나는 국제적인 모터쇼 서킷에서 공개할 쇼 카 개발을 재가한 것이었다. 그 결

1998년형 Typ 996 쿠페 새로운 수랭식 엔진이 장착된 모델의 목표는 편안한 승차감이었다. 이 모델의 판매 대상은 실내가 고급스럽고 승차감이 더 부드러운 BMW 6시리즈 쿠페 모델과 메르세데스-벤츠의 380 및 450 SL 모델의 소유주들이었다. 또 이 모델은 횡가속도 1.0G였고 정지 상태에서 시속 100km에 도달하는 데 5.2초 걸렸으며 최고 시속은 280km였다.

과 나온 것이 바로 박스터 모델인데, 포르쉐의 미래에 대한 세상 사람들의 인식을 뒤바꾼 자동차이기도 했다. 그래서 포르쉐 이사회는 스타일링과 엔지니어링 부문에 조금 더 많은 자금을 지원했다.

그렇게 해서 수랭식 엔진이 장착된 최초의 Typ 911 모델인 Typ 996 모델이 나왔다. 포르쉐는 1998년 4월에 카레라 쿠페 버전과 카브리올레 버전을 1999년 모델로 선보였다. 배기량 3387cc인 새로운 300마력짜리 엔진이 장착된 그 자동차에는 DOHC, 즉 '듀얼 오버헤드 캠샤프트dual overhead camshafts'가 사용되어 실린더당 밸브 4개가 작동됐다. 몇 개월 후 4륜구동 방식 카레라 4C4 변형이 나왔고, 뒤이어 국제자동차연맹FIA에서 영감을 받은 GT3 모델이 나왔다. 이 자동차에는 배기량 3600cc인 최대 출력 360마력짜리 수랭식 DOHC 4-밸브 엔진이 장착됐는데, 이 엔진은 나중에 디자이너 한스 메츠거를 기리는 의미에서 '메츠거 엔진'이라 불리게 됐다. 포르쉐가 1973년형 911 RS 카레라 2.7 같은 차량을 조립하자 고객은 서로 사겠다며 줄을 섰고, 결국 GT3 모델로 Typ 911 모델의 저력이 또다시 입증되었다. 1999년과 2000년 사이에 포르쉐는 카레라 쿠페를 3만 1135대,

맨 위쪽) 2003년형 포르쉐 카레라 컵 포르쉐는 1990년에 Typ 911 모델을 위해 카레라 컵(Carrera Cup) 모델을 선보였고, 또 Typ 964 카레라 2 모델도 선보였다. 이 3세대 모델을 통해 카레이서들은 1999년 당시로선 가장 높은 출력인 380마력짜리 공랭식 엔진을 갖게 됐다. 2003년에는 출력이 390마력으로 올라갔다. 연료를 뺀 이 자동차의 무게는 1160kg이었다.

위쪽) 2002년형 Typ 996 타르가 포르쉐는 Typ 993 모델을 가지고 자신들의 고전적인 타르가 콘셉트에 혁신적인 슬라이딩 유리 지붕 방식을 적용했다. Typ 996 모델은 보디가 완전히 새로워졌고 슬라이딩 유리 부분이 확대됐으며 리어 해치가 열릴 수 있게 되었다. 포르쉐는 2002년에도 엔진 배기량을 3.6리터로 늘렸다. 최대 출력은 320마력이었다.

맨 위쪽) 중국 상하이에서 촬영된 2005년형 Typ 997 포르쉐는 2004년 8월에 Typ 997을 2005년형 모델로 선보였다. 전통적인 원형 헤드라이트를 부활시키는 등 보디 스타일에 세심한 변화가 있었다. 기본형 997 모델은 996 모델의 배기량 3.6리터짜리 엔진을 그대로 사용했지만 출력은 5마력 증가해 325마력이었고, 새로 선보인 S 모델에는 출력이 355마력인 배기량 3.8리터짜리 엔진을 탑재했다.

위쪽) 2006년형 Typ 997 GT3 포르쉐는 1999년에 996 시리즈에 레이싱 모델을 토대로 제작된 GT3 모델을 출시했는데, 이 모델에는 한스 메츠거가 설계한 배기량 3.6리터짜리 엔진을 사용해 출력이 360마력이었다. 997 버전의 출력은 415마력이었다. 이 모델에는 포르쉐 액티브 서스펜션 매니지먼트(PASM) 에어 서스펜션이 기본으로 제공됐고, 숙련된 운전자에게는 끌 수 있는 미끄럼 방지 장치와 전자식 제한 장치를 기본으로 제공했다.

카브리올레를 2만 3598대, C4 쿠페를 1만 2643대, C4 카브리올레를 9411대, GT3 모델을 1868대 조립했다.

포르쉐는 새로운 수랭식 쿠페 모델이 성공을 거둔 건 몇 가지 요인 덕이라고 봤다. 우선 Typ 993 모델이 민첩한 스포티함을 강조했다면 Typ 996 모델은 럭셔리한 그랜드 투어링 기능을 강조했다. 또 자동차가 더 조용하고 더 편안해졌다. 이에 포르쉐는 메르세데스-벤츠의 SL 2인승 모델과 BMW의 2도어 쿠페, 쉐보레의 콜벳 소유주를 판매 대상으로 삼았다. 공랭식 엔진 팬들에게 이는 이단 행위나 다름없었다. 민첩함과 소음이 사라졌으니 말이다. Typ 996 모델은 휠베이스가 2350mm로 Typ 993 모델의 2271mm에 비해 더 길어졌고, 무게가 45kg 줄어들었는데도 외양과 승차감이 더 부드러워져 포르쉐 레이스카 숭배자들에게 실망을 안겨준 것이다.

가장 논란이 되었고 예상치 못한 특징 중 하나는 새 모델의 헤드라이트인데, 한 조각짜리 케이스에 들어 있어 포르쉐 박스터 모델의 헤드라이트를 연상케 했다. 그래서 특별한 지식이 없는 사람들은 새로운 Typ 911 모델과 박스터 모델을 구분하기가 어려웠다. 결국 포르쉐는 2001년형 터보 모델과 2002 모델 연도의 자연흡기식 모델을 페이스리프트해 내놓을 때 문제의 그 헤드라이트 부분 디자인을 바꿨다.

그 2세대 Typ 996 모델은 엔진 배기량이 3596cc로 늘면서 최대 출력도 320마력으로 늘었다. 터보 모델에는 GT3 모델과 마찬가지로 메츠거 3600cc 엔진이 쓰였다. 터보 모델은 최대 출력이 420마력이었으며, Typ 968 모델에서 배리오캠 플러스 VarioCam Plus 밸브 관리 시스템이 처음 사용됐다.

자연흡기식 GT3 모델의 레이싱 링크들과 비슷한 일이지만, 터보차저 자동차를 위한 양산차 기반의 레이싱 시리즈는 GT2 부문에서 진행되었으며, 최대 출력 462마력인 포르쉐 Typ 996 GT2 모델은 2001년에 데뷔해 최고 시속 315km를 과시했다. 2002 모델연도에 포르쉐는 카레라 모델과 혁신적인 슬라이딩 유리 루프가 달린 새로운 타르가 모델인 카레라 4 카브리올레를 내놓았고, 터보-보디 방식 카레라 4S 쿠페 모델도 내놓았다.

2003년 초에는 2세대 GT2와 GT3 모델이 나왔는데, 최대 출력이 GT3는 381마력이었고 GT2는 472마력이었으며, 최고 속도는 조금 오른 시속 320km였다. 같은 해에 C4S 카브리올레 모델이 나왔고, 2004년에는 최대 출력 420마력인 터보 카브리올레 모델이 나왔다. 포르쉐는 2004년과 2005년에는 Typ 911 GT3 RS 쿠페 모델을 내놓았다. 최대 출력 391마력인 이 쿠페형 자동차는 공기역학적인 리어 윙 덕에 정지 상태에서 시속 100km에 도달하는 시간이 4.3초에서 조금 더 빨라진 4.2초였으나, 최고 시속은 320km에서 조금 줄어든 시속 305km였다.

Typ 996 모델이(그리고 자매 버전인 박스터 Typ 986 모델이) 포르쉐에 기여한 바를 간단히 평가하자면 이랬다. 두 모델 덕에 포르쉐는 인수합병되지 않았고 파산하지도 않았다. 자금에 여유가 생기자 최고경영자 벤델린 비데킹은 후속작인 Typ 997 모델의 개발을 재개했다. 또 레이싱 프로그램도 최대한도로 승인했으며, 다른 여러 프로젝트에도 착수해 포르쉐가 그야말로 전혀 예상 못 한 방향으로 나아가는 계기를 만들었다.

Typ 901 모델 개발을 계획한 초창기 시절, 그러니까 1950년대 말과 1960년대 초부터 페리 포르쉐는 지붕을 접을 수 있는 카브리올레 버전을 제작할 생각을 하고 있었다. 그리고 결국 1982년에 SC 카브리올레 모델을 내놓았다. 그 이후 엔지니어들은 접이식 루프가 있는 쿠페형 자동차에서 성공적인 Typ 911 카브리올레 모델을 만들었다. 그 과정에서 엔지니어와 스타일리스트들은 포르쉐의 안전 기준과 핸들링 기준에 맞춰 자동차 구조를 강화하고 보강해야 했다. 그런데 바이사흐 디자인/엔지니어

2007년형 Typ 997 GT2 포르쉐는 공랭식 엔진이 장착된 Typ 993 모델 시절 이후 GT2 모델을 BPR 시리즈 출전용 레이스카로 썼다. GT2 부문에서는 터보차저 사용이 허용됐고, Typ 997 버전은 그 당시까지만 해도 포르쉐의 가장 빠른 도로 주행용 자동차였으며, 최고 시속은 328km였다. 무게 1440kg에 트윈-터보, 트윈-인터쿨러 방식 530마력짜리 엔진이 장착된 그 쿠페형 자동차는 정지 상태에서 시속 100km에 도달하는 데 3.7초 걸렸다.

위쪽) 2010년형 Typ 997.2 터보 S 쿠페 포르쉐는 2009년부터 2세대 997 모델을 내놓았다. 이 모델에는 직접 연료 분사 방식 엔진이 채택되고 오래 기다려온 PDK 7단 변속기가 장착되는 등, 엔지니어링과 주행 성능 측면에서 몇 가지가 업그레이드되었다. 2010년에는 7세대 터보와 터보 S 모델이 나왔다. 터보 S 모델은 터보 2개 안에 가변 터빈 지오메트리 기술을 적용해 더 빨리 압력을 높일 수 있었다. 배기량 3.8리터 터보 S 모델 엔진은 최대 출력이 530마력이었다.

아래쪽) 2011년형 Typ 997.2 GT3 RS(왼쪽)와 GT3 RSR(오른쪽) Typ 997 2세대 GT3 RS 모델은 최대 출력이 450마력이었고 더 짧은 기어비의 6단 수동 변속기가 장착됐으며 더 공격적인 PASM 에어 서스펜션이 사용됐고 앞쪽 휠과 타이어는 거대한 19인치(483mm) 35 시리즈이고 뒤쪽 휠과 타이어는 30 시리즈였다. 탄소섬유 소재로 된 커다란 리어 윙 덕에 최고 속도는 줄었지만 안정성은 더 좋아졌다. GT3 RSR 모델은 레이싱 참가 자격을 가진 고객에게만 팔린 순수한 레이스카였다. 이 모델은 무게가 1360kg이었고 배기량 4.0리터짜리 엔진은 출력이 493마력까지 나왔다.

링 센터는 뜻밖에도 Typ 997 모델 개발에 착수하면서 그 순서를 뒤집었다. 그러니까 카브리올레 모델을 먼저 개발하고, 그 개발 작업이 끝나면 이미 굳어진 플랫폼에 루프를 올리는 식이었다.

Typ 997은 2005년형 모델 쿠페로 나왔으며, Typ 996에서 약 80퍼센트가 변화된 모델이었다. Typ 996 모델에는 18인치(457mm) 휠과 타이어를 사용했고, Typ 997 모델에는 19인치 휠과 타이어를 사용했기에 엔진 토크와 마력을 가장 잘 활용하려면 더 짧은 기어를 써야 했다. 그 결과 접지력과 코너링 파워가 더 좋아져 새로운 전자식 스프링 및 댐퍼 서스펜션 시스템이 필요했다. 그래서 엔지니어들은 Typ 959 모델에서 처음 선보인 PSM, 즉 포르쉐 안정성 관리 장치를 채택할 수 있었다.

바이사흐 디자인/엔지니어링 센터의 책임자 호르스트 마르하르트는 자신들이 고급 루프 패널과 실내 뒷좌석, 최대 출력 325마력에 배기량 3596cc인 수랭식 엔진 블록과 크랭크샤프트, 피스톤 등, 가장 값비싼 부품을 써야 한다고 주장했다. 포르쉐는 S 모델을 재도입했으며, 그 모델에는 최대 출력 355마력에 배기량 3824cc인 수랭식 엔진을 사용했다. 그 모델 소유주들은 Typ 996 모델의 실내가 그때까지 나온 그 어떤 포르쉐 모델보다 더 큰 안락함과 친숙함을 준다는 점을 인정했다. Typ 997 모델의 실내는 새로운 고객에 대한 존경심을 잃지 않으면서도 거의 모

2013년형 Typ 911 50주년 기념 에디션 쿠페 이 모델은 더 긴 휠베이스와 새로운 보디 스타일링 덕에 공기역학적 이유에서 자동차 앞뒤 쪽이 들리는 현상이 거의 제로에 가깝게 줄었다. 고객은 7단 듀얼-클러치 변속기(PDK)나 새로운 7단-포워드-기어(seven-forward-gear) 수동 변속기 중에서 택할 수 있었다. 이 50주년 기념 에디션에는 카레라 4 와이드-보디와 플랫폼을 사용했으며, 실내에는 새발 격자무늬 스타일의 1963년형 포르쉐 '페피타(Pepita)' 천이 재사용되었다. 이 모델은 1963대가 제작된 뒤 단종됐다.

든 면에서 새로워졌다. 또 4인승 구조도 택할 수 있었는데, 그 좌석에는 그 어떤 몸집과 체형을 가진 사람도 앉을 수 있었다.

포르쉐는 2005 모델 연도에 새로운 Typ 997 모델을 단계적으로 출시했으며, 바이사흐 디자인/엔지니어링 센터의 엔지니어들은 Typ 996 터보 S 쿠페와 카브리올레 모델의 조립을 서서히 중단시키며 대체 모델에 대한 마무리 작업을 하고 있었다. 그렇게 해서 2005년 4월, 전 세계 대리점에 Typ 997 카브리올레 모델이 깔렸다. 카레라 4와 카레라 4S 버전은 여름 중순에 대리점에 깔렸다. 곧이어 2006년과 2007년, 2008년에는 유리로 된 접이식 루프 타르가(이제는 4륜구동 플랫폼 위에 장착된) 모델, 480마력의 터보(먼저 쿠페 버전의 보디 스타일을 한, 그런 다음 카브리올레 버전의 보디 스타일을 한) 모델, 415마력인 GT3 모델, 530마력인 GT2 모델과 기타 다른 변종이 나왔다.

포르쉐는 2009년에는 Typ 997 2세대 모델의 엔지니어링 업데이트 버전을 내놓았다. 최대 출력 345마력에 배기량 3614cc인 새로운 엔진은 직접 연료 분사 방식이며, 연료-공기 혼합물이 실린더 내 가장 효과적인 부위로 직접 분사되어 연소 효율과 출력이 더 높고 탄소 배출량은 줄어들게 되어 있었다. 배기량 3800cc인 S 모델의 엔진은 최대 출력이 385마력이었다. 그리고 처음으로 오래 기다려온 7단 듀얼-클러치 변속기(PDK)보다 오히려 표준 6단 수동 변속기의 가속 시간이 더 느렸다.

Typ 991 모델을 기반으로 제작된 새로운 카레라 모델은 2012년 모델로 나왔으며, 배기량 3436cc에 최대 출력 345마력이었다. 카레라 S 모델에는 배기량 3800cc짜리 수평 대향형 엔진이 장착되었으며 최대 출력은 395마력이었다. 포르쉐는 이 자동차들을 2011년 제네바 모터쇼에서 공개했다. 8개월 후에 열린 로스앤젤레스 모터쇼에서 포르쉐는 그 두 후륜구동 버전 카브리올레를 공개했다. 그리고 2012년 9월에는 4륜구동 방식 카레라 4와 카레라 4S 쿠페 그리고 카브리올레 보디들을 선보였다. 2013년 제네바 모터쇼에서는 GT3 모델이 공개됐는데, 배기량 3799cc인 개량된 메츠거 엔진은 469마력까지 나왔다. 또 GT3 모델에는 포르쉐의 전자식 액티브 리어-휠 스티어링이 채택되어 핸들링이 더 예리해졌고 기동성도 더 좋아졌다. 그런데 이 새로운 모델은 일부 고객 소유의 자동차에 화재가 발생하면서 예상치 못한 좌절

2015년형 Typ 991.2 타르가 포르쉐는 변경된 타르가 모델을 내놓아 사람들을 놀라게 했다. 디자이너 그랜트 라슨은 부치 포르쉐의 오리지널 스테인리스강 롤 바를 부활시켰다. 그러나 라슨이 새로 선보인 롤 바는 열린 뒷창문 밑으로 접혀 들어가는 접이식 중앙 루프 패널을 이용해서 그 작동 방식이 더 복잡했다. 그리고 오리지널 롤 바와 마찬가지로, 지붕을 연 채 달리면서도 쿠페의 바람막이와 안전도 보장될 수 있었다.

을 겪게 된다. 포르쉐는 결국 자동차 785대를 리콜했으며, 흡기 장치를 바꾸면서 2014년 3월에 조립을 재개했다.

포르쉐는 2015년 제네바 모터쇼에서 레이스 애호가를 대상으로 GT3 RS 모델을 공개했다. 처음에는 이전과 같은 배기량 3.8리터짜리 469마력 엔진을 썼으나, 그런 다음 이전에는 만드는 게 불가능하다고 했던 4.0리터짜리 6기통 수평 엔진을 공개했다. 그 엔진이 장착된 Typ 911 GT3 RS 4.0 모델은 최대 출력 493마력에 후륜구동 방식이었으며, 또 다른 혁신적 장치인 포르쉐 토크 벡토링 플러스Torque Vectoring Plus를 사용했다. 그 장치는 안쪽 뒷바퀴의 회전 속도를 낮추는 전자식 차동 제한 장치였다. Typ 911 GT3 RS 4.0 모델에는 리어 윙과 실내 롤 케이지가 설치되어 있었으며, 측면에 길게 GT3 RS라는 글씨가 커다랗게 붙어 있었다. 그런데 2016년에 새로 나온 Typ 911 R 모델은 이와는 달리 1967년과 1968년에 나온 초경량 Typ 911 모델을 연상케 했다. 새로운 그 Typ 911 R 모델은 롤 케이지와 리어 윙이 제거됐으며, 다른 차체를 써 GT3 RS 모델보다 무게가 50kg 덜 나갔지만 4.0 엔진은 그대로 장착됐다. 그 모델은 991대만 생산됐다.

터보 모델은 Typ 991 플래그십 지위를 유지했다. 기본형 터보 모델은 최대 출력이 513마력이었고 편안하고 세련됐다. 터보 S 모델은 최대 출력이 552마력이어서, 높은 출력을 선호하는 사람들에게 인기를 얻었다. 터보 모델 구매자는 6단 수동 변속기나 듀얼-클러치 변속기(PDK) 가운데 하나를 선택할 수 있었다. 터보 S 모델에는 듀얼-클러치 변속기가 장착되었으며, 정지 상태에서 시속 100km에 도달하는 데 2.9초 걸렸고 최고 시속은 320km

2013년형 Typ 991 카레라 4 카브리올레 356 모델을 내놓은 초창기 시절부터 포르쉐는 자신들의 리어-엔진 방식 덕에 포르쉐 자동차가 프런트 엔진 방식 자동차보다 눈 위에서 더 안정적으로 움직인다고 주장해왔다. 1990년에 공개된 카레라 4 모델에는 특히 더 맞는 말이었다. 포르쉐의 Typ 991 모델은 휠베이스를 100mm 늘려 Typ 997 모델보다 3.9인치 더 길었다. 배기량이 3.4리터인 기본 모델은 최대 출력이 350마력이었고, S 모델은 400마력이었다.

였다. (Typ 911 R 모델만 이보다 더 빨라 최고 시속이 322km였는데, 그건 무게도 더 가벼운 데다 보디 또한 공기역학적으로 더 효율적이었기 때문이다.)

포르쉐광들마저 포르쉐가 올릴 수 있는 성능에 한계가 왔다고 생각할 때, 예상치 못한 또 다른 반전이 일어났다. 포르쉐는 모든 Typ 911 모델에 터보차저를 장착하고 Typ 991.2 모델이라고 명명했다. 그 바람에 카레라와 카레라 S, GTS 모델의 엔진 배기량은 2981cc로(최대 출력은 각각 365마력, 414마력, 444마력으로) 줄었다. 오직 GT3, GT3 RS, 새로운 스피드스터 모델만 자연흡기식 엔진을 그대로 장착했다(GT3 모델은 자연흡기식 레이싱 부문 모델이었음). 메츠거 3966cc 엔진이 장착된 GT 모델은 최대 출력이 493마력이었고, 스피드스터 모델은 513마력, GT3 RS 모델은 513마력이었다. 그런 다음 포르쉐는 리어 윙과 롤 케이지를 제거해 Typ 911 R 모델의 절제된 차체를 연상케 하는 수동 변속기 방식 Typ 911 GT3 투어링 모델을 내놓았다.

터보 모델에는 일반 모델의 고정형 터빈 날개 방식 대신 포르쉐의 더 정교한 가변형 터빈 지오메트리 기술이 사용되어 또다시 아주 강력한 출력을 뿜어댔다. '기본' 터보 모델(이제 PDK, 즉 듀얼-클러치 변속기만 사용)은 최대 출력이 533마력이었고, 터보 S 모델은 577마력, 터보 S 익스클루시브Exclusive 시리즈는 599마력이었다. 포르쉐는 또 GT2 모델군을 업그레이드해 GT2 RS와 GT2 RS 클럽스포트Clubsport 모델은 최대 출력이 690마력까지 올라갔다. 성능도 사람들의 기대에 부응했는데, 정지 상태에서 시속 100km에 도달하는 데 2.7초 걸렸고 최고 시속은 340km였다.

2018년 미국 캘리포니아주 몬터레이에서 열린 제6회 포르쉐 렌슈포르트 리유니온Rennsport Reunion 행사에서 포르쉐는 포르쉐의 전통을 연상케 하는 포르쉐 935 모델을 공개해 시제품 클럽 레이스카를 선보였다. 노르베르트 싱어의 '모비 딕' 모델을 닮은 그 모델에는 포르쉐 후원 음료 회사인 마티니 앤 로시를 상징하는 줄무늬가 그려져 있었다. 무게가 1380kg이었던 그 모델은 앞부분을 확장하고 뒷부분을 늘려 전체 길이가 거의 4.9m나 됐다. 거기에는 GT2 RS 모델에서 가져온 배기량 3800cc짜리 엔진이 장착되었고, 최대 출력은 700마력이나 됐다. 또 모든 사양이 레이스 목적에 부합했으며, 포르쉐는 이 모델의 가격을 73만 9740달러(70만 1948유로)로 책정했고, 고객에게 제품을 인도할 시기는 2019년 6월로 잡았다. 이 모델의 생산 대수는 77대로 제한됐다.

Typ 991.2 모델군의 마지막 생산 차량은 2019년 12월 20일에 조립된 2020년형 스피드스터 모델이었다. 포르쉐는 그 차세대 모델인 Typ 992를 이미 공개했는데, 그 모델은 2018년 11월 27일 LA 국제공항 남쪽에 막 문을 연 포르쉐 체험센터에서 첫선을 보였다.

Typ 992 모델에는 54년 만에 처음으로 날카로운 선과 테두리라는 새로운 911 형태 언어가 적용됐으며, 모든 측면에서 한번 더 업그레이드되었다. 안전장치가 개선됐고 기계 및 전자 측면에서 혁신했으며, 그런 변화에 발맞춰 타이어도 훨씬 더 커지고 넓어졌다. 카레라와 카레라 S, 카레라 4와 카레라 4S, 타르가

2021년형 Typ 992 터보 카브리올레
터보 모델과 관련해선 두 가지 생각이 존재한다. 한 가지 생각은 '출력은 아무리 커도 충분치 않아'와 '카브리올레 모델은 572마력만 되어도 좋아'이다. 무게가 1719kg이었던 이 자동차는 놀라운 성능을 갖고 있으면서도 삶을 편하게 만들어주는 것들로 가득 차 있었다. 온라인에 올라온 한 댓글에는 표준적인 4륜구동 엔진이 장착된 이 컨버터블 자동차가 1975년에 나온 첫 Typ 930 쿠페에 비해 출력도 두 배이고 드라이브 휠 수도 두 배라면서 '타임머신'이라고 불렀다.

4와 타르가 4S, GTS와 4 GTS, GT3와 GT3 투어링 등등, 모델명도 계속 이어져 나왔다. 출력도 조금씩 늘어 최대 출력이 기본 카레라 모델은 380마력, 카레라 S 모델은 444마력, GTS 모델은 473마력이었는데, 전부 배기량 2981cc짜리 트윈-터보차저 방식 DOHC, 4-밸브, 수랭식 수평 대향형 6기통 엔진에서 나오는 출력이었다. 고객은 7단 수동 변속기와 새로운 8단 듀얼-클러치 변속기(PDK) 중 하나를 택할 수 있었다.

포르쉐 주력 상품인 터보 모델은 빠르고 럭셔리한 장거리 고성능 자동차로서 입지를 다지고 있었다. 배기량 3745cc짜리 엔진이 장착되어, 최대 출력이 기본형 터보 모델은 572마력, 터보 S 모델은 641마력이 나왔다. 그리고 진정한 포르쉐 팬들을 위해 제작된 Typ 992 GT3와 GT3 투어링 모델에는 배기량 4000cc짜리 자연흡기식 6기통 엔진이 장착됐고 최대 출력은 503마력이었으며, 고객은 6단 수동 변속기나 7단 듀얼-클러치 변속기(PDK) 중 하나를 택할 수 있었다. 그리고 수십 년간 지켜온 오랜 관행에 따라 포르쉐는 GT2나 GT2 RS는 물론 GT3 RS 모델도 개발할 계획인데, 후자의 모델은 최대 출력이 700마력을 가볍게 넘을 것으로 예측된다.

맨 위쪽) 2022년형 Typ 992 타르가 포르쉐 디자인 50주년 기념 에디션 옅은 파란색 하늘 아래, 검은색 포르쉐 디자인 기념 타르가 모델이 오스트리아 첼암제에 소재한 부치 포르쉐의 디자인 회사가 세상에 선보인 자동차 디자인 역사 50년을 기리며 서 있다. 이 모델은 오리지널 검은색으로 시작되었기에 색깔 옵션은 검은색 아니면 제트 블랙 메탈릭이었다. 포르쉐는 이 자동차를 자신들의 Typ 992 카레라 4 GTS 플랫폼 위에서 조립했으며, 생산 대수는 750대로 한정했다.

위쪽) 2022년형 Typ 992 카레라 4 GTS 한정 생산된 Typ 992 타르가 포르쉐 디자인 50주년 기념 에디션과는 달리, Typ 992 카레라 4 GTS 쿠페 모델은 수요가 있는 한 기꺼이 생산하려 했다. 포르쉐는 GTS라는 모델명을 먼저 아주 희귀한 1969년형 한 레이싱 모델에 사용했다가 2010년에 그 모델명을 다시 끄집어내 Typ 997 변형 중에서 가장 GT 자동차다운 모델에 사용했다. 이 모델은 후륜구동 또는 4륜구동 방식 섀시를 토대로 제작됐으며 최대 출력은 473마력이었다.

2004 – 현재

포르쉐가 SUV를 만든다고? 그건 이단 행위야!

카이엔

엄청난 도전들에도 불구하고, 바이사흐 디자인/엔지니어링 센터의 책임자 호르스트 마르하르트가 제작한 '한 얼굴의 두 자동차'인 Typ 986과 Typ 996 모델은 하나로 합쳐지게 되었다. 포르쉐의 최고 경영자 벤델린 비데킹은 이 두 모델이 성공을 거둔다면 회사를 살리게 될 거라고 믿었다. 그러나 사실은 그보다 더 많은 걸 원했다. 회사를 성장시켜 번성하게 만들고 싶었던 것이다. 감독자 협의회는 어떤 방향으로 성장할 건지를 물어가며 조건부 승인을 해주었다. 먼저 연구 자금 지원을 승인한 뒤, 그 연구 결과와 결론이 타당하다는 조건하에 디자인과 개발 과정에 대한 지원을 승인해준 것이다.

   벤델린 비데킹은 점점 커져가는 시민 요구에 대한 응답으로 사회 기반시설을 확충 중인 세계 여러 지역에서 자동차 시장의 성장 잠재력을 보았다. 그는 호르스트 마르하르트에게 그런 지역의 명단을 뽑아보고 포르쉐가 추구해야 할 적절한 차량을 선정해보라고 했다. 그래서 마르하르트는 클라우스-게르하르트 볼페르트 Klaus-Gerhard Wolpert로 하여금 포르쉐의 옵션을 조사할 팀을 꾸리게 했다. 볼페르트는 마르하르트와 마찬가지로 수십 년간 바이사흐에서 일했는데 주로 외부 고객, 그러니까 아우디와 다임러-벤츠, 포드, 폭스바겐 같은 자동차 제조업체를 상대해왔다. 특히 폭스바겐을 위해선 4륜구동 방식 파사트와 골프 모델 시제품을 제작하기도 했다. 그는 안티록 브레이크와 4륜구동

2007 Typ E2 카이엔 시베리아 횡단 랠리 이는 시베리아 스타일의 세차장이었다. 2주 일정인 이 랠리는 모스크바에서 시작해 동쪽으로 6600km 떨어진 몽골의 수도 울란바토르까지 이어졌다. 10번 자동차를 몬 아르민 슈바르츠(Armin Schwarz)와 공동 운전자 올리퍼 힐거(Oliver Hilger)는 처음 9일 동안은 선두를 지켰으나 고속으로 달리다가 전복되면서 중도 탈락했다.

맨 위쪽) 2003년형 9PA 카이엔 시제품 포르쉐 최고경영자 벤델린 비데킹은 자신의 엔지니어들에게 '포르쉐다운 SUV'를 만들라고 요청했다. 프로젝트 매니저 클라우스-게르하르트 볼페르트는 그걸 전설적인 랜드로버(Land Rover)와 맞먹는 오프로드카이면서 동시에 고속도로나 일반 도로에서도 흠잡을 데 없는 로드카를 만들라는 뜻으로 받아들였다. 그렇게 해서 나온 이 시제품은 45도 경사를 오르내릴 수 있었다.

위쪽) 2005년형 카이엔 S 이 모델은 언덕을 오르내릴 수 있을 뿐 아니라 언덕 위를 달릴 수도 있다. 카이엔 모델은 45도 경사로를 오르내릴 수 있다. 또 포르쉐의 라이프치히 시운전 서킷 일부 지역에선 42도 경사로를 오르내리고 있었다. 그곳 레이싱 전문 강사들은 늘 새로 카이엔 S 모델을 구입한 사람들이 자신의 SUV의 성능이 얼마나 대단한지 놀라는 모습을 즐거운 표정으로 바라보곤 했다.

스티어링, 에어 서스펜션, 전자 제어식 섀시 시스템 개발에도 참여했다. 그는 팀과 함께 거의 1년간 회사 외부에서 지내며 소형 스포츠카부터 SUV에 이르는 모든 차량을 조사했다.

"우리는 정말 많은 소비자 조사와 마케팅 조사를 실시했고, 그런 뒤에 비로소 SUV 시장에 투자하기로 결정한 겁니다." 클라우스-게르하르트 볼페르트가 2011년 인터뷰에서 한 말이다. "전 세계적으로 SUV 시장은 지금도 가장 빠른 속도로 성장하고 있습니다. 1990년대 초반에, 특히 거의 최상위층은 무주공산이나 다름없었습니다."

포르쉐는 SUV 프로젝트를 함께 진행할 파트너가 필요했다. 당시 볼페르트는 다임러-벤츠가 이미 자신들의 SUV를 개발할 계획이라는 걸 알게 됐으며, 두 회사 모두 공동 개발에 관심이 있었다. 그러나 다임러-벤츠는 받아들일 수 없는 양보 조건을 제시했고, 포르쉐의 최고경영자 벤델린 비데킹은 그걸 거부했다. 이후 비데킹과 마르하르트와 볼페르트는 폭스바겐 쪽에 접근했는데, 폭스바겐은 이미 파사트와 골프 콤비 모델은 물론 4륜구동 밴 신크로Syncro와 그 상용 버전 1대를 제작하고 있었다. 그들이 포르쉐의 제안을 받아들여 포르쉐는 케이엔 모델을, 폭스바겐은 비슷한 SUV 모델인 투아렉Touareg을 제작하게 됐다.

포르쉐의 디자이너 스티브 머켓은 초창기부터 볼베르트의 팀에 속해 있었다. 여유가 있는 날에도 그는 뭔가를 스케치하고 만들고 발명하느라 바빴다. 그는 두 국제 디자인 대회에서 우승했는데, 그중 한 대회에선 6인승 하이브리드를, 다른 한 대회에선 소형 도심형 차량을 디자인했다. 그는 또 Typ 959와 964 모델도 디자인했다. 그는 혼자서 포르쉐 '스쿨버스'를 구상했는데, 섀시 앞쪽에 포르쉐의 캐빈을 탑재한 일종의 미니밴이었다. 디자인 팀 동료들은 그에게 그 구상을 숨기라고 경고했다. 2012년에 한 인터뷰에서 스티브 머켓은 이렇게 회상했다. 그가 엔지니어링 부서 책임자 울리히 베츠에게 자신의 구상을 얘기하고 싶어 했을 때 그의 동료들은 이렇게 경고했다. "잘못되면 바로 직장생활이 끝장날 거야."

그런데 그 구상은 울리히 베츠와 수석 디자이너 하름 라하이에게 어떤 영감 같은 걸 주었고, 스티브 머켓으로 하여금 예상치 못한 모델을 만들게 해 1989년 프랑크푸르트 모터쇼에서 4륜구동 방식의 새로운 Typ 964 플랫폼을 선보이게 된다. 스티브 머켓의 그 포르쉐 파나메리카나Panamericana 모델에는 커다란 타이어가 장착되어 있었고, 그 외양이 전형적인 모래사장용 소형 자동차와 비슷했다. 그 모델은 가장 논란이 많았던 포르쉐 콘셉트카 중 하나인데, 그 모델에 적용된 형태와 모양은 Typ 993 이후의 모델에 많은 영향을 주게 된다. 그리고 이제 클라우스-게르하르트 볼페르트는 스티브 머켓에게 모든 노력을 SUV 쪽으로 돌리라는 말을 하기에 이른다.

"당시 대형 SUV 차량인 카이엔 모델은 논란이 많아 진전이 없었습니다." 볼페르트가 한 말이다. "911에서 카이엔 모델 쪽으로 한 걸음 내디딘 건 정말 큰 변화였습니다."

그 큰 변화를 정의하고 그 범위를 분명히 한 건 볼페르트인데, 그는 이런 말을 했다. "우리는 모든 포르쉐 자동차와 마찬가지로 일상생활에 두루 쓰이는 스포티한 SUV를 만들고 싶었습니다. 그게 그 새로운 차량의 판매 대상이었죠. 험한 산을 오르내리는 자동차가 아니라 스포티하면서도 실용적인 자동차여야 했던 겁니다."

볼페르트는 벤델린 비데킹에게, 자신의 모든 프로젝트 관리자에게 모든 일상생활용 경쟁 자동차를 조사하게 해야 한다고 했다. "어떤 자동차를 한 시간 타보는 거랑은 다릅니다. 그러면 피드백을 얻을 순 있죠. 그러나 어떤 자동차를 제대로 알려면 모든 상황에서 몇 주 정도는 타봐야 합니다. 그러니까 겨울에도 타보고 여름에도 타보고 오페라에도 가보고 아이들을 태워도 보고

맨 위쪽) 2011년형 카이엔 터보(왼쪽)와 카이엔 S 하이브리드(오른쪽) 2세대 카이엔 터보 모델에는 인터쿨러가 장착된 배기량 4.8리터짜리 8기통 터보 엔진이 장착되었으며 최대 출력은 500마력이었다. 또 엔지니어링 효율성을 높이기 위해 차체 무게는 110kg, 섀시 무게는 60kg 줄였다. 카이엔 S 하이브리드 모델에는 최대 출력 333마력인 슈퍼차징 방식 6기통 엔진에 47마력짜리 전기 모터가 추가됐다. 포르쉐는 하이브리드 모델은 주로 미국 고객을, 디젤 발전기 모델은 유럽 고객을 판매 대상으로 삼았다.

위쪽) 2015년형 마칸 터보 포르쉐의 이 소형 SUV 모델은 최대 출력 400마력인 배기량 3600cc짜리 6기통 엔진이 장착된 터보 모델로 나왔다. 자매 자동차인 마칸 S 모델에도 터보 엔진이 장착됐으나 출력은 낮아졌다. 소형 SUV는 휠베이스가 2807mm였고 무게는 2070kg이었다. 정지 상태에서 시속 100km에 도달하는 데는 4.2초 걸렸다.

해야 하는 거죠. 우리는 경쟁 자동차를 전부 샀습니다. 지프 그랜드 체로키, 레인지 로버, 벤츠 ML, 나중에는 BMW도요. 그러곤 3~4개월마다 서로 차를 바꿔 타봤습니다." 볼페르트의 말이다.

그는 또 이렇게 말했다. "차를 직접 타보고 사용하다 보면 시트 위치, 시트 안락감, 시트를 접는 방법 등등 세세한 것까지 모두 알 수 있습니다. 스위치는 어떻게 사용하는지, 스위치 위치는 어떤지 등등도요. 3개월에서 6개월 정도 후면, 가장 뛰어난 SUV 차량에 대해 충분히 알 수 있게 됩니다. 그러면 경쟁 차보다 무얼 더 낫게 할 수 있는지, 무얼 다르게 만들 수 있는지 등을 생각해볼 수 있게 되죠. 그 모든 과정을 거치고 나자 SUV에 대한 폭스바겐의

2015년형 마칸 S 마칸 S는 마칸 터보의 자매 모델이었다. 이 5도어 차량에는 터보차저 2개와 인터쿨러가 딸린 배기량 3.0리터짜리 6기통 엔진이 장착됐으며 최대 출력은 340마력이었다. 정지 상태에서 시속 100km에 도달하는 데는 4.6초 걸렸다.

2015년형 마칸 터보 모델의 실내 마칸 모델군의 실내에는 자동차 실내에 대한 포르쉐의 접근방식이 그대로 반영되었다. 포르쉐 자동차에서 흔히 볼 수 있듯 중앙에 커다란 콘솔이 있었고, 인스트루먼트 패널 가운데에는 터치스크린이 있었다. 포르쉐의 다른 모델에는 대개 인스트루먼트 패널에 게이지가 5개 있지만, 마칸 모델은 소형 차량답게 게이지가 3개밖에 없었다.

생각과 우리의 생각이 어떻게 다른지가 명확해졌습니다. 그리고 그 모든 과정은 서로가 자신의 길을 가는 데 꼭 필요했습니다."

포르쉐는 성능 측면이나 경쟁 자동차와 비교해 목표를 세웠다. 그리고 가속 시간, 최고 속도, 연비, 이산화탄소 배출량 등에 관심을 쏟았다. 포르쉐의 엔진 프로젝트를 이끈 건 하인츠-야코프 노이서 Heinz-Jakob Neusser 박사였는데, 그는 처음엔 자연흡기 방식 8기통 엔진과 터보차저 방식의 동일한 엔진을 사용했다. 그러다 개발 작업이 18개월에 접어들 무렵 6기통 엔진을 하나 더 추가했다.

"우리는 처음에 레이싱 분야에선 8기통 엔진을 사용했는데, 성능 면에선 거의 그 어떤 자동차도 따라올 수 없었습니다." 2012년의 한 인터뷰에서 노이서 박사가 한 말이다. "그러나 터보 모델은 아주 뛰어났습니다. 비교 대상이 없을 정도였죠. 우리가 성능 면에서 이미 충분히 높은 수준에 와 있다는 걸 알고 있었기 때문에, 성능이 좀 떨어지는 모델을 만들기로 한 건 나름 일리가 있었습니다. 오프로드에서 카이엔 모델을 모는 데 관심 있는 고객이 좀 있었는데, 거기에 딱 맞는 모델이 바로 6기통 엔진 모델이었습니다."

포르쉐는 2002년 가을에 Typ 955 SUV 모델을 2003년형 자연흡기식 카이엔 S 모델과 카이엔 터보 모델로 내놓았다. 이 멋진 차량은 그 어떤 포르쉐 차량보다 철저한 테스트를 거쳤는데, 그건 카이엔 모델이 로드카로선 이미 성능이 뛰어나다는 게 입증되어 있으니 오프로드카로서도 뛰어나다는 걸 입증해야겠다는 도전의식 같은 걸 엔지니어들이 느꼈기 때문이다.

"우리는 한 가지 테스트를 치렀습니다." 노이서 박사의 말이다. "테스트 관련자들이 차를 몰고 작은 강 안으로 들어갔습니다. 시동을 끄고 2분간 기다린 뒤 다시 시동을 걸고 운전해 나왔죠. 그런데 사람들은 대개 차가 물에 잠기면 패닉 상태에 빠져 잘못된 행동을 하죠."

그들은 151만 2800km 이상을 달리며 테스트했다. "우리는 도로 주행 테스트를 한 뒤 레이스 트랙 위를 2000km 달렸고, 그런 다음 도로 주행을 하고 다시 레이스 트랙을 달리고, 또다시 도로 주행을 했습니다."

1세대 카이엔 모델인 Typ 9PA는 조종석 아래쪽 부품, 그러니까 히팅 박스와 에어컨, 시트 구조(구조만), 서스펜션 보디 제어장치 일부, 엔진 제어장치 일부 등을 폭스바겐의 투아렉과 아우디의 Q7 모델과 공유했다. 그러나 그 자동차들은 B필러와 C필러(중앙 필러와 뒤쪽 필러)가 달랐고 루프와 조종석도 달랐다. 기어박스는 같았지만, 카이엔 모델에는 투아렉 모델과는 다른 소프트웨어가 사용되어, 포르쉐 드라이브트레인이 있다.

배기량이 4.5리터인 1세대 8기통 엔진의 최대 출력은 S 모델의 경우 340마력이었고 터보 모델은 450마력이었다. S 모델은 정지 상태에서 시속 100km에 도달하는 데 6.9초 걸렸고 최고 시속은 240km였다. 반면에 터보 모델은 정지 상태에서 시속 100km에 도달하는 데 5.6초 걸렸고 최고 시속은 265km였다. 영구적인 4륜구동 방식이며, 견인력의 62퍼센트는 뒤쪽으로 갔고 38퍼센트는 앞쪽으로 갔다. 그리고 6단 팁트로닉Tiptronic® 변속기는 전자적으로 제어되는 디퍼렌셜 잠금 장치와 저범위 기어박스, 자동 브레이킹 디퍼렌셜(ABD)과 연결됐다. PSM, 즉 포르쉐 안정성 관리 Porsche Stability Management 장치는 차량 안정성을 제어했다. 에어 서스펜션이 옵션으로 제공되었으며, 최저 지상고는 적재용은 160mm, 오프로드용은 270mm였다. 2004년에는 초보 수준의 자연흡기식 6기통 엔진이 나왔는데, 배기량 3289cc에 최대 출력 247마력인 24-밸브식 엔진이었다. 그 모델 연도 말경에 포르쉐는 S 모델에 6단 수동 변속기를 제공했으며(미국에서는 제공하지 않음), 배기량 4806cc에 최대 출력 339마력인 8기통 GTS 버전에는 전 세계적으로 수동 기어박스를 제공했다. 그리고 더 넓은 시장에 다가가기 위한 노력의 일환으로, 포르쉐는 배기량 2967cc에 최대 출력 237마력인 6기통 디젤 엔진도 내놓았다.

카이엔 모델의 성공은 비판론자들을 놀라게 했다. 그 모델은 특히 미국에서 잘 팔렸으며, 출시 2년째인 2004년에 더 잘 팔렸다. 포르쉐의 애초 계획은 매년 2만 대를 조립하는 것이었다. 그런데 예상을 깨고 카이엔 모델은 가장 많이 팔린 포르쉐 모델군이 되었다. 박스터 모델과 Typ 911 모델을 합쳐서 4만 대가 제작되었는데 이 모델은 4만 2000대가 제작된 것이다. 그리고 중

위쪽) 2015년형 카이엔 GTS 포르쉐는 엔진 배기량을 줄이고 터보 방식을 쓰는 등, 자신들의 모든 엔진에 '스마트-사이징*' 프로젝트를 진행했다. 2014년형 GTS 모델에는 배기량 4.8리터짜리 8기통 엔진을 썼지만, 2015년형 카이엔 모델에는 배기량 3.6리터짜리 새로운 트윈-터보 6기통 엔진을 쓴 것이다. 그러나 엔지니어들은 8기통 엔진에서 420마력 출력을 끌어낸 데 반해 6기통 엔진에선 440마력 출력을 끌어냈다. 카이엔 GTS 모델은 기본형 및 S 카이엔 모델보다 조금 낮았으며, 정지 상태에서 시속 100km에 도달하는 데 5.2초 걸렸고 최고 시속은 250km였다.

아래쪽) 2015년형 마칸 GTS GTS라는 이름은 포르쉐의 제품군에서 터보라는 이름만큼이나 많이 사용됐다. 이 마칸 GTS 모델에는 배기량 3.0리터짜리 트윈-터보 6기통 엔진이 장착됐으며 최대 출력은 360마력이었다. 정지 상태에서 시속 100km에 도달하는 데는 5.2초 걸렸으며 최고 시속은 255km였다.

맨 위쪽) 2018년형 카이엔 1세대 카이엔 모델은 사막과 눈밭과 많은 레이스 트랙에서 수십만 km에 이르는 테스트를 거쳤다. 포르쉐는 기온이 화씨로 영하(섭씨에서는 영하 17.8도 이하)인 캐나다의 여러 지형에서 몇 주일씩 눈과 얼음 위를 달리는 혹독한 테스트를 계속했다.

위쪽) 2017년형 마칸 터보 익스클루시브 실내와 실외뿐 아니라 구동 장치 업그레이드도 '익스클루시브(독점적인)'했다. 배기량 3.6리터에 최대 출력 440마력인 트윈-터보 6기통 엔진 또한 익스클루시브했다. 그리고 21인치(533mm)짜리 터보 휠이 휠 웰을 가득 채우다시피 했고, 빨간색 브레이크 플리퍼와 보디사이드 하부의 카민레드색 트림라인 덕에 외양이 더 돋보였다. 또 검은색 가죽과 알칸타라 인테리어가 빨간색 트림과 어우러져 외부 트림과 일관성이 유지됐다.

국, 러시아, 중동 지역에서는 이 모델의 인기와 판매가 미국에서의 인기와 판매를 능가했다.

카이엔의 두 번째 에디션인 Typ 958 모델은 2010년 제네바 모터쇼에서 2011년형 모델로 첫선을 보였다. 카이엔은 치수가 늘어났지만 낮은 트랜스퍼 케이스를 없애 무게는 250kg이 줄었다. 이 모델에는 배기량 3.6리터에 최대 출력 296마력인 6기통 엔진이 장착됐으며, S 모델에는 배기량 4.8리터에 최대 출력 493마력인 8기통 엔진이 장착됐다. 새로운 하이브리드 S 모델에는 폭스바겐에서 가져온 328마력짜리 6기통 엔진에 메탈-하이브리드 배터리로 작동하는 46마력짜리 모터가 추가됐다. 포르쉐는 PDCC, 즉 포르쉐 다이내믹 섀시 제어Porsche Dynamic Chassis Control 전자 서스펜션을 도입했다. 그 안정성 관리 시스템의 일부 덕에 바깥쪽 전자 댐퍼는 강화되고 안쪽 전자 댐퍼는 부드러워져 코너를 돌 때 보디 롤 현상이 줄어들었다. 그런 다음 2014년 7월에 포르쉐는 카이엔 모델군의 스타일을 바꿨다. 새로운 플러그인 방식 E-하이브리드 옵션을 포함하는 등 동력 전달 장치에도 변화를 주고 미세한 업데이트도 진행했다. 또 카이엔 S 모델의 엔진을 배기량 4.8리터짜리 8기통 엔진에서 배기량 3.6리터짜리 6기통 터보 엔진으로 바꿔 엔진 배기량을 줄이면서

2022년형 카이엔 쿠페 터보 GT 포르쉐는 보디 스타일의 정의를 확대해, 전통적으로 2도어 자동차를 뜻하는 '쿠페'에 자신들의 새로운 5도어 패스트백과 해치백 스타일의 카이엔 GT 모델을 포함시켰다. 그런 모델을 쿠페에 포함시킨 건 그들이 처음은 아니어서, BMW와 메르세데스-벤츠는 이미 그와 유사한 패스트백 SUV 모델을 내놓고 있었다. 이 카이엔 쿠페 터보 GT 모델에는 배기량 4.0리터에 최대 출력 610마력인 포르쉐 트윈-터보 6기통 엔진이 장착됐으며, 정지 상태에서 시속 약 97km에 도달하는 데 3.1초 걸렸다.

2022년형 카이엔 E-하이브리드 카이엔 쿠페 터보 GT 모델군에는 기본형 E-하이브리드 모델도 들어 있다. 이 플러그인 하이브리드 모델은 배기량 3.0리터에 최대 출력 355마력인 터보차저 방식 6기통 엔진과 최대 출력 134마력인 전기 모터에서 총 455마력 출력이 나왔다. 정지 상태에서 시속 약 98km에 도달하는 데 4.7초 걸렸다.

성능을 개선하는 포르쉐의 역사를 이어갔다.

3세대 카이엔 Typ 9Y0 모델은 온라인에서 먼저 공개됐는데, 새로 공유된 폭스바겐 섀시인 MLB 플랫폼을 기반으로 보디 디자인에 상당한 변화가 있었다. 기본형 카이엔 모델에는 배기량 2995cc에 최대 출력 335마력인 6기통 엔진이 장착됐고, 카이엔 E-하이브리드 모델에는 배기량이 2995cc인 6기통 터보 엔진에 전기 모터가 추가되어 출력이 456마력이었고, 카이엔 S 모델에는 배기량이 2894cc인 트윈-터보 6기통 엔진을 장착하여 출력이 434마력이었다. GTS와 전체 카이엔 터보 모델군에는 배기량 3996cc짜리 포르쉐 트윈-터보 8기통 엔진이 장착됐으며, 최대 출력이 GTS는 454마력, 터보는 542마력, 터보 S는 690마력이었다. 터보 S E-하이브리드 모델은 뭔가 모순된 것 같지만 최대 출력이 671마력이었고, 136마력인 플러그인 하이브리드 모터를 쓰면 거의 50km를 갈 수 있었다.

2019년에 포르쉐는 다른 SUV 제조업체의 트렌드에 합류해 전통적으로 2도어 자동차에 쓰던 보디 타입인 '쿠페'라는 이름을 붙여 패스트백 스타일의 4도어 GT 모델을 내놓았다. 그 카이엔 터보 GT 모델과 성능 키트가 포함된 터보 GT 모델은 최대 출력이 631마력이었고 성능 업그레이드를 하면 무려 764마력이었다. 그리고 포르쉐 측 주장에 따르면, 성능 키트 버전은 정지 상태에서 시속 100km에 도달하는 데 2.73초 걸렸다. 이 GT 모델은 2021년 말에 2022년형 모델로 구입할 수 있었다.

2022년형 마칸 S 포르쉐는 자신들의 2022 모델 연도를 위해 일부 엔진을 뒤섞었으며, 275마력짜리 2021년형 마칸 GTS 엔진을 중간급 마칸 S 모델에 장착했다. 그리고 마칸 S 모델에는 PASM 장치, 즉 포르쉐 적응 안정성 관리 장치와 포르쉐의 7단 듀얼-클러치 변속기(PDK)를 사용했다. 정지 상태에서 시속 약 98km에 도달하는 데는 3.9초 걸렸다.

2004-2005

또 다른 슈퍼카? 때가 됐어!

카레라 GT

이야기는 벤델린 비데킹이 최고경영자로 포르쉐로 되돌아온 초창기 시절로 거슬러 올라간다. 1993년경 포르쉐는 애로우즈 레이싱 팀을 위해 제작했지만 성공하지 못한 80도 각도의 배기량 3.5리터짜리 Typ 3512 12기통 포뮬러 원 엔진을 놓고 노심초사하고 있었다. 맥라렌과 함께 포뮬러 원 레이스에서 성공을 거두고 있었지만 바이사흐 디자인/엔지니어링 센터는 그 엔진 때문에 회의감에 빠져 있었다. 바이사흐 디자인/엔지니어링 센터의 책임자 호르스트 마르하르트는 엔지니어링/레이싱 부서의 헤르베르트 암페러에게 포르쉐에 여전히 엔지니어링 재능이 있는지, 또 엔진을 성공적으로 개발할 능력이 있는지 보여달라고 요구했다. 적은 예산과 인력으로 암페러는 성공적으로 해냈다. 그가 새로 개발한 12기통 엔진은 신뢰성을 확보했지만, 포뮬러 원 레이스카에 쓰기엔 너무 크고 무거웠다. 그러나 다시 시작해보라는 격려 속에 암페러 팀은 결국 1994년 말경 새로운 엔진을 손에 넣게 됐다.

"그건 10기통 엔진이었습니다." 2016년에 한 인터뷰에서 암페러가 한 말이다. "공압 밸브 장치가 있고, 가변 흡입 밸브가 있고, 가변 배기 밸브가 있고, 가변 트럼펫이 있는 엔진이요. 그 엔진에는 우리의 모든 가변 장치가 있었습니다." 실린더 헤드는 1994년 2만 rpm에서 20시간 내구성 테스트

2004년형 Typ 980 카레라 GT 이 모델이 나왔을 때, 포르쉐의 공장 소속 레이싱 및 랠리 드라이버 발터 뢰를은 새로운 임무를 맡게 됐다. 개발 및 테스트가 끝난 뒤 사진작가들을 위해 모델이 되어주기로 한 것이다. 이 멋진 스파이더 모델을 세상에 처음 공개하던 날 밤에, 그는 이 모델을 몰고 애리조나 사막과 비 내리는 러시아워의 파리를 달렸다.

2004년형 카레라 GT 콘셉트 카 1999년에 포르쉐의 캘리포니아 디자인 스튜디오에서 시리즈 양산차 Typ 997 디자인 작업을 하고 있던 디자이너 그랜트 라슨은 전화 한 통을 받았다. 새로운 슈퍼카에 대한 경영진의 생각에 대한 전화였다. 그랜트 라슨은 포르쉐의 레이싱 역사에 깊은 애정이 있었고, 그것이 1970년형 Typ 917 모델의 플랫 팬(flat fan) 등 콘셉트 카의 여러 요소에 영향을 주었다.

를 거쳤다. 그건 하루에 포뮬러 원 레이스를 열 번 참가한 정도와 맞먹는 테스트였다. "정말이지 그건 엔지니어 관점에서 보면 아주 재미있는 일이었습니다. 그런 다음 구동계 위에 엔진을 올려놓고 펌프 연료를 이용해 760마력 출력으로 두 시간 동안 돌렸습니다." 마르하르트는 바이사흐 디자인/엔지니어링 센터에 능력 있는 엔지니어들을 확보했다. 그 덕에 암페러는 GT1 모델 개발에 박차를 가할 수 있었고, 그 결과 포르쉐는 1996년과 1997년, 1998년에 르망 24시간 레이스에 참가할 수 있었다.

"그럼 문제의 그 10기통 엔진은 어떻게 했을까요?" 암페러가 물었다. "아무것도 안 했습니다. 그냥 창고에 집어넣었죠." 그리고 1998년 르망 24시간 레이스 직후 그는 최고경영자 벤델린 비데킹과 얘기를 나눴다. "이제 뭘 하죠?" 최고경영자가 물었다. 암페러는 7월부터 르망 24시간 레이스가 열리는 그 이듬해 4월까지 8개월은 새로운 레이스카를 제작하기엔 충분치 않다는 걸 잘 알고 있었다.

"그래서 나는 '2000년까지면 뭔가가 나올 겁니다. 새로운 차, 새로운 엔진이요'라고 말했습니다." 비데킹은 디자인과 테스팅은 재가했지만, 레이스와 관련해선 나중에 결론지을 계획이었다.

"그런데 엔진은 어떻게 했나요? 10기통 포뮬러 원 엔진을 썼나요? Typ 98 모델의 탄소섬유 섀시는요?" 암페러는 그 새로운 10기통 엔진을 쓰기로 했다. 그러나 르망 24시간 레이스에 배기량 3.5리터로는 충분치 않았다. 2~3시간용으로 디자인된 엔진이 24시간용으로 적합하진 않았기 때문이다. 그래서 뭔가 다른 게 필요했다.

암페러의 엔지니어들은 자신들의 10기통 엔진을 재디자인해 배기량을 3.5리터에서 5.0리터로 늘렸다. 그리고 공압 밸브를 표준형 스프링 밸브로 교체했다. 그러나 암페러 엔진의 65도 각도, 크랭크샤프트의 비틀림 진동, 캠 드라이브의 기어 장치, 캠샤프트 자체는 그대로 유지했다. 암페러는 그게 만일 두 시간 동안 1만 5000rpm에서 포뮬러 원에 통한다면, 엔진이 8000rpm에서 작동되는 르망 24시간 레이스에서도 통할 거라고 믿었다. 그렇게 해서 LMP2000이라 명명된 독특한 시제품이 나왔다. 그 시제품에는 호르스트 라이터의 탄소섬유 모노코크와 오이겐 콜

2004년형 Typ 980 탄소섬유 모노코크 10기통 엔진과 2000년 르망 24시간 레이스용 스파이더 모델이라는 중단된 두 프로젝트에서 새로운 슈퍼카가 생겨났다. 최고경영자 벤델린 비데킹은 자신의 엔지니어들에게 그 모든 기술을 적용해 포르쉐 로드카 고객을 위한 새로운 슈퍼 스포츠카를 만들어내라고 했다.

프의 탄소섬유 보디가 쓰였으며, 노르베르트 싱어가 프로젝트를 관리했다.

최고경영자 벤델린 비데킹은 LMP2000 시제품의 첫 테스트 때 바이사흐 디자인/엔지니어링 센터를 찾았다. 테스트 드라이버 두 사람이 트랙을 20여 바퀴 돌고 난 뒤에 그는 노르베르트 싱어와 헤르베르트 암페러에게 그 시제품을 치워버리라고 했다. 그것으로는 레이스를 할 수 없었다. 며칠 후 비데킹이 암페러에게 말했다. 르망 24시간 레이스에서 이미 16회 우승한 포르쉐가 17번째 우승을 하는 게 문제가 되느냐고. 그러면서 암페러에게 물었다. "우리 세계적인 스포츠카 제조업체 맞죠?"

1999년 초 무렵, 포르쉐 Typ 959 모델 때문에 생겨난 슈퍼카 장르는 더 거센 경쟁에 휘말리게 된다. 페라리는 엔초 모델을 공개했다. 맥라렌과 메르세데스-벤츠는 SLR 모델을 내놓을 거라는 사실을 흘렸다. 게다가 부가티도 다시 모습을 드러냈다. "'그러니 우리도 그런 스포츠카가 필요해요. 르망에 한 번 더 출전하는 것보다는 더 말이 되지 않을까요?'라고 비데킹이 내게 말했어요." 암페러는 새로운 자동차 콘셉트를 잡기 위해 팀을 구성했다.

박스터 모델을 디자인했던 그랜트 라슨은 미드-엔진 스타일의 슈퍼카를 디자인할 임무를 부여받았다. 당시 그는 캘리포니아주 헌팅턴 비치에 있는 포르쉐의 디자인 스튜디오에서 다음 911 모델인 Typ 997의 디자인 작업을 하고 있었다. 1999년 5월경 바이사흐 디자인/엔지니어링 센터의 책임자 호르스트 마르하르트는 그의 콘셉트 카 중 하나를 승인했고, 그랜트 라슨은 Typ 997 모델과 새로운 슈퍼카 디자인에 시간을 나눠 쓰고 있었다. 그는 슈퍼카 디자인을 다듬는 데 7개월을 보냈다. 그 7개월이 끝나갈 무렵 비데킹과 수석 디자이너 하름 라하이는 2주에 한 번씩 캘리포니아로 출근해 그랜트 라슨의 모델을 검토했다. 2000년 초에 비데킹은 마르하르트에게 슈퍼카 개발 작업을 계속 진행해도 좋다고 승인했으며, 뜻밖에도 2대를 제작하라고 했다.

카레이서 발터 뢰를은 그중 1대를 몰고 비디오 촬영과 파리 모터쇼의 라이브 프레젠테이션에 임했다. 그리고 2001년 새해 무렵 두 모터쇼가 로스앤젤레스와 디트로이트에서 동시에 열리자, 또 다른 1대는 그때그때 상황에 따라 둘 중 한 모터쇼에 모습을 드러냈다. 그로부터 1년 후인 2002년 1월 8일 디트로이트에서 벤델린 비데킹은 포르쉐가 카레라 GT라는 자동차를 생산할 계획이라고 발표했다.

포르쉐가 사람들의 관심을 끌기 위해 모터쇼에서 전시하는 쇼 카는 현실에 뿌리를 두고 있었다. 그 차들은 실제로 제작할 수

맨 위쪽) 카레라 GT 모델용 2004년형 Typ M80 엔진 엔지니어들은 새로운 슈퍼카를 위해 8000rpm에서 612마력 출력을 내고 배기량 5733cc인 자연흡기식 10기통 엔진을 개발했다. 포르쉐의 레이스카 역사에서는 아주 흔한 일이지만, 그 엔진은 자동차 중앙에 탑재됐고 6단 기어 트랜스-액슬을 통해 후륜구동 방식으로 움직였다.

위쪽) 라이프치히 공장에서의 2005년형 Typ 980 카레라 GT 조립 특수한 훈련을 받아 다양한 작업에 능통한 포르쉐 조립공 110명이 이 Typ 980 카레라 GT 모델을 조립하기 위해 팀 차원에서 접근해야 했다. 당시 라이프치히 공장에서 생산했는데, 그때 거기에서 카이엔 모델도 조립하고 있었다. 이 모델은 1270대 생산으로 끝났다.

있어야 했으며, 특히 벤델린 비데킹 체제하에서는 수익성도 있어야 했다. 그러나 모터쇼 턴테이블에 올렸던 쇼 카를 바로 일반 도로를 달리는 로드카로 바꾸는 일이 늘 가능하지는 않았다.

"이 슈퍼카 2대를 보면 똑같은 차라고 생각될 겁니다." 토니 해터러가 설명했다. 해터러는 Typ 993 모델을 디자인한 스타일리스트인데, 그랜트 라슨의 쇼 카로 양산차를 만드는 일을 맡았다. "쇼 카와 양산 모델은 세세한 면에서 전부 전혀 새롭고 달랐습니다. 그것이 안정성 장치든 패키징이든 스노체인 간격이든 엔진 냉각 장치든 모든 걸 바꿔야 했는데, 그건 정말 큰일이었습니다. 게다가 새로운 스포츠카에는 루프가 있어야 했는데, 그건 우리 직원들이 생각지도 않았던 일이었습니다."

토니 해터러는 이어서 말했다. "그 쇼 카로 양산차를 만드는 일을 시작하면서, 우리는 자동차 외부와 내부 모두 디지털 모델을 만들었습니다. 그리고 걸 제작했습니다. 그게 풍동 테스트의 토대였습니다. 그러나 동시에 짧은 작업 기간 때문에, 그들은 우리가 이 스튜디오에서 만든 데이터 세트를 가지고 첫 번째 시리즈의 시제품을 만들었습니다. 또 그들은 우리가 여기에서 작은 컴퓨터 스크린상에서 만든 데이터를 토대로 자동차 10대나 12대를 조립했습니다."

토니 해터러는 노르베르트 싱어와 함께 초기에 행한 테스트에 대해 이렇게 말했다. "풍동 테스트 결과는 참담했습니다. 자동차

맨 위쪽) 2004년형 Typ 980 카레라 GT 경이로운 사진 기술 발전 덕에, 카레이서 발터 뢰를이 실제로는 시속 65km도 안 되는 속도로 달리고 있었는데도 마치 애리조나 사막을 가로질러 레이싱을 펼치고 있는 것처럼 보인다. 손으로 조립된 이 시제품은 너무 허약해서 더 빨리 달리는 건 위험했다.

위쪽) 2004년형 Typ 980 카레라 GT 레이스카를 토대로 제작된 Typ 980 카레라 GT 모델의 휠베이스는 2730mm였다. 길이는 4613mm, 너비는 1921mm, 높이는 1166mm, 무게는 1635kg이었다.

오른쪽) 2004년형 Typ 980 카레라 GT 디자인 책임자 하름 라하이는 이 슈퍼카의 매력 중 상당 부분은 색다른 엔진에서 나온다는 걸 알았다. 디자이너 그랜트 라슨과 토니 해터러는 다른 엔지니어들과 함께 이 엔진을 시각적으로 매력 있게 만들었다. 하름 라하이는 망사 같은 커버를 고안해냈으며, 그걸 '네글리게'라고 불렀다.

측면 아래로 부는 바람은 자동적으로 90도 돌아 공기 흡입구 안으로 들어가지 않았습니다. 자동차를 냉각시키려면 뒤쪽 구멍이 너무 커져야 했고, 그러면 외관이 쇼 카답지 않았습니다. 그래서 냉각은 앞쪽에서 시켜야 했습니다." 최고 시속이 320km인 이 아우토반 슈퍼카는 정체가 심한 도심에선 기어가다시피 해야 했다.

엔진룸이 타버렸다. 탄소섬유는 대개 화씨 266도, 즉 섭씨 약 130도가 넘으면 손상되었는데, 대부분은 그 정도 온도에서 탄소섬유가 만들어졌다. 섬유질은 문제가 없었지만 수지 부분이 손상되어 무너져 내린 것이다. 따라서 다른 수지를 이용해 화씨 356도, 즉 섭씨 약 180도에도 견디는 소재를 만들어내는 게 과제였다. 그래서 그들은 배기관을 분리하고 엔진룸 안에 온도 조절 팬을 장착해 엔진과 기어박스와 에어컨 콘덴서를 냉각시켰다.

전면부 충돌 부위를 제외하고 자동차의 대부분은 탄소섬유였다. 포르쉐는 강철로 된 충돌 구조물에 대한 경험이 아주 풍부한 데다 그들의 공급업체는 무게도 줄일 수 있는 새로운 고에너지 흡수 스테인리스강을 개발했다. 그런데 고객 입장에서 강철 구조물은 또 다른 이점도 있었다. "그건 간단한 벤딩 머신으로도 만들 수 있거든요." 2012년에 한 인터뷰에서 프로젝트 총관리자 미하엘 횔셔Michael Hölscher가 한 말이다. "탄소섬유 구조물에 볼트로 조여서, 고객이 충돌 사고를 당할 때는 쉽게 교체할 수도 있고요."

헤르베르트 암페러는 개발 팀에 경고하며 이렇게 말했다. "슈퍼 스포츠카를 만들려 한다면, 우린 그 차 안에 현대적인 레이싱 전용 엔진을 넣어야 합니다. 부우웅 하는 슈퍼카 특유의 웅장한 소리가 나게 하려면, 고회전 10기통 엔진 같은 걸 써야 해요."

미하엘 횔셔는 이런 말을 덧붙였다. "우리 자동차에 들어간 엔진은 진정한 레이스용 엔진이었습니다. 그 엔진은 르망 24시간 레이스카용으로 디자인된 것이었고, 레이스카 엔진 디자인에서 가장 중요한 건 낮은 무게 중심이니까요." 레이스카는 지름 4인치(100mm)짜리 탄소섬유 클러치를 이용해 동력을 잠시 끊거나 이으며, 레이싱 팀은 한두 레이스에 참가한 후에 그 클러치를 교체한다. 그러나 포르쉐에서는 고객에게 모터 오일 교체하듯 자주 클러치를 교체하라고 할 수는 없었다.

횔셔와 암페러는 포르쉐가 탄소 강화 세라믹 브레이크로 성공했던 걸 기억했다. 그들은 시제품 합성 클러치를 테스트했다. 그 클러치는 높은 회전 속도에서 파열됐다. 그러다 독일 삭스Sachs사에서 합성 세라믹 클러치 디스크를 만들어냈다. 10기통 엔진의 회전 속도 제한은 8400rpm이었다. 포르쉐는 안전상의 이유로 거의 그 두 배의 회전 속도에서도 클러치가 손상되지 않아야 했다. 새로운 세라믹 클러치는 2만 rpm 테스트에서도 잘 견뎠다. 이처럼 뛰어난 클러치의 내마모성과 6.3인치(160mm)의 작업 지름 덕에 포르쉐는 엔진을 아주 낮게 탑재할 수 있었고, 그 결과 크랭크샤프트가 가장 낮은 회전 시점에 도로 표면에서 4인치(100mm) 위에 위치해 세계 기록을 세우게 됐다. 또 그 결과 자동차 아래쪽에 공기역학적 터널이 나타날 여지가 생겼다. 그리고 최고 속도로 달릴 때 자동차 하부에서 거의 400kg에 이르는 다운포스가 생겨났다.

무게가 1380kg인 새로운 슈퍼카는 레이스카의 성능을 갖추어 최고 시속은 330km였고 정지 상태에서 시속 100km에 도달하는 데는 3.9초 걸렸다. 배기량 5.7리터짜리 10기통 엔진 마지막 버전의 최대 출력은 612마력이었다. 이 자동차는 44만 4400달러, 즉 약 39만 유로에 판매됐다. 그러나 이 자동차 중 그 어느 것도 벤델린 비데킹의 기대에는 미치지 못했다. 첫째, 이 자동차는 유용성이 있어야 했다. 포르쉐 SUV 모델과 마찬가지로 슈퍼카 사이에서도 "역시 포르쉐야!"라는 말을 들어야 했던 것이다. 둘째, 이 자동차는 느낌도 외양도 포르쉐다워야 했다.

유용성이 있어야 한다는 건 아주 큰 과제였다. 엔진에 딸린 작은 클러치의 관성은 큰 플라이휠 관성의 10분의 1밖에 안 됐다. 스로틀을 끌어올리면 즉각 엔진 회전 속도가 떨어졌다. 그러면 보쉬의 엔진 관리 장치가 그걸 감지해, rpm이 뚝 떨어질 때 전자 장치가 분사되는 연료의 양을 줄여 더 부드럽게 기어를 변경할 수 있었다.

유용성이 있다는 건 그 어떤 여건 속에서도 작동된다는 의미이기도 했다. "시속 약 322km로 달릴 때도 지붕이 그대로 있어야 했어요." 토니 해터러의 말이다. "손잡이를 돌려 작동하는 창문이 있어야 했고, B필러 쪽 창문 꼭대기는 루프와 만나야 했습니다. 그래서 제거할 수 있는 패널 2개를 만들었죠. 그리고 포장 담당 직원들이 그 패널을 서로 다른 방향으로 쌓아 올렸어요." 그리고 트렁크에는 아래쪽 작은 공간에 맞는 작은 가죽 여행 가방이 있어서 짐을 약간 넣을 수 있었다.

자동차는 2004년 모델로 생산되기 시작했다. 그리고 예약 주문이 들어와 1500대는 팔 수 있을 거라고 예측됐다. 라이프치히의 새로운 공장은 직원 수가 110명밖에 안 돼 하루에 3대를 완성할 수 있었다. 그 자동차는 2005년 말까지 생산됐는데, 포르쉐는 자동차 내부와 외부 색깔을 고객 요구에 맞춰 제작했다. 최종적으로 포르쉐는 그 누구도 예상치 못했던 새로운 카레라 GT 모델을 1270대 조립했다.

2009–현재

이제는 세단? 이것도 이단 행위야!

파나메라

포르쉐에서 파나메라 모델을 내놓은 건 최고경영자 벤델린 비데킹에게 미래를 내다보는 안목이 있고 포르쉐의 잠재력을 철저히 조사했다는 걸 보여주는 또 다른 증거였다. 많은 외부인의 눈에 비친 이 파나메라 모델은 포르쉐의 본질과는 거리가 멀었다. 카이엔 SUV 모델에 이어 이제는 파나메라 세단까지 내놓으면서, 비데킹은 자신의 엔지니어들과 디자이너들과 연구원들에게 전혀 관련 없어 보이는 시장을 조사하게 했으며, 그런 다음 포르쉐의 본질을 약화시키는 차량을 만들게 했다. 아니면 포르쉐에 맞는 차량이라고 여겨지는 차량 시장을 찾아내 큰 성공을 거둠으로써, 그걸 발판 삼아 계속 전통적인 스포츠카를 만들어나가면서 그 사이사이에 가끔 슈퍼카도 만들어내려 했다. 돌이켜 보면 비데킹의 그런 관점은 그 당시의 실제 상황을 잘 반영한 것이라고 할 수 있다.

포르쉐가 이 육중한 4도어 4인승 럭셔리 고성능 대형 세단을 그런 자동차를 좋아한다고 알려진 미국 시장에서는 공개하지 않고, 또 이미 적어도 다른 두 회사에서 그런 자동차를 제작하고 있던 자신들의 홈그라운드 독일에서도 공개하지 않기로 한 이유를 생각해보자. 포르쉐는 파나메라 모델을 수십 년간 부가티와 들라이예, 들라주, 부아쟁Voisin 같은 자동차 제조업체의 대형 로드카의 산실 역

핀란드에서의 2011년형 Typ 970 파나메라 4S 포르쉐는 오랫동안 자신들의 자동차가 눈 위에서도 쉽게 제어된다고 주장해왔고, 그걸 유럽 운전자들에게 입증해 보이려고 핀란드 로바니에미에 있는 자신들의 테스트 및 훈련 시설에 겨울 드라이브 코스를 만든 뒤 1999년에 고객에게 공개했다. 그곳에서 한 파나메라 4S 운전자가 포르쉐의 '얼음 경험'의 일환으로 제대로 된 드리프트를 즐기고 있다.

할을 해온, 그리고 제2차 세계대전 이후에는 시트로엔Citroën 대형 로드카의 산실 역할을 해온 파리 국제 모터쇼에서 첫선을 보였다. 그것으로 일단 파나메라 모델의 존재를 세상에 알렸지만, 제대로 존재감을 드러낸 건 2009년 4월에 열린 상하이 국제 모터쇼에서였다. 부유한 잠재 고객은 101층짜리 상하이 세계금융센터 94층 전망대(포르쉐의 엔지니어들이 특수하게 제작한 수직 받침대에 자동차를 거꾸로 세워 매단 채 화물용 엘리베이터 수직 통로로 끌어당겨 올려서)에서 리셉션 겸 공개 행사가 열리기 전 일요일에 먼저 이 모델을 보았다. 그 무렵 포르쉐는 중국에서 또 다른 육중한 5도어 5인승 럭셔리 고성능 SUV인 카이엔 모델로 워낙 잘 알려져 있었다. 그래서 포르쉐가 마케팅 차원에서 모터쇼 스탠드에 Typ 997 쿠페 모델도 전시했을 때, 방문객들은 포르쉐 측 관계자 쪽으로 다가와 흥분해 외쳤다. "오! 포르쉐가 스포츠카도 만들기 시작한 거예요?"

그 당시에 포르쉐와 최고경영자 벤델린 비데킹은 이미 몇 차례 예상 밖의 제품을 내놓았다. 사람들은 깜짝 놀랐고, 포르쉐는 2002년에 카이엔 SUV 모델로 놀랄 만큼 큰 성공을 거뒀다. 그런 뒤 2004년에는 멋들어진 카레라 GT 슈퍼카로 성공을 거뒀다. 그러다 2007년에 세계 경제가 곤두박질치기 시작했고, 2008년과 2009년에는 여러 나라가 곤경에 처했다. 수백만 명이 직장과 집을 잃었다. 많은 가정이 풍비박산되었다. 많은 기업이 문을 닫았다. 러시아 루블화와 중국 위안화는 물론이고 미국 달러와 유럽 유로, 영국 파운드의 실질적인 손실이 수조에 이르렀으며, 각국 정부는 자국 경제 전문가의 조언과 그에 대한 정치인의 반응에 따라 허리띠를 졸라매거나 느슨하게 풀었다. 포르쉐는 신제품 개발이 워낙 많이 진전되었기에 보류할 수가 없었다. 그래서 2007년경 바이사흐 디자인/엔지니어링 센터는 자신들의 트랙과 외떨어진 장소에서 완성 직전의 시제품을 몰고 계속 주행 테스트를 했다.

포르쉐 프로젝트 관리자 게르노트 될너Gernot Döllner는 포르쉐가 카이엔 모델을 공개하던 바로 그 순간부터 Typ 970 세단 개발에 착수했다. 포르쉐는 파나메라를 2010년 모델로 공개하면서 자연흡기식 S, 4륜구동 방식 4S, 4륜구동 방식 터보 등 세 가지 버전으로 내놓았다. 배기량 4.8리터짜리 연료 직접 분사식 8기통 엔진이 장착된 S 버전과 4S 버전은 6500rpm에서 출력이 400마력이었고, 터보 버전은 6000rpm에서 출력이 500마력이었다. 처음에 제공된 유일한 변속기는 7단 PDK 트윈-클러치 변속기였다.

파나메라 모델은 1980년대의 Typ 989 세단 콘셉트를 취했다. 안락감과 안정성과 성능 면에서 많은 업그레이드를 했고, 사이즈는 더 커졌다. 그리고 처음 보는 사람들은 이 자동차의 뒷부분을 보고 감동받아 아무 말도 못 할 정도였는데, 한 사람은 이 자동차에 대해 '거대한 해치백 웨건 스타일링'이란 표현을 쓰기도 했다. 포르쉐 디자인 팀의 한 디자이너는 이렇게 말했다. "우리에게 만일 뒷좌석에 앉아 일을 하고 싶어 하는 키가 크고 덩치도 큰 최고경영자가 없었다면, 그 자동차는 아마 아주 다른 모습

2009년형 Typ 970 파나메라 터보 포르쉐는 이 5도어 세단을 2009년 모델로 공개하면서 후륜구동 방식 S, 4륜구동 방식 4S, 터보 등 세 가지 버전으로 내놓았다. 세 버전 모두 배기량이 4.8리터인 포르쉐의 새로운 8기통 엔진이 사용됐으며, 자연흡기 방식 S 버전과 4S 버전은 최대 출력이 395마력이었고 트윈-터보 방식 터보 버전은 493마력이었다. 이 모델은 럭셔리 고속 4도어 해치백으로 구상됐으며, 터보 버전은 최고 시속이 303km였다.

상하이에서의 2009년형 Typ 970 파나메라 중국 고객이 포르쉐의 카이엔 모델에 보여준 뜨거운 열기를 바탕으로, 포르쉐는 2009년 3월 상하이 모터쇼에서 이 모델을 처음 공개하기로 결정했다. 모터쇼가 열리기 전날 밤에 포르쉐는 상하이 세계금융센터 94층에서 비공개 리셉션을 개최했다. 포르쉐의 엔지니어들은 특수 받침대를 제작해 화물용 엘리베이터 지붕 위에서 이 자동차를 밀어 올렸다.

2012년형 Typ 970 파나메라 터보 이 사진이 전하려는 메시지는 다분히 의도적이었다. 파나메라 모델은 개인 제트기 소유주들이 타는 자동차이니, 용기가 있다면 도전해보라는 것. Typ 911 쿠페와 닮은 것도 의도적이었다. 가족 간의 유대감과 스포츠카 분야에서의 역사를 강조하려는 것. 또 뒷좌석 공간을 넓힌 1세대 세단이기도 했다. 포르쉐의 최고경영자는 뒷좌석에 앉아 일을 하고 싶어 했기에 조금은 어색한 루프 라인을 감수한 것이다.

을 하게 됐을 겁니다." 사실 서로 다른 여러 표준이 파나메라 모델의 치수에 영향을 주었다. 파나메라는 95백분위에 해당하는 남성(즉, 키 185cm에 체중 98kg인) 네 명과 각자 여행 가방 하나씩 총 4개를 실을 수 있어야 했다.

포르쉐의 자동차가 늘어나면서 모델 또한 점점 늘어났다. 2010년에는 파나메라와 파나메라 L 모델이 나왔는데, 둘 다 배기량 3605cc짜리 6기통(기본적으로 실린더 2개는 한쪽 끝을 잘라낸 8기통) 엔진이 장착됐다. 자연흡기식 6기통 엔진은 6200rpm에서 출력이 300마력이었으며, 포르쉐는 유럽의 다양한 시장을 위해 6단 수동 변속기를 기본으로 제공했고 옵션으로 듀얼-클러치 변속기(PDK)도 제공했다. 2011 모델 연도에는 출력이 250마력인 디젤 버전 6기통 엔진(아우디에서 가져온 배기량 2967cc짜리 엔진을 사용해 카이엔 디젤 버전과 공유)이 나왔으며, 배기량 4806cc(출력은 6000rpm에서 550마력)짜리 엔진이 장착된 터보 S 모델, 출력 430마력짜리 자연흡기식 8기통 엔진이 장착된 GTS 모델, 슈퍼차저 방식 배기량 2995cc짜리 6기통 엔진이 장착된 S E-하이브리드 모델도 나왔다. 디젤 모델과 S E-하이브리드 모델 모두 8단 팁트로닉 S 트랜스미션으로 작동됐다. 이 파워트레인들은 모두 카이엔 모델과 함께 개발되고 사용되었다.

2013년 상하이 모터쇼에서 포르쉐는 외부 변화는 별로 없었지만 엔진이 크게 개선된 페이스리프트 파나메라 모델을 내놓았다. 파나메라 S와 4S 버전에는 배기량 2967cc인 새로운 트윈-터보 6기통 엔진이 장착됐으며, 6000rpm에서 출력은 414마력이었다. 새로운 플러그인 방식 S E-하이브리드 모델의 가솔린 엔진은 배기량 2995cc짜리 6기통 엔진으로 출력이 416마력이었고, 거기에 95마력짜리 전기 모터가 추가됐다. (S E-하이브리드 모델은 전기 모드로만 달리면 최고 시속이 135km였다.) 포르쉐는 또 휠베이스가 더 긴 4S와 터보, 터보 S 모델도 발표했다. 핸들이 왼쪽에 있는 자동차 시장을 위해 바퀴 사이가 150mm 더 길어져 뒤쪽 좌석의 다리 뻗을 공간이 훨씬 더 넓어졌다. 터보 S 모델에는 배기량 4806cc짜리 트윈-터보 8기통 엔진을 장착했는데, 최대 출력은 6000rpm에서 542마력이었다. 회사 임원급이나 탈 만한 이 대형 고급 자동차의 최고 시속은 305km였다.

2016년 7월 말, 포르쉐는 새로운 스타일의 Typ 971 G2 2세

굿우드에서의 2016년형 Typ 971 파나메라 터보 S 미국 카레이서이자 배우인 패트릭 뎀프시(Patrick Dempsey)는 2016년 6월 25일에 열린 굿우드 스피드 페스티벌에서 최대 출력이 550마력인 2세대 터보 S 파나메라 모델을 몰고 힐클라임을 달림으로써 초창기에 이 모델의 잠재력을 많은 사람에게 보여주는 역할을 했다. 이 2세대 모델은 루프 라인이 눈에 띄게 달라졌다.

대 파나메라를 내놓았다. 길이는 35mm 늘어 총 5050mm였고, 너비와 높이는 5mm가 늘어 각각 1938mm와 1422mm가 되었다. 또 이 자동차는 폭스바겐 그룹의 MSB 플랫폼을 기반으로 제작되면서 휠베이스가 30mm 더 길어져 2950mm였다. G1 모델의 디자인 작업은 베냐민 딤슨Benjamin Dimson, 스티브 머켓, 그랜트 라슨 같은 디자이너의 도움을 받아 수석 디자이너 하름 라하이가 진행했다. 그러나 새로운 디자이너 책임자 마이클 마우어의 팀은 루프 라인을 더 우아하게 새로 디자인했을 뿐 아니라 예전의 버튼을 터치식 버튼으로 바꾸는 등 실내 디자인도 새로 디자인했다. 포르쉐 측에서는 세단을 '그란 투리스모Gran Turismo'로 보지만, 2017년 중반에 포르쉐는 스포트 투리스모Sport Turismo로 명명된 '스테이션왜건station-wagon'을 내놓았으며, 휠베이스가 150mm 더 긴 이그제큐티브Executive 에디션도 선보였다.

파나메라 모델은 포르쉐가 대중에게 선보이는 점점 많아지는 포르쉐의 얼굴(Typ 911부터 박스터, 카이맨, 카이엔, 세단) 중 하나였다. 그러나 이 모델은 포르쉐가 대중에게 가장 오래 선보인 얼굴이 나온 지 2개월쯤 후에 첫선을 보였다. 면적 2만 5600m²에 이르는 포르쉐박물관은 최고경영자 벤델린 비데킹이 내놓은 또 다른 원대한 아이디어인데, 대침체 이전에 건설하기 시작해 대침체 기간에 완공됐다. 감독자 협의회는 2004년 7월에 그 아이디어를 승인했고, 전 세계에서 건축가 170명이 설계 제안서를 제출했다. 포르쉐는 그중 오스트리아 빈에서 활동 중인 델루간 마이슬 건축 사무소를 선정해 프로젝트를 맡겼으며, 2005년 10월에 공사가 시작됐다. 박물관은 파나메라 모델이 공개되기 3개월 전인 2009년 1월 31일에 문을 열었는데, 당시 방문객은 면적 약 5600m²에 날아오르는 듯한 모습을 한 드라마틱한 박물관 안에 자동차 80대(더 작은 자동차는 대개 200대)가 전시된 광경

2015년형 Typ 971 파나메라 '에디션' 이 '스페셜' 에디션은 실내 인테리어와 안락함, 외양과 관련된 옵션 등 많은 것이 업그레이드됐다. 포르쉐는 자신들의 6기통 엔진 플랫폼에 대해서만 '에디션' 모델을 제공했지만 이제 그 기회가 전 세계 고객에게 주어진 것이다.

2021년형 Typ 971 파나메라 스포트 투리스모 GTS 오리지널 파나메라 모델 때부터 거의 눈에 띄지 않게 쓰이던 GTS라는 이름은 이제 포르쉐의 제품군에 아주 흔히 쓰이게 되었는데, 더 낮은 최저 지상고와 더 뛰어난 핸들링, 더 나은 노면 유지력, 더 개선된 성능 등이 그 특징이다. 이 모델의 검은색 테두리를 보면서 포르쉐 팬들은 1974년부터 1980년대까지(수석 디자이너 토니 라피네가 Typ 911 모델의 변색 방지를 위해 꾸준히 노력했음) 나온 스포티한 Typ 911 카레라 및 터보 모델을 떠올렸다.

을 보았다. 포르쉐 박물관에는 박물관 사무실, 포르쉐 기록 보관소, 박물관과 차량의 유지·보수 작업실, 로비 커피 바, 1층 레스토랑(Boxenstopp 또는 Pit Stop), 3층 고급 스테이크하우스 크리스토포루스Christophorus 등이 들어 있다.

파나메라 모델은 오늘날까지도 생산되고 있는데, 계속 확대되어온 포르쉐의 라이프치히 공장에서 조립되고 있다. 포르쉐는 2021년에 페이스리프트된 또 다른 파나메라를 2022 모델 연도에 내놓았고, 그 결과 파나메라 모델군은 이제 325마력인 파나메라 모델부터 파나메라 플래티넘 에디션과 4륜구동 방식 파나메라 4, 파나메라 4 플래티넘, 파나메라 4 이그제큐티브(휠베이스 확장), 파나메라 4 스포트 투리스모에 이르기까지 총 24종에 이르게 되었다. 파나메라 S 버전은 동일한 보디 스타일에 최대 출력은 443마력이었고, 파나메라 4 E-하이브리드는 세단형, 플래티넘, 이그제큐티브, 스포트 투리스모 보디 스타일에 최대 출력은 455마력이었다. 더 스포티한 파나메라 GTS 세단과 파나메라 스포트 투리스모는 473마력이었으며, 파나메라 4S E-하이브리드는 세단형, 확장된 이그제큐티브, 스포트 투리스모 형태로 최대 출력이 552마력이었다. 또 플래그십은 여전히 최대 출력이 620마력인 파나메라 터보 S 세단과 파나메라 스포트 투리스모, 그리고 세단과 이그제큐티브 또는 스포트 투리스모 형태로 출력이 690마력으로 가장 강력한 터보 S E-하이브리드였다. 후륜 조향 장치는 2022년형 파나메라 4S 이그제큐티브와 파나메라 S E-하이브리드 이그제큐티브는 물론 두 파나메라 터보 모델에 장착된 표준 장치였다. 포르쉐는 그 나머지 모델군에 대해선 핸들링을 개선시켜주는 다이내믹 섀시 제어 장치 및 어댑티브 에어 서스펜션과 함께 후륜 조향 장치를 옵션으로 제공했다.

2020년형 포르쉐 파나메라 터보 S 이그제큐티브 포르쉐는 이그제큐티브 모델의 휠베이스를 150mm 늘려 뒷좌석의 발 놓을 공간을 넓혔다. 터보 S 형태인 이그제큐티브 모델은 일종의 지상용 비즈니스 제트기로서 최대 출력이 620마력이었고 정지 상태에서 시속 약 97km에 도달하는 데 3.0초 걸렸으며 최고 시속은 315km였다. 비용 측면에서 19만 200달러라는 이 모델의 가격은 이그제큐티브, 즉 '기업 임원'이라는 특권을 감안하면 평균 수준을 살짝 웃도는 정도였다.

2004-2019

다시 전투를 시작한 포르쉐
이번엔 전기 자동차로 레이싱을

Typ RS 스파이더, 918, 919

포르쉐 자동차 북미 지점과 그 레이싱 부서인 포르쉐 모터스포츠 북미 팀은 아메리칸 르망 시리즈 ALMS에 참가할 계획이던 레이싱 팀을 위해 RS 스파이더(Typ 9R6) 모델을 고객 자동차로 제작해줄 것을 의뢰했다. 미국 레이싱 팀 소유주 로저 펜스케가 처음으로 이 모델을 받았다. 포르쉐 모터스포츠 센터 플라흐트의 엔지니어들은 르망 24시간 레이스를 주관하는 프랑스서부자동차연맹ACO에서 유래된 LMP2, 즉 르망 프로토타입 2 부문의 규칙에 부합하는 자동차를 개발했다. LMP2 부문은 Typ 9R6 모델의 레이싱 참가를 보장했는데, 주력 레이스가 열리는 LMP1 부문보다 비용이 조금 덜 들었다. 그리고 LMP2 레이스에 참가한 자동차에는 아메리칸 르망 시리즈와 유럽 르망 시리즈ELMS와 르망 24시간 레이스에 참가할 자격이 주어졌다.

Typ 9R6 모델은 포르쉐가 Typ 911 GT1 모델로 1988년 르망 24시간 레이스에서 우승한 이후 공개석상에 모습을 드러낸 포르쉐의 첫 내구 레이스카였다. 포르쉐의 엔지니어들은 거의 알려지지 않은 LMP2000 레이싱 스파이더를 개발했는데, 그 프로젝트에서 얻은 기술이 카레라 GT 모델과 이 새로운 Typ 9R6 모델에 적용됐다. Typ 9R6 모델의 보디는 풍동에서 몇 시간 테스트를 거치

롱비치 그랑프리에 참가한 2008년형 Typ 9R6 RS 스파이더 롱비치 그랑프리 기간 중 4월에 치러진 아메리칸 르망 시리즈의 이 3라운드 레이스는 경쟁이 아주 치열했다. 자동차 약 27대가 출발해 트랙을 71바퀴 돌고 난 뒤 마지막에는 9대가 선두 그룹으로 나섰다. 티모 베른하르트와 롤랑 뒤마(Roland Dumas)가 핸들을 잡은 LMP2 부문의 펜스케 레이싱 DHL RS 스파이더 모델(7번)은 우승한 LMP1 부문의 아우디 자동차보다 단 3.8초 늦게 4위를 기록했다. 그리고 이제 막 코너를 돌고 있는 포르쉐 자동차(6번)는 5위를 차지했다.

면서 리어 윙과 디퓨저가 개선됐으며, 그 덕에 레이싱 팀은 각 레이스에 맞춰 공기역학적인 측면을 조정할 수 있었다. 포르쉐 엔지니어들은 또 라디에이터 냉각을 위해 공기 흡입구와 아웃플로 에어 덕트도 재디자인했다. Typ 9R6 모델에는 전반적으로 가벼우면서도 단단한 탄소섬유 모노코크 섀시와 더블-위시본 서스펜션을 사용했으며, 핸들링과 노면 유지 성능 개선을 위해 조절 가능한 앞뒤 미끄럼 방지 막대와 수평 탑재 댐퍼를 장착했다. 자동차 무게는 레이싱 규정에 따라 750kg으로 한정됐다.

Typ 9R6 모델에는 내구 레이스를 위해 개발된 배기량 3400cc짜리 90도 각도의 8기통 엔진이 장착됐는데, 실린더당 밸브 4개가 달렸고 드라이 섬프식 윤활 장치가 쓰였으며 흡입 매니폴드 안에 싱글-실린더 스로틀 밸브가 들어 있었다. 또 르망 24시간 레이스를 주관하는 프랑스서부자동차연맹ACO의 규정에 따라 공기 흡입 제한 장치를 달아 엔진 출력을 480마력으로 제한했다. 6단 시퀀셜 콘스턴트 메시 변속기는 섀시 구조 역할을 했을 뿐 아니라 리어 서스펜션을 장착할 지점도 되었다. 또 브레이크는 내부 통풍이 잘되는 탄소섬유 디스크였다.

레이싱 팀 소유주 로저 펜스케는 자신의 Typ 9R6 RS 스파이더 모델을 2005년 열린 마지막 두 아메리칸 르망 시리즈ALMS

위쪽) 미드-오하이오 스포츠카 코스를 달리는 2006년형 Typ 9R6 RS 스파이더
2006 ALMS 시즌의 119-랩(lap) 세 번째 라운드에서 사샤 마젠(Sascha Maasen)과 루카스 루어(Lucas Luhr)가 펜스케 레이싱 팀의 포르쉐 Typ 9R6 RS 스파이더 모델(6번)을 몰아 종합 2위를 차지했다. 그들의 팀 동료인 티모 베른하르트와 롤랑 뒤마는 마젠과 루어보다 단 0.45초 앞서 결승선을 통과해 종합 우승을 차지했다. 당시 Typ 9R6 RS 스파이더 모델은 배기량 3397cc짜리 8기통 엔진을 장착한 채 레이스에 임했다. 첫 번째 시즌에서 그 엔진의 출력은 475마력이었다.

아래쪽) 르망 24시간 레이스에 참가한 2009년형 Typ 9R6 RS 스파이더 에섹스 RS 스파이더 모델은 24시간이 다 됐을 때 트랙 357바퀴를 돌고 LMP2 부문 1위를 차지했다. 또 종합 우승을 한 푸조 908 모델을 비롯한 LMP1 부문 자동차 9대에 이어 종합 10위를 기록했다. 르망 시리즈에서 RS 스파이더 모델은 더 작은 다른 공기 흡입 제한 장치를 사용해 1만 rpm에서 503마력 출력으로 레이스를 치렀다.

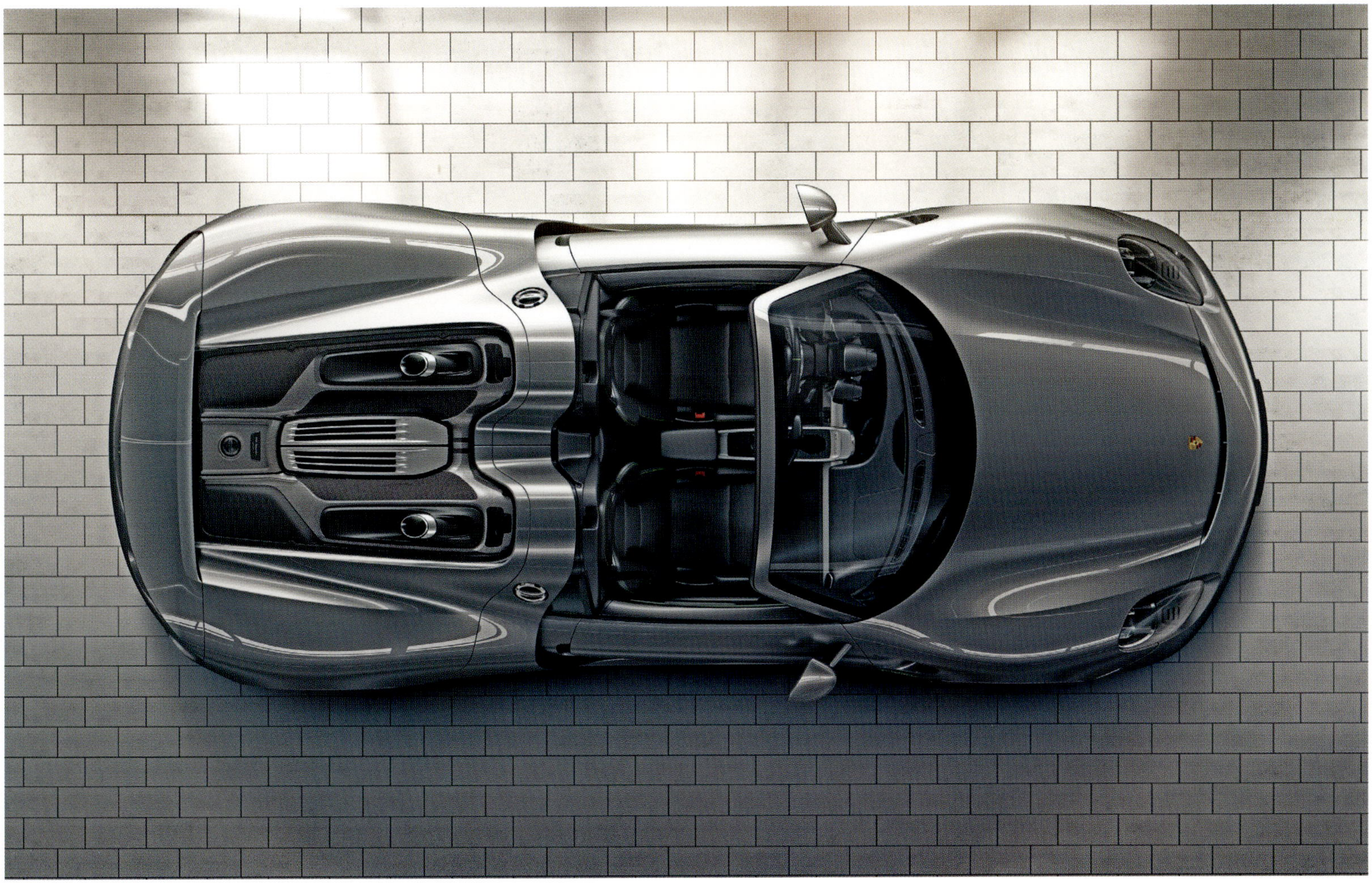

에서 첫선을 보였고, 라구나 세카 레이스에서 해당 부문 우승을 차지했다. 펜스케는 2006 시즌엔 Typ 9R6 RS 스파이더 모델의 사용 권한을 독점했고, 그의 스파이더 모델(2대)은 미드-오하이오 레이스에서 LMP2 부문은 물론 LMP1 부문 도전자들까지 물리치며 종합 1, 2위를 차지했다. 르망 24시간 레이스에서는 LMP2 부문 우승을 차지했다. 그리고 2006년에 펜스케 레이싱 팀은 드라이버즈 챔피언십과 팀 챔피언십은 물론 매뉴팩처러즈 챔피언십까지 거머쥐었다.

2007년에 펜스케는 RS 스파이더 에보Evo 모델로 레이스에 참가했다. 규정에 따라 자동차 무게는 조금 늘어 775kg이 되었으나 엔진 출력 또한 503마력으로 늘었다. 다이슨Dyson 레이싱 팀도 아메리칸 르망 시리즈 시즌에 RS 스파이더 모델을 레이싱에 참가시켰다.

내구 레이스에 참가하는 포르쉐 자동차가 대개 그렇듯, 그 자동차들 역시 두각을 드러냈다. RS 스파이더 모델은 2007년과 2008년에도 LMP2 부문에서 아메리칸 르망 시리즈 챔피언십을 차지했다. 펜스케는 2008년에 세브링 12시간 레이스에서 우승했고, 2008년과 2009년에는 르망 24시간 레이스에서 해

맨 위쪽) 2011 Typ 918 하이브리드 스파이더 시제품 포르쉐는 2010년 제네바 모터쇼에서 Typ 918 하이브리드 콘셉트 카를 공개했다. 카레라 GT 모델의 뒤를 이을 차세대 모델로, 새로운 기술이 잔뜩 들어 있었다. 배기량 4593cc짜리 8기통 엔진이 장착되어 출력은 500마력이었고, 거기에 전기 모터 2개로 총 282마력이 추가됐으며, 그 출력이 전부 뒷바퀴로 전달되었다.

위쪽) 2010-2011년형 Typ 911 GT3 하이브리드 포르쉐의 더 복잡한 레이스카 중 하나이며, 배기량이 4.0리터인 리어 엔진에서 출력 500마력이 나왔고, 복잡한 플라이휠 KERS, 즉 운동 에너지 회생 장치(Kinetic Energy Recovery System)가 있어 함께 앞바퀴로 전기 에너지를 두 전기 모터에 공급함으로써 출력이 219마력 더 나왔다. 포르쉐는 미래의 레이싱 및 도로 주행 기술을 위한 테스트 벤치로 이 모델을 개발했다. 2011년 5월 마르코 홀처(Marco Holzer), 리하르트 리츠(Richard Lietz), 패트릭 롱(Patrick Long)은 이 모델을 몰고 뉘르부르크링 내구 시리즈에 참가해 4시간 레이스에서 우승을 차지했다.

맨 위쪽) 2013년형 Typ 918 하이브리드 '바이사흐 패키지' 기록 주행 마르크 리프(Marc Lieb)가 Typ 918 하이브리드 모델에 올라타 뉘르부르크링에서 가장 어려운 서킷으로 알려진 그 전설적인 노르트슐라이페 서킷에서 평균 시속 약 179.5km로 달려 새로운 랩 기록을 세웠다.

위쪽) 2014년형 Typ 918 하이브리드 Typ 918 하이브리드 스파이더 모델은 무게 1634kg에 휠베이스는 2730mm였다. 너비는 1940mm, 높이는 1167mm였다. 이 모델은 공개되자마자 바로 폭발적인 관심을 받았고, 포르쉐 이사회는 이 모델의 생산을 승인했다.

당 부문 우승을 했다. 그리고 2008년 유럽에선 덴마크, 네덜란드, 스위스 레이싱 팀이 모두 르망 시리즈에 RS 스파이더 모델을 출전시켰다. 모든 레이스에서 스파이더 모델이 해당 부문 우승을 했으며, 유럽 드라이버즈 챔피언십과 팀 챔피언십도 차지했다. 2009년에는 레이스 규칙에 따라 엔진 출력은 440마력으로 제한됐고 리어 윙이 좁아져 다운포스가 줄어들었다. 펜스케 레이싱 팀과 다이슨 레이싱 팀은 철수했고, 미국의 사이토스포트CytoSport 레이싱 팀이 이전 다이슨 레이싱 팀을 인수해 4개 레이스에 참가했다. 2010년에는 사이토스포트 레이싱 팀이 세브링에서 해당 부문 우승을 차지했으며, 미국 코네티컷 라임 록 레이스와 토론토 부근 모스포트 레이스에서 종합 우승을 차지했다. 사이토스포트 레이싱 팀은 RS 스파이더 모델을 몰고 하이크로프트 HPD 팀과 경쟁을 벌였다. 2011년에는 프랑스서부자동차연맹 규정이 바뀌면서 RS 스파이더 모델은 경쟁력을 잃게 되고, 찬란했던 Typ 9R6 스파이더 모델의 역사 또한 끝나게 된다. 그러나 RS 스파이더 모델은 Typ 918 스파이더와 Typ 919 LMP1 하이브리드라는 두 모델의 개발 프로젝트에 영향을 주게 된다.

그때는 페르디난트 포르쉐가 자신의 고향인 보헤미아의 한 작은 도시를 떠나 오스트리아 빈에 도착한 지 거의 1세기가 지난 때였다. 그가 스물세 살이던 1898년에 빈은 오스트리아-헝가리 제국의 수도였고, 합스부르크 왕가는 유럽에서 가장 명석한 지성인, 가장 뛰어난 예술가, 가장 재능 있는 인물, 가장 똑똑한 혁신가를 끌어들이고 있었다. 젊고 야심만만하고 창의적인 페르디난트 포르쉐는 공중을 오가는 전기에서 어떤 영감을 느꼈고, 그

르망 24시간 레이스에 참가한 2015년형 Typ 919 하이브리드 LMP1 밤에 벌겋게 달아오른 브레이크 로터가 보인다. 포르쉐의 Typ 919 하이브리드 LMP1 모델이 1998년 이후 첫 종합 우승을 향해 질주하고 있다. 니코 밤베르거(Nico Bamberger), 에릭 밤버(Eric Bamber), 닉 탠디(Nick Tandy)는 서킷을 395바퀴 돌았다. 그들은 포르쉐 공장의 Typ 919 모델(17번)을 몰고 2위를 기록한 팀 동료 티모 베른하르트, 마르크 베버(Mark Webber), 브렌던 하틀리보다 한 바퀴 더 먼저 결승선을 통과했다.

결과 전기로 움직이는 일련의 자동차를 만들어내게 된다. 그의 놀라운 창의성은 내연기관ICE으로 발전기를 돌려 배터리에 동력을 공급해 바퀴를 굴리는 자동차의 개발로 정점을 찍었다. 19세기 말에 빈에서 하이브리드 자동차가 탄생한 것이며, 페르디난트 포르쉐가 그 자랑스러운 창시자였다.

그로부터 100년도 더 지난 시점에 포르쉐는 그 같은 하이브리드 기술을 이용해 새로운 자동차를 만들어냈다. 2013년 말부터 2015년 중반까지 Typ 918 스파이더 모델을 세상에 내놓은 것이다.

숫자들만으로도 아주 인상적이었다. 내연기관 하나에 전기모터 2개를 추가해 출력은 총 887마력이었고, 4륜구동 방식이었다. 정지 상태에서 시속 100km에 도달하는 데 2.6초 걸렸고, 최고 시속은 345km였으며, 배터리 힘만으로 30km 정도를 갔고, 평균 연비는 100km당 3.0리터였다. 그 당시 바이사흐 디자인/엔지니어링 센터의 엔지니어링 책임자는 이 모든 걸 한마디로 가장 잘 표현했다. "가장 마음에 들었던 건 그 자동차가 지옥에서 나온 박쥐처럼 빨랐다는 겁니다."

그 '박쥐'는 2009년 9월 경제 대침체기에 태어났다. 프로젝트 XG10은 고객과 주주, 자동차업계와 금융업계를 상대로 포르쉐가 아직 스포츠카 기술 분야의 선두 주자이며 여전히 건재한 자동차 제조업체라는 걸 천명한 슈퍼카였다. 그 같은 천명은 XG10 프로젝트 착수 직후에 시작된 3년간의 신중한 작업 후에 필요한 조치였다.

포르쉐의 최고경영자 벤델린 비데킹은 폭스바겐을 완전히 지배하려 했다(폭스바겐은 원래 페르디난트 포르쉐가 만든 기업이며, 현재 포르쉐는 폭스바겐을 지배하는 지주 회사이기도 함). 포르쉐는 금융 조작으로 폭스바겐의 주가를 끌어올려 득을 봤으며, 그 결과 의결권을 갖게 되는 75퍼센트 가까이 지분을 끌어올리고 있었다. 2008년에 포르쉐 추펜하우젠 공장은 자동차 판매보다는 금융 거래로 더 많은 이익을 냈다. 유럽의 금융 관련 저널들은 포르쉐가 자동차 제조업체로 위장한 헤지 펀드 같다고 했다. 세계 경제 상황을 어렵게 만드는 데 일조하고 그로 인해 휘청거리던 은행들이 비데킹이 폭스바겐 주식 매입 자금으로 끌어다 썼던 대출금을 회수하기 시작하자, 포르쉐의 소유권은 10번째 자회사 형태로 폭스바겐의 손으로 넘어가게 됐다. 비데킹과 그의 협력자들은 회사를 떠났고, 페르디난트 피에히가 회사를 인수했다. 자동차 관련 저널리스트들은 안도감을 느꼈다. 미국 자동차 잡지 〈모터 트렌드Motor Trend〉는 이런 말을 했다. "자동차 애호가 페르디난트 피에히가 다시 회사를 이끌게 되면서, 포르쉐의 미래는 그 무엇보다 이익을 중시하던 비데킹 시대와는 전혀 다른 모습

2014년형 Typ 918 하이브리드 이 모델은 성능이 아주 놀라웠다. 정지 상태에서 시속 100km에 도달하는 데 2.5초 걸렸으며, 정지 상태에서 시속 200km에 도달하는 데는 7.0초 걸렸고, 정지 상태에서 시속 300km에 도달하는 데는 19.1초 걸렸다.

을 보일 것이다. 그리고 선구자적인 스포츠카 제조업체라는 포르쉐의 명성을 되찾게 될 것이다."

XG10 프로젝트는 그런 목적에 정확히 들어맞았다. 당시 포르쉐의 하이브리드 구동 방식 프로젝트를 이끈 사람은 프랑크-슈테펜 발리저Frank-Steffen Walliser였다. 그의 친구 게르노트 될너는 바이사흐 디자인/엔지니어링 센터에서 차량 콘셉트 방향 잡는 일을 하고 있었다. 처음에는 차량 콘셉트 잡는 일이 워낙 은밀히 진행되어, 발리저도 될너가 어떤 일을 하는지 모를 정도였다. 그리고 포르쉐가 폭스바겐 건으로 큰 실패를 맛본 지 몇 주 후 될너는 이사회의 승인을 받았는데, 그의 임무는 5개월 후인 2010년 3월 1일부터 시작되는 제네바 모터쇼에 쇼 카를 전시할 수 있게 하는 것이었다.

엔지니어들이 복잡한 내연기관/전기 모터 하이브리드 구동 장치를 카레라 GT 모델에서 진화된 보디에 장착하자 '이러고도 아직 포르쉐라고 할 수 있나?'라는 의문이 제기됐다. RS 스파이더 모델에서 가져온 배기량 3.4리터짜리 8기통 엔진은 개선된 카레라 GT 변속기로 500마력의 출력을 냈다. 엔지니어들은 전기 구동 장치는 파나메라 하이브리드 모델에서 가져왔고, 앞 차축은 2011년형 시제품 레이싱 GT3-H 하이브리드에서 가져와 전기 모터 2개에 맞췄다. 보디 셀과 실내 작업은 토리노 근처에 있는 이탈리아 기업 베르카모델 사로Vercarmodel Saro에서 담당해 2009년 크리스마스 휴가철에 작업을 완료했다. 완성된 쇼 카의 공식 모델명은 Typ 918 스파이더였으며, 자정 이후 토리노를 떠나 몇 시간 후에 있을 공개 행사를 위해 바로 제네바로 향했다.

새벽 미명에 행사 리허설을 한 뒤 엔지니어들은 쇼 카의 배터리를 재충전시켰다. 그러나 그때 전면적인 전자장치 오작동이 일어나면서 그 무거운 쇼 카가 꼼짝달싹하지 않았다. 바이사흐 디자인/엔지니어링 센터로 계속 전화가 걸려와 잠에서 깬 엔지니어들이 전세 비행기를 타려고 서둘러 공항으로 달려갔다. 비행기가 이륙하는 순간 제네바에 있던 엔지니어들이 해결책을 찾아냈고, 누군가의 말처럼 공개 행사를 단 두 시간 앞두고 918 모델은 마치 '혼수상태에서 깨어나듯' 깨어났다.

그 이후의 일은 사람들 말마따나 역사가 되었다. Typ 918 스파이더 모델은 데뷔 무대에서 흠잡을 데 없는 성능을 보여주었다. 며칠도 안 돼 주문이 1000건 이상 들어왔고, 7월 말에는 포르쉐 이사회에서 Typ 918 스파이더 모델의 생산을 승인했다. 프로젝트 책임자인 프랑크-슈테펜 발리저는 2013년 9월 18일에 신제품을 출시했다. 엔지니어들이 배기량 4.6리터짜리 8기통 엔진을 손봐 출력은 608마력이 됐고, 전기 모터 2개를 추가하면서 총 출력은 887마력이 되었다. 개별적으로 제어할 수 있는 독립 추진 장치 3개로 움직이는 세계 최초의 차량이 탄생한 것이다. 뒤 차축 스티어링이 통합된 이 자동차의 무게는 1675kg이었다.

2015년형 Typ 919 하이브리드 LMP1 이 모델은 면도날처럼 날카로운 각과 포르쉐 자동차 특유의 자연스러운 곡선이 합쳐져 있었다. 그 모든 각과 곡선은 수많은 시간 동안 풍동 테스트, 그리고 르망 24시간 레이스에서 상상할 수 있는 모든 레이싱 조건에 대한 컴퓨터 시뮬레이션을 거쳐 신중하게 결정되고 개선되었다.

뉘르부르크링에서 가장 어려운 서킷으로 알려진 노르트슐라이페 서킷에서의 랩 기록은 고성능 자동차들이 비교 대상으로 삼는 기준이 되었다. 콘셉트 단계부터 게르노트 될너와 프랑크-슈테펜 발리저는 마음속으로 랩 기록 7분 이내라는 목표를 세워 놓고 있었다. 그리고 2013년 9월 초에 테스트 드라이버 마르크 리프는 평균 시속 179.51km로 달려 6분 57초로 랩 기록을 세웠다. 포르쉐는 이 모델의 생산 대수를 918대로 한정시켰고, 2015년 6월에 조립을 끝냈다.

그 무렵, 세계내구챔피언십WEC의 최신 버전은 2013년에 시작되어 이제 생긴 지 거의 2년이 되었다. 국제자동차연맹FIA은 오픈-엔진 방식을 승인해 다양한 에너지 재생 및 저장 장치가 딸린 가솔린 엔진이나 디젤 엔진을 허용했다. 규정에 따라 스포츠카에 얼마나 많은 '에너지'를 저장할 수 있는가 하는 건 제한했지만, 자동차 제조업체가 그 목표를 달성하려면 어떻게 해야 한다는 건 따로 규정하지 않았다. 국제자동차연맹은 각 자동차의 에너지를 계산했고, 그 규정에 따라 각 자동차가 어떤 하이브리드 에너지 부문에서 레이스를 할 것인지, 얼마나 많은 연료를 실을 것인지, 연료는 얼마나 빨리 소비할 건지를 명시했다.

예를 들어, 아우디는 배기량 4.0리터짜리 6기통 디젤 엔진을 장착했고 앞 차축 운동 에너지 회생 장치KERS를 달아 에너지를 경량 전자기 플라이휠 장치에 저장했다. 토요타는 배기량 3.7리터짜리 6기통 가솔린 엔진을 장착했으며, 고속 충전/방전 슈퍼커패시터supercapacitor 안에서 앞뒤 쪽 브레이크에서 에너지를 회수했다. 포르쉐는 배기량 2.0리터짜리 소형 4기통 가솔린 엔진을 선택해 개별 에너지 회수 장치 2개를 작동시킬 수 있었다. 포르쉐의 앞 차축 운동 에너지 회생 장치는 아우디의 것과 비슷했지만, 레이스 역사 전문가 마이클 코튼Michael Cotton은 이런 말을 했다. "포르쉐는 배기가스를 다루는 열에너지 회복 장치인 모터 발전기 유닛-히트MGU-H를 완벽하게 만들어낸 유일한 자동차 제조업체였습니다." 4기통 엔진의 두 번째 터보는 발전기를 돌려 배터리를 재충전하는 역할을 했다.

2014년에 포르쉐는 6MJ, 즉 6-메가줄megajoule 부문에서 레이스를 펼쳤다. 1줄은 2.20파운드의 질량을 초당 1m씩 가속하는 데 필요한 에너지 양이며, 1메가줄은 100만 줄에 해당한다. 포르쉐는 자신들의 시스템 덕에 르망 24시간 레이스의 13.6km 트랙에서 6메가줄의 에너지를 발산해 바퀴로 보낼 수 있었다. 세계내구챔피언십은 서킷별로 그 수치를 조정했다. 포르쉐는 2015년과 2016년에는 8메가줄 부문에 출전했다.

이는 연료 소비에도 영향을 주었다. 8메가줄 부문은 트랙 1바퀴당 4.43리터 또는 100마일(약 160km)당 연료 32.7리터를 허용하는 등 연료 소비에 더없이 엄격했기 때문이다. 연료 소비에 가장 관대한 0메가줄 부문에서도 여전히 출전 자동차에 4.96리

르망 24시간 레이스에 참가한 2016년형 Typ 919 하이브리드 LMP1 닐 야니(Neel Jani)는 2위로 출발할 자격을 얻었는데, 레이스가 빗속에서 오후 3시에 시작되어 아주 큰 이점이 있었다. 모든 자동차가 날씨를 원망하며 연료를 아낄 겸 53분간 안전 차량 뒤만 쫓아 달렸는데, 그러다 어느 순간 야니가 자기 팀 동료를 이끌고 물보라를 날리며 치고 나갔다. 23시간 후 야니와 그의 공동 운전자 마르크 리프와 롤랑 뒤마가 트랙을 총 384바퀴 돈 뒤 종합 우승을 차지했다. 1번 자동차는 13위를 기록했다.

터, 즉 갤런당 대략 6.42마일 또는 100km당 36.64리터 연료 소비가 허용됐다. 물론 반대급부도 있어 0메가줄 부문의 자동차는 무게가 최소 846kg이 되어야 했고, 2메가줄과 4메가줄, 6메가줄, 8메가줄 부문 자동차는 무게가 최소 870kg은 되어야 했다. Typ 919 하이브리드 모델은 연료를 68리터만 싣고 다녔다.

포르쉐 프로그램은 야심만만했고, 2013년을 광범위한 검증 기간으로 삼았다. 그건 꼭 필요한 과정이었는데, Typ 919 하이브리드 디자인에서는 엔진을 한 구조적 요소로 삼아 엔진 진동 문제가 자동차 손상으로 이어질 수 있었기 때문이다. 새로운 엔진을 조달하려는 6개월간의 노력에도 불구하고, 포르쉐는 르망 24시간 레이스를 비롯한 2014 시즌 전체를 자동차 2대로 레이스에 임했다. 그리고 11월에는 그 시즌의 마지막 레이스인 브라질 상파울루 레이스에서 첫 우승을 차지했다.

프랑크-슈테펜 발리저 박사의 지휘하에 포르쉐 Typ 918 로드카를 토대로 시작된 하이브리드 개발 작업은 Typ 919 레이스카에서 계속됐는데, 진행 속도가 워낙 빠른 데다 복잡하기까지 했다. 그래서 레이싱 저널리스트 글렌 스메일Glen Smale이 발리저에게 그 자동차 2대가 어떤 걸 공유하고 있는지를 물었을 때, 발리저는 웃으면서 이렇게 말했다. "엔지니어들은 같은 구내식당을 공유했습니다. 점심식사를 하는 구내식당 말입니다."

포르쉐는 2014년 3월 제네바 모터쇼에서 Typ 919 모델을 선보였는데, 그들이 45년 전 4월에 르망 24시간 레이스 출전을 목전에 두고 혁신적인 Typ 917 모델을 공개했던 것도 바로 제네바 모터쇼에서였다. 자신들의 '2014년 미션: 우리의 귀환' 프로그램에 따라 포르쉐는 2014년 6월에 새로운 자동차 및 노련한 레이싱 팀과 함께 르망에 도착했다. 그들은 출발 당시 토요타 자동차가 1위와 3위 자리인 상황에서 2위와 4위 자리에 있었다. 출발선에서 5위, 6위, 7위 자리는 아우디 자동차가 차지했다. 포르쉐는 출력 관리를 워낙 철저히 해 그 레이스에 참가한 자동차 가운데 가장 가볍고 혁신적인 편에 속했다. 연료 흐름 문제로 14번 자동차는 레이스가 시작되고 30분 만에 피트로 들어갔고, 수리하는 데 단 9분밖에 안 걸렸지만 51위로 처졌다. 그러나 오후 8시 30분쯤에 14번 자동차는 다시 6위까지 올라왔다. 그 무렵 또 다른 포르쉐 자동차(20번)가 타이어 펑크로 피트로 들어갔다. 그러나 각고의 노력 끝에 공동 운전자 마르크 베버는 꾸준히 다시 메달권까지 따라잡았다. 그러다 막 12시간에 접어들었을 때, 20번 자동차를 몰던 공동 운전자 브렌던 하틀리Brendon Hartley가 다른 자동차와 부딪혀 점검을 받으러 피트로 들어갔다. 그러나 다음 10시간 동안 그 자동차는 꾸준히 앞으로 나아가 늦은 아침부터 이른 오후까지 내내 2위 자리를 지켰다. 한편 포르쉐 14번 자동차는 밤새 연료 공급 문제로 골머리를 앓았고 결국 4위로 달리다가 차고로 들어갔다. 레이싱 팀은 레이스를 재개해 마지막 15분간 더 달려 레이스를 '끝내기로' 결정했다. 그들은 트랙 348바퀴를 돌았지만 '완주하지 못함' 명단에 들어갔다. 그건 20번 자동차의 옵션은 아니었다. 마르크 베버는 여러 시간 동안 종합 2위를 달렸으나, 점차 자동차 속도가 떨어지더니 결국 서킷에 멈춰 서게 됐다. 그는 전기 모터의 힘만으로 간신히 차고까지 갔고, 그렇게 중도 탈락했다. 그의 자동차는 트랙을 346바퀴나 돌았지만, 르망 24시간 레이스를 주관하는 프랑스서부자동차연맹ACO은 그 자동차 역시 '완주하지 못함' 목록에 올렸다.

"레이스가 끝나갈 무렵에는 좋은 성적을 거두리라곤 전혀 기대를 못 했던 것 같습니다." 2021년 로스앤젤레스에서 인터뷰할 때 베버는 그때 일을 회상했다. "레이스에서 자동차를 그 정도까지 모는 게 얼마나 힘든지 아는 사람은 별로 없습니다. 르망 24시간 레이스에서 멋진 중도 탈락이란 건 없지만, 그날은 아마 가장 멋진 날 중 하루였는지도 모릅니다. 우리는 여한이 없이 달렸고 정말 많은 걸 배웠으니까요."

그 레이스에선 아우디가 우승했다. 13번째 르망 24시간 레이스 우승이었다. 결승선에서 체커드 플래그checkered flag가 흔들릴 때, 베버와 다른 공동 운전자 티모 베른하르트Timo Bernhard는 아우디 차고 쪽으로 향했다. 두 사람은 아우디 레이싱 팀을 축하해줄 계획이었는데, 차고 안으로 들어서자 아우디 레이싱 팀 모두가 두 포르쉐 운전자를 향해 기립 박수를 보냈다.

포르쉐는 2015년에 자동차 3대, 즉 17번(빨간색)과 18번(검은색)과 19번(흰색) 자동차를 몰고 르망 24시간 레이스에 다시 모습을 드러냈다. 6월 14일 일요일 오후에 세 번째 빠른 자동차로 참가 자격을 얻었던 19번 자동차가 흔들리는 체커드 플래그를 보며 종합 우승을 차지했고, 두 번째 빠른 자동차로 참가 자격을 얻었던 17번 자동차 Typ 919 하이브리드 모델이 한 바퀴 뒤진 상태로 2위를 차지했다. 세 번째 빠른 자동차로 참가 자격을 얻었던 18번 자동차는 5위를 차지했다.

포르쉐는 2016년에 '르망(우승자 서클)으로 복귀하기' 캠페인을 벌였는데, Typ 919 하이브리드 모델 2대가 첫 번째와 두 번째 빠른 자동차로 참가 자격을 얻었고, 첫 번째 빠른 자동차로 참가 자격을 얻은 자동차가 2회 연속 우승을 차지했다.

포르쉐 레이싱 팀은 2017년에 자동차 2대를 몰고 다시 르망

르망 24시간 레이스에 참가한 2017년형 Typ 919 하이브리드 LMP1 '해트 트릭', 즉 3회 연속 우승을 차지한 브렌던 하틀리(자동차 위 왼쪽)와 얼 밤버(오른쪽)가 헬멧을 쓴 채 열린 문 안쪽에 앉아 있는 티모 베른하르트와 함께 자동차를 몰고 시상대 쪽으로 가며 자축하고 있다.

24시간 레이스에 참가했는데, 그들은 5대를 몰고 참가한 토요타의 자동차 사이에 끼어 세 번째(1번)와 네 번째(2번) 빠른 자동차로 레이스 참가 자격을 얻었다. 또다시 전기 구동 문제가 불거졌고, 그 바람에 2번 자동차가 트랙에서 빠져나와 꼬박 한 시간을 허비해 좋은 성적을 거둘 가능성이 사라지는 듯싶었다. 그러나 토요타 자동차들은 더 심각한 문제로 뒤처졌고, 그 덕에 오전 2시경에는 포르쉐 1번 자동차가 압도적인 1위로 올라섰다. 그 시간에 2번 자동차 역시 그 전해에 비슷한 성적을 거뒀던 베테랑 운전자 티모 베른하르트와 브렌던 하틀리를 따라잡아 다시 10위로 올라섰다. 마르크 베버는 포르쉐와의 계약도 끝났고, 다른 팀 동료들과 함께 세계내구챔피언십WEC에서 우승을 차지한 뒤 레이싱계를 은퇴했고, 2017년에 프랑스서부자동차연맹은 르망 24시간 레이스의 그랜드 마셜로 지명해 그의 업적을 기렸다. 그 대신 얼 밤버Earl Bamber가 2번 자동차를 몰고 포르쉐 레이싱 팀에 합류했다.

다른 팀 동료들이 아직 건재하고 24시간 중 6시간이 남은 시점에서, 2번 자동차는 7위에 올라 팀 동료들과 두 번째 선두 그룹을 형성한 LMP2 자동차들을 뒤쫓았다. 그러다 정오쯤에 1번 자동차가 트랙을 318바퀴 돈 뒤 중도 탈락했고, 그 바람에 포르쉐 2번 자동차는 홀로 다른 LMP2 자동차들에 둘러싸이게 되었다. 오후 1시경에 브렌던 하틀리가 선두에 나선 다른 LMP2 자동차와 같은 바퀴 수의 트랙을 달리는 상태에서 4위로 올라섰다. 별다른 사고만 일어나지 않는다면 포르쉐가 우승할 수 있는 상황이었다. 그리고 실제 그렇게 됐다! 2번 자동차가 트랙을 367바퀴 돈 뒤 포르쉐에 '해트 트릭hat trick', 그러니까 3회 연속 르망 24시간 레이스 우승의 영광을 안겨주었다. 3년 내리 시즌을 감동의 드라마로 채운 것이다. 티모 베른하르트와 브렌던 하틀리와 얼 밤버는 포르쉐에 세계내구챔피언십 우승도 안겨주었다.

시즌이 끝난 뒤 포르쉐는 은퇴했으며, 특별히 제작된 Typ 919 에보 모델을 공개했다. 르망 24시간 레이스를 주관하는 프랑스서부자동차연맹과 세계내구챔피언십에서 부과하는 제약에 구애하지 않은 그 모델은 여러 차례 랩 기록을 세웠다. 티모 베른하르트는 뉘르부르크링에서 5분 19.55초라는 놀라운 랩 기록을 세웠는데, 이는 1986년 슈테판 벨로프Stefan Bellof가 포르쉐 Typ 956 모델을 몰면서 세운 6분 11.13초를 오랜만에 깬 랩 기록이었다.

2015 – 내일

포르쉐, 고요해지다

포뮬러 E, 미션 E, 타이칸, 미션 R, 마칸

포르쉐는 2015년 프랑크푸르트 모터쇼에서 991/Gen II 터보차저 방식 카레라 및 카레라 S 모델과 함께 순수 전기 자동차인 미션 E Mission E 모델을 공개했다. 새로운 카레라 모델에서 보인 기술 발전도 인상적이었지만, 당시 그 모터쇼에서 미션 E 모델은 경쟁업체의 모든 자동차를 제치고 관심을 독차지했다. 그런 상황은 2020년에 타이칸Taycan 모델이 출시됐을 때도 그대로 재연되었다.

포르쉐의 전통을 유지하면서 동시에 그 전통을 10년은 발전시킨 놀라운 스타일링을 선보인 이 타이칸 모델의 각종 통계 수치와 역량은 포르쉐의 기존 성능 수준을 충족했을 뿐 아니라 미래의 모든 순수 전기 자동차의 잠재력에 도전장을 던지고 있었다.

2000년대 초에 포르쉐와 모기업 폭스바겐 그룹 내 다른 부문은 디젤 엔진을 미래의 연료와 동력원으로 받아들였다. 포르쉐에서 그게 적용된 모델은 카이엔과 파나메라와 마칸이었다. 볼프강 뒤르하이머Wolfgang Dürheimer부터 볼프강 하츠Wolfgang Hatz에 이르는 바이사흐 디자인/엔지니어링 센터의 책임자들은 무엇보다 우선 디젤 엔진의 소리는 스포츠카 소리 같지 않다면서 그런 흐름에 결사반대했다. 그리고 2015년에 디젤 엔진의 단점이 드러나면서, 그런 반대는 일리가 있었다는 게 입

2020년형 타이칸 터보 S 이 스타일의 드라이빙은 저항하기 힘든가, 아니면 피하기 힘든가? 순수 전기 자동차인 이 모델은 '런치 컨트롤 장치가 딸린 오버부스트 컨트롤 장치' 덕에 출력이 무려 750마력이었다. 그러나 바퀴를 돌리는 건 토크인데, 이 모델은 토크도 충분해 런치 컨트롤 장치를 쓰면 최대 토크가 774파운드-피트였다. 그 경우 건조한 포장도로에선 정지 상태에서 시속 약 97km에 도달하는 데 2.6초 걸렸다.

2020년형 타이칸 4S 모든 타이칸 모델군이 비슷하게 생긴 건 완전히 의도적이었다. 그러나 자세히 들여다보면 헤드라이트를 비롯한 수직 구조가 눈에 띄고 자동차 앞부분도 자매 모델인 파나메라와 구분된다. 길이가 4963mm인 이 세단은 휠베이스가 2900mm였다.

증됐다. 배기가스 문제는 차치하고라도 순수 전기 자동차를 개발한 게 선견지명이 있는 조처임이 입증된 것이다.

모터스포츠계에 몸담은 포르쉐 엔지니어들은 회사 초창기 시절부터 레이싱에 참가하면 두 가지 목적에 도움이 된다고 주장했다. 한 가지는 홍보이고, 다른 한 가지는 안전성 테스트이다. 919 하이브리드 LMP1 레이스카에 설치된 영구 자석 동기 모터 PSM가 바로 그런 경우이다. 그 레이스카에는 배기량 2.0리터짜리 4기통 내연기관이 사용됐으며, 타이칸 모델처럼 브레이크 장치에서 에너지를 끌어옴으로써 전기 발전의 대부분을 PSM 기술에 의존했다.

포르쉐는 충전 시간을 단축하고 차량 무게를 줄이기 위해 800볼트 기술을 채택했는데, 그건 엔지니어들이 더 작은 게이지, 더 가벼운 케이블을 사용해 배터리를 모터와 연결했기 때문이다. 운전석 쪽 프런트쿼터 부분의 움푹 들어간 패널에는 800볼트 충전 포트가 있었으며, 포르쉐 시스템은 400볼트 충전소를 이용해 충전 시간이 다소 느렸다. 또 차량 소유주들은 차고 바닥 안쪽에 코일로 이루어진 유도 충전 장치를 설치할 수도 있어 전선 없이도 재충전할 수 있었다.

Typ 991 모델에서 배운 보디 소재 관련 교훈에 따라 타이칸 모델의 보디에는 고강도 강철, 알루미늄, 탄소섬유로 강화된 고분자량 화합물을 사용했다. 엔지니어들은 리튬-이온 배터리를 자동차 하부 안의 앞 차축과 뒤 차축 사이에 길게 탑재했다. 그 덕에 자동차 무게가 고루 분산되고 무게 중심이 낮아져 안정성이 증대되고 핸들링도 개선됐다. 동력이 각 타이어에 따로 전달되게 하는 포르쉐 토크 벡토링 장치는 핸들링에 꼭 필요했다.

미션 E 모델의 실내 인테리어는 엔지니어링 기술과 외부 디자인만큼이나 개선되었다. 드라이브샤프트 터널 대신, 홀로그램 이미징이 통합된 사용자 인터페이스를 가진 탑승객 칸막이가 있었다. 카레라 GT 모델의 다리 형태 센터 콘솔은 날아오르는 듯한 경량 구조여서 그 아래쪽에 뻥 뚫린 공간이 있었다. 앞쪽에는 낮

2020년형 타이칸 4S 포르쉐는 의도적으로 모든 타이칸 모델을 최근에 지어진 추펜하우젠 공장에서 제작했다. 그러나 그중 많은 자동차가 라이프치히에서 고객에게 인도됐다. 그래서 자동차 소유주들은 그곳에 있는 테스트 트랙에서 자동차의 잠재력을 직접 체험해볼 수 있었다. 타이칸은 높이가 1382mm였고, 양 사이드미러를 접었을 때의 너비는 1969mm였다.

익은 게이지 5개가 모여 있었지만, 기존 방식과는 다른 유기 발광 다이오드OLED 기술이 적용되어 있었다. 그리고 마이크로 카메라를 이용하는 시선 추적 장치가 설치되어 있어 운전자가 어떤 인스트루먼트 게이지를 보고 있는지를 감지했고, 각 게이지를 위한 메뉴 전체와 즉각적으로 상호작용을 할 수 있었다. 프랑크푸르트 모터쇼에서 포르쉐 측이 배포한 보도 자료에 따르면, 그 시선 추적 장치는 운전자의 신장과 자세까지 추적하고 관찰할 수 있었다. 예를 들어 방향을 틀려고 한쪽으로 몸을 기울이면, 그 3D 장치 디스플레이의 시차 관점이 변화되어 핸들 때문에 중요한 게이지가 가려지는 순간이 없어지게 된 것이다.

프랑크푸르트 모터쇼에서 첫선을 보였을 당시 최고경영자였던 포르쉐의 회장 마티아스 뮐러Matthias Müller는 포르쉐의 미션 E 모델 제작 계획을 숨겼지만, 그 모델은 2016년 말경에 이미 타이칸 모델용 첨단 조립 공장에서 제작 중이었다. 그리고 출시되자마자 성공을 거두었는데, 포르쉐는 전체 생산 대수의 7.4퍼센트에 해당하는 2만 대 이상을 조립했다.

포르쉐는 처음에는 후륜구동 방식 4도어 세단으로 내놓았으나, 곧 '에스테이트estate' 또는 스테이션왜건 변종인 아주 매혹적인 타이칸 4S 크로스 투리스모Cross Turismo 모델을 내놓았다. 출력 옵션으로는 402마력짜리 기본형 버전부터 '퍼포먼스 배터리 플러스'를 이용하는 469마력짜리 버전, 4륜구동 방식 523마력(퍼포먼스 배터리는 563마력)짜리 타이칸 4S 버전 등이 있었다. 2021 모델 연도에 이르러 타이칸 모델군에는 출력이 590마력인 GTS 스포트 투리스모 버전이 추가됐고, 당혹스럽게도 터보 모델과 터보 S 모델로 명명되었다. 그 자동차 안에는 내연기관이 없어서 터보차저도 장착되지 않았기 때문에, 여기에서 '터보'라는 말은 순전히 모델명으로 쓰인 셈이다. 세단이나 크로스 투리스모 보디 스타일을 가진 그 모델은 671마력 출력을 내거나, 아니면 터보 S 전기 모델 형태로 751마력 출력을 냈다. 완전히 충전된 상태에서 달릴 수 있는 거리는 후륜구동 및 4륜구동 방식

맨 위쪽) 2021년형 타이칸 4S 이 모델은 오버부스트 장치와 런치 컨트롤 장치를 가동하면 출력이 522마력이었다. 그러나 미국 환경보호청(US EPA)의 추산에 따르면, 주행 거리가 발을 신중하게 잘 쓸 때는 약 365km였고 옵션으로 택할 수 있는 퍼포먼스 배터리 플러스를 사용하면 약 438km였다.

위쪽) 2022년형 타이칸 GTS 스포트 투리스모의 실내 터치스크린이 앞쪽 탑승객의 시선이 닿는 데까지 확장되어 있으며, 그 터치스크린으로 내비게이션 이용은 물론 오락, 실내 온도 조절, 인터넷 서핑도 할 수 있었다. 중앙 게이지를 보고 코너링, 가속 상태, 제동력을 알 수 있으며, 디스플레이 정보로 자동차 상태도 잘 알 수 있었다.

기본 모델은 대략 346km였고, 터보 S 크로스 투리스모 모델은 325km였다. 800볼트 충전 장치가 5퍼센트 남은 배터리를 80퍼센트까지 재충전하는 데는 최적의 상태에서 22.5분 걸렸다. 2022년이 가면서 포르쉐 전기 자동차의 미래는 밝아 보였으며, 2도어 쿠페와 카브리올레 모델이 제작 중이라는 소문도 돌았다.

이 기간에 엔지니어링 팀과 그들의 기술 사이에는 크로스오버가 거의 없었지만, 포르쉐는 기존의 카레라와 카이맨 컵 시리즈를 넘어 내연기관ICE 시제품 레이싱과 거리를 두고 있었다. 그렇다고 해서 포르쉐가 레이싱을 완전히 끝낸 건 아니었다. 포르쉐는 Typ 919 모델로 세계내구챔피언십WEC에서 축적한 기술을 취한 뒤 99X 모델을 몰고 포뮬러 E°로 옮겼으며, 2018년과 2019년 내내 스파크 SRT 섀시를 토대로 포르쉐 전기 드라이브 트레인의 테스트와 개발에 전념했다. 2020년에 99X 모델은 휠베이스가 3100mm, 길이는 5160mm, 너비는 1770mm, 높이는 1050mm였다. LMP1 하이브리드 모델의 출력이 900마력이 넘었던 것과는 달리, 99X 모델은 레이스 참가 자격을 얻기 위해 트랙을 돌 때는 335마력이었고 레이스에서는 267마력으로 경쟁에 임했다. 전력은 900볼트짜리 54킬로와트시 배터리에서 나왔으며 레이스 내내 쓸 수 있었다. 99X 모델에는 1단 기어박스가 장착됐으며, 정지 상태에서 시속 100km에 도달하는 데 2.8초 걸렸고 최고 시속은 280km였다. 운전자가 탈 때 요구되는 최소한의 자동차 무게는 900kg이었다. 그리고 다른 국제자동차연맹FIA 포뮬러나 인디카IndyCar 레이스 자동차와는 달리 포뮬러 E 레이스 자동차는 엄격히 말해 '오픈 휠open wheel*' 스타일이 아니어서, 앞쪽 타이어는 오토바이 타입 펜더에 둘러싸여 있고 자동차 뒤쪽 절반 이상은 공기역학적인 차체에 둘러싸여 있었다.

2019-2020 시즌에 포르쉐 레이싱 팀은 카레이서 안드레 로테러André Lotterer가 사우디아라비아에서, 그리고 다시 베를린에서 2위를 기록하는 등 리그 8위를 차지했다. 포뮬러 E 레이스의 8번째 시즌인 2020-2021 시즌에는 안드레 로테러가 파스칼 베를라인Pascal Wehrlein과 팀을 이뤄 16개 레이스 일정을 다 소화했다. 규정이 바뀌어 레이스 출력은 267마력에서 295마력으로 늘어났다. 그리고 국제자동차연맹에선 시즌 7부터 시즌 8까지 경제적인 이유로 파워트레인 장착을 의무화했는데, 포르쉐 엔지니어들은 99X 모델에서 모든 소프트웨어를 다시 완전히 재마스터해 또 다른 프리시즌 라운드에서 철저한 검증을 거쳐야 했다.

이런 상황에서 포르쉐는 전기 자동차 개발에 전념했다. 또 2023 시즌을 위해 전기 자동차 마칸 스포츠 유틸리티를 낼(그리고 이르면 2024 모델 연도까지 SUV 모델에 내연기관을 쓰는 걸 단계적으로 중단할) 계획임을 확인해주었다. 순수 전기 자동차 시장은 우직하게 바로 공략해선 안 되며 더 섬세하고 균형 잡힌 프로그램에 따라 공략해야 한다는 걸 잘 알고 있었던 것이다. "순수 전기 자동차는 지금 세계 여러 지역에서 서로 다른 속도로 개발 중입니다." 현재 포르쉐 최고경영자인 올리퍼 블루메Oliver Blume는 최근 이렇게 말했다. "우리는 가솔린 자동차와 하이브리드 자동차 그리고 전기 자동차 등의 제품 전략에 준비가 잘되어 있습니다. 우리는 시장 동향을 예의주시하면서 매년 분석하고 있습니다. 그런 다음 매년 우리 전략을 조정하고 있죠."

2021년 말에 포르쉐는 새로운 레이스카 미션 RMission R을 공개했다. 전기만으로 출력을 1000마력 내는 레이싱 쿠페이며, 특히 동일 차종만 참가하는 자신들의 인기 있는 GT4 클럽스포츠 포르쉐 컵GT4 Clubsport Porsche Cup 시리즈에서 미드-엔진 형태의 포르쉐 카이맨 모델이 나아갈 방향을 보여주는 자동차이기도 했다. 포르쉐는 뜻밖에도 남미의 정유 기업인 지멘스 에너지Siemens Energy와 손잡고 합성 연료, 즉 연소 시 사실상 이산화탄소를 배출하지 않는 일종의 '전기 연료e-fuel'를 개발한다고 발표했다. "이

맨 위쪽) 2022년형 타이칸 터보 S 포르쉐의 주장에 따르면 이 자동차의 주행 예상 거리는 323km였다. 100퍼센트 충전하는 시간은 교류(AC)로는 10.5시간이 걸렸고, 850볼트형 CCS DV 고속 충전기로는 22.5분밖에 안 걸렸다.

위쪽) 2020년형 타이칸 터보 S의 실내 아주 익숙하면서도 약간 달랐다. 터치스크린으로 거의 모든 걸 움직였다. 예를 들어 신선한 바람이 드나드는 통풍구는 스크린 메뉴에서 찾아 손가락으로 돌리기만 하면 됐다. 앞 시트는 포르쉐의 18웨이 스포트 시트였고, 뒤쪽 시트는 접이식 의자 등받이로 60/40으로 나뉘었다.

는 환경 파괴 없이 사업을 지속한다는 우리의 전반적인 전략에도 부합하는 조처입니다." 포르쉐 연구 개발 이사회 임원인 미하엘 슈타이너Michael Steiner의 설명이다. "다시 말해 포르쉐는 이르면 2030년에 완전한 탄소 중립에 도달할 수 있단 얘기입니다. 이 재생 에너지로 만들어지는 연료가 그 목표에 도움을 줄 겁니다. 우리의 아이콘인 911 모델은 이 같은 전기 연료 사용에 특히 적합합니다. 그런데 사실 그건 많은 사랑을 받고 있는 우리의 역사적인 다른 차량들도 마찬가지입니다. 포르쉐 스포츠카의 약 70퍼센트는 지금도 여전히 도로 위를 달리고 있으니까요." 포르쉐가 생산하게 될(처음에는 칠레에서) 전기 연료는 연소 후 배출될 이산화탄소보다 더 많은 이산화탄소를 소비할 것이다.

2022년형 타이칸 스포트 투리스모 '오프로드' 패키지 자동차 소유주들이 오프로드 주행에 나설 경우에 대비해, 포르쉐는 노면에서 차체 바닥까지의 거리를 30mm 높이는 이 옵션을 개발해 험한 지면을 달릴 때 최저 지상고와 안정성을 개선했다.

한편 그 와중에 미국의 포르쉐 딜러들 사이에선 2열 형태인 카이엔 모델보다 위 등급 플래그십 모델로 코드명이 랜드제트 LandJet인 '3열 SUV' 모델이 나온다는 소문이 돌았다. 전문가들은 그것은 예상외로 널리 퍼진 외부 영향에 대한 포르쉐 측의 또 다른 반응이라고 봤다. 그러니까 BMW와 다임러-벤츠 모두 새로운 포르쉐 카이엔 GT 패스트백 모델 같은 럭셔리한 고성능 7인승 SUV 모델을 내놓고 있었던 것이다.

포르쉐는 당분간 배터리로 달리는 전기 자동차와 플러그인 하이브리드 자동차 그리고 내연기관으로 달리는 자동차를 모두 제작할 예정이다. 2021년 로스앤젤레스 모터쇼가 열리기 며칠 전 포르쉐는 미션 R 모델과 다양한 타이칸 모델을 발표했다. 그리고 이전 레이싱 책임자로 당시 포르쉐 스포츠카(Typ 911과 718 모델군) 개발 및 생산을 책임지고 있던 프랑크-슈테펜 발리저는 Typ 911 모델에 2040년까지 계속 내연기관 엔진을 장착할 거라고 밝혀, 그 자리에 있던 120명이 넘는 포르쉐 애호가에게 큰 박수를 받았다.

그러나 포르쉐의 장기적인 미래에 대해서는 의문도 제기된다. 만일 디젤 엔진 소리가 스포츠카에 도저히 맞지 않는다면, 포르쉐 스포츠카를 몰 때 나는 '소리'가 그 정체성의 일부임을 인정해야 한다. 전기 자동차는 너무 고요하고 슬그머니 움직여서, 포르쉐는 주차장 안에서처럼 천천히 움직이는 전기 자동차에 기계적인 소음을 추가했는데 그 소음은 속도가 증가하면서 사라진다. 포뮬러 E 자동차와 미션 R 모델은 전기 모터 돌아가는 소리가 웅웅거리며 고음을 내지만, 그 소리가 포르쉐 애호가들의 가슴에 다가갈 수 있을지는 아직 확실치 않다. 만일 포르쉐 자동차에서 내연기관의 흡입음과 배기음이 사라지게 된다면, 그래도 그걸 포르쉐 자동차라고 할 수 있을까? 그리고 만일 다른 자동차와 비슷한 소리를 낸다면, 다음엔 또 어떤 게 사라지게 될까?

이제까지 75년 넘게 포르쉐는 종종 제 궤도에서 벗어났고, 제품 관련 결정이나 재정적인 이유 때문에 비틀거렸다. 그러나 그때마다 총명하고 유능하며 냉철한 사람들이 포르쉐를 제 궤도로 돌아오게 만들었다. 이 책에서 강조하고 있듯, 그 해결책 또는 치

왼쪽) 2022년형 타이칸 터보 S 스포트 투리스모 포르쉐의 다양한 타이칸 모델이 말 그대로 수면을 스치며 달리진 못하겠지만, 그들이 물을 가르며 달리는 모습은 정말 멋져 보였다. 젖지 않은 포장도로에선 정지 상태에서 시속 100km에 도달하는 데 2.6초 걸렸고 최고 시속은 260km였다.

아래쪽) 2022년형 Typ 99X 포뮬러 E 테스팅 카레이서 파스칼 베를라인은 2022년에 포르쉐 포뮬러 E 팀에 합류했다. Typ 99X 모델은 800볼트 기술에 의존했고, 레이스에서는 220kW 출력, 즉 약 299마력이었다. 또 Typ 99X 모델은 회생 제동을 통해 레이스 중에 220kW에서 250kW의 충전 상태를 되찾을 수 있었다. 파스칼 베를린은 2022년 2월 멕시코시티에서 첫 레이스 우승을 차지했고 안드레 로테러는 2위를 기록했다.

오른쪽) **런던에서 열린 2021년형 Typ 99X 포뮬러 E 레이스** 포르쉐 공장 소속 E-Prix 카레이서 안드레 로테러(99번)가 이스트 런던의 로열 빅토리아 독스에서 열린 런던 E-Prix 레이스에서 무리 지어 달리는 포뮬러 E 레이스카 중에서 선두를 지키고 있다. 2.25km 서킷에는 창고 중 하나를 통과하는 구역도 있었는데, 그건 자동차들이 배기가스를 내뿜지 않기에 가능했다. 레이스는 두 차례에 걸쳐 진행됐는데, 안드레 로테러는 첫 레이스에선 5위로 결승선을 지났으나 두 번째 레이스에선 완주하지 못했다.

아래쪽) **2022년형 Typ 미션 R 콘셉트 카** 포르쉐의 발표에 따르면, 이 모델은 정지 상태에서 시속 100km에 도달하는 데 2.5초 걸렸고 최고 시속은 300km였다. 그보다 훨씬 중요한 건, 이 모델에는 900볼트 기술이 적용되어 배터리가 5퍼센트 남은 상태에서 80퍼센트까지 재충전하는 데 15분이 걸렸다는 점이다. 포르쉐는 아직 이 모델을 양산하겠다는 계획을 발표하지 않았지만, 박스터 모델과 카이맨 모델을 전기 자동차로 만들 계획이라는 사실은 널리 알려졌다.

료책은 종종 뜻하지 않은 데서 나왔다. 포르쉐의 엔지니어와 디자이너는 자신들의 가장 최신 아이디어가 거부될 때 그걸 버리지 않고 잠시 한옆으로 치워놓는다. 그리고 성공할 때 그 요인을 세밀히 검토하듯 실패할 때 역시 그 요인을 세밀히 검토한다. 그들은 남들이 예상하지 못하는 것들을 기꺼이 추구해왔고, 그 덕에 포르쉐는 늘 세상에서 가장 수익성 좋은 자동차 제조업체 대열에 속해 있다. 자동차 배기음 같은 사소한 딜레마도 있고 배출가스와 에너지 생성같이 더 큰 문제도 있지만, 그럼에도 불구하고 포르쉐는 앞으로도 늘 독립적이고 수익성 높은 기업으로 경쟁업체의 표적이 될 것이며, 품질을 중시하는 열정적인 운전자들의 꿈으로 남을 것이다.

2022년형 Typ 미션 R 콘셉트 카 포르쉐는 Typ 911 카레라 컵과 카이맨 컵 모델에 필적할 만한 고객용 레이스 카를 제작하는 데 필요한 전기 자동차 기술을 테스트하고 개발하기 위해 Typ 미션 R 콘셉트 카를 만들었다. 대다수 전기 자동차와 마찬가지로 이 자동차도 두 가지 출력 등급이 있다. '레이스 모드'에서는 671마력이 나왔고, 실제로 레이스 출전 자격을 얻는 용도로는 무려 1073마력이 나왔다.

잭에게 -

이 책의 콘셉트와 그간 내가 맡아온 가장 즐거운 프로젝트의 상당수 콘셉트는 출판사 모터북스(Motorbooks)의 출판인이자 편집자이며 내 친구인 잭 밀러에게서 나왔다. 아무도 예상하지 못한 포르쉐의 행보를 조명해보자는 그의 아이디어는 곧바로 우리의 상상력을 자극했다. 그리고 이 책의 주제와 접근방식을 정하기 위해 오랜 시간 머리를 맞대고 고민하는 동안 우리는 매우 즐거웠으며, 그 과정에서 우리의 생각을 가다듬을 수 있었다. 나의 사회생활 내내 함께해온 잭의 위대한 아이디어 가운데 하나인 이 책을 그에게 헌정하는 것도 바로 그 때문이다.

랜디 레핑웰

감사의 글

무엇보다 먼저 이 책에 서문을 써준 헐리 헤이우드에게 깊이 감사드린다. 헐리는 놀라운 레이싱 경력을 보유한 뛰어난 카레이서이고 '포르쉐 드라이빙 경험' 행사의 수석 강사라는 이력을 보유한 사람으로서 이 책에 많은 도움을 주었다. 포르쉐의 그 많은 인재 가운데 어느 누구도 그보다 나은 서문을 써주진 못할 것이다.

나는 포르쉐 자료 보관소의 관리자 프랑크 융, 사진 관리자 옌스 토르너, 전직 관리자 디터르 란덴베르거가 이 책 프로젝트에 지원을 아끼지 않은 것에도 깊이 감사드린다. 또 많은 도움을 준 이보네 크노테크, 토비아스 마울러, 외르크 틸로브에게도 감사드린다.

지난 수십 년간 엔지니어, 디자이너, 카레이서 수십 명이 일부러 시간을 내 내게 자신들의 프로젝트와 경험을 얘기해주었다. 나는 내게 정보를 주고 이야기를 들려준 다음 여러 사람, 즉 헤르베르트 암페러, 위르겐 바르트, 데릭 벨, 고인이 된 헬무트 보트, 역시 고인이 된 비크 엘포르트, 피터 폴크, 헬무트 플레글, 고인이 된 에른스트 푸어만, 토니 해터러, 미하엘 휠셔, 베른트 카나우, 위르겐 카퍼, 오이겐 콜프, 토마스 크리켈베르크, 롤란트 쿠스마울, 하름 라하이, 그랜트 라슨, 마르크 리프, 헤르베르트 링게, 호르스트 마르하르트, 고인이 된 한스 메츠거, 에르하르트 뫼슬레, 슈테펜 무르케트, 하인츠-야코프 노이서, 고인이 된 F. A. 포르쉐, 안디 프로이닝거, 발렌틴 쉐퍼, 고인이 된 게르하르트 슈뢰더, 고인이 된 피터 슈츠, 노르베르트 싱어, 고인이 된 롤프 스프렝거, 프랑크-슈테판 발리저, 마르크 베버, 클라우스-게르하르트 볼페르트 등에게도 감사드린다.

이 책에 실린 사진은 대부분 포르쉐 기록 보관소의 놀라운 수집품 중 일부이다. 포르쉐와 관련된 이 책을 쓰면서 맛본 기쁨 중 하나는 오랜 친구 옌스 토르너와 이 책 속 이야기에 필요한 이미지를 찾는 등 함께 일할 기회를 얻었다는 것이었다. 나는 이 책에 들어 있는 다른 많은 이미지를 직접 찍었는데, 자신의 소중한 자동차 사진을 찍도록 허락해준 다음 여러 사람, 즉 제러드 브래들리, 고인이 된 오티스 챈들러, 스티븐 차일즈, 야케 크룸페, 바렌 에아츠, 프랑크 갈로글리, 고인이 된 바렌 헬게젠, 카메론 잉람, 디터 란덴베르거, 디르크 라이어르, 제프 루이스, 더그 마이어, 돈 멜루치오, 데이비드 밀즈, 다비드 몰만, 켄트 모르간, 케리 모스, 조시 오프스타인, 존 파테럭, 빌 피터스, 길 라나니, 조지 라일리, REVS 연구소, 벤 로드리게스, 크리스 로만, 토니 사모옌, 욘 사무엘스, 척 스미스, 고인이 된 파울-에른스트 스트렐레, 게리 스왜거, 브루스 트레네리, 칼 톰슨, 존 틸슨 등에게도 감사드린다.

마지막으로 내게 이 책을 낼 기회를 주고 또 시간에 맞춰 작업할 수 있게 전문적인 도움을 준 출판사 쿼토 그룹의 프로젝트 관리자 브룩 펠레티어, 그룹 관리 편집자 존 게팅스, 북 디자이너 릭 랜더스, 그리고 친애하는 편집자 겸 출판인 잭 밀러에게도 고마움을 전한다.

모든 분께 다시 한번 깊이 감사드린다.

주요 용어

본문의 이해를 돕기 위해 옮긴이가 작성한 것이다.

psi
제곱인치당 파운드. 타이어 공기압 단위.

Dr. Ing h.c. F. Porsche KG
페리와 프린칭이 공동 최고경영자인 합자회사.

GS/GT
Grand Sport/Grand Tourisme의 줄임말.

GT Grand Tourer
장거리 운전을 목적으로 설계된 고성능 자동차.

GTX
GT Experimental의 줄임말로, '실험적인 고성능 자동차'라는 뜻.

SC
Super Carrera의 줄임말.

SL
Super Light, 초경량.

SP2
Sao Paulo 2, '상파울루 2'의 줄임말.

ST
T 플랫폼에 S 엔진이 장착됐다는 의미.

SUV Sport Utility Vehicle
승용차에 전통적인 트럭의 특징을 결합한 자동차.

T2
Technical Programme 2의 줄임말.

TAG
Techniques d'Avant Garde의 줄임말.

Typ
영어의 Type에 해당하는 독일어이며 '티프'로 읽음.

VW-Porsche
VW는 Volkswagen의 줄임말.

견인력 traction power
눈이나 비로 도로가 미끄러운 상황에서 자동차가 미끄러지지 않고 진행 방향으로 나아가는 힘.

그란 투리스모 GranTurismo
레이스카 제조 기술을 적용한 고성능 자동차로 흔히 GT car라고 한다.

네글리게 negligee
얇은 천으로 된 여성용 실내 가운.

노면 유지 성능 roadholding
주행 중 타이어가 노면에 밀착되는 정도.

노치백 notchback
가장 흔히 볼 수 있는 승용차 스타일이며, 차체를 옆에서 봤을 때 엔진 룸, 객실, 트렁크의 구분이 뚜렷하다.

다운포스 downforce
공기역학적으로 차의 보디를 노면 쪽으로 내리누르는 힘. 이 힘이 증가하면 고속안정성이 높아진다.

디퍼렌셜 differential
차량의 각 바퀴에 토크를 분산시키는 장치.

란치아 Lancia
이탈리아 자동차 제조업체.

랩 기록 lap record
가장 빠르게 트랙을 한 바퀴 돈 기록.

레그룸 leg room
다리를 뻗을 수 있는 공간.

레이스 트랙 racetrack
경주용 자동차가 달리도록 만든 도로.

로드 홀딩 road holding
타이어와 노면의 밀착 안정성.

로드스터 roadster
지붕이 없는 2인승 자동차.

로터리 엔진 rotary engine
피스톤이 왕복 운동 대신 회전 운동을 하는 엔진.

롤 케이지 roll cage
레이스카 전복 사고 시 운전자를 보호하기 위해 그 주변에 설치하는 강철 케이지.

롤오버 바 rollover bar
전복 사고 시 탑승자를 보호하려고 차 안에 설치하는 바.

마티니 레이싱 리버리 Martini racing livery
레이싱에서 포르쉐를 후원하는 음료 회사 Martini & Rossi의 상징 줄무늬.

매치-레이스 match-race
참가자 두 명 간의 레이스.

모델 연도 model year
자동차가 설계된 연도.

미드-엔진 mid-engine
자동차 중앙쯤에 위치한 엔진.

밀대 pushrod
내연기관의 밸브를 밀어서 여닫는 막대.

밸러스트 ballast
무게 중심을 잡으려고 바닥에 놓는 무거운 물건.

벤치 테스트 bench test
테스트 전용 장치에서 치르는 테스트.

벤투리 Venturi
모나코에 본사를 둔 자동차 제조업체.

복심곡선
반지름이 서로 다른 두 개 이상의 곡선을 같은 방향으로 차례로 이은 곡선.

부아트레 Voiturette
소형 자동차를 뜻하며 엔진 배기량으로 판단한다.

비틀 Beetle
역사적으로 큰 성공을 거둔 폭스바겐의 소형차.

빅토리 랩 victory lap
우승 기념으로 트랙을 천천히 한 바퀴 도는 것.

선회구심력 cornering force
코너링 시 자동차가 밖으로 나가려는 원심력과 균형을 이루는 힘. 횡항력이라고도 한다.

쇼 카 show car
모터쇼 등에서 사람들의 시선을 끌기 위해 제작된 자동차.

슈퍼커패시터 supercapacitor
고성능 에너지 저장 장치.

스마트-사이징 Smart-Sizing
규모를 줄이는 downsizing과 smart의 합성어.

스웨이 바 sway bar
차체가 좌우로 기우는 걸 줄여주는 자세 안전장치. 흔히 스태빌라이저라고 한다.

스키드 패드 skid pad
일부러 미끄러지기 쉽게 만든 운전 연습장.

스테이션왜건 station-wagon
뒤쪽에 화물 적재 공간이 있는 세단.

스포트 크로노 플러스
듀얼-클러치 변속기가 장착된 모델의 성능을 개선시켜주는 전자 장치.

스피드 트랩 speed trap
자동차 속도를 측정하려고 전기를 이용한 타이머 장비를 갖춰놓은 직선 코스.

실루엣 레이서 silhouette racer
겉모습은 양산 모델과 비슷하지만 기계적으로는 레이스카에 가까운 자동차.

싱글-센터-시트 single-center-seat
시트가 자동차 좌우 중앙에 하나 있는 1인승 자동차.

애프터마켓 aftermarket
기업이 제품을 판 뒤 발생하는 수요에 따라 형성되는 시장. 자동차 부품 등이 거래된다.

에어포일 airfoil
꼬리 날개. aerofoil이라고도 한다.

오일 리저버 oil reservoir
오일을 저장하고 온도를 유지하는 오일 탱크.

오토크로스 autocross
거친 노면을 달리는 자동차 레이스.

오픈 휠 open wheel
차체 밖으로 바퀴가 튀어나온 형태.

오픈 휠 카 open-wheel car
네 바퀴가 모두 보디 밖으로 돌출된 1인승 자동차.

원-피스형 노즈 one-piece nose
한 조각으로 제작된 자동차 앞부분.

월드 컨스트럭터 챔피언십 Wold Constructors' Championship
한 시즌의 최종 우승 팀을 뽑는 것.

위너스 서클 winner's circle
레이스 우승자에게 상을 주고 사진을 찍는 곳.

윈치 winch
무거운 물건을 끌어 올리는 장치.

유포 oil-cloth
물기가 스며들지 않게 한쪽에 기름 막을 입힌 천.

인디 레이스 Indy race
도드라지게 만든 트랙에서 하는 자동차 레이스.

인스트루먼트 패널 instrument panel
대시보드 중에 각종 기계 장치가 달려 있는 부분.

지면 효과 ground effect
지표면 부근에 물체가 이동할 때 생겨나는 공기역학 현상.

체셔 캣 Cheshire Cat
〈이상한 나라의 앨리스〉에 나오는 웃는 얼굴의 고양이.

체커드 플래그 checkered flag
자동차 경주에서 우승자에게 내보이는 흰색과 검은색 체크 무늬가 있는 깃발.

최저 지상고 ground clearance
노면에서 차체 바닥까지의 높이.

카브리올레 cabriolet
유럽에서 지붕을 접을 수 있는 오픈카의 의미로 쓰임. 미국에선 컨버터블, 이탈리아에선 스파이더라고 한다.

캔-암 Can-Am
Canadian-American의 줄임말.

퀴벨바겐 Kübelwagen
제2차 세계대전 중 폭스바겐이 제작한 경량 다목적 군용차.

타르가 Targa
방패를 뜻하는 이탈리아어. 포르쉐가 자주 우승한 타르가 플로리오 레이스에 경의를 표하는 말이기도 한다.

태핏 tappet
엔진 부품의 한 종류.

터보 래그 turbolag
터보차저에서 가속 페달을 밟는 순간부터 엔진 출력이 기대치에 도달할 때까지의 시간 차.

터보차저 지연 turbocharger lag
액셀러레이터 페달을 밟은 후 터보차저가 작동할 때까지의 시간 지연 현상.

터보차저 장치
엔진 연소실에 더 많은 공기를 공급해 더 많은 연료를 연소해 추가 출력을 생성하는 장치.

토너 커버 tonneau cover
짐칸 부분을 덮는 커버.

토크 torque
회전축에 작용하는 힘.

토크 벡토링
방향 전환을 더 원활하게 해주는 장치.

투어링 카 touring car
장거리 주행을 편하게 할 수 있는 자동차.

트라이-오벌 tri-oval
둥근 코너가 있는 삼각형 모양의 레이스 코스.

트로피 레이스
메인 레이스인 연례 200마일 DRM 레이스의 비챔피언십 지원 레이스.

트림 trim
자동차 옵션의 가짓수.

팁트로닉 Tiptronic
포르쉐가 실용화한 수동 겸용 자동 변속기.

패스트백 fastback
지붕에서 뒤 끝까지 유선형으로 된 구조의 자동차.

페르디난트 포르쉐 Ferdinand Porsche
독일 자동차 엔지니어 겸 포르쉐 창업자.

페리스 휠 Ferris Wheel
빙글빙글 도는 대관람차.

페이스 카 pace car
레이스 중 사고로 구급 및 소화 활동을 해야 해 레이스카의 속도를 줄일 목적으로 코스에 들어가는 자동차.

페이스리프트 facelift
차량이 출시되고 어느 정도 시간이 지나 신차 효과가 떨어질 때 외관과 실내 등 일부 구성을 바꾸는 것.

포뮬러 E
전기 자동차만 참가하는 레이스.

폴 포지션 pole position
레이스 시작 시 맨 앞자리.

풍동 wind tunnel
인공적으로 바람을 일으키는 장치.

프랭크 윌리엄스 Franck Williams
1977년부터 포뮬러 원 레이스에서 다수의 우승자를 배출한 레이싱계의 거물.

플라스티신 Plasticine
어린이 공작용 점토.

피트 pit
자동차 레이스 도중 급유, 타이어 교체 등을 하는 곳.

하드톱 hardtop
지붕이 금속으로 된 스타일.

헤드라이너 headliner
자동차 지붕 철골 밑에 덧대는 부드러운 천으로, 열과 소음 등을 막아준다.

힐클라임 hillclimb
언덕을 오르는 레이스.

Porsche 75th Anniversary: Expect the Unexpected by Randy Leffingwell
© 2022 Quarto Publishing Group USA Inc.
Text © 2022 Randy Leffingwell
First published in 2022 by Motorbooks, an imprint of The Quarto Group.
All rights reserved.

Korean edition © 2025 ITDAM
Korean translation rights are arranged with Quarto Publishing Group USA Inc. through AMO Agency, Korea
이 책의 한국어판 저작권은 AMO에이전시를 통해 저작권자와 독점 계약한 잇담에 있습니다.
저작권법에 의해 한국 내에서 보호를 받는 저작물이므로 무단 전재와 무단 복제를 금합니다.

포르쉐 75년

초판 1쇄 발행 2025년 9월 2일

지은이 랜디 레핑웰
옮긴이 엄성수

책임편집 이현은 **편집** 김민경 **디자인** 정승현
제작·마케팅 이태훈 **경영지원** 김도하 **인쇄·제본** 재영P&B
펴낸곳 주식회사 잇담
펴낸이 임정원
주소 서울특별시 강남구 언주로 201, 1108호
대표전화 070-4411-9995
이메일 itdambooks@itdam.co.kr
인스타그램 @itdambooks

ISBN 979-11-94773-06-1 13030

* 잇담북스는 주식회사 잇담의 자체 콘텐츠 브랜드입니다.
* 이 책은 저작권법에 따라 보호받는 저작물이므로 무단 전재와 복제를 금지합니다.
* 이 책 내용의 전부 또는 일부를 이용하려면 반드시 저작권자와 주식회사 잇담의
  서면 동의를 받아야 합니다.
* 책값은 뒤표지에 있습니다.
* 잘못된 책은 구입하신 곳에서 바꿔 드립니다.